야만의 길을 지나 인간의 길로

한국 교육
제4의 길을 찾다

야만의 길을 지나 인간의 길로

한국 교육
제4의 길을 찾다

초판 1쇄 인쇄 2019년 2월 14일
초판 1쇄 발행 2019년 2월 23일

지은이 이길상
펴낸이 김승희
펴낸곳 도서출판 살림터

기획 정광일
편집 조현주
북디자인 꼬리별

인쇄·제본 (주)현문
종이 월드페이퍼(주)

주소 서울시 양천구 목동동로 293, 22층 2215-1호
전화 02-3141-6553
팩스 02-3141-6555
출판등록 2008년 3월 18일 제313-1990-12호
이메일 gwang80@hanmail.net
블로그 http://blog.naver.com/dkffk1020

ISBN 979-11-5930-089-9 93370

이 도서의 국립중앙도서관 출판예정도서목록(CIP)은
서지정보유통지원시스템 홈페이지(http://seoji.nl.go.kr)와
국가자료공동목록시스템(http://www.nl.go.kr/kolisnet)에서 이용하실 수 있습니다.
(CIP제어번호: CIP2019005830)

야만의 길을 지나 인간의 길로

한국 교육
제4의 길을 찾다

이길상 지음

* 일러두기

1. 제1장의 「새교육은 미국 직수입품인가?」, 「사회생활과는 친미 과목인가?」, 「신라식 민주주의를 꿈꾸다」는 『한국교육사학』 제39권 제3호에 실렸던 「서구 교육이론의 한국적 수용 양상-해방 이후 진보주의 교육사상을 중심으로」를 기초로 재집필하여 수록하였고, 제1장의 나머지 부분(「한국 교육 제1의 길」 제외)과 제2장에 수록된 글들(「한국 교육 제2의 길」 제외)은 〈새교육〉 2015년 10월호부터 2017년 8월호까지 실었던 「이길상의 '새교육'으로 본 교육사」를 수정 보완하여 완성한 글들이다.

2. 잡지 〈새교육〉의 권·호 표기 방식은 시대에 따라 변해왔다. 이 책에서는 이런 변화를 반영하여 시기별로 제○권 ○호, 통권○○호, ○○○○년 ○월호 등을 함께 사용하였다.

3. 잡지 〈새교육〉 등 1차 자료 속의 한글 문장은 현행 표기법에 맞지 않더라도 의미가 통하는 경우에는 원문 표현을 유지하도록 노력하였다.

4. 외국인 인명의 경우 첫 표기에서는 전체 이름을 모두 쓰되 이후 반복될 때는 성(Last name)만 쓰는 것을 원칙으로 하였다.

5. 단체나 기관 명칭의 경우 시대에 따라 변하기도 하고, 전체 명칭과 약칭이 함께 사용되는 경우도 많았다. 대한교육연합회(대한교련 혹은 교련), 한국교원단체총연합회(교총), 전국교직원노동조합(전교조), 자립형사립학교·자율형사립학교(자사고), 특수목적고등학교(특목고) 등이 대표적이다. 역사연구의 의미를 살리기 위해 해당 시기에 사용되던 이름을 따르는 것을 원칙으로 하되, 문맥에 따라 전체 명칭과 약칭을 함께 사용하기도 하였다.

박노자_오슬로대 한국학 교수

외부자로서 한국에서 가장 이해하기 어려운 부분 중의 하나는 바로 '교육 문제'일 것이다. 일면으로는 한국의 교육은 온 세상의 부러움과 칭찬을 받아왔다. 한국 학생들의 수학 실력은 세계 최우수권에 속하며, 한국 대학을 졸업한 엔지니어들은 굴지의 구미권 기업에서 삼고초려三顧草廬의 대상이다. 그러나 또 일면으로는 해외 이민을 선택한 이들 중에 "아이 교육 문제 때문에 이민 간다"고 하는 사람의 비율이 한국만큼 높은 나라도 없다. 세계적 성공 스토리인 한국 교육은 많은 한국 학부모들에게 이민이라도 가서 아이들로 하여금 피하게끔 만들어주어야 할 '악몽'이기도 하다. 동전의 양면이라 하더라도 과연 이 같은 역설이 어떻게 가능한 것일까?

나는 오슬로대학에서 한국 교육에 대해 매년 수업을 한다. 그런데 이 수업만큼 나에게 어려운 수업도 없다. 한국의 교육 문제를 서술하기 위한 많은 용어들을 노르웨이어나 영어로 정확한 의역조차 할 수 없기 때문이다. 직역이야 하려면 할 수 있지만 해당하는 현상이 존재하지 않거나 그다지 두드러지게 나타나지 않는 지역의 학습자들에게는 이 직역어가 과연 어디까지 납득이 갈지부터 문제다. 예컨대 '명문대'의 사전적 직역어는 'prestigious university'(권위 있는 대학)쯤 될 것이다. 자국 내 특정 대학을 타 대학보다 더 '권위 있다'고 하는 것이 상식에 어긋나는 대학평준화 국가 노르웨이 출신의 학생이라 해도 무슨 말인지 이해하긴 할 것이다. 하버드나 예일이 미국에서 '권위 있다'는 사실 정도는 잘 알려져 있기 때문이다. 그런데 왜 'prestigious university'에 입학하는 것이 어린 학생의 유일한 인생 목표가 돼야 하는지, 그 입학에 실패한 수험생이 왜 목숨까지 포기하는 극단적인 선택을 하게 되는지, 한국의 '특수한' 사정에 정통하지 않은 외국인들에게 도무지 설명할 길이 없다. 노르웨이인들이 알고 있는 그 어느 'prestigious university'도 인간의 목숨과 맞바꿀 만한 가치가 있지 않고, 졸업 후 인생의 거의 '모든 것'을 결정짓지 않기 때문이다. 그런 의미에서는 그들이 생각하는 'prestigious university'와 '한국적' 명문대는 확연히 다르다.

'명문대'만 그런가? '명문대'가 그 졸업자들에게 안겨주는 '학벌'도 마찬가지다. 직역하자면 'academic background(교육적 배경)'쯤 되겠지만 "학벌이 좋지 않으면 대기업에 입사하기가 불가능에 가깝다"는 문장이 직역될 경우 오해만 불러일으킨다. 수업을 듣는 노르웨이 학생들의 입장에서는 'bad academic background(좋지 않은 교육적 배경)'는 보통 "'대학 시절의' 나쁜 성적"쯤으로 오해되기 때문이다. 특정 대학(들)을 졸업하지 않은 취업지망생들을 '학벌 나쁜 사람'으로 취급하여 차별함으로써 우수한 인재들을 일부러 애써 놓치는 '바보 같은 기업'을 노르웨이에서 도무지 찾아낼 수 없기 때문이다. 더군다나 출신 대학에 따른 차별의 사실이 법정에서 입증되면 그 기업이 물어야 할 배상금도 대단히 높을 테니 말이다. '성적 비관 자살'이라는 현상에 대한 이야기는 '번역' 문제를 넘어 아예 묘사하기 어려운 경악을 가져다주곤 한다. 공부에 관심이 없어 굳이 대학에 가지 않아도 대졸과별로 차이 나지 않는 임금을 통상적으로 받을 수 있는 노르웨이 사회에서는 아예 '상식적으로' 상상하기조차 불가능한 일이기 때문이다.

외부자로서 이해되지 않는 한국 교육의 측면들을 종합적으로 이야기하면 무엇보다 신분 판정 도구로서 교육의 기능만이 극대화돼 있다는 점부터 가장 핵심적이다. 물론 이는 한국만의 특징은 아니다. 어느 산업자본주의 사회에서도 개개인 학력學歷 자본의 축적과 그 신분상승 가능성들이 직결되곤 한다. 시장 자본주의뿐인가? '현존 사회주의' 사회들에서도 신분상승의 관문을 열어줄 고高인기 학부에의 입학은 쉽지 않았으며, 보통 상당한 경쟁을 통해서만 가능했다. 그런데 교육과 사회적 신분의 관계야 '보편'이라 하더라도 한국만큼 그 관계를 절대화시키는 것은 '특수'에 속한다. 프랑스나 영국, 미국에서는 각각 고등사범학교École Normale Supérieure나 옥스퍼드 내지 프린스턴 등을 나온다는 것은 신분 판정에 일정한 영향을 준다지만, 한국에서 같으면 그 '일정한 영향'이 '절대적 영향'으로 바뀐다. 크게 봐서 한국에는 SKY(서울대, 고려대, 연세대) 등 '명문대 학벌' 간판이 있는 이들과 그렇지 못한 이들 등 두 종류의 사람들만이 산다. 후자에 속하는 이상 해당 개인의 사회적 행동반경은 이미 크게 제한돼 있는 것이다. 사회신분 판정 과정이 엄청난 경쟁을 수반하는 초·중·고 재학 시절을 거쳐 보통 19세 때 단 하루의 대입시험에서 매듭지어지고, 19세 때 판정된 신분은 평생 동안 바꾸기가 어려운 것이다. 그러나 '경쟁'이라고 하지만 이미 결과가 뻔한, 대다수에게 엄청난 비용과 심신의 고통만 안겨주는 불공정한 게임이다. 윗세대의 재력이 아랫세대의 학벌로 이어지는 메커니즘에서는 교육은 이미 신분 판정이라기보다는 아예 계급적 신분 세습의 도구가 됐다. 그래서 이 고통을 면하게 해주고 아이들에게 '명문대 학벌'과 무관한 인생의 즐거움과 기회를 주기 위해 이나라를 아예 떠나는 교육 이민자들의 행렬이 자꾸 늘어나기만 한다.

이 책은 이와 같은 비극적 상황의 뿌리부터 매우 상세히 설명해준다. 70여 년 동안, 해방 이후 한국 교육에서 어떻게 서울대 특권부터 특목고 특권, 자사고 특권, 8학군 특권이 발생되고 오늘날과 같은 기형적인 모습을 만들어냈는지 하나하나 짚어주는 것이다. 이와 함께 이 책은 특권적 소수에게 특권적 신분을 확인시켜주고 부여해주는 도구로 전락한 교육을 어떻게 바로잡을 수 있을지 이야기해준다. 이 책에서 이야기하는, 개발주의적 국가권력의 교육 독점과도 시장주의적인 경쟁교육과도 다른 '제4의 길', 즉 한 사람 한 사람의 인간이 자신의 삶을 온전하게 살 수 있도록 돕는 교육의 길은 바로 저자가 제시하는 대안이다. 그런 대안이 실천될 수 있는 날이 와야 한국이 '기업하기 좋은 나라'에서 '사람 살기 좋은 나라'로 거듭날 것을 나는 확신한다. '명문대', '학벌', '성적 비관 자살' 같은 단어들이 역사책에만 남을 날에야말로 '나라다운 나라'의 모습을 볼 수 있을 것이다.

2015년 10월, 한국사 교과서를 국정화하겠다는 교육부장관의 발표로 대한민국 교육계가 술렁이기 시작한 바로 그 달부터 나는 월간 〈새교육〉에 연재를 시작했다. '이길상의 새교육으로 본 교육사'라는, 내 인생 첫 잡지 연재였다. 띄엄띄엄 읽던 잡지 〈새교육〉을 꼼꼼하게 다시 읽기 시작한 계기였다. 이후 24개월 동안 해방 직후의 새교육운동부터 1980년대 교육민주화 운동까지의 교육 이야기를 매월 한 편씩 썼다. 연재를 끝내고 나서도 글쓰기를 지속했고, 이렇게 하여 모은 글로 이 책을 구성했다.

70년간 선배 교육자들이 〈새교육〉에 남긴 많은 글을 읽으면서, 우리 교육의 과거와 현재에 관한 많은 느낌들이 생겨나고 쌓이고 무너지고 다시 생겨나기를 반복했다. 3년의 글쓰기 끝에 만들어진 한국 교육 70년의 이미지는 새로웠고, 내가 가지고 있던 기존 이미지와는 많이 달랐다.

이 책을 쓰는 3년 동안 나는 분당 지역의 한 초등학교 운영위원장을 맡아 보았다. 학교 행사에 참여하고 수십 번의 회의를 주재하면서 많은 교사, 교육행정가, 학부모, 그리고 학생들을 만날 수 있었다. 21세기 두 번째 10년이라는 숨 가쁜 시간 속에 움직이는 한국 교육을 가까이서 경험할 수 있는 값진 시간이었다. 책이나 논문이 전달하는 교육에 관한 지식, 언론이 포장하고 과장하는 학교에 관한 이야기들로 채워져 있던 나의 한국 교육을 보는 관점을 점검하고 반성하는 유익한 경험이었다. 웃으며 입학했다가 학년이 올라가면서 점점 심각해지는 학생들의 표정과 늘 불안하고 쫓기는 듯한 학부모들의 모습은 나의 예상과 비슷했지만 교사들의 일상과 태도는 나의 예상과 많이 달랐다. 내가 만난 교사들의 태도와 표정에는 한국 교육의 복잡함, 어려움, 그리고 가능성이 모두 묻어 있었다.

　한국현대교육사 강의를 준비하면서 접한 책 하나가 나로 하여금 이 책 쓰는 일을 재촉했다. 앤디 하그리브스Andy Hargreaves와 데니스 셜리Dennis Shirley가 쓴 『The Fourth Way』(학교교육 제4의 길)이라는 책이다. 이 책은 세계 학교교육의 역사를 제1, 제2, 제3의 길로 분석한 후 21세기 세계 교육이 추구해야 할 새 방향을 제4의 길로 설명했다. 나를 화나게 한 것은 여러 나라들이 이미 제4의 길 혹은 제3.5의 길쯤에 들어섰다는 것, 그런데 우리 교육은 이제 제2의 길 수준에 와 있다는 번역자의 해석이었다. 머리로는 이해하고 있었지만 가슴에서는 동의를 거부하며 많은 질문을 쏟아냈다. 저들이 걸어온 길과 우리가 걸어온 길은 질적으로 다른 길은 아닐까? 왜 저들이 걸어온 길을 기준으로 우리 교육의 과거, 현재, 미래를 판단할까? 우리는 왜 우리의 경험에 기초해서 우리가 걸어온 교육의 길을 정리하고 우리 교육이 가야 할 미래의 길을 이야기하지 못하는 것일까? 교육사를 전공하는 나와 나의 학문적 동지들은 왜 이런 일을 하지 못했을까? 왜 먼 과거 혹은 다른 나라의 경험에서 교육적 지혜를 찾는 데 열중하면서 우리의 가까운 교육적 경험이 주는 시그널에는 둔감할까? 분노와 부끄러움의 감정이 교차했다.

〈새교육〉 독해와 초등학교 운영위원장 경험이 만들어준 한국 교육에 대한 나의 복합적 감정들, 그리고 한국 현대교육 70년의 경험을 우리 나름의 논리로 정리하고 그것에 기초하여 미래교육의 방향을 이야기해야겠다는 학자적 희망이 모여 이 책이 되었다. 우리 교육이 처한 현실과 문제만큼이나 복잡한 감정들이었고, 실천하기는 어려운 희망이었다. 글 쓰는 내내 안타까움과 분노가 파도처럼 일렁이다가 안도와 감사의 느낌이 순간순간 나타나기도 했고, 긴 절망의 느낌 끝에서는 알 수 없는 희망의 감정이 문득문득 돋아나기도 했다.

한국 교육이 지나온 길을 바라보며 가졌던 나의 첫 번째 느낌은 안타까움이다. 현대교육의 역사 속에서 시도된 여러 가지 교육혁신의 실패와 입시전쟁이 만든 공교육 붕괴 과정을 지켜보며 느낀 안타까움은 현재의 교육에서 생생하게 재현되고 있다. 현재의 대학 입학 정원이 유지된다면 2010년 전후로 태어난 지금의 초등학교 저학년 학생들이 서울대학교에 입학할 가능성은 0.7% 정도다. 같은 해에 태어난 아이 143명 중 한 명 정도인 것이다. 서울이나 신도시 인구 밀집지역에 있는 초등학교 한 학년 학생 전체에서 1명 정도, 농어촌 지역의 경우에는 한 개의 면 지역 초등학교 전체 재학생 중 1명 정도가 서울대학교에 입학하는 것도 쉽지 않다는 얘기다. 연세대학교와 고려대학교를 합한 세칭 SKY 대학교 입학 확률은 2.4% 정도이고, 여기에 2,600명 정도인 전국의 모든 의과대학 입학 정원을 합하면 학부모들이 원하는 꿈을 이룰 가능성은 2.8% 수준이 된다. 한 학년에 재학생이 100명 안팎인 학교에서 같은 학년에 재학 중인 학생 가운데 SKY 대학교와 의과대학에 합격할 학생은 3명 미만인 것이다.

국립서울대학교 설립을 둘러싸고 벌였던 이념전쟁이 허무하게 끝나고 대한민국 정부가 수립된 이후 지난 70년 동안 이런 양상은 크게 변한 적이 없었다. 일류 학교 진학은 모두의 꿈이지만 대부분이 이룰 수 없는 꿈이었다. 그런데 학부모들이 학교를 바라보는 태도, 교육을 생각하는 방향, 자기 아이를 키우는 모습을 보면 모두 이들 세칭 일류 대학교나 안정적 직업을 보장하는 의과대학에 입학하는 것이 가능하다는 믿음에 바탕을 두고 있다. 그러나 그 믿음은 대부분 실현되지 못한다. 어느 순간 다수 학부모들의 마음은 서울에 있는 4년제 대학에 입학만 하면 좋다는 수준으로 조정된다. 문제는 남겨지는 울분이다. 이들은 자기 아이의 일류 대학 진학이 막힌 것은 이상한 제도와 잘못된 정책 탓이라며 울분을 토로한다. 이런 울분은 공동체 의식을 파괴하고 주변으로 전파되며 다음 또래로 전승된다. 대한민국 교육 70년의 역사는 국가권력이 앞장서서 이런 위계적이고 차별적인 교육 구조를 강화해온 시간이었고, 그 속에서 대다수 학부모는 오로지 이기기 위한 싸움, 그러나 질 수밖에 없는 싸움에 매달려왔다. 안타까운 일이다.

두 번째 느낌은 분노다. 한국 교육의 역사에서 교육을 교육답게 하려는 노력이 없었던 것은 아니다. 아이들의 관심과 나이에 맞는 내용으로 학교 시간이 채워지고, 학교에서의 학습 활동과 경험이 가치 있는 것으로 평가되도록 교육을 개혁하고 참교육에 헌신하려는 교육자들이 없었던 것은 아니지만 이들의 노력은 국가권력의 교육 지배 욕구와 일부 교육자들의 획일화 욕망이라는 벽을 넘지 못했다. 자고 나면 발표되는 교육개혁안과 교육정책으로 만들어진 것은 8학군 특권, 특목고 특권, 서울대 특권 등 온갖 교육특권이지만 이에 대한 교육수요자들의 분노는 모아지거나 의미 있게 표출되지 않았다. 대부분의 사람들이 결국은 학벌사회의 피해자로 규정되는 사회에서 학벌사회를 가져오는 다양한 교육특권에 분노하지 않는 한국 사회에 대해 내가 느끼는 것 또한 분노다.

내가 느끼는 분노의 또 다른 대상은 우리 교육의 병폐를 개선하려는 노력의 출발점을 서구에서 찾으려는 오래된 습관이다. 서구의존성은 우리 교육의 내용과 방식뿐 아니라 우리의 교육개혁 태도에도 지문처럼 남아 있다. 지금의 핀란드와 스웨덴이 우리와 다른 것은 해방 직후 미국이 우리와 달랐던 것과 차이가 없음에도 여전히 교육혁신을 이야기하는 모든 책의 시작은 핀란드와 스웨덴이다. 문제는 이 땅에서 찾고 답은 저 먼 곳에서 찾으려는, 70년 전에 시작된 이런 분하고 화나는 장면은 지금도 시선이 조금 옮겨졌을 뿐 여전히 반복되고 있다.

세 번째 느낌은 고마움이다. 한국 교육 70년의 역사 속에서 온갖 실패의 최종적 책임은 늘 교사들에게 향하여 왔다. 최근에는 학생들의 인권을 강조하는 가운데 추락하는 교사들의 인권을 우려하는 목소리가 제기되고 있기는 하지만, 공교육 붕괴의 책임을 교사들에게 묻는 흐름에 본질적 변화가 감지되고 있지는 않다. 이런 질문이 제기된다. 우리 역사에서 교육이 제 역할을 못했다면 경제적 번영과 정치사회적 민주화를 지금 수준으로 이루어낼 수 있었을까? 우리 교육이 우리나라의 경제 발전과 정치사회적 민주화에 기여했다면 그 기여의 많은 부분은 교사들의 땀이 가져온 결과는 아닐까? 장기간 군부독재와 국토분단이라는 불편한 여건, 학부모들의 이기적 교육열 속에서 지금의 대한민국을 만드는 데 교사 집단보다 더 큰 역할을 한 집단이 있을까? 대한민국이 해결해야 할 많은 사회적 병리현상의 책임이 교사들에게 있는 것과 같은 만큼 대한민국이 이룬 성과의 바탕에도 교사들이 존재하는 것은 아닐까?

전쟁과 가난의 굴레 속에서도 커리큘럼을 개조하여 교육을 세우려던 교사들, 국가권력의 교육 지배 욕망 속에서 교육자치제를 실천하려고 목소리를 모았던 교사들, 독재의 망령 앞에 목숨 던져 저항하던 1950년대 교사들의 이야기는 나로 하여금 대한민국 교사의 원형 혹은 본질을 조금씩 느끼게 했다. 1980년대의 교육민주화 운동을 주도하던 많은 교사의 이야기는 결코 가볍게 읽을 수 없었다. 일제고사와 국정교과서를 막아서던 선생님들의 결연함은 대한민국 교육의 중심에 교사가 있어야 함을 일깨워 주었다. 대한민국 교사에 대한 고마움 없이 이 책을 쓸 수는 없었다.

이 책을 쓰는 모든 시간 동안 되살리려 안간힘을 다했던 느낌은 우리 교육에 대한 희망이다. 다행히도 교육을 둘러싼 많은 사건에서, 논쟁에서, 그리고 운동에서 희망을 볼 수 있었고, 그곳에는 늘 도전하는 교사들이 있었다. 혁신학교는 그중 하나였다. 교사의 전문성과 참여 의지 없이 공교육이 살아날 수 없다는 것은 동서고금을 관통하는 진리이고 상식이다. 지금도 반복되고 있는, 교사를 개혁 대상으로만 여기는 교육개혁 관행을 넘어 교사를 개혁의 동반자 혹은 개혁의 주체로 세우는 때가 와야 할 것이다. 그 시기는 가까운 미래일 수도 있고, 먼 미래일 수도 있고, 오지 않는 안타까운 미래일 수도 있다. 그것을 결정하는 것은 지금의 우리다. 이 책에서 되새겨본 우리의 가까운 과거 교육 경험에 작은 희망들이 녹아 있다. 이 책이 우리가 희망하는 미래교육으로 가는 발길을 재촉하는 데 조금이라도 기여하기를 바란다.

이 책이 나오기까지 많은 분의 도움이 있었다. 〈새교육〉에 글을 연재할 기회와 함께 〈새교육〉 창간호부터 최근호까지 열람할 수 있도록 협조를 아끼지 않은 교총과 교육신문사에 우선 감사드린다. 특히 교총 전 회장 안양옥 교수의 도움을 잊을 수 없다. 원고를 가다듬고 글 뜻을 살리는 데 힘을 아끼지 않으신 살림터의 정광일 사장님과 편집진의 노고 없이는 이 책이 이런 모습으로 세상에 나올 수 없었을 것이다. 추천의 글로 나를 격려해준 노르웨이 오슬로대학교 박노자 교수, 박원순 서울시장, 인천 신현고등학교 형인이 선생님께도 감사드린다. 그리고 내가 이 책을 통해 대한민국의 교육이 새로운 길, 희망의 길을 찾는 데 조금이나마 기여할 수 있도록 꾸준히 동기부여를 해준 정희, 다현, 다준아, 고맙다. 사랑한다.

2019년 1월
문형관 연구실에서
이길상

차례 --

제1장 한국 교육 제1의 길, 민주주의 교육을 만나다

제2장 한국 교육 제2의 길, 국가권력이 만든 두 개의 교육

한국 교육 제1의 길,
민주주의 교육을 만나다

해방공간의 교육,
흐린 물과 새로운 물이 섞이다

일본의 항복이 있던 날, 일본 천황의 항복조서 낭독이 경성중앙방송 라디오를 타고 울려퍼지던 날, 학교마다 걸려 있던 일왕의 교육칙어와 황국신민서사가 불태워졌다. 많은 학교에서는 일본인 교장이나 교사에게 이 역사적인 역할이 강제로 맡겨짐으로써 매우 극적으로 일본 식민지 교육의 잔재가 눈앞에서 사라져가는 희열을 많은 교사나 학생이 직접 맛볼 수 있었다. 흥분의 시간이었지만 질서는 비교적 잘 유지되었다.

조선건국준비위원회 준비위원 안재홍은 일본 천황의 항복 다음 날인 1945년 8월 16일 라디오 방송을 통해 우리 동포에게 다음과 같이 당부했다.

지금 해내 해외 3천만 우리 민족에게 고합니다. (중략) 국민각위 남녀노유는 이지음 언어동정을 각별히 주의하여 일본인 주민의 심사감정을 자극함이 없도록 진력하지 않으면 아니 됩니다. 과거 40년간의 총독정치는 벌써 과거의 일이오, 하물며 조일 양민족은 정치 형태가 여하하게 변천되던지 자유호양으로 아세아제민족으로서의 떠메고 있는 각자의 사명을 다하여야 할 국제적 조건하에 놓여 있는 것을 똑바로 인식하여야 합니다. 우리들은 수난의 도정에서 한 걸음씩 형극의 덤불을 헤쳐 나아가는 데에 피차가 없는 공명동감을 하여야 합니다. _국사편찬위원회, 『자료대한민국사』

조선건국준비위원회는 동포의 자중과 안정을 요청하는 전단을 배포했다. 이런 노력으로 인해 극단적 무질서는 조성되지 않았고 최소한의 질서가 유지될 수 있었다. 당시 조선 땅에는 백수십만의 일본인이 있었던 반면 일본에는 오백만 조선 동포가 일본 국민들과 함께 살고 있었다는 점에서 재조선 일본인의 생명과 재산을 보호하는 것은 재일본 조선인의 생명과 재산을 보호하는 길이기도 했다. 해방공간에서 우리 땅에 남아 있던 일본적인 모든 것을 깔끔하고 빠르게 물리치는 것이 쉽지 않은 과제였다는 것을 말해준다.

해방을 맞은 1945년 8월 15일 이후에도 수개월 동안 남한 지역의 치안은 일본 조선군관구사령부가 담당했다. 해방은 되었으나 여러 모로 이 땅의 주인이 명료해 보이지는 않았다. 해방된 지 3주가 지난 1945년 9월 9일에도 일본 경찰의 발포로 조선학도대원과 보안대원이 살해되었다. 미군이 서울에 들어오던 날인 9월 9일에야 시내 관공서의 일본국기가 내려지고 성조기가 올라갔다. 일본식 명칭 '경성'이 '서울'로 바뀐 것은 해방 1개월 후인 9월 14일이다. 9월 15일에 드디어 총독부 일본인 수뇌부가 해임되었지만 중하위 일본인 공무원 다수는 여전히 자리를 지키고 있었다. 일본인 경관과 경성부 일본인 직원이 전원 해임된 것은 9월 16일이다. 조선총독 아베가 일본으로 떠난 것은 9월 19일이며, 9월 30일에는 충남 아산에서 일본 헌병에 의한 조선인 교사 학살이 일어났다. 해방은 되었으나 주인은 모호한 시간이 불안하게 흐르고 있었다. 미군정청 각 부서의 일본인 하급관리들은 10월부터 단계적으로 파면되거나 스스로 물러났고, 서서히 조선인으로 교체되는 데 수개월이 걸렸다. 일본 민간인들의 송환이 시작된 것은 해방 2개월 후인 1945년 10월 10일이고, 재판권이 일본인으로부터 조선인으로 넘겨진 것은 1945년 10월 11일이다. 1946년 2월 말까지 공권력의 상징인 관보는 한글, 영어, 일본어 3개 언어로 간행되었다. 군정청 발표에 따르면 1945년 12월 2일 당시 남한 지역 일본인은 72,347명에 이르렀다. 재조선 일본인에 대한 총철퇴령이 내려진 것은 1946년 1월 22일에 이르러서였다.국사편찬위원회, 『자료대한민국사』 전쟁은 끝났으나 해방의 시계는 이렇게 느리게 움직이고 있었다.

교육에서 일제 잔재 또한 태워지는 교육칙어나 황국신민서사처럼 그렇게 쉽게, 혹은 순식간에 지워질 수 있는 것은 아니었다. 물론 식민지 시대의 모든 교육 경험이 폐기 대상이 되어야 하는 것도 아니었다. 국민학교부터 시작하여 각급학교는 순차적으로 개교했고, 교육 용어가 일본어에서 조선어로 바뀌었으며, 일본인 전용 학교 시설이 조선 사람들에게 개방되었으나 일본인 초등학교 교장들이 조선인으로 교체된 것은 9월 24일이다. 경성대학 의학부 일본인 교수는 11월 5일 면직되었고, 다음 날 경성대학 일본인 교수 60명이 면직 처리되었다.

군정청 학무국은 1946년 2월 초 기준으로 38도 이남의 학생 수를 발표했다.

앞으로 6년 이내에 조선의 의무교육을 완전히 실시할 수 있도록 군정청 학무국에서는 그 구체안을 세우는 한편, 교원 교실 부족을 극복해가며 향학에 불타는 학동들에게 이바지하고 있는데, 가장 반가운 징조는 일제시대보다 현재 훨씬 많이 취학하고 있는 것이다. 이를 통계로 본다면 작년 12월 15일 현재로 38도 이남에 있는 초등, 중등, 전문학교의 6세 이상 22세 되는 학생 수는 172만 2,938명인데, 그 전해(1944년)는 조선인 일본인 합쳐서 155만 5,336명이었고, 또 그 전해인 1943년에는 불과 99만 8,455명밖에 안 되었다 한다. 이뿐더러 교원 수효에 있어서도 많이 증가되었는데, 1944년에는 일인 조선인 2만 3,778명이던 것이 해방 후는 조선인 교원만이 2만 3,872명이 된다. 그리고 38도 이남에 있어서 6세로부터 18세까지 가능의 학동 수는 약 567만 8,139명인데, 그중 3할인 171만 3,247명이 현재 취학을 하고 있어 해방된 교육계는 우리들 뜻대로 개방되어 면학의 길을 걷게 하고 있다.

_『동아일보』, 1946년 2월 6일

해방과 함께 식민지 시대의 부정적 유산을 청산하는 데 가장 발 빠르게 움직인 것은 교사들이다. 각 학교에서는 자치회 혹은 자치위원회가 조직되어 학교 운영을 담당함으로써 일제 잔재 일소와 학교 운영의 민주화를 위한 준비를 자발적으로 시작했다. 지역별·교과별 교사모임도 다수 조직되어 일본인 교사들이 떠난 공백을 메우고, 교육계의 당면 과제들을 해결하기 위한 능동적 움직임을 보였다.

교사들의 움직임은 반성에서 출발했다. 교사들은 해방이 되자마자 초등교육건설회, 교육문제대책위원회, 초등교육자동맹, 중등교육자협회 등을 조직하여 교육의 재건을 도모했고, 그 시작은 식민지 기간의 교육활동에 대한 사죄였다. 예컨대 중등교사들은 1945년 9월 3일 서울에서 중등교육자협회를 조직했고, 이어 9월 15일에는 성명서를 발표하여 과거 일제하에서 행했던 반민족적 교육활동의 죄를 민족 앞에 사과하고 중등교원 전원이 총사직을 단행했다. 이들은 성명서에서 "8월 15일 이전의 우리 교육계를 반성하여 볼 때 우리는 일본 제국주의의 탄압과 착취 아래 부득이 주구적走狗的인 교육에 종사했다"는 점을 고백하는 동시에 사랑하는 조선 학도들과 사회에 사죄했다.이길상, 2007 이에 대해 당시 일반 사회에서는 과연 교육자는 양심적이며 현명하다는 찬양을 받았다. 교사 집단 외에 어떤 집단도 식민지 시대의 활동을 집단적으로 반성하고 사죄하는 것에서 새로운 국가 건설을 시작해야 한다는 의지를 집단적으로 표명하지 않았는데, 바로 이 점에서 교사들의 태도는 선구적이었고 칭찬받아 마땅한 것이었다. 그러나 문제는 교육자 내부의 이념적인 분열이었다.

당시 교육자 집단은 이념적으로 삼분되어 있었다. 식민교육 잔재의 청산과 교육민주화에 적극적이었던 집단은 사회주의 계열의 진보적 민주주의 교육을 추구하는 교육자들이었다. 이만규 등이 주도한 이들 집단은 식민교육이 망각의 대상이 아니라 과학적 분석을 통한 극복의 대상임을 인식하고 있었다. 이들은 일제 식민지 교육이 뿌려놓은 자본주의 교육의 불평등성과 봉건적 비민주성을 극복하는 것이 일제 잔재 청산의 요체임을 각종 학술 잡지나 강연 등을 통하여 주장하는 동시에 교육현장에서 이를 실천하려는 운동을 주도하기도 했다. 이들이 가장 심혈을 기울인 것은 친일 경력의 반민족적 교육자들을 교육계에서 추방하는 투쟁이었다. 이는 교육의 민주화를 위해 매우 필요한 일일 수도 있었으나 교육계의 분열과 파국을 초래하는 분열적 행동으로 읽혀지기도 했다.

일본인 교육자들의 갑작스러운 이탈로 생긴 공백을 채우는 것이 쉽지 않은 상황에서 식민지 시대의 교육경력자들을 사상적인 경향이나 일본 식민지 권력과의 거리를 기준으로 무조건 배척하는 것은 당시

권력 주체였던 미군정청의 입장에서는 수용하기 어려운 주장이었다. 따라서 진보적 교사 집단과 미군정의 충돌은 불가피했고, 이들 진보적 교사들은 교육계의 주도세력으로부터 서서히 배제되기 시작했다.

해방 직후 교육운동을 주도한 두 번째 집단은 이른바 민족교육론자들이다. 안호상 등이 주도한 이들 민족주의에 바탕을 둔 교육자들은 교육 내용에서 친일적 요소를 제거하고 민족주의 교육을 강화할 것을 주장했다. 교육을 통해 공산주의 사상의 유포를 막고, 계급의식보다는 민족의식을 고취시키기 위한 교육운동에 매진했다. 주체적인 국어 교과서의 편찬이나 민족 중심 국사교육의 강화는 이들이 특히 강조한 분야였다. 그러나 이들의 주장이나 운동 또한 미군정의 지지를 받기에는 한계가 있었다. 서구 교육이론이나 내용에 바탕을 둔 미국식 민주주의 교육을 이 땅에 보급하려던 미군정의 입장에서 지나친 민족 우선의 교육정책은 수용하기 어려운 측면이 있었다. 이들 또한 미군정이 주도하는 당시 교육정책의 최일선에서 소외되거나 배제될 수밖에 없었다. 안호상의 표현대로 식민과거의 극복과 민주교육의 정착을 위해서는 "감격의 눈물보다 냉정한 머리가 더 필요"[안호상, 1948]했음에도 이들 민족주의 교육자들은 식민교육 경험과 교육 현실에 대한 냉정한 이해보다는 교육적 유토피아를 향한 격한 감정을 앞세운 한계가 있었다.

이들 두 교육자 집단이 유토피아적인 특성이 있었던 반면 세 번째 집단인 새교육론자들은 매우 현실적이었다. 오천석을 비롯하여 서양에서 교육받은 교육학자, 미군정 교육정책에 참여하고 있던 교육자들이 주축이 된 이 집단은 과거청산 문제에 매달리기보다는 민족의 미래를 위해 미국식 선진 교육제도와 사상의 수용 및 보급이 우선시되어야 한다는 생각을 공유하고 있었다. 6-3-3-4 학제의 채택과 '홍익

인간' 교육 이념 정립, 국립서울대학교 설립 등 미군정하에서 이루어진 대부분의 교육정책을 주도하고 추진한 것은 바로 이 집단이다. 이들은 민족주의 교육자들과는 부분적인 협력 관계를 유지했지만 진보적 민주주의 계열의 교육자들과는 적지 않은 갈등관계를 이루었다. 정부 수립 직전까지 우리 교육현장을 일시적인 마비상태로 이끌었던 국립서울대학교 설립을 둘러싼 갈등이 당시 교육자 집단 사이의 반목과 갈등을 보여주는 대표적인 사례다.

이러한 반목과 갈등은 미군정하의 교육정책에서 과거 청산, 그리고 이를 통한 새로운 사회 건설이라는 매우 어려운 민족적 과제의 추진 방향과 방식을 둘러싸고 불가피한 측면이기도 했다. 미군정청 문교부 관리였던 이상선은 당시 상황을 이렇게 표현했다.

> "마시려던 물이 맑아질 때까지 흐린 물을 버리지 말라"는 고인의 현명하고도 주도한 속담에 "만일 신선한 물을 얻으면 그 흐린 물을 버려야 하며, 그 두 가지 물이 서로 섞이지 않도록 특히 주의하여야 한다"라는 말을 보충할 줄을 모르는 사람이 많다.
> _이상선, 1947

새 물이 없으므로 흐린 물(일본식 교육)을 버리지 말자는 자, 새로운 물(미국식 교육)을 얻었으니 흐린 물을 버리자는 주장이 충돌하는 상황이었다. 그러나 교육은 그렇게 물처럼 쉽게 버리고 얻는 종류의 일이 아니었다. 당시 지식인들이 추구하던 '교육의 조선화'는, 비유하자면 흐린 물을 과학적으로 탐구한 후 우리 몸이 흡수할 수 있는 물로 여과하고, 여기에 필요한 경우 신선할 물을 보충하는 식의 일이어야 했다. 일제 교육 잔재의 청산이 파괴적 과제가 아니라 창조적 과제였던 이유는 그것이 단순한 과거의 억압이나 망각이 아니라, 우리 문화와 역사적 상황에 맞는 새로운 교육 체제를 만들어내는 창조적 과정이 되어야 했기 때문이다. 이런 시대적 과제를 비교적 충실히 이해하고 있던 교육자들에 의해 태어난 것이 바로 1948년 7월에 창간호를 선보인 교육 잡지 〈새교육〉이다.

5만 교사들의 결집체였던 조선교육연합회(교총의 전신) 주도로 새롭게 태어난 〈새교육〉에 대해 당시 연합회 부회장이던 서영호(수송국민학교장)는 창간사에서 새로운 국가 건설 과정에서 〈새교육〉이 "교육 추진의 사자使者" 혹은 "교육자의 이목耳目"이 되어야 한다고 했다. 창간호의 구성과 내용을 분석해보면 〈새교육〉이 지닌 시대정신과 역사성을 잘 이해할 수 있다.

첫째, 이념을 넘어서는 융합을 시도했다. 〈새교육〉은 정치나 이념보다는 교육이 우선이라는 것, 교육은 모든 문화의 창조자라는 믿음을 실천하고자 했다. 창간호 필진에 이른바 미국식 민주주의 교육을 지지하던 새교육론자들뿐 아니라 이에 대해 비판적이며 민족주의 교육을 지지하던 안호상, 안재홍, 사공환 등 교육계 인사 다수가 있었던 것이 이를 잘 보여준다. 순수해야 할 교육개혁이 정치적 논쟁의 희생물이 되는 것을 자주 경험하는 요즘 대한민국에 시사하는 바가 적지 않다.

둘째, 〈새교육〉은 교원단체에서 발행하는 잡지였음에도 교육학자, 교육행정가, 정치인 등 당시 교육개혁에 관심이 있던 다양한 배경의 인물들이 동등한 자격으로 함께 참여하는 공론의 장으로 출발했다. 교육현장과 유리된 교육이론의 허구성, 교육이론에 바탕을 두지 않은 교육정책의 위험성을 예견한 결과라고 할 수 있다. 교육에서 이론과 실천의 괴리, 정치에 의한 교육 지배를 경험하고 있는 지금의 대한민국 교육계가 귀감으로 삼아야 할 측면이기도 하다.

셋째, 교육개혁의 시작과 끝, 교육개혁의 중심이 교사여야 함을 강력하게 역설하고 있다. 새로운 국가 건설이라는 성스러운 일을 앞장서서 추진하는 교사야말로 "지위도 물욕도 돌보지 않는 무명의 지사"^{최규동, 1948}임을 창간사에서 선언한 것이 이를 잘 보여준다. 창간호에 실린 '우리 선생들에게'라는 제목의 글에서 당시 서울대학교 교수 한치진은 교사의 의무로 1) 남의 아들딸들을 잘 가르치기 위하여 지적으로 실력이 있어야 할 것, 2) 품행상으로 수치될 만한 일을 하지 말 것, 3) 학구에 충성과 열정이 있어서 거기에 취미를 두고 살 것, 4) 자기 직업을 다른 모든 직업과 같이 전문적 기술이 되게 할 것 등 네 가지를 강조했다.^{한치진, 1948} 오늘날 교사들에게 사회가 요구하는 자세와 크게 다르지 않다.

넷째, 미래에 대한 통찰에 바탕을 둔 인재 양성을 시도했다. 〈새교육〉 창간호가 내다본 미래는 '과학시대'였다. 창간호에서 정치인 안재홍은 '젊은 학도에게 보내는 글월'을 통해 "지금도 이다음도 마찬가지로 과학시대"라고 규정하고, 젊은이들은 과학을 배우고, 과학적으로 생각하고, 기술을 알고 배우는 것이 절대로 필요하다는 점을 강조했다.^{안재홍, 1948}

마지막으로, 학생들에게 조선을 중심으로 세계로 나아가 "남과 함께 살아가는 국제적 시민"으로 성장할 것을 당부하고 있다.^{안호상, 1948} 우리나라는 당시 식민지 굴레를 막 벗어나 정부 수립을 눈앞에 둔 신생 국가였다. 우리끼리 살아가는 지혜를 모으기도 어려운 때였다. 그런데 당시 교육자들이 "남과 함께 살아가는 데 부족함이 없는 국제적 시민 양성이 필요하다"라고 주장했다는 것은 주목할 만하다. 민족주의 교육을 강조하던 안호상이 이런 주장을 했다는 것이 더욱 그러하다.

〈새교육〉 창간호가 보여준 이런 몇 가지 지향을 우리 교육은 마땅히 실현했어야 했다. 교육을 정치의 도구로 삼거나 이념적 논쟁의 희생양으로 삼아서는 안 되는 것이었다. 교육이론은 우리 교육 현실에 바탕을 두고 만들어졌어야 했다. 외국에서 수입해 온 낯선 이론을 기초로 우리 교육을 진단하고 처방을 내리는 우를 범하지 말아야 했다. 교육개혁은 교육 주체인 교사에 대한 신뢰에 기초해서 추진되고 이루어졌어야 했다. 교직의 전문성은 강화되고 보장되어야 마땅했다. 국가 공권력이 교육을 대하는 바람직한 태도는 현실 문제 해결을 위한 근시안적인 처방이 아니라 미래 사회를 대비한 교육적 준비여야 마땅했다. 국가이념에 맹목적으로 추종하는 대한민국의 국민을 넘어 인간의 기본권을 존중하는 세계 시민의 양성을 추구해야 했다. 그러나 우리 교육은 지난 70년 동안 그렇게 하지 않았다. 학교도, 교사도, 학생도 신뢰의 대상은 아니었고 개혁의 대상이었다. 국가권력이 주도하고 교육 주체들이 따라가는 교육개혁은 당시나 지금이나 성공할 수 없다는 것을 알면서도 같은 실수와 실패를 반복하고 있다. 교육은 미래지향적이어야 했다. 그러기 위해서라도 미래 세대의 목소리와 희망에 귀기울여야 하는 것이었다. 70년 전 어린이들이 살아갈 미래가 과학시대일 거라고 규정했던 당시 교육자들의 열린 시선이 존경받고 실천되지 못한 것은 매우 아쉬운 일이다. 나만 잘 살면 된다고 생각하는 인간을 만드는 교육이 아니라 함께 잘 사는 세상을 만드는 교육은 지금도 우리가 추구해야 할 사회 이념이며 교육 목적이다.

70년 전 선배 교육자들이 내세웠던 이런 아름다운 이념과 목적을 우리는 너무나 오랫동안 잊고 살았다. 인종과 문화가 다른 외국인은커녕 같은 언어와 문화를 공유하는 이웃과 함께 살아가는 교육조차 제대로 추구하지 못했다. 부끄럽지만 오로지 적자생존을 통한 각자도생을 강요하는 교육을 해왔다. 그렇게 교육이 파행적으로 치닫는 데 국가권력이 주도적인 역할을 해왔다. 국가발전, 국가경쟁력 향상, 사회통합 등을 명분으로 경쟁의 굴레에서 벗어나지 못하도록 국가권력이 모든 시민들을 옭매어왔다.

70년 전 〈새교육〉이 창간과 함께 보여주고 선언했던 이 다섯 가지 정신은 지금 이 시대에도 적용가능하다. 이 다섯 가지 정신은 우리 교육의 과거와 현재를 설명하고 미래 방향을 제시하는 담론으로서 당시나 지금이나 전혀 부족함이 없다. 우리에게는 여전히 교육의 정치적 중립성 확보, 교육이론과 실천의 결합, 교육 주체 중심의 교육개혁, 미래지향적이며 학생을 고려하는 교육개혁, 그리고 남과 함께 살아가는 협력적·국제적 시민의 양성이라는 다섯 가지 정신의 실천이 절실히 필요하다.

| 참고문헌 |

• 안재홍(1948). 「젊은 학도에게 보내는 글월」. 〈새교육〉 창간호(1948년 8월).
• 안호상(1948). 「민족교육의 방향」. 〈대조〉 1948년 8월호.
• 이길상(2007). 『20세기 한국교육사: 민족, 외세, 그리고 교육』. 집문당.
• 이상선(1947). 「새교육의 진로」. 〈신교육건설〉 창간호(1947년 9월).
• 최규동(1948). 「창간사」. 〈새교육〉 창간호(1948년 8월).
• 한치진(1948). 「우리 선생들에게」. 〈새교육〉 창간호(1948년 8월).
• 국사편찬위원회. 자료대한민국사(http://db.history.go.kr)

새교육은 미국 직수입품인가?[1]

40년이라는 시간 동안 일본 제국주의가 남긴 교육 잔재는 쉽게 사라지지 않았다. 해방 이후 1945년 말까지는 해방의 환희 속에 일본인 교사 대신 조선인 교사가, 일본어로 된 교과서 대신 조선어로 된 교과서 혹은 교재로, 그리고 일본 역사와 지리 대신 조선의 역사와 지리를 가르치게 된 것에 만족하고 있었다.

해방공간에서 대부분의 갈등이 그랬듯이 교육 부문에서의 갈등도 그 원천은 일제 잔재의 정리 방식을 둘러싼 갈등이었으며, 핵심은 일제 교육 잔재가 무엇인지에 대한 인식의 차이였다. 사회주의 계열의 진보적 민주주의 교육론자들은 교육 이념의 전체주의적·자본주의적 성격과 친일 교사집단의 영향력을 일제 잔재의 핵심으로 규정함으로써 교육 이념의 재정립과 친일교사 정리에 몰두했다. 민족주의 교육론자들은 교육 내용의 친일성과 반민족성에 주목함으로써 교육과정에서 친일적 요소 제거와 민족주의적 내용 강화를 통해 일제 잔재를 해소하려 했다. 반면 미국식 민주주의 교육론자들은 일본식 교육의 핵

---

1. 이 글은 〈한국교육사학〉 제39권 제3호(2017)에 게재한 '서구 교육이론의 한국적 수용 양상-해방 이후 진보주의 교육사상을 중심으로'의 II(진보주의 교수법 수용의 자발성과 유목적성)를 일부 수정한 것임.

심을 획일적이고 강압적인 교육법에서 찾았다. 이들은 새로운 교육 방식 도입을 통해 일본식 교육의 흔적을 지우려 했다.[이길상, 2007]

이런 차이점에도 불구하고 해방 직후 교육계에서는 해소되어야 할 일제 잔재와 관련하여 몇 가지 측면에서는 공감하였다. 첫째, 이념적으로 새 국가의 교육은 전체주의와 국가주의에 봉사하는 정치도구로서의 수단에서 벗어나야 한다는 점이었다. 즉, 일본 제국주의가 강조한 맹목적 충성심 배양의 도구로서의 교육을 비판하며 민주주의적 삶의 질 향상에 기여하는 교육을 찾으려는 데서는 교육자들 사이에 암묵적 공감대가 형성되어 있었다. 둘째, 내용적으로는 비실용적인 지식 교육에서의 탈피를 새로운 국가 교육의 지표로 삼아야 한다는 데 동의하고 있었다. 삶의 요구와 괴리된 비실용적 지식 교육은 식민지 교육의 유산인 동시에 전통 교육의 본질이기도 했다. 새로운 교육은 삶과 연결된 실용적 교육이어야 한다는 데 대부분의 교육자가 동의하고 있었다. 여기서 삶은 새로 출현한 근대적 삶이었다. 셋째, 교육 방법에서 획일적·교사중심적·권위주의적 요소를 제거하는 것이 일제 잔재의 청산과 동의어로 읽히고 있었다. 새로운 국가건설의 시기에 직면하여 새롭게 탄생해야 할 교육은 이러한 부정적 식민지 유산을 극복하는 데 유효한 것이 일차적 조건이었다. 교육계의 당면 과제는 일본식 교육의 상징인 암송주입주의의 강압에서 학생들을 해방시키는 것이라는 점에 새교육운동 주도자들뿐 아니라 사회주의 진영과 민족주의 진영 교육자들도 큰 이견 없이 동의하고 있었다.[이준하, 1946]

이러한 세 가지 일제 교육 잔재와는 대비되며, 이를 해소하는 데 기여할 수 있는 교육이론이 당시 세계적으로 유행하던 아동중심, 생활중심, 경험중심 교육이었다. 이는 미국식 이론이라기보다는 승전국들의 합체인 서양의 교육이론이었다. 당시 미국식 교수법은 미국식인 동시에 유럽식이었다는 점, 그리고 민족주의적 고루성은 곧 봉건적 잔재였기 때문에 조선의 새로운 교육이 돌아갈 좌표가 아니었다는 인식^{윤석기, 1946} 아래 다른 선택의 여지는 없었다고 보아야 할 것이다. 당시 새교육 관련 글들에서 미국의 존 듀이와 유럽의 장 자크 루소, 마리아 몬테소리, 요한 하인리히 페스탈로치는 아동중심 교육과 생활중심 교육 그리고 경험중심 교육의 사상적 배경으로 함께 인용되고 논의되었다.

또 다른 측면은 식민 경험에서 깨달은 국제적 유대의 필요성이었다. 즉, 조선이 과거에 범한 과오(쇄국이 초래한 식민화)를 되풀이하지 않으려면 교육 부문에서도 폐쇄적 민족주의보다는 국제적 유대가 강조되어야 하며, 국제인으로서의 조선인을 양성하는 것이 급선무로 인식되었다. 일본의 패망 또한 '외래문화 흡수의 도량을 결함'과 '국제도의를 망각한 점'에 있었다는 인식이 교육자들 사이에 퍼져 있었던 점도 무시할 수 없었다.^{박정식, 1946} 국제인으로서의 조선인을 양성하기 위해서는 전통적 관념형의 교육보다는 당시 미국뿐 아니라 세계적으로 유행하던 생활중심 혹은 경험중심의 교육을 선택하는 것이 당면 과제로 인식되었다. 구태를 고집하거나 상아탑에 안주하여 세계사의 큰 흐름을 따라가지 못하는 우를 다시 범하지 않으려면 구교육을 버리고 신교육을 택하는 수밖에 없다는 인식이 널리 퍼져 있었다.^{심태진, 1947}

일본과의 경쟁의식 또한 서구 교육이론에 대한 호의적 태도를 가져오는 데 기여했다고 보아야 한다. 식민 지배국 일본과 경쟁에서 이기려면 일본보다 우위임이 증명된 미국을 비롯한 서양의 사상이나 이론을 따라가는 것이 필요하다는 인식이 강했다. 이는 해방 직후 '일제 교육의 번역에 급급'^{박정식, 1946}하고 있는 현실에 대한 비판의 목소리가 빈번했다는 것에서 충분히 유추할 수 있는 시대적 분위기였다. 근대교육의 장점과 민주주의 교육의 가치를 이미 경험한 일본은 돌아가고자 하는 과거 교육 경험이 있었던 반면, 한국인들은 돌아가서 의지할 과거의 교육 전통이나 긍정적 교육 경험이 존재하지 않았다는 것도 새로운 서구 교육이론에 대한 집단적 호의 의식을 발현시키는 데 기여했을 것이다.

생활, 경험, 피교육자를 강조하고 획일주의를 배제하려는 민주주의적 새교육 방법이 당시 사회주의, 민족주의, 그리고 미국식 민주주의 교육론자들에 의해 공통으로 수용된 것은 특히 생활에 대한 강조 때문이었다고 볼 수 있다. 사회주의자들에게 '생활'은 관념의 세계가 아닌 조선의 현실적 '과제'로, 민족주의자들에게는 다른 나라나 문화가 아니라 '조선'적 생활이나 문화로, 그리고 미국식 민주주의 교육자들에게는 교사중심의 지식에 대비되는 학생중심의 경험을 의미하는 '생활'로 인식되었다. 미국식 새교육의 상징 중 하나였던 생활중심 교육은 진보주의, 민족주의, 새교육을 관통하는 마법과도 같은 용어였다. 생활경험을 강조하는 새교육을 통해서는 진보적 사회 발전도, 민족문제 해결도, 아동중심 교육도 모두 가능해 보였다.

아동의 생활경험을 교육으로 끌어들이는 효과적인 방법은 새로운 교수법이었고, 대표적인 것은 미국에서 개발되고 실험된 프로젝트 메서드Project method, 돌턴 플랜Dalton Plan, 개리 시스템Gary System 등 존 듀이의 진보주의 교육사상에 바탕을 둔 교수법들이었다. 새교육운동은 1945년 겨울방학부터 초중등 교사에 대한 단기간의 강습회, 하기대학, 동기대학, 연구 발표의 형태로 시작되었다. 효제국민학교 윤재천 교장, 서울사범대학 부속국민학교 심태진 교감 등이 주도한 새교육 강습회를 통해 교사중심 교육에서 아동중심 교육으로, 주입식 교육에서 자발적 교육으로, 일률적 교육에서 개성적응의 교육으로, 교과서 지상

교육에서 경험중심 교육으로, 그리고 기억 본위의 지도에서 생활 본위의 지도로 옮겨 가는 것이 민주주의 교육이라고 가르쳤다.정재걸, 2010 "도회지는 물론이요 어느 산간이나 도서에를 가보든지 대개 민주주의 교육을 실시하려는 의도"이호성, 1947가 넘쳐나고 있었다.

미국을 통해 수입된 생활중심, 아동중심, 경험중심 교수법은 미국식 교육이기 이전에 세계적 조류였다는 점을 고려하면 당시 조선 교육자들의 선택을 '맹목적' 혹은 '무비판적'이라고 하는 것은 타당하지 않은 측면이 있다. 미국식 진보주의 교육이론은 이론 생산국인 미국이나 영국을 비롯한 서유럽 국가뿐 아니라, 연합국의 지배를 받게 된 패전국 독일이나 일본, 그리고 2차 세계대전 종전과 함께 독립했거나 독립을 지향하고 있던 제3세계 대부분의 나라에서 민주주의 사회 건설을 위해 받아들이고 실천하고자 노력했던 보편적 이론이었다는 점도 고려해야 한다. 그것은 정치에서의 민주주의와 동급이었다.

정치나 경제 등의 분야와 달리 교육 분야의 정책 수립과 집행에서 조선인 전문가들의 상대적 자율성이 보장되었다는 주장에 대해서는 좀 더 심도 있는 논쟁이 필요할 것이다. 경상북도 학무과장 땅캉 대위는 미군정하에서 미국인들이 조선 사람들에게 미국의 제도를 가져다주면서 "이것이 당신네들이 본받을 제도니 이대로 하시오"라고 할 생각이 전혀 없었으며, 오히려 조선의 제도를 깨달은 후 조선 사람들과 같이 미국의 교육제도에 대해 논하는 과정을 거쳐 조선에 합당한 교육제도를 택하려 했음을 강조한 바 있다.땅캉, 1946 오천석 또한 국립서울대학교 설립안 작성 등 미군정기의 핵심적 교육정책이 미국인들의 독단적 판단이 아니라 본인을 포함한 한국인 전문가들의 주도하에 이루어졌다는 점을 강조했다. 비록 미군정하에서 도입된 신식 학제가 미국의 일부 주에서 실시되고 있던 6-3-3-4 학제를 모방했고, 신학년의 시작을 미국과 동일하게 9월로 설정했으며, 교육구제를 핵심으로 하는 미국식 교육자치법령을 채택하는 등 제도적으로 미국 교육의 영향을 받은 측면을 부인할 수는 없지만, 이런 과정이 맹목적이었거나 무비판적이었다는 자학적 해석은 재고가 필요하다. 미군정하에서 추진되고 실천된 모든 교육정책을 설명하는 문장의 주어가 '미군정' 혹은 '미국'으로 고정되어버린 현실에 대한 재인식이 요구된다.

신탁통치 반대운동, 정판사 위조지폐 발행 사건 등 1946년 전반기에 벌어진 일련의 정치적 사건으로 사회주의와 민족주의 진영에 대한 미군정의 배제 정책은 본격화되었고, 교육 부문에서도 친미 성향 인사들의 영향력이 커져가기 시작했다. 그리고 1946년 7월 발표된 '국립서울대학교 설립안'을 둘러싼 갈등은 결정적으로 친미적 교육자들의 주도권을 강화시켰다. 이들이 강조한 것은 미국의 진보주의 교육이론에 바탕을 둔 민주적 교수법이었고, 그 이름은 '새교육'이었다. 이를 주도한 것은 일본 유학 경험이 있던 김성수, 유억겸, 미국 유학 경험이 있던 오천석, 백낙준, 김활란 등 지식인과 미국식 교육이론을 절대적으로 신뢰했던 윤재천, 심태진, 이상선, 김기서 등 조선인 교육자들이었다. 새교육은 일제의 전체주의 교육을 극복하기 위한 민주주의 교육과 동의어로 받아들여졌으며, 그들의 주된 활동은 교수학습 방법 개선을 위한 노력으로 나타났다. 미국식 교육학습법, 민주주의 교육, 그리고 새교육은 동의어였으며, 새교육운동은 일제 교육 유산의 극복 운동으로 인식되었고, 이 운동 주도자들 중 일부 친일행적의 면죄 과정이기도 했다.^{정재걸, 2010} 식민지 시대에 교육받고 활동한 많은 조선인 교육자가 미국식 민주주의 교육운동을 지지한 배경이기도 했다.

미국식 민주주의 교육을 대하는 조선인 교육자들의 태도는 다양했다. 당시 문교부 초등교육과장 이호성은 1947년 4월 〈조선교육〉 창간호에 게재한 '겉탈 민주주의 교육을 삼가라'라는 글에서 조선의 교육자들이 미국식 민주주의 교육을 대하는 태도를 네 가지로 분류했다. 첫째는 미국식 민주주의 교육의 본질을 이해하고 한국의 상황에 적합하게 이를 실천하고자 노력하는 태도로, 가장 바람직한 모습이었다. 둘째는 미국식 민주주의 교육에 의심을 품고 반대하거나 교육시설 부족 등 현실적 한계를 지적하며 시기상조론을 펴는 교육자들이다. 셋째는, 새교육에 관심을 보이지 않고 예전 방식을 그대로 따르는 완고파 교육자들이다. 넷째는 그릇된 '겉탈 민주주의 교육'을 가지고 그것을 민주주의 교육으로 오해하는 교육자들로, 이들의 그릇된 교육법으로 민주주의 교육에 대한 비판과 잡음을 초래하는 집단이다. 이호성이 가장 염려한 것은 마지막 집단이다. 이들은 아동중심주의를 한다는 생각에 "선생은 가르치지 않고 아동만 시키거나 과제를 숙제로만 내는데 부모도 답하기 어려운 문제를 함부로 해오라거나 시간을 함부로 잡아먹어서 교재의 진도가 한없이 늘어지거나 하는"^{이호성, 1947} 폐단을 만들어냄으로써 민주주의 교육에 대한 불만과 비판을 초래하는 무책임한 교육자들이었다.

이호성은 당시 민주주의 교육운동이 결코 외래교육사상에 대한 무비판적인 수용이나 유행적인 태도가 아니라는 점을 강조했다. 그것은 전체주의 교육, 전제주의 교육, 봉건적 교육의 타파라는 명료한 시대적 요청을 위해 가장 적합한 교육 사상이었기 때문에 반드시 실현되도록 힘써야 할 대상이었다. 즉, 유행하던 미국식 교육이기 때문에 수용하는 것이 아니라 우리 교육의 병폐를 일소하는 데 가장 적합한 교육사조이기 때문에 수용하려 했던 것이다. 이호성이 이해하고 강조하는 한국적 상황에서 필요한 민주주의 교육의 4원칙은 첫째, 선생은 지배자요 학생은 피지배자라는 독선적 태도를 버리는 것, 둘째, 아동 간에 모든 차별적 대우를 없애는 것, 셋째, 획일적·일률적 지도법을 버리고 아동 개인의 능력에 합치되도록 힘쓰는 것, 넷째, 봉건적이거나 군대식이거나 모든 부자연스러운 형식을 버리고 자연성 원칙에 충실하게 따르는 것이었다.[이호성, 1947] 이호성에게 아동중심주의 교육은 선생의 독선적 판단으로 진행되는 획일적 교육을 피하라는 것이지 교사의 책임 회피나 무책임을 의미하는 것은 아니었다.

혜화국민학교 교장 윤정석 또한 당시 아동중심주의 교육이 결코 교사의 방관적 입장을 지지하는 것이 아니며, 학생들의 능동성을 강조하는 교육임을 역설했다.[윤정석, 1947] 이원경은 독일의 아동정신분석학자 빌리암 슈테른, 교육자 페스탈로치와 함께 듀이를 인용하여 아동생활의 종합성에 기초한 생활중심의 종합학습의 필요성과 교과 중심 주지주의 교육의 폐단을 논했다.[이원경, 1947] 미군정청 사범교육과장이었던 사공환이 민주주의 교육에서 강조하는 교육의 생활화와 생활의 교육화를 논하면서 "여기서 말하는 생활은 결코 세계적 표준으로서의 그어떤 생활이 아니라 오로지 '조선 사람의 생활'"임을 강조한 것도 같은 맥락이다. 그는 서양으로부터 학습한 "교육사조는 참고가 되고 지침이 될지언정 교육사조로 말미암아 조선 생활의 구체성이 동요될 리는 만무하다"고 선언했다. 나아가 "조선 생활의 구체성 그것은 초과학적 실재이며 초이론적 실체"라고 확신했다.[사공환, 1947]

당시 초등교육 분야에서 민주주의 교육운동을 지도하는 문교부 책임자 이호성이나 사공환, 그리고 현장 교육자 윤정석, 이원경 등의 주장을 살펴보면 당시 우리 교육계에서 미국식 민주주의 교육을 대하는 태도는 결코 무비판적이거나 맹목적이지 않았음을 명확하게 알 수 있다. 해방 직후 사회 전반의 활동에 비해 교육계 혁신 활동이 가장 활발히 진전했다고 스스로 평가할 수 있었던 것[사공환, 1947]은 당시 세계

교육계를 지배하던 교육사상과 이론에 대한 정확한 이해와 주체적 해석 위에 우리나라 교육의 혁신 방향을 설정했기 때문일 것이다. 이런 이유로 사공환은 당시 조선이 추구하던 교육을 '미국 직수입품'으로 해석하는 것은 '착각망단錯覺妄斷'이라고 강하게 비판할 수 있었던 것이다.^{사공환, 1947}

해방 직후 전개된 미국식 민주주의 교육이론에 바탕을 둔 새교육 운동을 서구 교육이론의 맹목적 수용이라고 해석한 우리 학계의 오랜 관행은, 1980년대 이후 한동안 우리나라 인문사회과학계를 압도하던 문화적 제국주의 이론의 무비판적 적용은 아니었는지 의심해볼 만한 충분한 이유가 있다. 앞서 살펴보았듯이 미국식 교육이론이 적용되는 과정에서 한국 교육계의 의미 있는 비판이나 저항, 한국적 상황과의 결합을 위한 주체적 노력을 보여주는 사례들은 적지 않다. 이 시기 교육의 영역에서 미국의 제국주의적 지배 의도가 철저하게 관철되었다고 보는 것은 문제가 있다.

| 참고문헌 |

• 땅캉(1946). 「군정하의 교육에 대한 폐견」. 『영남교육』 창간호(1946년 2월).
• 박정식(1946). 「조선교육의 갈 길」. 『신교사』 창간호(1946년 6월).
• 사공환(1947). 「사회생활과로 본 국사교육」. 『조선교육』 제1권 제6호.
• 심태진(1947). 「학습지도법의 근본과제(1)」. 『조선교육』 창간호(1947).
• 이준하(1946). 「해방조선의 교육과제」. 『춘추』 1946년 2월호.
• 윤석기(1946). 「조선교육의 당면과제」. 『인민』 제1호(1946년 1-2월호).
• 윤정석(1947). 「현금 초등교육에 가장 적절한 교수법의 기초원리」. 『조선교육』 창간호.
• 이길상(2007). 『20세기 한국 교육사』. 집문당.
• 이원경(1947). 「아동생활의 특정에 의한 종합교육원리」. 『조선교육』 제1권 제5호.
• 이호성(1947). 「겉탈 민주주의 교육을 삼가라」. 『조선교육』 창간호(1947년 4월).
• 정재걸(2010). 『오래된 미래교육』. 살림터.

사회생활과는 친미 과목인가?[2]

　미군정 초기의 교육과정은 미국식이었을까? 그렇게 보아야 할 근거는 사실 많지 않다. 1945년 10월 21일 발표된 미군정 학무통첩 제352 '학교에 대한 설명과 지시'에 따라 식민지 시대의 교육과정에서 '수신'을 '공민'으로 명칭 변경하고, 일본어를 조선어로, 일본 역사를 조선 역사로 바꾸었을 뿐, 교과 편성에서 근본적인 변화는 없었다. 교육과정 측면에서 미국적 요소가 도입되기 시작한 것은 해방 1년 후인 1946년 9월 1일과 9월 20일 순차적으로 발표된 '초, 중등학교 교과편제 및 시간배당'으로부터였다. 새로운 과목인 '사회생활과'가 등장했다. 낯선 과목이며 미국 교육의 영향을 상징하는 과목이었다. 한국 교육의 미국 의존성을 강조하는 학자들은 사회생활과의 도입을 미국적 가치와 제도에 대한 신념이 만들어낸 비주체적 교육정책의 상징이며 미국의 문화적 제국주의 정책이 관철된 대표적 사례로 해석한다. 이들은 미국의 사회생활 과목은 미국 사회를 구성하는 다양한 인종과 문화를 통합하기 위해 도입한 과목이기 때문에 문화적 동질성이 특징인 한국

---

2. 이 글은 〈한국교육사학〉 제39권 제3호(2017)에 게재한 '서구 교육이론의 한국적 수용양상－해방 이후 진보주의 교육사상을 중심으로'의 Ⅲ(사회생활과 도입의 자발성과 유목적성)을 일부 수정한 것임.

사회에 필요한 과목이 아니었음을 강조한다.차조일, 2012 즉, 한국에 도입된 사회생활과의 성격을 친미적인 정치사회화를 위한 교과로 보려는 입장이 강하다.

사회생활social studies이라는 과목의 출생지가 미국이라는 데는 이론이 없다. 미국 사회는 19세기 후반에 이르러 급속한 산업화와 도시화로 인한 많은 사회문제를 노출하기 시작했으며, 이에 대한 해결책을 공교육 쪽에 요구하는 목소리가 나타났다. 교육개혁에 대한 강한 사회적 요구에도 불구하고 미국 교육은 여전히 실생활과는 괴리되어 있었고, '사회문제 해결 능력이 있는 우수한 시민양성'이라는 새로운 요구에 부응하기 어려웠다. 비판의 대상이 된 과목은 역사였다. 유럽의 교양 교육 전통에 기반을 둔 미국의 역사교육은 고대사와 중세사 중심이었고, 이는 당시 미국인들이 요구하는 실용성과 효율성을 지향하는 교육과는 거리가 있었다. 1916년 전미교육협회National Education Association 사회과위원회Committee on the Social Studies 보고서에서 처음으로 제안된 사회생활 과목은 분과 중심의 기존 교육과는 차별화된 통합 교과목 형태로서 유사한 시기에 등장한 중핵교육과정core curriculum이나 각종 진보주의 교육 방법project method 등의 지향점에 가장 어울리는 과목이었다.

1920년대와 1930년대를 거치면서 사회생활과는 그동안 핵심 교과의 지위를 지켜온 역사과를 대체하며 시민교육을 담당하는 새로운 핵심 교과의 지위를 차지했다. 물론 이런 해석에 이의를 제기하는 학자도 있지만Fallace, 2008 소수의견이다. 사회생활과는 미국 사회가 지닌 많은 사회적 해결과제를 학습의 대상 주제로 끌어들임으로써 가장 진보적인 과목이라는 평가를 받게 되었고, 많은 관련 교과목들을 통합하는 중핵교과로서의 역할을 하기에 가장 적합한 과목이라는 평가가 지배적이었다. 교육 부문에서 '사회적 효율성 정신spirit of social efficiency'이 거둔 승리였다.Ravitch, 2003 사회생활 과목의 탄생과 성장에 기여한 듀이의 제자 해롤드 러그Harold Rugg가 저술한 사회생활과 교과서 Man and His Changing Society의 영향력은 특히 컸다.

그러나 제2차 세계대전 발발과 미국의 보수화는 진보주의 교육과 함께 사회생활 교과의 위기를 가져왔다. 미국의 보수주의자들은 사회생활 과목이 미국이 지닌 문제를 주요 토론 소재로 삼음으로써 미국의 치부를 드러내는 비애국적 과목이라는 주장을 폈고, 역사학자들은 역사교육의 소홀이 가져올 수 있는 애국정신의 위기를 역설했다. 친사회주의 교과서로 낙인찍힌 러그의 사회과 교과서는 학교현장에서 서서히 외면당하기 시작했다. 1939년 독일과 러시아의 불가침조약 체결과 러시아 지식인 레온 트로츠키Leon Trotsky의 암살이 야기한 미국의 반공산주의 열풍은 사회생활과의 위기를 가속화하는 배경이기도 했다. 제2차 세계대전을 전후한 시기에 벌어진 사회생활 과목의 가치를 둘러싼 이러한 첨예한 논쟁에도 불구하고 민주주의적 시민 양성을 위한 과목으로서 사회생활과의 존립 자체가 위협받지는 않았다. 과목 탄생 초기의 사회 비판적 기능은 상당 부분 줄어든 대신, 전체주의나 공산주의의 위협으로부터 민주주의 사회를 지킬 수 있는 우수한 시민 양성 기능이 점차 확대되었을 뿐이다.

제2차 세계대전 직후의 사회생활과는 초기의 진보적 색채는 상당 부분 잃고 애국, 반공 그리고 국가발전 등의 보수적 목표와 결합된, 새로워진 과목이었다. 미국 사회의 문제점들을 드러내서 학습 자료로 활용하는 모습은 축소되었지만, 교육이 지닌 실용성이나 실생활 중심성이라는 진보주의 교육이 만들어낸 특징은 여전히 유지하고 있었다. 해방 직후 우리나라에 소개된 사회생활과는 이렇게 성격 변화를 겪은 후의 사회생활과였다. 즉, 한국이 추구하던 민주주의 사회를 건설하는 데 필요한 민주주의적 소양과 함께 사회가 요구하는 덕목을 갖춘 우수한 시민을 양성함으로써 한국 사회의 질적 발전에 기여할 수 있는 과목으로 등장한 것이다.

사회생활 과목은 제2차 세계대전을 전후하여 한국뿐 아니라 전 세계적으로 전파되었으며, 이는 1) 1930~1940년대 진보주의 교육의 대유행, 2) 많은 지역에서 드러난 교과지식 중심의 전통교육에 대한 실망, 그리고 3) 제2차 세계대전 이후 교육에서 세계주의의 확장과 밀접히 연결되어 있었다.Parry, 1998 우리나라에서도 해방 직후 이 세 가지 배경적 요인이 유사하게 작동하고 있었다는 점에서 사회생활과의 도입을 설명하는 과정에서 미국의 영향력이라는 한국적 특수성만이 과도하게 강조되는 것은 재고되어야 한다. 오히려 미국에서 일정 기간 실험을 통해 그 가치가 인정되어 보편성을 얻은 과목을 해방 직후 대미 우호적 여건 속에 자연스럽게 수용했다고 보아야 할 것이다. 한국에 소개될 당시 사회생활이라는 과목은 미국식 교과목이라기보다는 이미 세계 교육계에서 '현대교육의 총아'윤양모, 1947의 지위를 차지하고 있었고, 우리나라 교육자들은 이를 충분히 인식하고 있었던 것이다.

당시 사회생활과 도입을 주도한 오천석은 이 과목 도입의 목적을 두 가지로 설명했다. 첫째는 주입식 교육이 아니라 아동중심·생활중심 교육을 실천해야 할 필요이고, 둘째는 민주주의 사회의 공민을 양성하는 것이다. 이 두 가지 목적을 위해 가장 적합한 과목이 사회생활과였기에 도입에 적극적이었다는 것이다. 미군정청 중등교육과에서 근무하던 김상필은 아동의 발달과정이나 경험을 무시하고 분과적 지식을 가르치는 데 몰두했던 식민지 시대 교육의 부정적 유산을 극복하는 데 가장 유리한 과목이 사회생활과라고 보았다. 즉, 오천석과 김상필은 사회생활과의 창설을 일제 잔재 청산을 위해 가장 중대한 교육 분야 혁신으로 보았다.[이상선, 1946] 지식 중심 교육에서 탈피하여 전인교육으로 나아가기 위한 혁신의 상징, 조선 신교육의 상징이 사회생활과였다. 당시 민주주의 교육 강습회에서 가장 많이 활용된 『사회생활과의 이론과 실제』의 저자 이상선(문교부 편수국 번역사)은 이 책 머리말에서 이 과목의 성격을 (전체주의에 대비되는 의미의) 민주주의에 입각한 교육과 (분과교육에 대비되는 의미의) 종합교육을 실천하는 데 필요한 내용과 수단을 제공하는 가장 기본적인 과목이라고 규정했다. 미성년의 생활경험은 각 학문 분과로 분할할 수 없으며 통합적이라는 듀이 주장의 영향을 받은 것이다.[이상선, 1946] 1946년 11월에 열린 민주교육연구강습회에서 강사 심태진은 세계적으로 가장 진보된 신교육 방법이 집약된 과목이 바로 사회생활과이기에 조선 교육의 혁신을 위해서도 이 과목의 도입이 필요함을 역설했다.[김상훈, 2014] 방법상 구교육에서 신교육으로 전환시킴에 그 성과를 가장 많이 기대할 수 있는 과목, 동시에 각 교과목의 중심이 되는 과목이라는 공감대[정건호, 1947]의 확산이야말로 사회생활 과목을 적극적으로 수용하게 만든 1차 요인이다.

문교부 중심의 사회생활과 도입 움직임과 관련하여 당시 국내 학자들의 거친 비판이 제기되기도 했다. 가장 잘 알려진 일화는 문교부 역사담당 편수관 황의돈의 비판이다. 그는 내용의 변화 없이 지리, 역사, 공민 과목을 합쳐서 사회생활과라는 미국식 과목을 신설하는 것에 불만을 표시했다고 한다.[김상훈, 2014] 미국에서와 마찬가지로 역사학계에서의 반론이 제기된 것이다. 당시 『동아일보』 보도를 보면 지리, 역사, 공민을 통합하려는 문교부 미군 측과 세 교과 한국인 편찬위원들 사이에 의견 대립이 1946년 초부터 1946년 6월 이후까지 지속되고 있었음을 알 수 있다. 사회생활 과목 도입 반대의 2대 논리는 미국식 교육의 모방이나 수입, 그리고 국사교육의 무시였다. 신교육에서 사회생활 과목이 지니는 가치를 인식하고 있던, 위에서 언급한 여러 교육자들에게는 수용하기 어려운 비판이었다.사공환, 1947

논란을 거쳐 1946년 9월 발표된 새로운 교과편제에 사회생활 과목이 포함되었고, 1947년 1월에는 '초등학교 사회생활과 교수요목집'이, 그리고 정부 수립 후인 1948년 12월에는 '중학교 사회생활과 교수요목집'이 순차적으로 발행되었다. 미국식 민주주의를 한국에 전파하여 친미적 국가를 건설하려던 미국 측 의견이 사회생활과의 도입에 개입되었다는 점을 완전히 부인할 수는 없을 것이다. 문교부에서 마련한 사회생활과 연수 자료의 내용이 미국의 특정 지역(콜로라도 주) 사회생활과 교육과정을 모델로 했다는 점에서도 미국의 영향이나 숨은 의도를 무시할 수는 없을 것이다. 그러나 위에서 살펴본 것처럼 사회생활과라는 과목이 제2차 세계대전을 전후하여 세계 대부분의 나라에서 보편적으로 받아들여지기 시작한 과목이었다는 점, 우리나라 지식인들이 사회생활과를 통해 성취하려는 뚜렷한 목적을 지니고 있었다는 점, 일정한 토론 과정을 거쳤다는 점, 나아가 오천석을 비롯하여 허현, 심태진, 윤재천, 이상선, 김상필 등 많은 교육자가 사회생활이라는 과목의 기본 원리를 이해하고 있었다는 점 등을 고려하면 당시 사회생활과 도입 태도를 맹목적이거나 무비판적인 것으로 설명하는 것은 무리가 있어 보인다. 이 과목의 수용과 관련하여 한국인 교육자의 교육학적 소양 부족이나 전문성 결여, 혹은 수동적 태도를 들어 사회생활과를 친미교과로 규정하는 견해한준상·김성학, 1990에는 동의하기 어렵다.

종합해보면 사회생활 과목이 미국에서 탄생했고, 미국의 정치사회적 영향력이 압도적인 시대에 우리나라 교육에 적용되기 시작했다는 사실만으로 과목 그 자체의 성격을 친미적이라고 단정하는 것은 합리적이라고 할 수 없다. 해방 직후 한국 사회는 민주주의를 지표로 하는 새로운 국가 건설을 위해 필요한 모든 것을 배우고 적용해야 할 때였다. 배우지 않고 새로운 교육제도나 이론을 하루아침에 창조해낼 수는 없는 것이다. 어느 한 나라에서뿐 아니라 세계적으로 그 가치를 인정받아 보편성을 얻은 과목을 받아들여 우리 것으로 만들려고 노력했던 경험을 친미의 상징으로 해석하는 것은 시대가 낳은 억지거나 역사적 사실에 바탕을 두지 않은 일방적 해석이다.

| 참고문헌 |

- 김상훈(2014). 「해방 후 사회생활과의 도입과 역사교육의 방향」. 『서강인문논총』 제41호.
- 윤양모(1947). 「사회생활과 이전(1)」. 『조선교육』 제1권 제6호.
- 사공환(1947). 「사회생활과로 본 국사교육」. 『조선교육』 제1권 제6호.
- 이상선(1946). 「머리말」. 『사회생활과의 이론과 실제』. 금룡도서문구주식회사.
- 정건호(1947). 「사회생활과의 한 고찰」. 『조선교육』 제1권 제2호.
- 차조일(2012). 「제2차 세계대전과 사회과 교육의 위상」. 『사회과교육』 51/2.
- 한준상·김성학(1990). 『한국현대교육의 인식』. 청아출판사.
- Fallace, Thomas. "Did the Social Studies Really Replace History in American Secondary Schools?" *Teachers College Record 110(10)*, 2008.
- Ravitch, Diane. "A Brief History of Social Studies", in *Where Did Social Studies Go Wrong?* edited by James Leming, Lucien Ellington, Kathleen Porter-Magee, Washington D. C.: The Thomas B. Fordham Foundation, 2003.
- Parry, Lindsay J. "Origins and Evolution of Elementary Social Studies in Australia, 1930-1970", *The Social Studies*, March/April 1998.

정치가 망친 신학제 논쟁

대한민국 정부가 출범한 1948년 여름 더위는 살인적이었다. 더위만큼 뜨거운 것은 교육계였다. 새 정부는 출범했으나 교육법은 없었고, 교육개혁을 향한 이상은 높았으나 실천은 어려웠다. 무엇보다 시급한 것은 새 나라의 실정에 맞으며 미래 지향적인 학제의 마련이었다. 민족 차별에 바탕을 둔 식민지 시대의 복선형 학제도 아니고, 경제적 여유를 향유하고 있는 미국식 단선형 학제도 아닌, 대한민국 실정에 맞는 학제의 창안이 중요한 과제였다. 이를 둘러싼 논쟁과 갈등은 1948년 여름의 폭염 이상으로 뜨겁고 길었다.

정부 수립 이후 1년 4개월의 뜨거운 논의를 거쳐 1949년 12월 31일 채택된 교육법에 명기된 최초의 학제는 중등교육 4년을 마친 후 4년제 전문대학에 진학하는 6-4-4 학제를 기본으로 하되, 대학 진학을 희망하는 경우에는 중학교를 3년으로 마치고 대학 준비를 위한 고등학교 교육 3년을 추가로 이수하는 6-3-3-4 학제도 함께 존재하는 이원적 체제였다. 식민지 시대의 복선형 학제에 대한 향수를 버리지 못하고 있던 현실주의 교육자들과 미국식 기회균등 모델에 대한 기대감에 부풀어 있던 서구지향형 교육자들 사이의 갈등과 타협이 만들어낸 절충식 학제이며, 차별적 학제였다. 새로 출범한 나라의 학제라고 보기에는 새로움이 없고, 새로 출범한 나라의 미래 인재를 양성하기 위한 학제라고 보기에는 방향성이 느껴지지 않는 제도였다. 교육이 정치적 논쟁의 희생물이 된 대한민국 교육계 최초의 사건이 바로 이 기형적 학제의 탄생이다.

신학제 수립을 위한 논쟁이 정치적 논쟁으로 퇴색되고 있던 당시 오로지 교육적 관점에서 바람직한 학제를 일목요연하게 주장한 전문가들이 없었던 것은 아니다. 신학제에 대해 국회에서 본격적으로 논의가 시작되기 훨씬 전인 1948년 9월호 〈새교육〉에는 '신학제에 관한 한 가지 소감'이란 제목의 글이 실렸다. 당시 한성여자중학교 교장 김의형은 이 글에서 미군정에 의해 도입되어 시행 중이던 당시 학제를 신랄하게 비판했다. 그의 비판은 6년제 중학교의 문제점에 집중되었다. 미군정은 식민지 시기의 4년제 중학교를 미국식 6년제로 개편하여 시행하고 있었다. 김의형은 우선 심신 양면에서 가장 변동이 많은 시기인 만 12세에서 17세까지를 한 학교에서 같은 교사들이 지도한다는 것은 심리적으로 불합리하다는 점을 지적했다. 특히 16, 17세 아이들이 보이는 "자기성장의 욕망"을 충족시키기 위해서는 별도의 단계를 설정해야 한다는 점을 강조했다. 두 번째 비판은 당시 교육시설이나 교사의 여건이 6년제 중학교를 우수하게 유지할 형편에 이르지 못했다는 점이었다. 특히 중학교 5~6학년 수준에 걸맞은 우수한 교육을 모든 중학교에서 실시하는 것은 당시의 경제 수준에서 비현실적이라는 점을 지적했다. 따라서 김의형은 비현실적인 양적 팽창보다는 질적 향상에 초점을 맞춘 4년제 중학교 중심의 학제가 현실적이며 바람직하다는 제안을 했다. 비록 그것이 일본 식민지 시대의 학제와 유사하더라도 감내해야 할 것을 요구했다. 친일로 매도될 수 있다는 것을 알면서도 이런 주장을 할 수 있었던 것은, 교사로서의 자부심과 미래 교육을 걱정하는 교육자적 양심에 충실했기 때문이라고 본다.

교육법에 반영된 신학제 탄생과정은 매우 복잡했다. 문교부 주도하에 각계 대표자 80여 명으로 구성된 문교심의회에서의 5개월간 심의를 통해 마련된 새로운 학제가 '문교부초안' 형태로 국회에 제출된 것은 1949년 3월 30일이다. 그런데 이에 앞서 〈새교육〉 제2권 제2호(1949년 3월 발간)에는 당시 문교부 기획과장 홍정식의 '신학제안의 특색'이란 글이 실렸다. 신학제에 관한 국회에서의 공식적 논의에 앞서 〈새교육〉을 통해 교육자들의 의견을 들으려는 취지로 발표된 글이다.

이 글에서 신학제로 제안된 6-3-3-4 학제의 5원칙이 선언되었다. 그것은 첫째, 국민 각인의 능력을 자유롭게 최고도로 발휘하게 할 수 있는 제도일 것, 둘째, 교육기회 균등적인 제도일 것, 셋째, 교육 보급 향상을 신속히 달성할 수 있는 발전적인 내용을 내포한 제도일 것, 넷째, 우리 국정에 적절한 제도일 것, 다섯째, 국제교육 수준에 대응할 수 있는 제도일 것이었다. 이 원칙은 21세기 지금의 학제개편 논의에도 고려되고 적용되어야 할 요소들임이 틀림없다. 홍정식은 신교육제도의 장점으로는 이것이 학생의 능력과 심리 발달에 적응하고, 우리 실정에 적합하며, 세계적 공통성을 지닌다는 점을 특히 강조했다. 중등교육을 전기 3년, 후기 3년으로 구분한 것은 오래지 않아 실시하게 될 9년 의무교육에 대비한 장치였다는 점도 매우 인상적이다. 즉, 중등교육을 4년 혹은 6년으로 하는 경우 중학교까지의 의무교육(10년 혹은 12년)이 실질적으로 매우 어려워질 것에 대한 우려가 내재된, 우리 실정에 적합한 제도개혁안이었다는 것이다. 공장노동 가능연령이 3년제 중학교 졸업연령과 일치한다는 점도 고려했다고 한다. 그리고 후기 중등교육인 고등학교 과정에서 인문계와 실업계를 구분한 것은 인문 중심의 교육풍조를 시정하며 과학기술 시대에 필요한 기술자 양성에 대비하기 위함이었다. 이런 취지는 1960년대 이후 근대화 과정에서 실업계 고등학교 졸업생이 크게 기여한 것을 고려하면 매우 적절한 학제개편안이었다고 평가할 수 있을 것이다.

당시 학제개편 논의에서 가장 논란이 심했던 쟁점은 역시 중학교 수학 연한이었다. 미군정기부터 6년제였던 중학교 수학 연한을 3년으로 할 것인지 4년으로 할 것인지가 핵심 쟁점이었다. 이 논쟁은 1951년에 현행 6-3-3-4 학제가 확정될 때가지 지속된 쟁점이었다. 이 문제와 관련하여 〈새교육〉에 발표된 '신학제안의 특색'(홍정식)에서 가장 주목해야 할 독특한 내용이 하나 있다. 〈새교육〉에서 3년의 중학교 과정을 핵심으로 하는 6-3-3-4 학제를 지지하는 이유 중의 하나는 남북통일에 대한 대비였다는 점이다. 매우 흥미로운 주장이다. 당시 남북통일의 목표하에 총 매진하고 있는 중앙정부로서 북한의 교육제도를 고려하지 않을 수 없다는 점을 강조한 것이다. 즉, 남한보다 학제를 먼저 확정한 북한이 중학교 수업 연한을 3년으로 했기 때문에 통일 이후의 혼란을 최소화하기 위해서는 우리도 북한과 같은 3년제 중학교를 택하는 것이 마땅하다는 주장인 것이다. 북한을 지배했던 소련군정이 교육제도만은 세계표준에 따라 3년제 중학교로 개편한 것은 다행이라는 긍정적 평가도 하고 있다. 북한과 체제 경쟁을 시작한 시점에서, 통일을 대비하고, 통일 후에 가능한 교육 부문의 혼란을 막기 위해, 적성국 소련의 지배하에서 채택한 제도라 하더라도 북한과 동일한 학제를 채택하기를 주저하지 않았던 당시 교육자들의 통일 의지, 관용정신, 자신감은 지금의 교육자들이나 정치인들에게 귀감이 되기에 충분하다. 그것은 맹목적인 체제 경쟁이 아닌 민족애와 교육자적 양심에 기초한 학제논쟁이다. 현행 6-3-3-4학제에 깃들어 있는 숭고한 정신의 하나가 통일 의지였다는 점을 기억해야 할 것이다.

이런 면에서 이 글을 쓰고 있는 2018년 1월의 대한민국은 매우 부끄럽다. 초등학교 4학년 학생이 그린 그림에서 태극기와 인공기를 함께 나무에 매다는 모양을 통해 통일나무가 쑥쑥 자라기를 기원한 것을 두고 종북 논쟁을 부추기는 정당, 언론, 그리고 시민단체가 있다는 것은 참으로 부끄러운 일이다.

문교부 중심으로 작성되고 〈새교육〉의 지지를 받은 6-3-3-4 학제는 당시 일본의 '교육기본법'이 담고 있는 교육제도를 그대로 모방했다는 이유로 국회의 강한 반대에 부딪혔다. 결국 6-3-3-4 학제는 폐기되고 신학제 수립의 주체가 문교부에서 국회로 옮겨지는 계기가 되었다. 국회에서는 정치인들 중심으로 2개월간의 준비 끝에 중학교 4년제를 핵심으로 하되 고등학교는 2년제, 3년제, 4년제가 동시에 가능한 복선형 학제를 최종안으로 마련했다. 이는 명백히 중등교육 단계에서의 차별성을 핵심으로 한 식민지 시대 일본식 교육제도에 정치인들의 욕심을 덧붙여 만든 한층 복잡해진 제도였음에도 정치적 타협의 산물로서 국회를 통과하여 대한민국 교육법의 핵심 내용이 되었다. 정치인들 중심으로 마련된 이 제도는 결국 적용되기도 전인 1950년 3월에 현실성이 부족하다는 이유로 교육법 개정을 통해 6-3-3-4, 6-4-4, 6-3-3-2 등 모든 종류의 단계가 가능한 더욱 복잡한 제도로 변모했다. 이런 복잡하고 현실성 없는 제도는 전쟁 중이던 1951년 초 부산 피난 정부하에서 개정되어 중학교 수학 연한을 3년으로 하는 현행 6-3-3-4 학제로 확정되기에 이르렀다.오성철, 2015

1949년 12월 대한민국 최초의 교육법 제정을 전후하여 전개된 신학제에 관한 이러한 논쟁의 역사는 많은 것을 시사한다. 무엇보다도 교육에 관한 논의가 교육의 장에서 벗어나 정치의 장으로 옮겨지는 것은 바람직하지 않은 결과를 낳는다는 것을 잘 보여준다. 교육 논리가 아닌 정치 논리에 교육이 지배받게 되는 것이다. 교육이 정치적으로 중립적이어야 함은 더 말할 나위가 없다. 교육의 거울이며 교사들의 목소리를 자임하던 〈새교육〉이 주도한, 신학제에 관한 풍부하고 교육적이며 파격적인 논쟁이 지속되었어야 했다. 교육 논리만으로 학제가 마련되고, 새로 마련된 학제에 담긴 교육적 의미가 충실하게 교육자들에게 전달되고 실천되기 위해서는 그렇게 되는 것이 마땅했다. 당시 우리 사회가 추구하던 민주적 신교육을 "지식보다 사고를, 기억보다 창조를, 이론보다 행동을 요구하는" 교육으로 규정한 〈새교육〉(1949년 6월호)의 이상이 신학제 논쟁에 처음부터 끝까지 반영되는 것이 필요했다. 학제 논쟁을 정치인들에게 맡기지 말았어야 했다. 당시나 지금이나 교육 문제가 정치적 논쟁의 대상으로 변하는 순간 그것은 더 이상 교육 문제일 수 없다. 정치로부터 교육의 자율성을 회복하는 것은 예나 지금이나 공교육 정상화를 위한 첫걸음이며 가장 무거운 걸음임을 신학제 논쟁의 역사가 우리에게 역설하고 있다.

2017년 대통령선거에서도 학제개편안이 유력 후보들의 공약으로 등장했다. 학제개편(안)을 논의하겠다거나, 학제개편을 시도하겠다는 것은 충분히 공약으로 제시할 수 있다. 그러나 선거 준비 과정에서 해당 후보의 교육 분야 자문을 맡고 있는 소수 전문가들의 아이디어를 기반으로 내부 협의를 통해 만든 구체적인 학제개편(안)을 제시하는 것은 타당하지 않다. 그러면서 교육을 백년지대계라고 강조하거나, 교육의 정치적 중립성을 보장하겠다고 주장하는 것은 어불성설이다. 학제는 학교 교육의 근간이다. 국가가 출범 초기에 새로 학제를 마련하기는 쉽다. 기득권이 존재하지 않기 때문이다. 그러나 이미 수십 년간 운영해오던 학제를 개편하기란 매우 어렵다. 기존 학제와 새 학제를 동시에 운영해야 하는 몇 년간의 혼란은 상상 이상이 되기 쉽다. 이행

과정이 매우 복잡할 것은 충분히 예상되기 때문에 구체적인 학제개편
(안)은 지칠 정도로 충분한 논의와 섬세한 준비 과정을 통해 만들어
야 하는 것이다.

교육학자로서 그리고 학부모로서의 경험을 토대로 학제개혁에 관해
최소한의 제안을 한다면 다음 몇 가지 정도를 말할 수 있다. 유치원교
육 2년 과정을 공교육의 한 부분으로 편입하는 것은 여러 가지 이유
로 타당하다. 인구변화의 추이, 어린이 성장과정의 변화, 여성의 사회
참여 확대 등 많은 요소들을 감안하면 당연히 고려할 내용이라고 본
다. 두 번째로는 초등학교 교육 기간 단축이다. 이미 초등학교 고학년
에서의 수업은 과거 중학교 교육과정 수준에 이르고 있으며, 현재 교
육과정에서 초등학교 고학년의 교육 내용은 주제나 난이도에서 초등
학교 저학년 교육과정보다는 중학교 교육과정과 동질성이 더 크다. 어
린이들의 발달과정 상황을 고려하더라도 초등학교 고학년생들과 중학
생들 사이의 정서적 공감대가 초등학교 저학년생들과의 공감대보다
더 넓기 때문이다. 세 번째로 대학 진학 인구의 감소를 지향하면서, 동
시에 후기 중등교육의 내실화를 기하기 위한 제도 개혁은 필요하다.
현재의 특성화고등학교가 학부모들의 자발적 선택의 대상이 될 수 있
도록 내실화를 기하는 방향의 제도 개편은 반드시 모색해야 한다. 학
제건 입시제도건 모든 단계의 학교들이 우수한 학생을 뽑는 폭력적
경쟁을 접고 우수한 학생을 기르기 위한 교육적 경쟁을 하는 데 도움
이 되는 제도여야 할 것이다.

마지막으로 미래 사회의 모습을 염두에 둔 유연한 학제를 모색해야
할 것이다. 이미 시작되었다고 할 수 있지만 불확실성과 모호함이 매
우 큰 4차 산업혁명 시대가 가져올 변화를 고려한 학제개편 논의가 되
어야 하는 것이다.성태제, 2017 이를 위해서는 학제개편 논의에서 4차 산

업혁명 시대의 중심에 설 젊은 세대들의 의견이 충실히 반영되어야 한
다. 3차 산업혁명 시대의 낯선 문턱을 넘고 있는 기성세대의 목소리만
반영되는 학제개편 논의는 바람직하지 않다. 문재인 정부의 교육개혁
을 주도하고, 그 틀 안에서 학제개편을 논의할 국가교육회의의 출범과
구성을 보면서 드는 첫 번째 우려이다.

| 참고문헌 |

• 김의형(1948). 「신학제에 관한 한 가지 소감」. 〈새교육〉 1948년 9월호.
• 오성철(2015). 「한국 학제 제정 과정의 특질, 1945~1951」. 『한국교육사학』 37/4.
• 성태제(2017). 「제4차 산업혁명시대의 인간상과 교육의 방향 및 제언」. 『교육학연구』 55/2.
• 홍정식(1949). 「신학제안의 특색」. 〈새교육〉 제2권 제2호.

신라식 민주주의를 꿈꾸다[3]

옛 교육, 혹은 헌 교육에 대한 새교육의 반란이 시작된 것은 미군정의 시작과 함께였다. 3년간의 반란을 진압하고 구교육의 복원을 꾀하려던 최초의 시도는 정부 수립과 함께 초대 문교부장관에 안호상이 임명된 사건이다. 안호상은 다양한 경력을 자랑하는 인물이다. 백과사전에서는 그에게 민족사학자, 철학자, 대종교인, 정치가, 그리고 파시스트라는 다양한 명칭을 부여하고 있다. 1920년대 초 일본에서 영어학교를 졸업한 후 중국을 거쳐 독일에서 유학했다. 독일 예나대학교에서 철학과 법학을 공부하여 박사학위를 취득한 것이 1929년이다. 이후 영국 옥스퍼드대학교, 일본 교토제국대학교, 독일 훔볼트대학교, 경성제국대학교에서 연구생으로 경력을 쌓은 후 1933년 보성전문학교(현 고려대학교) 교수가 되었다. 이듬해 이광수의 소개로 시인 모윤숙과 결혼했으나 후일 헤어졌다. 1942년 조선어학회사건으로 조사를 받기도 했다. 해방과 함께 민족주의 계열의 다양한 학술단체, 문화단체에 가입하여 활동하던 중 이승만 정부가 들어서자 초대 문교부장관이 되었다.

초대 문교부장관으로 민족주의 계열 철학자 안호상이 임명되자 미

---

3. 이 글은 『한국교육사학』 제39권 제3호(2017)에 게재한 '서구 교육이론의 한국적 수용양상-해방 이후 진보주의 교육사상을 중심으로'의 VI(민족주의의 등장과 진보주의 비판)를 일부 수정한 것임.

국식 민주주의 교육은 어려움에 직면했다. 안호상은 이승만 대통령이 제시한 '하나의 국민—民'으로 대동단결하여 민주주의의 토대를 마련하고, 공산주의에 대항한다는 통치이념인 일민주의—民主義(또는 한겨레주의)에 기초한 교육을 추구했다. 일민주의에 바탕을 둔 교육을 '민주주의적 민족교육'으로 표방하면서, 해방 후 3년간 미국식 민주주의 교육사상에 바탕을 두고 진행해온 새교육운동을 강하게 비판했다.

안호상은 문교부장관에 취임하기 전부터 "교육은 민족교육이어야한다"는 점을 강조했다. 구미식 개인주의 교육은 사람을 이기적 모리배로 만들고, 소련식 계급주의 교육은 사람을 당파적 파괴자로 만드는 반면 민족교육만이 사람을 원만한 양심인, 이른바 '온사람'으로 키워 개인과 사회 모두가 잘 살 수 있는 토대를 만들어준다고 주장했다.^{안호상, 1948}

안호상이 문교부장관에 취임하자 교육계의 흐름이 급변했다. 민족주의 계열 역사학자 손진태를 문교부차관에 임명한 것이 출발점이다. 손진태 또한 문교부차관 취임 이전부터 영·미적 민주주의도 소련식 민주주의도 아닌 "조선민족에게 적절하고 유리한 민주주의 이념"의 창건을 주장하며, 이를 '민주주의적 민족주의' 또는 '신민족주의'라고 부를 것을 주장했다.^{손진태, 1948}

해방 이후 새교육을 이끌던 미국식 교육사상과 제도는 안호상과 손진태가 이끄는 문교부 체제하에서 하나둘 비판의 대상이 되거나 변화를 맞이했다. 가장 먼저 시작된 것은 미국식 학제라고 알려진 6-3-3-4 학제에 대한 비판이다. 이는 미국식 교육에 대한 비판의 시작이었다. 미국식 민주주의 교육 이론을 소개하고, 새교육운동을 이끌기 위해 창간된 잡지 〈새교육〉조차도 미국식 민주주의 교육에 대한 비판의 강도를 점차 높여가는 동시에 민주주의적 민족주의 교육의 필요성과 실천 방안을 알리는 데 몰두하기 시작했다. 서울대학교 총장이던 장리욱은 미군정하에서 채택한 홍익인간의 교육 이념이 충분한 협의를 거친 결과라고 보기 어렵고, 우리 현실에도 맞지 않기 때문에 '사회적 내지 민족적으로 요구되는 가치'에 바탕을 둔 교육 목표를 새로 설정할 것을 주장하면서 '협력생활'을 새로운 교육 목표로 할 것을 제안했다.^{장리욱, 1948} 전진성 문교부 편수국 발행과장은 새로 나올 교과서에 대해 이는 '문교부의 새로운 교육 목표-민주주의 민족교육-구현을 위한 명랑하고 애국적인 교과서'^{전진성, 1948}가 되어야 할 거라고 주장함으로써 새로 수립된 정부의 교육정책이 빠른 속도로 탈민주주의, 친민족주의로 전환했음을 보여주었다.

〈새교육〉은 1949년 2월 간행된 제2권 제1호를 '민주주의 민족교육' 특집으로 편집했다. 문교부차관 손진태는 '민주주의 민족교육의 이념'이라는 글에서 미국식 민주주의는 강자의 철학이기 때문에 약자인 우리 민족의 철학으로는 타당하지 않다는 점을 지적하며, 약자에게는 민족으로서 단결하는 것이 가장 시급한 과제라고 보았다. 따라서 우리 교육에서는 민족이 주요 가치로, 개인은 민족에 속하는 제2의적 가치를 갖는 것으로 규정했다. 그는 구체적으로 다음과 같이 밝혔다.

> 지난 3년 동안 우리는 미국의 민주주의를 배웠고 쏘련의 민주주의를 들었다. 그러나 그것들은 모두 우리에게 반드시 맞는 것은 아님을 깨달았다. 그래서 우리는 우리에게 가장 적절하다고 생각하는 민주주의를 세우게 되었다. 그것은 곧 민족적인 민주주의이며, 그것이 교육상에서는 민주주의적 민족교육이란 표어로 나타나게 된 것이다. _{손진태, 1948}

서울청계공립국민학교 교장 최윤수는 〈새교육〉에 연재한 '민주주의 민족교육과 학교경영의 이념-사회생활과와 민족교육'이란 글을 통해 프뢰벨의 교육사상이 초시대적 성격을 지닌 반면, 듀이의 교육사상은 교육이 지녀야 할 시대적 특수성과 환경적 특수성을 인정하는 사상이라고 밝힌 후, 민족개성이라는 것이 바로 이런 특수성의 한 부분이라고 볼 수 있기 때문에 듀이의 사상에 입각해서 보더라도 민족교육은 필연적이라고 역설했다.최윤수, 1949 당시 유행하던 듀이의 교육 사상 중 아동의 생활이나 환경을 강조한 측면과 당시 정부가 추진하던 민족교육을 이론적으로 연결하려는 노력의 결과였다. 듀이 사상이 민족주의와 연결될 수 있다고 강조하면서도 그는 듀이가 '한국인이 아니고 미국인'이기에 개인 권리를 주축으로 하는 이론을 발전시켰고, 우리나라는 미군정 3년 동안 이를 배웠는데 이는 마치 '유아에게 철학을 강의하는 꼴'이었으며, 결국 크나큰 해악을 이 강산, 이 겨레에 퍼뜨렸다는 점에서 민주주의가 아니고 '미친주의'였다고 혹평했다.

안호상은 1949년 5월 23일 개최된 제1회 중등교육연구대회의 한 강연에서 민주주의의 출발점이 우리나라라는 주장을 하기에 이른다. 그는 "민주주의는 신라식 민주주의요, 신라에서 발달된 것이 구라파로 넘어가 이것이 또다시 우리나라로 들어오게 된 것이다"라고 주장하며, 그러기 때문에 민주주의적 민족교육은 우리 것이라는 논리를 전개했다.안호상, 1949

민주주의 교육에 대한 비판은 사회의 무질서와 청소년들의 취약한 정신의 배경으로 민주주의 교육을 지목하는 단계까지 이르렀다. 서울 성남중학교 교감 김세택은 '체육과 학도훈련'이라는 글에서 이렇게 개탄하기에 이르렀다.

해방 후 그릇된 민주주의 사조는 청소년 학도로 하여금 연약한 정신을 가지게 했으며, 모두가 자유라는 관념하에 발밑도 자기 환경도 생각지 않고, 방종한 가운데서 향락만을 보게 되고, 절제 없는 생활에서 청년의 특징인 의분심조차 잃고 자기주의로 흘러갔으니 그 결과로 민심은 더욱 야박해지고, 복종심은 희박하여져 심지어는 부모와 장자에 대한 존경심조차 땅에 떨어져 무질서한 상태를 양성했으니 민주주의의 그릇된 인식이 아니고 무엇이랴. _김세택, 1949

나아가 체육교육의 목표를 민족에 두어 "체육이 개인을 위하느니보다 민족을 위한 것이라는 목표 밑에 질서 있는 복종의 습관을 양성"할 것을 요구했다.김세택, 1949 당시 세간의 관심을 끌던 학생의 풍기문란도 미국의 민주주의 생활풍습의 피상적 모방으로 인해 발생한 것으로 해석하는 글도 자주 보였다.최봉현, 1949

안호상과 손진태의 강한 민족주의 정서는 교육정책에 그대로 반영되었다. 좌익 교사에 대한 대대적 숙청이 진행되었고, 학도호국단이 창설되었다. 1949년 9월 '대한민국 학도호국단 규정'을 제정하여 중학교 이상 학생 전원과 교직원을 군대식 조직에 편성하여 전쟁에 대비했다.

미국식 민주주의 교육에 대한 민족주의 진영의 이런 비판과 독단적 정책에 대해 이의를 제기하는 교육자들도 없지는 않았다. 서울시의 장학사 김용욱은 1948년 겨울방학 동안에 진행된 민주주의 민족교육 강습회를 지켜본 후 이런 글을 〈새교육〉에 게재했다.

시설이 불충분하고 아동 수가 많으므로 새교육은 우리나라에는 맞지 않는다고 생각함은 매우 좋지 못할뿐더러, 신생

대한민국의 문교 이념이 민주주의 민족교육으로 지향됨을
따라 소위 새교육이라는 것을 배격 또는 기피하려는 경향은
교육에 대한 무성의이요, 세계 조류에 역행하는 무견식한 고
집이라고 말하고 싶다.   _김용욱, 1949

　서울 창경공립국민학교 교장 윤정석이 전통적 교육이 지닌 성인 본
위, 교육자 본위, 그리고 주입식 교육 방법을 비판하며 새교육을 제대
로 하면 민족정신과 애국심도 자연스럽게 배양될 수 있다[윤정석, 1949]고
주장한 것도 같은 맥락이다. 민주국가의 애국심이야말로 참된 애국심
이며, 민주국가의 시민만이 참된 애국자가 될 수 있다는 오천석의 주
장[오천석, 1949] 또한 당시 강화되고 있던 민족주의 진영의 민주주의 교육
비판에 대한 이의 제기였다.
　1949년 11월에 오천석이 대한교육연합회 회장에 취임하면서 새교육
에 대한 〈새교육〉 잡지의 비판은 강도가 약해지는 모습을 보인다. 오
천석은 〈새교육〉 1950년 신년사에서 당시 교육계를 지배하던 민족주
의적 정서를 이렇게 비유했다.

　　우리나라에는 …… 옛날을 동경하는 마음의 늙은이가 너
　무도 많다. 남은 제트 비행기적 속력으로 미지의 세계를 나
　날이 개척하고 있는데, 우리에게는 옛것에 사로잡혀 날마다
　답보를 일삼고 있는 사람이 너무도 많은 것이다. 동천에 새
　날이 트고 있으니 나는 어찌할 것인가?   _오천석, 1950

　이런 갈등과 논쟁하에 피교육자 개인의 권리를 강조하는 미국식 민
주주의 교육과 민주국가의 애국적 공민 양성을 강조하는 민족주의 교

육, 나아가 세계 시민의식의 양성 기능이 균형을 이루는 교육에 대한 요구가 제기되기도 했다.유진오, 1950 새로 세워진 국가의 교육이 가야 할 방향을 둘러싼 다양한 논쟁이며, 이는 교육을 통해 건설하려던 새 국가의 모습을 둘러싼 논쟁이기도 했기 때문에 격렬할 수밖에 없었다. 흥미로운 것은, 교육자들이나 정치가들의 이런 논쟁 속에서도 여전히 교육현장을 지배하던 것은 지식편중, 교사중심, 암기중심 교육이었다는 점이다.이규백, 1950 안호상은 전쟁 직전인 1950년 5월 장관직에서 물러났다. 후임으로는 친미 인사인 백낙준이 임명되었고, 곧이어 전쟁이 발발했다. 교육 노선을 둘러싼 논쟁도 전쟁의 포성 속에 잠시 묻혔다.

| 참고문헌 |

- 김세택(1949). 「체육과 학도훈련」. 〈새교육〉 제2권 제5·6호.
- 김용욱(1949). 「장학사의 수첩-서울시 편」. 〈새교육〉 제2권 제1호.
- 김의형(1948). 「신학제에 관한 몇 가지 소감」. 〈새교육〉 제2호.
- 손진태(1948). 「국사교육 건설에 대한 구상: 신민주주의 국사교육의 제창」. 〈새교육〉 제1권 제2호.
- 안호상(1948). 「민족교육을 외치노라」. 〈새교육〉 창간호, 1948.
- 안호상(1949). 「우리 교육의 진로와 문교행정의 지향」. 〈새교육〉 제2권 제3·4호.
- 오천석(1949). 「새싹을 지키는 마음」. 〈새교육〉 제2권 제5·6호.
- 오천석(1950). 「불로초를 찾음」. 〈새교육〉 제3권 제1·2호.
- 유진오(1950). 「국가와 교육-교육법 실시에 제하여」. 〈새교육〉 제3권 제1·2호.
- 윤정석(1949). 「새교육의 진정한 방향」. 〈새교육〉 제2권 제3·4호.
- 이규백(1950). 「초등교육계의 회고와 전망」. 〈새교육〉 제3권 제1·2호.
- 장리욱(1948). 「협력생활을 조선교육 목표 중의 하나로」. 〈새교육〉 제1권 제3호.
- 전진성(1948). 「교과서 검인정에 대하여」. 〈새교육〉 제1권 제2호.
- 최봉현(1949). 「학생의 풍기문란과 그 지도에 대하여」. 〈새교육〉 제2권 제5·6호.
- 최윤수(1949). 「민주주의 민족교육과 학교경영의 이념-사회생활과와 민족교육」. 〈새교육〉 제2권 제1호.

민들레 곱게 핀 언덕길 넘어서
탱크가 갑니다

'움트는 봄', '꽃잎 지는 날'. 전쟁이 다가오던 1950년 봄, 〈새교육〉에 실린 선생님들의 시 제목들이다. 1950년 봄, 선생님들은 이런 아름다운 시로 봄을 노래하고 있었다. 해방의 환희는 아직도 남아 있었고, 분단은 되었지만 조국의 봄은 여전히 아름다웠다. 전쟁이 찾아오는 느낌은 어디에도 없었다. 그랬기에 꽃잎이 지고 느닷없이 찾아온 전쟁은 더욱 아팠다.

탱크가 갑니다.
민들레 곱게 핀
언덕길 넘어서
오랑캐 쳐부수러
탱크가 갑니다.

전쟁 속에 맞은 봄은 예전의 봄이 아니었다. 아름다운 봄이 아니었다. 어린이들은 천막교실 흙바닥에 앉아 선생님께서 읽어주시는 교과서(전시생활 2집)에 실린 이런 낯선 시를 읊어야 했다. 읽어주시는 선생님의 마음은 아팠고, 따라 읽는 어린이들의 마음은 우울했다.

참다 참다 못하여 읍사무소에 가서 국군지원서를 제출했다. 죽음은 두렵지 않으나 어머니를 생각하니 적막한 마음이 끝이 없다.

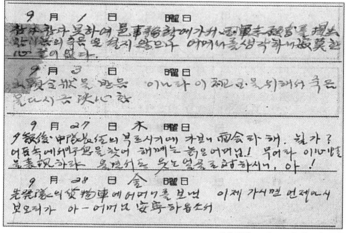

교무수첩에 이런 일기를 남기고 경상북도 시골의 어느 선생님은 아이들 곁을 떠나 탱크가 있는 전쟁터로 나갔다. 어느 날 먼 길 마다 않고 부대로 어머님께서 면회를 오셨고, 이 아들은 교무수첩에 이렇게 썼다.

어둠 속에서 이 자식을 찾아 헤매는 늙은 어머님! 무어라
이 심정을 표현하랴. 울면서도 웃는 얼굴로 대하시니, 아!

아이들도 선생님도 전쟁의 폭력을 비껴갈 수 없었다. 역사교과서에서 배우는 전쟁은 단순하고 무미건조하지만, 실제 전쟁의 모습은 이렇게 슬프고 아프고 서러운 모습으로 교육현장을 덮쳤다. 더욱 아픈 것

은, 이런 슬픔과 아픔이 교차하는 전쟁 속에서도 교육 외에 매달릴 곳이 없었던 민초들의 삶이었다. 오히려 전쟁으로 모든 삶의 기반이 무너질수록 교육에 대한 백성들의 의지는 강해졌다.

전쟁이 한창 중이던 1951년 6월 8일 자 미국 『뉴욕타임스』는 "많은 학교의 붕괴에도 불구하고 한국인들이 뿜어내는 교육열"이라는 기사를 게재했다. 이 신문은 전쟁 속에서 닥친 기근, 한파 그리고 질병으로 인해 엄청난 피해를 입었음에도 한국인들이 교육만은 포기하지 않고 있다는 사실, 학령아동의 대부분이 여전히 학업을 하고 있다는 사실을 놀라움과 함께 소개했다. 노천수업, 움막수업 등은 이들의 눈에 비친 한국인들의 교육에 대한 열정을 상징하는 것이었다. 그렇다면 무엇이 한국인들의 이런 교육열정을 유지시키고 있었을까? 이 기사를 작성한 그레그 맥그레거Greg MacGreggor에 의하면 그것은 "교육수준 향상, 그리고 문맹률 해소에 나라의 미래가 달려 있다"는 한국인들의 강한 믿음이었다.

이들 미국인들을 놀라게 한 것은 한국인들의 교육열뿐이 아니었다. 전시 상황이었음에도 교사 선발 과정이 이전보다 더욱 엄격해졌다는 점이었다. 교사 선발은 두 단계를 거쳐 진행되었다. 시·군 단위의 교사 선발위원회가 시장이나 군수, 시·군 교육위원, 그리고 교장 1명 등 3인으로 구성되어 후보자들에 대한 면접고사를 실시했다. 특히 사상적 오류를 검사하는 데 집중했다. 두 번째 단계는 도지사를 위원장으로 하는 도 단위의 심사위원회 평가였다. 천막이나 나무 밑에 모여 앉아 6~8명이 한 권의 교과서를 돌려보는 최악의 교육환경에서도 교사 선발에 이런 복잡하고 철저한 과정을 거치는 모습이 서양 기자의 눈에는 신기하기 이를 데 없었다.The New York Times, 1951년 6월 8일 경쟁은 있었지만 요즘 같은 형식화된 임용고시는 없었다. 교육이론을 얼마만큼

머릿속에 집어넣고 있느냐보다는 아이들을 가르치려는 열정과 태도가 가슴속에 얼마큼 차 있느냐가 중요했다.

전시 교육에서 차지하는 교사의 중요성은 1952년 봄에 다시 간행되기 시작한 〈새교육〉 속간호(제4권 제1호)에서도 강조되었다. 속간을 축하하는 글에서 문교부장관 백낙준은 우리가 주창하는 새교육이 실천되기 위해서는 교육 이념 정립과 함께 교육자가 시대에 맞는 사표師表가 되어야 한다고 보았다. 교사가 사표가 되는 길은 지식을 나누어줄 수 있는 학력에만 있는 것이 아니고, 바로 인격에 있다는 점을 강조했다. 마치 길을 찾기 어려운 어두운 강가에서 길을 안내하는 하나의 든든한 뗏목寶筏과 같은 존재가 되기 위해서는 교사들이 인격을 갖추는 데 힘쓸 것을 요구했다.

전쟁은 2,000명 이상 교사들의 목숨을 앗아갔다. 전쟁, 그리고 이것이 남긴 첨예한 이념 대립의 시대적 상황에서도 교사들은 의연함을 잃지 않았다.

대한교육연합회 사무총장 주기용은 연합회의 세계교육자연맹총회 WOTP 가입을 축하하는 "WOTP 가입과 대한 교육자의 각오"라는 글에서 국가 재건의 중심은 교사여야 하며, 이를 위해 가장 필요한 것은 '교육의 정치적 중립성'임을 강조했다. 주기용은 교육이 정치에 흔들려서는 건국 기초가 동요될 거라는 우려, 그러나 홍익인간의 교육 이념은 정치적·인위적 조작에 의해 동요될 리 없다는 확신을 피력했다.

교육의 정치적 중립성에 대한 당시 교사들의 기대는 〈새교육〉 속간호의 내용 구성에도 그대로 반영되었다. 가장 관심을 끈 주제는 당시 출범을 앞둔 교육자치제였다. 아직 피난지 부산이 임시 수도였고 전방에서는 전투가 계속되던 1952년 4월 25일 지방자치제가 실시되고, 30

일 이내에 교육자치를 위한 교육구와 교육위원회 선거가 예정되어 있었다. 〈새교육〉은 이 선거에 국가 교육의 사활이 걸렸다는 점을 강조하며 교육자들의 적극적인 참여를 촉구하고 나섰다.

반면 국회의장 신익희는 '제1선 교육자에게 고함'이라는 속간 축하글에서 현재의 교육은 애국심 함양을 통해 전쟁을 준비하는 데 의미가 있다는 점에서 교육도 전쟁이라고 선언했다. 교육자와 정치인 사이에 교육을 바라보는 시각에 차이가 큼은 예나 지금이나, 전시나 평화시나 비슷하다는 것을 보여준다.

그러나 이런 교육적 열정도 충분한 경제적 바탕 없이는 실천 불가능한 것이 상식적으로 이해할 수 있는 일이었다. 문교부장관 백낙준이 교육지원을 요청하기 위해 전쟁 중이던 1951년 6월 미국을 방문한 것이 이런 상식에 부합하는 일이었다.New York Times, 1951년 6월 22일 그러나 상식을 넘어서는 일도 교육현장에서는 가능하다. 그것은 교육이기 때문에, 그 안에 용기 있는 교사와 학생이 있기 때문이다. 〈새교육〉 제4권 제1호에는 부산진서울피란국민학교 교사와 학생들이 함께 쓴 '우리들은 전쟁 속에서 세기적인 교육법을 발견했다'라는 감동적인 글이 게재되었다. 먼저 어린이들이 발견한 세기적인 교육법이다.

우리들은 할 수 없이 그리운 서울을 버리고, 훌륭한 학교와도 이별하고, 사랑하여 주시던 선생님들과도 작별하여 어머니 아버지 손에 이끌리어 남쪽으로, 남쪽으로 피란하여 내려왔습니다. …… 우리들은 배우고 싶었으나 배울 집이 없고, 교과서도 없고, 책상, 공책, 연필조차 없었습니다. 그리고 우리 선생님들은 각처로 피란생활을 하시며 사과장사 부두 노동을 하여서 살아나가셨습니다. …… 그러다 우리 선생님들이 맨주먹을 불끈 쥐시고 학교를 만들기 시작하셨습니다. 나는 기뻐서 우리 부산진서울피란국민학교에 들어왔습니다. 그날부터 우리는 이렇게 생활했습니다. 고마운 마음으로, 깨끗한 마음으로, 세우는 마음으로. 학교라고는 부르지만 정말 아무것도 없는 학교였습니다. …… 오직 있다고 하면 존경하여 마지않는 선생님들의 성의와 사랑, 그리고 우리들의 세우려는 마음뿐이었습니다. 아무것도 없는 것이 도리어 우리들의 자랑이기도 합니다. "무에서 유를 얻으려는 방법을 찾으려고" 했기 때문입니다. _부산진서울피란국민학교, 1952

전쟁터에서 아이들이 배운 세기적인 교육법은 단순했다. 학교를 만드는 것은 결국 정책도, 제도도, 돈도 아니고 선생님이라는 것, 선생님들의 성의와 사랑이 교육의 출발이라는 것, 그리고 선생님에 대한 학생들의 신뢰가 교육의 기본 요소라는 것이다. 21세기 지금 우리 교육에서 찾아보기 어려운 부분들이다. 지금 우리 교육이 위기인 이유이고, 우리가 회복해야 할 교육의 기본 원리이다.

이 학교의 교장이었던 윤형모는 선생님으로서 전쟁을 통해 발견한 이른바 '세기적인 교육법'을 이렇게 기록했다.

나는 이렇게 생각합니다. 학교의 주체는 교장도 교사도 아니요, 어린이들입니다. 가정의 주체는 어머님도 아버님도 아니요, 아들, 딸들입니다. 나라의 주체도 정부 고관도 다른 성인도 아니요, 제2세 국민(어린이)이어야 합니다. 전쟁이 일어나도 난리가 계속되어도 이 주체인 제2세의 교육은 잠시라도 그쳐서는 아니 되겠습니다. 왜 그런고 하니 제2세는 더 살기 좋은 새 나라를 세우기 때문입니다.

_부산진서울피란국민학교, 1952

선생님들이 발견한 교육법은 교육의 주체가 어린이라는 것, 가정의 주체도 어린이라는 것, 그리고 나라의 주체도 어린이라는 것이다. 이것은 미국의 교육이론도 아니고, 듀이나 페스탈로치의 교육사상도 아니며, 한국 교사들이 전쟁 경험에서 스스로 터득한 교육원리였다. 어린이들이 더 살기 좋은 나라를 세울 주인공이기에 그들이 중심이 되고 주체가 되는 교육이 필요하다는 선생님들의 마음이 잘 표현된 글이다. 굳이 50년 전에 발표된 듀이의 유명한 저서 『어린이와 교육과정*The Child and the Curriculum*』[1902]을 읽지 않고도 스스로 터득한 교육철학이다. 교육의 목표는 학교의 주인인 아이들이 전인적으로 성장하도록 돕는 것이라는 점을 바다 건너 멀리 있는 듀이를 통하지 않고도 우리 선생님들은 가슴으로 이해하고 있었던 것이다.

이런 선생님들과 이런 어린이들이 활동할 시간과 공간이 주어진다면 별다른 교육이론이 필요하지 않다는 것은 자명하다. 20세기 후반 우리나라가 이룬 경제적 성장과 정치적 민주화의 바탕이 된 것은 이런 선생님들과 이런 어린이들의 교육을 향한 열정이다. 비록 40년의 가난과 독재를 겪었고, 교육을 정치도구화하려는 많은 시도가 이어졌고, 온갖 외래 교육사상으로 우리 교육이 어지럽혀졌지만 교육을 통해 가난을 극복하고, 민주화의 뿌리를 키우고, 우리 고유의 문화를 지켜올 수 있었던 것은 이런 선생님들과 이런 어린이들이 우리 사회 어디에선가 살아 있었기 때문이다. 그것은 특정 정치인의 지도력이나 특정 시대의 어떤 교육정책이 만들어낸 것이 결코 아니다.

이들이 세운 더 살기 좋은 새 나라 대한민국에서 우리가 일제고사

문제로, 무상급식 문제로, 국정교과서 문제로, 교장공모제 문제로, 그리고 대학입시의 방향 문제로 싸우고 있다는 것은 부끄러운 일이다. 전쟁 중에 우리 어린이와 선생님들이 발견한 세기적인 교육법은 어디에 남아 있는지? 어떻게 되살릴 수 있을지?

| 참고문헌 |

• 경북 구지고등공민학교 엄원탁 교사의 교무수첩. '사진으로 보는 6·25전쟁 시기 우리 교육의 풍경' 전시회(2007). 서원대학교 한국교육자료박물관.
• 백낙준(1952). 「〈새교육〉 속간에 제하여」. 〈새교육〉 제4권 제1호.
• 신익희(1952). 「제1선 교육자에게 고함」. 〈새교육〉 제4권 제1호.
• 주기용(1952). 「WOTP 가입과 대한 교육자의 각오」. 〈새교육〉 제4권 제1호.
• 부산진서울피란국민학교(1952). 「우리들은 전쟁 속에서 세기적인 교육법을 발견했다」. 〈새교육〉 제4권 제1호.
• Greg, MacGreggor, Education Pushed by South Koreans Despite the Destruction of Many Schools: Classes are Even Held Out of Doors with Six to Eight Pupils Sharing One Book. New York Times, June 8, 1951.
• John Dewey(1902). *The Child and the Curriculum*. The University of Chicago Press.

서적중심 학교에서 생활중심 학교로, 커리큘럼 개조운동

　교육학 공부 30년의 결론은, 교육에서 가장 중요한 2대 요소는 가르치는 교사와 가르쳐지는 교육 내용이라는 사실이다. 우리나라보다 교육 선진국이라고 자타가 인정하는 핀란드, 스웨덴 등 북유럽 국가들 교육이 우리보다 우수한 것은 특정 정책이나 제도 때문이 아니다. 자율성이 주어진 의식 있는 교사들이 학교 교육의 주인이라는 것에 대한 사회적 합의, 그리고 학생들의 온전한 삶에 의미가 있고 공동체의 삶에 지속적인 가치를 부여하는 내용이 커리큘럼의 중심을 이룬다는 사실, 이 두 가지로 요약된다. 나머지 이런저런 제도나 지원 시스템은 모두 이 두 가지 교육의 축을 방해하지 않도록 만들어지고 운영된다. 우리나라 교육의 혼란은 바로 이 두 가지가 무너져 있기 때문이다. 자율성이 없는 무기력한 교사, 개인적 차원이든 공동체 차원이든 온전한 삶을 사는 것과 무관한 지식들이 점령하고 있는 커리큘럼, 안타깝지만 이 두 가지가 우리 교육의 특징이 되어 있다.

　의식 있고, 자율성이 보장된 교사들이 학생들의 삶에 의미 있는 교육 내용을 선별하여 가르치는 것이 허용되고, 그렇게 하는 교사와 그것에 동참하는 학생들의 미래가 불안하지 않은 사회가 훌륭한 사회라는 것은 당연하다. 그렇다면 우리는 왜 이런 노력을 기울이지 않고 지난 70년 이상 교육을 해왔을까? 이런 노력을 기울이지 않은 것은 아니다. 이런 방향의 멋진 노력을 기울인 적이 있고, 나름의 성과도 있었지만 결국 실패했고, 이 의미 있는 실패의 경험은 아쉽게도 오랫동안 연구자들에 의해 음미되거나 반추되지 않은 채 묻혀 있었다. 그것은 바로 1950년대 초반에 있었던 커리큘럼 개조운동이다. 우리나라 교육 역사에서 최초로 그리고 아마도 마지막으로 의식 있는 교사들이 중심이 되어 교육 내용을 우리 민족의 삶에 가치를 부여하는 방향으로 개혁하려는 연구를 하고, 정책 제안을 하고, 의욕적으로 실천하는 운동을 전개했다. 이 운동은 "우리나라 교육과정론의 조류를 크게 바꾸어 놓은 운동"으로서 "교육사에서 중요한 위치를 차지"하는 것이 마땅하지만^{서재천, 2013} 지금까지는 그렇지 못했다.

이 아름다운 운동이 교육학자들의 주목을 받지 못한 까닭은 네 가지로 설명할 수 있다. 첫째는 이 운동이 전쟁 중에 중점적으로 벌어졌고, 따라서 관련 자료들이 대부분 사라졌다는 점이다. 둘째는 우리나라의 교육학 연구는 현장 중심 교육자들이 아니라 현장 밖 교육학자들이 주도해왔다는 점, 따라서 교육이론과 교육 현실의 괴리가 크다는 점도 현장 중심으로 이루어진 커리큘럼 개조운동을 의미 있는 역사로 연구하고 가르치지 않은 배경의 하나이다. 셋째로는 이 운동이 불과 3~4년간 불꽃처럼 벌어졌지만 하루아침에 사라졌다는 점, 그리고 이 운동이 사라진 것은 국가권력의 교육 지배욕으로 인한 것이고, 이후 우리나라 교육에 대한 국가권력의 지배는 지속적으로 확장되어 왔다는 사실이다. 마지막으로 1950년대에 대한 우리 학계의 부정적 편견이다. 1950년대는 부정, 부패, 전쟁, 가난, 독재 외에 다른 그 무엇도 없던 암흑기였다는 시각이 너무 강하기 때문에 이 시기에 이루어진 그 어떤 의미 있는 변혁운동이나 역사적 경험조차 모두 묻혀버렸다는 점이다.

이 운동이 연구자들의 관심을 끌기 시작한 것은 최근이다. 강일국이 2002년 발표한 박사학위 논문 '새교육운동 연구-1950년대 초등교육과정을 중심으로'에서 이 운동에 대해 언급한 후, 서재천의 논문 '1950년대 부산동광국민학교의 교육과정개선 구상'[2013]에서 한 사례가 소개되었고, 최근에는 최정희의 논문 '서구 교육과정 이론의 수용과 배제의 역사: 1950년대 커리큘럼 개조운동의 재평가'에서 본격적으로 다루어졌을 뿐이다. 이들 몇몇 예외적 연구를 제외하면 한국현대교육사를 다룬 어떤 저서나 연구물에도 이 운동에 대해 언급되지 않았다. 이들 최근 연구를 중심으로 커리큘럼 개조운동을 재구성해보고 그 의미를 되새겨보고자 한다.

한국전쟁 초기 공주사범학교 교감이었던 문영한은 해방 이후 1950년 초반까지를 "어떠한 확고한 교육관도 확실한 이론도 갖지 못한 채 다만 '새교육'이라는 미명에 유혹되어 모방의 반복과 형식에만 소일"[문영한, 1952]했던 시기로 규정한 후, 이 시기에 대한 반성에 기초해서 우리 교육이 맞고 있는 시대적 과제를 근본적으로 해결해보자는 생각에서 착수한 것이 커리큘럼 연구였다고 기록했다. 그가 커리큘럼 연구에 착수한 것은 1950년 3월이었다고 스스로 밝히고 있다. 미군정 3년, 그리고 민족주의자들이 주도했던 정부 수립 초기 1년 반의 새교육 경험을 실패로 규정한 문영한은 우리나라가 인습적 교육관에 기초한 전통 커리큘럼에서 하루 빨리 벗어나야 하며, '새교육'의 실패를 반복해서는 안 된다는 점을 강조했다. 여기서 이야기하는 '새교육'은 해방 이후 소개된 민주주의 교수법을 핵심으로 한 교육 방법의 혁신 프로그램과 민족주의에 의해 왜곡된 정부 수립 초기의 '새교육'을 일컫는 것이다. 분단법이니 대화법이니 하는 것들과 안호상식·일민주의적 '새교육'이다. 1950년대 초반 당시 이미 우리나라 학자들은 이런 두 종류의 새교육운동을 실패한 것으로 규정하고 있었다. 이 운동이 서구식 교육이론의 도입에 그쳤고, 우리나라 교육 현실을 반영하려는 노력은 왜곡되었거나 제대로 실천되지 못했기 때문이다.

문영한이 당시 밝혔듯이 해방 이후 우리나라 교육개혁운동을 상징했던 '새교육운동'은 한국전쟁 기간에 '교육과정에 대한 연구와 커리큘럼 개조운동'으로 전환되었다. 촉매제가 된 것은 1951년 3월 30일 문교부의 '연구학교규정' 공포였다. 이 규정의 공포로 서울뿐 아니라 전국 20여 개 초·중등학교가 연구학교로 지정되었고, 이들 학교들을 중심으로 새로운 교육 이론의 연구와 실천이 이루어지게 되었다. 그중 하나인 전주 풍남국민학교의 경우를 보면, 연구학교로 지정되기 직전인 1951년 2월부터 200여 연구 동지들이 신교과교육과정의 구성과 실천을 시도했다. "한국 사회의 전진에 이바지해보겠다는 교육자로서의 지성"에서 출발하여 "학부형 제위의 뜨거운 협조" 아래 "아무런 잡념 없이 오직 이 길의 개척을 위하여 매진"해왔다._{전주 풍남국민학교,} ₁₉₅₄ 1952년 8월까지의 짧은 기간 동안 이들이 만들어 사용한 연구물을 보면 제1집 '각 교과생활 요소', 제2집 '각 교과단원 구성 기준안(전기용)', 제3집 '각 교과단원 구성 기준안(후기용)', 제4집 '단원학습 현장 구성 기준안(1학년용)', 제5집 '단원학습 지도의 이론과 실제', 제6집 '단원학습 지도의 실천 기록' 등이다. 전쟁 중에 현장 교사들이 함께 연구하여 이런 자료를 만들고 함께 실천했다는 것은 놀라운 일이다. 1951년 11월 30일 전주 풍남국민학교에서 실시한 연구집회에는 전국에서 교육자 약 1,200명이 모여 '국민학교에 있어서의 단원학습 지도의 실제'라는 주제에 관한 발표와 토론이 이루어졌다. 1952년 당시 남한의 초등학교가 3,923개교였던 점을 감안하면 3개 학교에서 1명 정도의 교사가 참가한 셈이다.최정희, 2016 전쟁 중임을 고려하면 당시 교육자들의 열정이 어느 정도였는지 짐작할 수 있다. 전주 풍남국민학교의 커리큘럼 개조운동도 초기에는 서적중심 학교를 완전히 떠나지 못한 상태였다고 한다. 그러나 1952년 9월 이후의 시기는 "교과의 틀에 사로잡히지 않는" 새 교육의 실험기로서 "서적중심 학교는 떠났으나" 아직도 완전히 생활중심 학교의 모습을 찾지는 못한 과도기였던 것으로 보인다.전주 풍남국민학교, 1954 1952~1954년 시점에서 우리나라에 서적중심 학교를 떠난 교육현장이 존재했다는 것은 우리 교육사에서 매우 의미 있는 이야기임에 틀림없다. 이 학교에서 이듬해인 1952년 11월 20, 21일 양일간 실시한 연구집회에는 전국에서 1,300여 명의 교육자들이 참석해서 '국민학교에 있어서의 교육과정 개조의 이론과 실제'를 주제로 강습과 토론이 이어졌다. 대단한 열정이었다. 이 기간에도 풍남 교육과정 시안을 포함하여 6종의 자료집을 발표했다. 1954년 4월부터는 더욱 특색 있는 교육혁신을 꾀했다.

> 봉건적이고 전근대적인 한국 사회를 민주화하고 근대화하려는 뚜렷한 목표 아래 교육 내용을 더욱 정선하고 교육 방법을 더욱 쇄신하며 교육평가를 더욱 과학화하여 목표 내용 방법 평가 일련의 교육활동이 한국 어린이의 생활에 의한 한국 어린이의 생활 활동이 되도록 실천의 심화를 기하려 한다. 이 시기를 한마디로 말하자면 새 교육의 심화기-서적중심 학교에서 완전히 생활중심 학교로 옮겨짐-이라고 칭할 수 있다.
> _전주 풍남국민학교, 1954

1951년 8월 10일 전주 풍남국민학교와 함께 연구학교로 지정을 받은 부산 동광국민학교도 다음 해인 1952년 11월 3일 '교육과정 개선의 구상 발표'라는 주제로 강습회를 진행했다. 이 개선 구상의 핵심 내용은 코어커리큘럼이다. 동광국민학교에서 제시한 것은 코어커리큘럼의 장점과 단점을 충실히 고려한 절충적 입장을 담은 신교과커리큘럼이다.서재천, 2013 미국식 코어커리큘럼과 종전의 지식커리큘럼이 결합된 형태였다. 내용 구성은 지역사회의 실정과 학생들의 경험에 대한 조사 결과를 토대로 이루어졌다. 아주 흥미로운 것은, 당시 동광국민학교에서는 교육과정 구성 원리의 하나로 학년군 개념을 사용하고 있었다는 점이다. 1학년과 2학년, 3학년과 4학년, 5학년과 6학년을 각각 하나의 학년군으로 묶어서 교육과정의 얼개를 편성하는 방식이다. 이 학년군 개념에 따라 교육과정, 단원구성, 일과시간 계획이 짜여졌다. 저학년에서는 코어커리큘럼을 기본으로, 고학년에서는 분과적 교과커리큘럼을, 그리고 중간학년에서는 중간적인 성격으로 교육과정을 조직했다는 것은 매우 획기적인 구상이다.서재천, 2013

학년군제는 2009 개정교육과정을 통해 전국적 차원에서 도입되었다는 점에서 1950년대 초반 당시 커리큘럼 개조운동 참여자들의 전문성을 짐작하기에 충분하다. 전쟁 중인 시기에 단위학교 차원에서 교사들 중심으로 이런 수준 높은 교육과정을 구상하고 실천했다는 것은 놀랄 만한 일이다.

이들 연구학교에서 진행한 강습회의 성공에는 1952년 9월 입국한 유네스코-운크라 한국사절단과 같은 해 10월 입국한 제1차 미국교육사절단의 활동이 영향을 미쳤다. 이들 사절단의 서울 방문은 1953년 3월에 이루어졌고, 이를 계기로 서울 소재 남산국민학교, 남대문국민학교 등에서 교육과정 개선을 위한 각종 강습회, 연구발표회, 교원 재교육 등이 이어졌다.김용욱, 1956 당시 한국 교사들의 열정과 수준을 보여주는 것은 미국교육사절단 단원이던 워렌 박사Dr. Gile J. Warren의 표현이다. 그는 한 좌담회에 참석하여 "한국의 교육자는 이론 면에서는 자기보다 더 잘 안다"새교육, 1953고 할 정도로 당시 교사들이 지닌 새로운 교육이론과 교육개혁에 대한 열정을 짐작할 수 있다.

현장에서의 커리큘럼 개조운동을 전국의 교사들에게 전파하는 데 잡지 〈새교육〉의 역할은 매우 컸다. 1948년 창간 이후 1955년 8월 제1차 국가교육과정의 공포에 이르는 시기에 〈새교육〉에 가장 많이 등장한 교육사상가는 듀이였고, 가장 많은 지면을 차지한 주제는 교육과정(커리큘럼)이었다. 〈새교육〉은 일찍이 1949년 2월호(제2권 1호)에서 '커리큘럼curriculum이란 무엇인가'최병칠라는 글을 게재하여 커리큘럼의 개념과 조직 원리를 상세하게 소개한 바 있다. 교육과정에 대한 대한민국 최초의 학술적 논의였다. 1950년대 초반에는 우리나라뿐 아니라 세계적으로 교육과정 개조운동이 벌어지고 있었고, 이를 상징하는 개념은 '경험중심 교육과정'과 '중핵교육과정'이었다. 교육학 분야의 학회활동이 활성화되지 않은 당시 우리나라에서 이 두 가지 교육과정 이론을 소개하고, 이 두 가지 핵심 개념을 따라 교육과정 개조운동을 주도한 것은 바로 교사단체 대한교육연합회와 잡지 〈새교육〉이었다. 성래운이 1949년에 펴낸 〈새교육개론〉홍지사에서도 내용의 일부인 교육과정의 의미와 구성 원칙, 중핵교육과정을 소개했다. 〈새교육〉은 이후에도 지속적으로 커리큘럼 개조운동의 확산에 앞장섰다.

1952년 8월에 간행된 〈새교육〉 속간 제2호는 정범모의 '교육사조의 새로운 경향'과 이수남의 '현대교육학과 쫀 듀이'를 통해 지식을 넘어 경험과 생활을 강조하는 듀이의 교육철학을 소개한 후 이를 바탕으로 새롭게 전개되는 국내외 커리큘럼 연구의 상황을 소개하고 특집 논문 세 편을 게재했다. 문영한은 '커리큘럼 신연구'라는 글에서 미국에서

1890년대에 시작된 커리큘럼 개조운동의 역사를 소개한 뒤 1930년대 이후 미국 교육은 생활과 유리된 과거의 교육과 결별했음을 천명했다. 이어서 그는 새로운 교육을 이끄는 중심으로서 커리큘럼 개조운동의 핵심은 교과중심 커리큘럼에서 생활중심 커리큘럼으로의 일대 전환이며 이는 교과에서 아동으로, 그리고 학문에서 생활로의 전환이라고 설명했다. 그리고 1947년 이래 일본에서 전개되고 있는 커리큘럼 개조운동의 핵심 방향은 일본의 지역적 특수성에 기초를 둔 커리큘럼 개발이라는 점도 강조함으로써 우리나라 커리큘럼 개조운동이 서구 교육이론의 맹목적 도입에 그쳐서는 곤란하다는 점을 상기시켰다. 초기 새교육운동의 실패를 딛고 출발한 제2차 새교육운동이었던 커리큘럼 개조운동의 출발점은 새로운 교육 목표의 설정이며, 새로운 교육 목표는 우리나라의 지역적·사회적 특수성을 고려하고 아동의 경험에 기초해야 한다는 것이었다. 이 글에서 문영한은 서구 교육사상에 대한 맹종, 우리나라다운 교육철학 부재의 안타까움을 매우 설득력 있게 설파했다.

이어서 대한교육연합회 주최로 진행된 '커리큘럼을 말하는 좌담회' 내용이 게재되었다. 당시 부산과 경남을 중심으로 커리큘럼 개조운동을 이끌고 있던 교육자 다수와 문교부 간부, 연희대학교 박창해 교수, 부산진서울피란국민학교 윤형모 교장, 그리고 대한교육연합회 간부와 기자 등이 참석한 우리나라 최초의 교육과정 전문가 좌담회였다. 이 좌담회 기사를 통해 당시 커리큘럼 개조운동과 관련된 흥미로운 사실 몇 가지를 파악할 수 있다. 첫째, 우리나라의 현대 커리큘럼 개조운동의 초기 리더는 부산의 김두성, 서울의 심태진, 공주의 문영한 등 현장 교육자들이었다는 점, 둘째, 피란지 부산에서 본격화된 커리큘럼 개조운동은 그 중요성에도 불구하고 교육철학 부재, 연구물 결핍으로 인해 부분적으로 외국을 모방하게 되었다는 점, 셋째, 초기에는 "일본 신문, 일본 서적, 일본 책에는 우리가 바라던 진리가 금덩이같이" 들어 있어서 옥석 구분 없이 일본을 모방하게 되었으나 오래지 않아 일본의 그것도 별것 아니어서 권태기에 접어들었다는 점, 넷째, 당시 교육자들은 우리식의 독자적 개조운동의 필요성을 절감하고 있었다는 점, 다섯째, 우리나라 커리큘럼 개조운동은 중등이나 고등교육 분야가 아니라 초등학교 교육자들 중심으로 시작되었다는 점, 마지막으로는 당시 커리큘럼 개조운동에서 문교부의 역할이나 영향력은 매우 적었고 현장 학교와 교사단체 대한교육연합회의 영향력이 컸다는 점 등이다.

좌담회에 참석한 문교부 박희병 국장은 문교부가 1952년 초에 교육과정위원회를 발족시키고, 곧이어 미국에서 전문가를 초빙하여 커리큘럼 연구회workshop와 강습회를 전국적으로 개최하려고 하지만 예산이 없다는 점을 고백하고, 필요한 예산 3억 원을 후원해줄 수 있는 곳은 대한교육연합회밖에 없다는 제안을 했다. 이런 고백에 대해 대한교육연합회 주기용 사무국장은 즉석에서 지원 의사를 천명했다. 당시 우리나라 정부 교육재정의 한계와 교원단체의 위상을 보여주는 사례다.

1952년 12월에 나온 〈새교육〉 제4권 제3호에는 다시 '한국 교육을 말하는 좌담회-커리큘럼을 중심으로 한'이란 긴 글이 실렸다. 이 좌담회에는 1952년 10월에 내한하여 7주째 활동 중이던 미국교육사절단의 멀홀랜드 박사Dr. Vester M. Mulholland와 워렌 박사Dr. Warren를 비롯하여 문교부 박희병 국장, 최병칠 편수관, 심태진 장학관, 김기서 서울사대부속국민학교 교장, 대한교육연합회 주기용 사무국장 등 우리나라 커리큘럼 개조운동의 지도자들이 다수 참석했다. 이 좌담회 참석자들은 우리나라 커리큘럼 개조운동이 혼란기에 처해 있다는 사실에 공감했다. 한편 그들은 새로운 커리큘럼은 지식과 함께 아동의 경험을 중심으로 하고, 미국에서 시도되는 중핵교육과정core curriculum의 도입에는 매우 신중해야 하며, 미국식 종합고등학교는 매우 긍정적인 효과가 있을 것이라는 점에 동의했다. 두 미국인 학자들은 이 좌담회가 자신들이 한국에 온 후 가장 중대한 모임이었으며, 많은 참고 자료를 얻었다고 밝혔다. 이어 자신들이 주도하여 시작할 연구수업에 대한 관심과 참여를 부탁했다. 미국교육사절단 활동의 핵심이던 지역별 연구수업workshop이 가능했던 것은 대한교육연합회의 후원하에 출범한 중앙교육연구소의 인적·물적 지원과 협조 때문이다.

휴전이 논의되고 전쟁이 마무리 단계로 접어들던 1953년에 이르자 커리큘럼 개조운동의 논의는 절정에 이르고 실천 단계에 접어들었다. 문영한은 1953년 4월 즈음 커리큘럼 개조를 목표로 한 새교육운동이 최절정에 이르렀다고 주장했다. 문영한이 그런 주장을 하게 된 배경은 당시 전국적 연구발표회와 함께 본인이 활동하던 충청남도뿐 아니라 많은 지역에서 크고 작은 신교육 연구발표회가 이어지는 것을 목격했기 때문이다. 이에 대해 정범모는 커리큘럼 개조운동이 이미 "신선발랄新鮮潑剌한 교육적 노력을 자극"정범모, 1953해왔다고 평했고, 동주중고등학교 교장이던 문인 주요섭은 "커리큘럼에 대한 탁상논리는 비록 산만적이기는 하나 우리나라 교육계에서도 이미 충분히 논의된 줄로 생각"한다면서, 이제는 "한 가지씩이라도 실천에 옮겨가며 재건하고 평가하고 개선해 나아가는 것이 적당하다고 볼 시기"주요섭, 1953에 이르렀다고 주장했다. 1953년 3월 중앙교육연구소 개소, 그리고 그해 9월 제2차 미국교육사절단 방한은 커리큘럼 개조운동의 활성화에 큰 도움이 되었다. 전쟁이 종료된 1953년 하반기에 이르러서는 많은 학교가 새로운 교육과정 실험에 참여했고, 그것은 당시 여건을 고려하면 대단한 노력이었다. 신교육협의회가 펴낸 〈신교육운동: 커리큘럼의 사적 전개와 그 구성〉의 서문에서 당시 커리큘럼 개조운동을 "경하할 만한 수준"이라고 평한 것은 충분히 근거가 있는 표현이다.

1954년에 이르면 현직 교사가 보기에 커리큘럼 개조운동은 "논의 단계를 지나 실천 단계"에 확실하게 접어들었다.김향, 1954 문영한은 당시의 느낌을 "마치 연구발표의 시-즌 같은 감"문영한, 1955이라고 표현했다. 당시 커리큘럼 개조운동을 성공이라고 규정하는 선생님도 있었다. 부산을 중심으로 한 커리큘럼 개조운동에 참여하고 있던 한영석은 이렇게 단언했다.

> 부산시의 경우 공통한 목표와 내용에 의하여 실천의 자신력을 얻게 되고… 새교육은 단단한 기반 위에 안정감을 얻게 되었다. 적어도 경남초등교육은 새교육의 제1단계적 연구의 성과를 일선 교단의 실천에 연락시키는 데 성공했다고 볼 수 있다. 경남 일원의 전 교장에서 실천의 지침이 되어 있는 점에 있어서 획기적인 성공인 것이다. 한영석, 1955

〈새교육〉은 1955년 제2호부터 4회에 걸쳐 커리큘럼 개조운동의 중심 개념인 단원학습 사례를 연재했고, 마지막 연재인 제5호에는 '연구수업의 참관과 평가 매뉴얼'이 제시되었다. 경기도 학무과의 평가에 의하면 당시에는 이미 단위학교별, 지역별 운동의 성과를 공유함으로써 커리큘럼 개조운동의 질적 향상을 도모하는 단계에 도달해 있었다.경기도 학무과, 1955 〈새교육〉에는 1954년의 신교수요목 발표와 1955년의 제1차 국가교육과정 공포에 이르기까지 지속적으로 커리큘럼 개조에 관한 글이 게재되었다. 한영석의 '커리큘럼 개조의 실제'가

제4권 제2호와 3호에 연재되었고, '미국 커리큘럼 구성과정'변대식, 제5권 제2호, '학습지도의 개선: 커리큘럼과 학습활동'주요섭, 제5권 3호 등이 대표적이다.

1951년부터 시작된 교사중심의 커리큘럼 개조운동은 4년이 지난 1955년에 이르러 부산을 중심으로 한 경상남도, 전주를 중심으로 한 전라북도, 공주를 중심으로 한 충청남도, 그리고 서울을 중심으로 한 경기도에 이르기까지 많은 지역에서 현장 교육에 영향을 미쳤고, 일부 교사들은 성공적이라는 표현을 사용하는 정도에 이르렀다. 경험중심 교육과정이나 중핵교육과정은 미국을 비롯하여 많은 나라에서 도입하고 적용하려는 의욕을 보였지만 성공이라는 평가를 받은 경우는 없었다. 그런데 우리나라에서 1950년대 초반에 시도된 커리큘럼 개조운동은 비록 일부 교사들에 의한 평가였지만 "성공적"이라거나 "경하할 만한 수준"에 이르렀다는 것은 놀랄 만한 일이다. 더욱이 전쟁 중에 시작되었고 전후 복구라는 최악의 여건에서 진행된 운동이었다는 점에서 세계 교육사에서도 유례를 찾아보기 어려운 의미를 지니는 일대 사건이었다.

문제는 이런 놀랄 만한 운동이 하루아침에 식었다는 점이다. 가장 큰 이유는 바로 국가교육과정 공포였다. 1955년 8월 1일 문교부령이라는 법률 형태로 발표한 제1차 국가교육과정은 교육현장에서 교사들이 자율적으로 추진하던 커리큘럼 개조운동을 냉각시키는 부정적 결과를 가져왔다.최정희, 2016 그것은 법이었기 때문에 반드시 지켜야 하는 강제력이 동반된 문서였다.

현장중심, 교사중심, 지역중심의 교육운동을 냉각시킨 또 다른 이유는 중등학교 입시에 대한 국가 관리의 심화였다. 해방 이후 중등학교 입시는 전적으로 학교별 고사와 학교별 선발 원칙하에 이루어져왔다. 그러나 전쟁으로 인한 혼란을 이유로 1951년 8월에 시작하여 1953년까지 3년간 문교부가 입학시험을 관리하는 국가연합고사제도가 도입되었다. 당시 시작된 국가연합고사제도는 우리나라 교육의 역사에서 선 시험 후 지원제의 효시였고, 객관식 문제가 도입된 첫 시험이기도 했다.^{이길상, 2007}

국가권력에 의한 입시관리는 우리나라 교육에 몇 가지 악영향을 끼쳤다. 우선 학생선발 시험의 관리를 국가권력이 담당함으로써 교육 내용에 대한 국가 관여의 확대와 교육 내용의 획일화라는 병리현상의 출발점이 되었다. 둘째로는 획일화에 따른 학교의 서열화 현상을 가속화시켰다. 셋째로는 선 시험 후 지원 제도로 입시에서 소위 '눈치작전'이라는 병리현상이 나타나는 계기가 되었다. 마지막으로 관리 편의를 위해 채택한 객관식 시험으로 인해 우리나라 교육에 암기식 학습이라는 폐단을 만연시켰다.^{이길상, 2007}

국가교육과정 공포와 국가권력에 의한 입시관여라는 두 가지 요인으로 우리나라 교육에서 학교 단위 결정권의 축소와 중앙집권화, 교사중심 교육운동의 위축, 교육 내용에 대한 국가권력의 개입 확대와 교육 내용의 획일화, 교육과정 획일화로 인한 암기식 교육의 일상화 등이 뿌리내리기 시작했다. 이렇게 보면 우리 교육의 모든 병리현상의 출발점처럼 보이기도 한다. 1955년 갑자기 다가온 국가교육과정의 공포와 커리큘럼 개조운동의 실패는 그런 의미에서 우리나라 교육의 역사에서 대단히 중요한 의미를 지니는 사건이다. 우리 교육이 내포하고 있던 민주주의 교육을 향한 모든 열정이 식고, 우리 교육에서 움트기 시작하던 민주주의 교육이라는 맹아가 녹아버린 계기였다. 우리나라 교육이 일제 식민 지배로부터 벗어난 지 10년 만에 다시 이른바 "하향의 구조"^{김용옥, 2017} 속에서 학교 밖 권위자들이 교육 내용을 관장하는 시스템이 자리를 잡는 순간이었다.

반면, 1950년대 초반 커리큘럼 개조운동이 보여준 교육혁신의 이념, 내용 그리고 형식은 우리 교육이 돌아가야 할 방향을 보여주기도 한다. 그런 의미에서 1950년대 초반의 커리큘럼 개조운동은 우리나라 교육이 걸어온 역사에서 '제1의 길'(1948~1961년)이 지닌 의미를 가장 잘 드러내주는 상징성 있는 사건으로 규정할 수 있을 것이다.

| 참고문헌 |

- 경기도학무과(1955). 「경기도 새교육의 전망」. 〈새교육〉 제7권 제7호.
- 김용옥(2017). 『도올의 교육입국론 증보신판』. 통나무.
- 김용욱(1956). 「서울 새교육의 회고와 전망」. 〈새교육〉 제8권 제1호.
- 김향(1954). 「교육과정 개조의 실제-국어 초보단계 과정의 신구상」. 〈새교육〉 제6권 제1호.
- 문영한(1952). 「커리큘럼 신연구」. 〈새교육〉 제4권 제2호.
- 새교육(1953). 「미국교육에서 무엇을 배울 것인가?」. 〈새교육〉 제5권 제1호.
- 최병칠(1949). 「커리큘럼(curriculum)이란 무엇인가」. 〈새교육〉 제2권 제1호.
- 성래운(1949). 『새교육개론』. 홍지사.
- 신교육협의회(1953). 『신교육운동-커리큘럼의 사적 전개와 그 구성』. 학우사.
- 이길상(2007). 『20세기 한국교육사』. 집문당.
- 전주 풍남국민학교(1954). 「새교육연구 3년간의 회고」. 『문교월보』 1954년 10월호.
- 정범모(1953). 「교육과정의 원리-그 문제와 연구방법」. 〈새교육〉 제5권 제2호.
- 주요섭(1953). 「커리큘럼과 학습활동」. 〈새교육〉 제5권 제3호.
- 최정희(2016). 「서구 교육과정 이론의 수용과 배제의 역사: 1950년대 커리큘럼 개조운동의 재평가」. 『교육과정연구』 34/3.
- 한영석(1955). 「경남 새교육의 전망」. 〈새교육〉 제7권 제2호.

NEA 양복감과 한글 간소화 파동

'NEA 양복감'이란 것이 있었다. 전쟁이 끝나가던 무렵 전미교육협회NEA에서 보내온 선물 제1차분 양복감 2,400명분이 부산항에 도착하여 1953년 7월 8일 부산 영선국민학교에서 다수 내외 귀빈 및 전국 교육감들까지 참석한 가운데 대한교육연합회 주최로 성대한 접수식을 거행했다. 대한교육연합회는 교사 1인당 양복감 6마씩을 보내면서 "3마는 양복의 재료로 나머지 3마는 경비로 충당할 것" 그리고 "보내는 이들과 받는 이들 사이에 맺어지는 우의가 더욱 돈독하여지기를 바라는" 당부의 뜻도 함께 전했다. 'NEA 양복감'은 이렇게 보내는 미국과 받는 대한민국 사이를 맺어주는 든든한 끈이었다. 부산에서 마지막으로 간행된 〈새교육〉 제5권 3호(1953년 7·8월호)는 이 소식을 상세히 전한다. 교사들의 의복도 외국의 도움을 받아야 하는 아픈 시대였다.

교육에 남긴 전쟁의 흔적은 매우 컸다. 제3대 서울대학교 총장을 지낸 장리욱 박사의 표현대로 이 시기는 교육뿐 아니라 모든 면에서 "비상한 때"였다.장리욱, 〈새교육〉 제5권 2호 이 비상한 시기의 한국 교육의 모습은 1952년 12월 1일 자로 발표된 국제연합 한국재건단United Nations Korean Reconstruction Agency과 유네스코가 함께 파견한 교육계획사절단의 '한국의 교육상황 예비조사보고서' 그리고 1954년 간행된 최종 보고서 'Rebuilding Education in the Republic of Korea'에 잘 나타나 있다. 이 두 보고서를 보면 당시 한국의 대부분 지역에서는 초등 교육조차 거의 불가능한 상태였다. 야외에서, 나무 밑에서, 산기슭에서 수업을 하는 실정이었다. 빈곤 때문에 학습에 필요한 종이, 연필 또는 크레용이 없는 아동이 많았으며, 참고 재료나 도서관 책은 전무했다. 이들 외부 관찰자들의 눈에 비친 한국은 교육 재건에 필요한 최소한의 시설이나 교구가 준비되어 있지 않은 상황이었다. 교사 1인당 평균 학생 수는 77명이었으나 학급당 학생이 많게는 130명에 이르렀다. 교육법에서 규정한 학급당 최고 60명을 두 배 이상 초과하는 셈이다. 학급당 50명 이상을 상상하기 어려웠던 서양인들의 눈에 비친 한국의 교육환경은 최악이었다.

이런 상황에도 불구하고 교육계획사절단은 희망을 이야기했다. "이렇게 짧은 시간 내에 자기 자신의 해방을 위하여 감수성과 적성을 많이 보여준 국민이 또 어디 있겠는가?"라고 반문하며, 교육의 "향상에 대한" 한국인들의 "열성은 눈물겨운 것"이라고 평가했다. 특히 한국의 다수 교육자들이 당시 지니고 있던 희망에 주목했다.

피란지 생활을 하던 대한교육연합회는 제5권 제3호에 '환도의 말씀'이라는 공고문을 게재하여 "모진 눈비를 맞아가면서 부산으로 내려온 지" 3년 만인 1953년 8월 22일 자로 서울 삼청동 산 2번지에 있는 서울 본 회관으로의 복귀를 알렸다. 전후 교육 복구가 시작된 것을 보여주는 상징이다.

다수 교육자들이 교육 여건을 개선하려는 희망을 포기하지 않고 매진하던 당시 교육계를 일대 혼란에 빠뜨린 파동의 주인공은 대통령 이승만이다. 전쟁 막바지에 한글 간소화 파동이 시작되었다. 이승만 대통령은 이미 정부 수립 초기인 1949년 10월 9일 한글날 담화를 통해 당시 한글을 "괴상하게 만들어놓아 퇴보된 글"이라고 규정하고 모든 언론계와 문화계에서 "특별히 주의하여 맞춤법을 속히 개정하기를 바라는 바"라는 입장을 발표했다. 전쟁 직전인 1950년 5월 3일에는 기자회견을 통해 한글전용 원칙과 함께 한글 철자법 개정을 강하게 주장했다. 흥미로운 내용이다.

> '잇다'와 '있다'가 무엇이 다른가? 문화를 진보시키려면 하루바삐 고쳐야 할 것이다. 그렇지 않으면 퇴보할 것이다. 한인들이 완고해서 퇴보하려면 모르되 그렇지 않으면 내가 말하는 식으로 고쳐야 할 것이니, 만일 민간에서 고집하고 개량을 안 하면 정부만이라도 사용하도록 할 것이다.
>
> 손인수, 1994

여기서 이승만 대통령이 말한 "내가 말하는 식"은 그가 개화기부터 읽어오던 한글판 성경대로 우리글을 소리 나는 대로 쉽게 표기하는 방식이다. 일제강점기 한글학자들이 만들어놓은 '철자법 통일안' 그리고 이를 기초로 정부 수립 이후 다듬어진 '한글 맞춤법 통일안'에 대한 대통령의 비판과 문제제기였다. 알려진 대로 당시 맞춤법 통일안은 조선어학회가 1930년 제정 작업에 착수하여 3년 만인 1933년에 확정하여 〈조선어 철자법 통일안〉으로 발표한 것이 핵심이다. 당시 이 통일안 마련에는 최현배, 정인승, 이윤재, 이희승, 이극로, 이병기, 김윤경 등 민족주의 계열의 많은 전문가가 참여했다. 이들 대부분은 조선어사전 편찬 작업에 참여하여 활동 중이었고, 1942년부터 시작된 일제의 이른바 조선어학회 사건으로 검거되고 구속되는 등 고초를 겪기도 했다. 한글은 단순한 문자를 넘어 우리 역사이고, 문화이고, 민족운동의 상징이라는 느낌이 대부분의 지식인과 교육자에게 남아 있었던 것이 1950년대였기에 대통령의 한글 맞춤법 비난은 놀라운 일이었다.

전쟁 발발로 대통령의 주장은 한동안 실행되지 못했다. 그러다 전쟁이 끝나갈 무렵인 1953년 3월 27일 이승만 대통령은 또다시 담화문을 통해 "신구약과 기타 국문서에 쓰던 방식을 따라 석 달 안에 교정해서 써야 할 것"이라고 발표했다. 개화기의 기독교 성경이라는 표기법의 원천을 제시하고, 3개월이라는 짧은 시간적 한계도 명료하게 했다. 우리나라 교육계, 문화계, 언론계, 정치계를 2년간 혼란과 갈등으로 몰아넣은 이른바 한글 간소화 파동의 출발을 알리는 충격적인 발표였다. 담화 1개월 후인 4월 27일 국무총리는 '현행 철자법 폐지와 구식 기음법의 사용'이라는 국무총리 훈령 8호를 발표했다. 일제 강점이라는 혹독한 환경에서 많은 민족 지식인의 땀과 피로 간직하고 지켜온 한글 철자법이 대통령 담화와 총리 훈령으로 하루아침에 폐기된 것이다.

해방 이후 한글전용 문제나 한글 맞춤법 개선 문제는 지속적으로 논란의 대상이 되었다. 앞에서 언급한 유엔 한국재건단 보고서도 한글 문제를 언급하고 있다. 보고서에 따르면 당시 국민학교 교과서는 국가 시책에 따라 한글전용이었으며 국민학생들은 한자를 배우지 않았다. 그러나 학교 밖의 신문이나 일반 서적은 국한문 혼용이었기 때문에 국민학교를 졸업한 학생들은 이를 읽는 데 곤란을 겪는 것이 문제였다. 따라서 이 보고서는 국민학교 교육에서 한자를 지금처럼 갑작스럽게 폐지할 것이 아니라 점진적으로 제거하든가 아니면 학교와 학교 외의 분야에서 일률적으로 한자를 제거할 것을 제안하고 있다. 국어학계 내부에서도 당시 한글 맞춤법이 지나치게 복잡하여 배우기 어렵다는 점을 지적하는 학자들이 일부 있었고, 이에 따라 개선이 필요하다는 여론도 있었다.

이런 여건에서 발표된 대통령 담화와 국무총리 훈령임에도 찬성보다는 반대 여론이 압도적이었다. 그것은 두 가지 이유에서였다. 첫째는, 현행 한글 맞춤법에 문제가 있다는 것을 인정한다 해도 이를 개선하려는 노력 대신 불완전하기는 마찬가지였던 개화기의 맞춤법으로 돌아가자는 주장이 지닌 불합리성이었다. 둘째는, 불과 3개월 안에 고치자는 주장의 성급함이 문제였다. 한 나라의 국어를 전면 개선하는 데 3개월이라는 기간을 못 박은 것은 누가 보아도 무리한 요구였다. 권력자의 오만으로 해석되기에 충분했다.

대통령의 이런 주장에 가장 먼저, 가장 조직적으로 비판을 제기한 것은 당시 대한민국 7만 교육자를 대표하던 대한교육연합회였다. 대한교육연합회는 1953년 5월 30일 대의원회를 열고 '한글 철자법 폐지 반대에 관한 건의안'을 대통령, 국무총리, 문교부장관 그리고 국회에 제출하는 동시에 일간신문에 성명서를 게재했다. 이 성명서는 한글 맞춤법이 "학자들의 다년간 혈투의 결정"이라는 점, 구식 철자법으로의 회귀는 국어문화의 혼란, 학도의 지식상 혼란, 그리고 민족문화의 후퇴를 가져올 것이기에 반대한다는 점을 밝혔다. 아울러 철자법 수정이 필요하다면 반드시 신중한 연구를 거쳐서 결정되어야 할 것을 주장했다.

이런 파동은 문교부 편수국장이던 한글학자 최현배와 김법린 문교부장관의 사임을 가져왔고, 한글학회와 전국문화단체총연합회를 비롯한 국내 학계와 문화계의 비판을 촉발했다.

그럼에도 새로 문교부장관에 임명된 국사학자 이선근 주도로 정부의 한글 간소화안이 1954년 7월 3일 정식으로 발표되었고, 10일 후인

7월 13일에는 이승만 대통령이 한글 간소화 실천의지를 담은 담화를 발표했다. 소리 나는 대로 표기한다는 이른바 표음원칙에 기초한 이 간소화안에 대한 불만과 비판은 학계뿐 아니라 일반 국민들로부터도 제기되었다. 국민들을 설득시키기 위해 정부 주도로 조직한 '국어심의 위원회'에서도 간소화안 폐기를 주장하기에 이르렀다.

대통령의 의지로 시작되고 추진된 한글 간소화 정책에 대한 비판 여론을 주도한 대표적인 단체가 바로 대한교육연합회다. 앞서 발표한 성명서 이후에도 〈새교육〉은 1953년과 1954년 발간된 거의 매 호를 통해 '철자법 문제에 대한 시비'장지영, 제5권 4호, '한글 맞춤법 통일안의 간이성'최현배, 제6권 1호, '한글 간이화 문제 논설 특집'김윤경, 정경해, 최현배, 제6권 2호, '한글파동 소사'S 생. 제6권 4호 등을 게재하여 그 부당성을 학술적으로 논함으로써 이 국민적 관심사에 관한 여론 형성을 주도했다.

계속된 비판 속에 한글 간소화 정책은 1년간 표류했고, 결국 1955년 9월 19일 이승만 대통령의 담화 발표로 전격 철회되었다. 담화문의 핵심 내용은 다음과 같다.

> 국문을 어렵게 복잡하게 쓰는 것이 벌써 습관이 되어서 고치기가 대단히 어려운 모양이며, 또한 여러 사람들이 이것을 그냥 쓰고 있는 것을 보면 무슨 좋은 점도 있기에 그럴 것이므로, 지금 여러 가지 바쁜 때에 이것을 가지고 이 이상 더 문제 삼지 않겠고, 민중들이 원하는 대로 하도록 자유에 붙이고자 하는 바이다…… 우리나라 사람들의 총명이 특수한 만치 폐단이 되거나 불편한 장애를 주게 될 때에는 다 깨닫고 다시 교정할 줄 믿는 바이므로 내 자신 여기 대해서는 다시 이론을 붙이지 않을 것이다. _『서울신문』, 1955년 9월 20일

교육적으로 바람직하지 않은 국가정책이라면 그것이 대통령의 의지가 담긴 정책이라 하더라도 비판을 제기한 대한교육연합회, 전문가와 국민들의 반대 여론에 따라 자신의 소신을 굽혔던 대통령의 모습에서 민주주의로 향해 나아가던 60년 전 대한민국 사회의 유동성, 역동성, 가변성을 새롭게 이해할 수 있다. "우리나라 사람들의 총명이 특수"하다는 말로 국민들에 대한 최소한의 신뢰를 보여준 대통령의 담화문과 5년 후 대통령 자리를 내려놓으며 던진 "국민이 원한다면 대통령직을 사임하겠다"라는 담화문이 주는 느낌이 다르지 않다. 학생에 대한 신뢰가 교육의 출발이듯이 국민에 대한 신뢰가 정치의 출발이라는 것을 잘 보여주는 사례이기도 하다.

NEA 양복감이 상징하듯이 1950년대는 힘겨운 시기였다. 경제적으로는 특히 힘든 시기였다. 1950년대를 한국 현대사에서 일종의 공백기, 암흑기 혹은 정체기로 파악하는 것은 전쟁, 가난, 부패라는 주어진 여건에 지나치게 큰 의미를 부여했기 때문이다. 이 시기 산업화 과정에서 북한의 우위는 이 시대에 대한 남쪽에서의 부정적 평가의 다른 한 배경으로 작용한 측면도 있다. 산업화에 요구되는 효율성 면에서는 북의 우월성이, 그러나 그 산업화의 길을 감시하는 데 요구되는 역동성에서는 남한의 우월성이 드러난 시기로 보는 견해^{역사문제연구소, 1998}는 매우 신선하다. 1950년대를 정체의 시기가 아니라 많은 가능성이 열려 있던 시기로 조명하는 시각^{김득중 외, 2007}이나 사회적 유동성과 가능성이 교차하는 시기로 규정하는 시각^{김성보 외, 2016}도 주목할 만하다.

한글 간소화 파동은 1950년대가 지닌 역동성, 가능성, 유동성 등을 보여주는 하나의 사례가 될 수 있다. 비록 작은 사례에 불과하지만 교육자들의 소신이 대통령의 의지를 넘어설 수 있다는 것을 경험하는 것은 이후 전개된 많은 교육민주화 운동과 정치민주화 운동의 정신적

밑거름이 되기에 충분한 것이다. 이런 경험 없이 우리 민족에게 4·19 혁명, 6월 항쟁, 촛불혁명의 에너지가 솟아날 수는 없었을 것이다. 이런 측면에서 보면 1950년대 어려운 교육여건 속에서 이루어낸 한글 간소화 정책 저지의 경험은 단기적으로는 교육정책의 전문성과 교육의 정치적 중립성이 지니는 가치, 그리고 교육정책 결정 과정의 민주성이 필요함을 일깨워주는 교훈이고, 장기적으로는 깨어 있는 시민사회의 가능성을 집단적으로 학습시킨 의미 있는 사건이다.

| 참고문헌 |

• 이길상. 「이승만의 소신 굽히기, 박 대통령은 본받아라」. 『오마이뉴스』 2015년 12월 14일 자.
• 김득중 외(2007). 『죽엄으로써 나라를 지키자: 1950년대, 반공·동원·감시의 시대』. 서울: 선인.
• 김성보 외(2016). 『한국 현대 생활문화사: 1950년대, 삐라 줍고 댄스홀 가고』. 파주: 창비.
• 김정형(2013). 『20세기 이야기: 1950년대』. 서울: 답다.
• 역사문제연구소(1998). 『1950년대 남북한의 선택과 굴절』. 서울: 역사비평사.
• 『서울신문』 1955년 9월 20일자.
• 〈새교육〉 제5권 제2호(1953년 5·6월호)
• 〈새교육〉 제5권 제3호(1953년 7·8월호)
• 손인수(1994). 『한국교육운동사 I: 1950년대 교육의 역사인식』. 문음사.
• UNESCO(1954). Rebuilding Education in the Republic of Korea.

소나무에 대나무를 접붙이다,
제1차 국가교육과정의 탄생

1956년 병신년 1월 〈새교육〉 신년호^{제8권 1호}에는 매우 흥미로운 글이 실렸다. 당시 중앙교육연구소 연구원이었으며 훗날 연세대학교 교수를 지낸 성래운의 글 '교육의 새해, 문제의 교육: 병신년 교육계의 과제'라는 독백이다. 교육자의 한 사람으로서 열한 살이 되는 한국 교육('너'로 의인화)에게 바치는 참회의 글이다. 글은 이렇게 시작한다.

> 너를 일본으로부터 도로 찾았을 때, 그리고 너를 내 손으로 길러온 지 10년이 넘는 오늘, 내 손으로 길러왔다고 하기가 부끄럽구나. 병든 너다.

일제의 탄압과 수탈에서 벗어난 후 11년이 지난 시점에서 바라본 당시 교육은 여러 가지 병을 앓고 있었다. 대표적인 증상은 가난으로 인한 국가재정 빈곤, 교육투자에 대한 국가권력의 무관심, 이로 인한 학부모의 과중한 교육비 부담이었다. 특히 중등교육에서 나타난 이런 현상은 매우 심했고, 이것이 우리나라 공교육의 과다한 사교육 의존, 지역 간·학교 간·학부모 간 불평등 심화, 나아가 공교육의 공공성 상실을 가져온 출발점이라고 할 수 있다. 성래운은 당시 교육계 상황을 외국인과의 대화 형식을 통해 이렇게 통렬하게 비유했다.

"한국에서 오셨다지요? 제가 하나 알고 싶은 것이 있는데, 다름이 아니라 공립학교와 사립학교의 비比입니다. 대체로 몇 대 몇이나 될까요?"

"예, 한국에서 왔습니다. 그런데 한국에는 공립학교도 없고, 사립학교도 없습니다."

"아니, 그게 무슨 말씀이시죠? 공립도 없고, 사립도 없다니."

"한국에 있는 학교란 모두 사친회립師親會立 학교입니다."

제도뿐인 의무교육제에 대한 조소, 교육 불평등에 대한 비판, 정부와 사립재단의 무책임한 태도에 대한 비판이다. 공립학교임에도 월사금을 받는 학교, 사립학교임에도 재단에서 교육재정을 충당하지 않는 학교, 입학을 둘러싼 부정과 금품 수수 비리가 횡행하던 시대 교육의 아픔을 젊은 교육학자는 이렇게 비판한 것이다. 성래운의 교육자로서의 자기비판은 이어진다.

너를 꼬마 어른의 모임으로 여겨서는 아니었지만 주어진 학생 시절을 뜻있게 살게끔 도와주지 못한 나를 생각할 때 얼굴이 붉어짐을 어쩌하랴. 하기야 좋은 학교에 입학시키기 위한 발악이기도 했지만, 그 바람에 학생 그 시절을 살지 못했구나. 한 달은 고사하고 반달이 못 되어 잊어버릴 그까짓 토막 지식을 외우다가 그 귀중한 한 해를 보낸 생각을 하면 네 앞에 다시 설 면목이 없을 지경이다… 여덟 살 나는 어린이, 그 어린이는 "여덟 살을 살아야 할 것이오" 열여덟 살 나는 학생, 그 학생은 또한 "열여덟 살을 살아야 할 것이다." 애당초 사람은 그럴 권리를 타고난 것이 아니었드냐… 나의 새해는 저 입에 옮기기도 지긋지긋한 시험 준비를 때려눕히고 학생으로 하여금 보람 있는 삶을 누릴 수 있도록 길을 터주는 해이리라.

젊은 교육자 성래운이 이런 자성의 목소리를 내게 된 계기의 하나는 바로 전년도 8월 1일 공포된 제1차 국가교육과정이다. 앞에서 살펴보았듯이 전쟁 중이던 1952년부터 피란지 부산을 비롯하여 전주, 공주, 서울 등 전국의 국민학교를 중심으로 커리큘럼 개조운동이 활발하게 진행되었고 나름의 성과가 나타나기 시작했다. 당시 커리큘럼 개조에 관심 있던 교육자들의 의견은 세 가지로 모아졌다. 이것은 새로운 나라의 새 교육과정이 따라야 할 방향이기도 했다. 첫째는 새로운 국가의 교육적 이념 정립의 필요성이었다. 새로운 나라에 필요한 인재는 어떤 모습이어야 할지에 대한 깊은 성찰과 합의가 필요했다. 교육이 새로워지려면 이를 이끌고 갈 힘인 새 교육철학이 요구되었다. 그러나 이에 대한 논의가 빈약했다. 교육철학의 부재가 교육 혼란의 배경이라는 데 많은 교육자들이 의견을 같이했다. 둘째는 지식중심 교육이 아닌 경험중심적이고 생활중심적인 교육을 지향해야 한다는 점이었다. 암기위주, 지식위주의 기존 학교교육에 대한 반성이 제기되었고, 새로운 방향은 아동의 경험과 실제 생활을 중심에 두는 교육이어야 한다는 데 많은 교육자들이 공감하고 있었다. 셋째는 서두른 나머지 외국 제도의 형식적 모방에 그쳐서는 곤란하다는 점이었다. 미국의 정치적 영향력이 절대적인 시기에 교육자들이 자연스럽게 지니게 된 우려였다. 이 세 가지는 당시 교육자 7만 명 다수가 지지하거나 동의하는 목소리였다.

국가교육과정이 공포되기 직전인 1955년 전반기까지 〈새교육〉에 실린 많은 글이 당시 교육계의 관심 방향을 잘 드러내고 있었다. 제7권 2호에 실린 '교과서 개편에 대한 취지'신태현, '미국 교육에 있어서의 듀이 맹신'짠 에이 하아든, 고광만 역, 제7권 3호에 연재, '국정교과서 생산의 기초 확립'이호성, '교육문제해설: 코아 코리큘럼'편집실, '문화에 봉사하는 교육과정 구성'하롤드 벤자민, 제7권 6호에 실린 '교육문제 해설: 교과서 문제'편집실, 제7권 7호에 실린 '듀이 교육사상과 한국의 교육'오천석, 제7권 8호에 연재, '교육문제 해설: 과외활동'편집실, 제7권 8호에 실린 '교육과정과 사회적 요인'김호권 등을 통해 우리나라 교육과정이 나아가야 할 방향이 적극적으로 제시되었다.

문교부령 제44호(국민학교 교과과정)와 제45호(중학교 교과과정)로 갑자기 공포된 제1차 국가교육과정은 이 세 가지 방향을 따르지 않았다. 무엇보다도 제1차 국가교육과정은 우리 교육이 추구해야 할 목표를 담고 있지 않았다. 즉, 교육을 통해 양성하려는 바람직한 인간상, 이들이 만들어갈 바람직한 사회의 모습을 명료하게 제시하지 않은 채 각급학교별로 가르치고 배워야 할 교육 내용을 제시하는 데 급급했다. 과목별 교육과정이 따라야 할 총칙에 해당하는 교육과정이 공포되기 1년 4개월 전인 1954년 4월 20일 문교부령 제35호로 국민학교, 중학교, 고등학교, 사범학교의 '교육과정 시간배당 기준령'이 먼저 공포되었다는 점이 이를 잘 보여준다. 어디로 가야 할지 목적지를 정하지도 않은 상태에서 자동차의 시동을 켜고 일단 출발하는 모습이었다. 제1차 국가교육과정은 이미 1년여 전에 발표된 과목별 시간배당 기준의 단순한 종합에 불과했다.

오랜 악습인 지식중심 교육에서 벗어나 생활중심, 경험중심의 새로운 교육으로 이행하기 위해서는 새로운 교육에 대한 교사 및 교과서 집필자들의 충분한 이해가 선행되어야 했다. 즉, '새교육'이라는 낯선 요리를 먹어보고 충분히 소화시키는 경험을 한 후 이 요리를 소개하거나 팔아야 함에도 그런 준비 없이 외국에서 좋은 요리라고 하니까 돈을 벌거나 명성을 얻기 위해 음식점을 차리고 요리를 팔려는 모습이었다. 국가교육과정 문서는 모든 교과목이 따라야 할 기본 태도 7개 항을 제시했고, 그중 한 항목에는 "아동의 각 방면의 욕구를 고루 충당하며, 그 개성을 최고도로 발전시킬 수" 있어야 한다고 밝혔지만 선언에 그쳤을 뿐, 구체적으로 교육 내용에 구현시키는 방법은 전혀 제시하지 않았다.

우리나라 최초의 국가교육과정은 미국에서도 이미 비판의 대상이던 듀이의 경험중심 교육과정의 흉내를 내는 것에 불과했다. 민주주의에 바탕을 둔 공교육 경험 100년 이상의 역사를 지닌 미국과 민주주의 교육을 시도한 지 10년밖에 안 된 우리나라의 차이를 이해하려는 노력이 필요했다. 현장에서 벌어지고 있던 교사중심의 커리큘럼 개조운동의 성과를 종합하고 개선하려는 노력으로부터 국가교육과정에 대한 논의를 시작해야 했고, 충분히 토론하는 여유가 있어야 했다. 국가권력이 주도하고 미국교육사절단이 후원하는 위로부터의 개혁, 그것도 권력의 힘으로 해치우는 식의 개혁으로는 성공할 수 없는 것이 교육개혁이었다.

교육이 가야 할 목표지점에 대한 명료한 인식 없이 외국을 모방하여 커리큘럼을 급히 제정하는 것은 마치 "소나무 위에 대나무를 접붙이는 것"성래운에 불과한 것이라고 경계했음에도 정부는 미국교육사절단의 권고와 교육 관료들의 행정적 판단에 따라 '선 시간배당기준령 채택,' '후 국가교육과정 공포' 순으로 정책을 추진했다. 어른도 먹어보지 않은 음식을 아이들에게 억지로 먹이는 꼴이었다. 즉, 정신은 배제된 채 행해진 체형만의 모방이었다. 흉내 내기 수준의 제1차 국가교육과정의 공포를 지켜본 성래운은 우리나라 '새교육'의 초기 역사를 실감 나게 묘사하고 있다.

나는 한국에 와 있는 새교육입니다. 그새 나는 여러 군데를 찾아다녔습니다. 이 구석 저 구석 안 가본 데가 없습니다. 산골짜기 들판 할 것 없이 다 가보았고 심지어는 섬에까지도 찾아갔었으니까요. 그 바람에 구경은 실컷 했습니다. 산 구경, 들 구경, 그리고 사람 구경, 그중에서도 교육자 구경… 그런데 불가사의한 것이란 한국의 교육자이드면요. 왜라고요? 찾아가기만 해보세요. 나를 환영 안 하는 곳이 있나, 나를 환영 안 하는 사람이 있나, 특히 교육자치고 말입니다. 그런데 구경만 하고 사지는 않거든요. 웬 칭찬은 그리도 하던지, 내가 소개되고 나면 박수 소리가 터지도록 요란스럽답니다. 그런데 막상 나를 사는 교육자란 없단 말씀입니다. 그러니 불가사의라고 안 할 수 있겠어요?

사는 사람이 한 사람도 없기야 하나요. 열에서 하나는 못 되어도 백에 하나는 나를 사기는 합니다. 그러나 사는 그들 중에는 자기가 먹으려고 사는 것이 아니라 사다가 남에게 되팔려고 사는 이가 있고 보니, 나를 사먹고 새 교육자가 되는 그런 교육자란 천에서 하나는 될는지 모를 노릇입니다.

그런데 한국의 학생이 고대 고대하는 것은 나를 구경만 하고 칭찬만 하는 그런 교육자가 아닙니다. 나를 사서 손에 들

고만 다니는 그런 교육자도 아니지요. 나를 휘둘러보려고도
하지 않는 그런 사람이란 더 말할 것도 없고요. 한국의 학생
은 한국의 교육자가 나를 먹고 소화시켜서 새 교육자가 되어
주기를 고대하고 있는 것입니다.   _성래운, 1956

우리나라 최초의 국가교육과정이 공포된 1955년은 을미년 양띠 해
다. 세계를 바꾼 독일 물리학자 알버트 아인슈타인, 창씨개명을 단행
한 조선총독 미나미 지로, 고종의 맏아들임에도 즉위하지 못했던 의친
왕이 이해에 세상을 떠났다. 당시 북한은 세계 46위의 경제국이었으나
대한민국은 세계 121위의 경제빈국이었다. 우리나라 교육계는 중·고등
학교 분리 문제와 중등학교 입시제도, 학생 풍기문란 사건 등 연이은
파동과 사건으로 혼란에 빠져 있었다. 〈새교육〉은 1955년 신년호^{제7권}
^{1호} 머리글에서 "금년에도 연중행사로 또 무슨 소동이 일어날 것만 같
습니다"라고 암울한 예상을 하고 있었다. 이해 8월 1일 있었던 제1차
국가교육과정의 공포는 〈새교육〉이 예상한 암울한 소동의 결정판이며
우리나라 현대교육의 방향을 결정한 불행한 사건이다. 우리나라 최초
의 국가교육과정이 당시 현장 교사 중심으로 진행되던 우리식 커리큘
럼 개조운동의 경험을 기반으로 했다면, 경험중심 교육과정의 본질과
한계에 대한 논의를 충실히 반영했다면, 좀 더 민주적인 정책결정 과
정을 거쳤다면 대한민국 교육이 지금과 같은 지식중심 획일 교육의 질
곡을 덜 경험했을 수도 있다. 국가교육과정의 내용이 어떠했는지보다
더 중요한 것은 문교부령이라는 법령의 형태로 선포됨으로써 그것이
갖게 되는 강한 법적 구속력, 그것이 만들어낼 교육 내용의 국가 예속
과 획일성, 이것이 가져올 현장 교사들의 자율성과 자발성의 실종이었
다. 실제로 제1차 국가교육과정 공포는 우리 교육을 그런 길로 이끄는

출발점이 되었다. 이후 교육은 내용과 형식 모두 국가권력에 예속되기 시작했고, 현장 교사들은 교육개혁의 대상으로 전락했다. 일부 권력자들은 교과서 국정화와 대학입학 국가고시 과목 조정 등을 통해 자신의 정치철학을 교육에 투영하려는 강한 욕구를 드러내는 데 주저하지 않았고, 이것이 공교육의 혼란과 왜곡을 더욱 심화시켜왔다.

제1차 국가교육과정이 우리 교육에 가져온 불편한 변화를 상징하는 것 중 하나가 도덕과목의 등장이다. 제1차 국가교육과정 공포로 도덕과목이 중·고등학교 학생에게 필수로 부과되어 매 학년 배우게 되었다. 당시 신문에서는 이렇게 희화하여 보도했다.

일제시의 "수신과"라는 것이 연상되어 좀 불쾌한 바 없지 않으나 선한 인간, 충량한 국민을 배양해내기 위해서는 도의 교육의 진흥이 긴요하니 도덕과목 중시의 경향은 좋은 것이라 하겠다. 그러나 그 과목 내용에다 여하한 내용을 몰아넣어야 할 것이냐는 적지 않은 문제거리여서 어떤 친구는 "도의과"가 아니라 "협잡과"를 창설하고 배워주는 편이 나을는지도 모른다는 주장을 내세우고 있다. 진실정신이란 한 방울도 찾아보기 어렵고 도의가 땅에 떨어진 이 부패·타락한 세상에 협잡·사기의 기술을 배워줘서 처세·출세·발재에 능숙한 인물을 만들어내야지 케케묵어 고리타분한 냄새가 나는 도덕을 배워줘 현실을 헤엄쳐나가는 데 둔한 인물을 만들어냈댔자 무슨 소용이 있는가라는 말인데, 교육효과를 실사회 생활에의 적응성 함양에만 구한다면 결코 일리가 없는 것은 아니다… 강권이 판잣집을 허물어 서민의 생존권을 침해하고 있는 이 마당에 사랑의 정신이 무엇이며, 무리가 도리를 질식시키고 있는 허위의 사회에서 진리애가 무엇이냐? 모름지기 도의과란 정부리료(관료)나 사회지도층부터 이수케 하도록 할지어다. _『동아일보』, 1955년 8월 18일

　실사회생활에의 적응만을 강조하는 짝퉁 생활중심 교육에 대한 비판, 그리고 부도덕한 행태를 일삼던 당시 사회지도층이 착한 시민들에게 도덕교육을 강요하는 세태에 대한 풍자가 넘치는 글이다. 이후 우리나라 교육은 결국 힘으로 착한 국민들을 가르치고 길들이려는 오만한 국가권력과 이런 국가권력의 횡포를 피해 자식을 처세·출세·발재에 능한 인물로 만들려고 기를 쓰는 학부모 사이의 전쟁터로 서서히 그러나 변함없이 이끌려왔다. 그 출발점이 제1차 국가교육과정이었다고 해도 지나친 말은 아닐 것이다.

　대한민국의 제1차 국가교육과정의 본질은 무엇일까? 근대교육을 시작한 후 우리가 만든 최초의 교육과정이었다는 것, 그리고 체계적인 교육과정이었다는 점에서는 최소한의 긍정적인 의미를 부여하는 것이 불가능하지는 않다. 그러나 그것이 미래지향적이었다거나 우리 교육 발전의 초석을 놓은 "역사적 쾌거"^{함종규, 2003}라고 해석하는 것은 지나치다. 오히려 우리 교육의 국가예속성을 강화하는 출발점이었고, 교사 중심의 교육개혁에 종말을 고하는 선언이었다는 점에서 부정적인 평가가 타당하다. 서구 교육사상의 급격한 유입을 지켜보던 성래운은 일찍이 '새교육'이 자칫 잘못하면 "소나무에 대나무를 접붙이는" 꼴이 될 것이라고 경고한 바 있다.^{새교육, 1953} 제1차 국가교육과정은 내용에서도 소나무도 대나무도 아닌 원산지 불명·학명 불명의 돌연변이였다. 총칙에서는 경험중심과 생활중심을 외치지만 내용 구성에서는 여전히 교과중심적이었다는 점에서 반경험주의적이고 친지식중심적이었다. 커

리큘럼 개조운동의 성과가 반영되지 않았다는 점에서 반교사중심적이고 친권력중심적이었다.

60여전 전에 등장한 국가교육과정의 전통은 지금까지도 이어져 오면서 우리 교육의 진보적 변화를 거스르고 있다. 소나무에 대나무를 접붙여서 만든 정체불명의 묘목에서 애매한 맛의 '어륀지'(한국화된 오렌지)가 열린 모습이라고 할까. 한국인들도 먹기는 하지만 서양인들이 더 좋아하는 과일이 '어륀지'라는 것은 우리 교육이 지닌 패러독스 paradox를 상징하는 것이다. 21세기 우리 교육에는 여전히 제1차 국가교육과정에 깃들어 있던 돌연변이 DNA가 제거되지 않은 채로 남아 있고, 우리 교육의 혁신에 끊임없는 저항 신호를 보내고 있다.

| 참고문헌 |

- 성래운(1956). 「교육의 새해, 문제의 교육」. 〈새교육〉 제8권 제1호.
- 문교부(1955). 「국민학교교과과정」. 문교부령 제44호.
- 문교부(1955). 「중학교교과과정」. 문교부령 제45호.
- 새교육편집실(1953). 「미국교육에서 무엇을 배울 것인가?」. 〈새교육〉 제5권 제1호.
- 최정희(2017). 「서구교육과정 이론의 수용과 배제의 역사-제1차 및 제2차 국가교육과정의 재평가」. 『한국교육사학』 39/2.
- 함종규(2003). 『한국교육과정변천사연구』. 교육과학사.
- 『동아일보』 1955년 8월 18일 자.

교각살우矯角殺牛의 망동,
교육자치제 폐지운동

교육행정을 일반 행정에서 분리하여 독립성을 인정하는 제도는 얼마나 오래되었을까? 얼마나 오래전부터 인류는 사람을 다루는 교육행정이 돈이나 물질을 다루는 일반 행정과는 다르다는 것, 따라서 전문성이 요구된다는 것, 정치의 영향을 받지 말아야 한다는 것을 깨달았을까? 세계 모든 나라의 사례를 자세히 알 수는 없지만 적어도 우리 역사에서만 보면 우리 조상들이 이런 인식을 하고 이를 제도화한 것은 일찍이 고려시대였다. 고려사에 자주 등장하는 '문사文師' 제도가 바로 그것이다.

각 지방 수령이던 목사나 현령이 학자 출신 관료인 유신儒臣이 아니면 수령과는 별도로 '문사'를 한 명 파견하여 지역 교육을 담당하게 했다.『고려사』권74, 1168년 3월 의종 조서 수령들은 자기들의 권한 밖에 존재하는 교육 권력의 상징인 '문사'의 존재를 불편하게 여겼다. 그래서 문사 폐지 상소를 자주 올렸고, 이를 둘러싸고 군왕과 관리들 사이에 논쟁이 이어졌다. 이 논쟁에서 늘 문사 제도의 존속 편에 선 것은 군왕이다. 교육은 나라 존속의 근간으로서 특별하기 때문에 일반 관리들의 권한 아래 놓는 것은 타당하지 않다는 논리였다. 일반 행정 영역에 속하는 모든 업무는 시대 상황이나 재정 여건에 따라 변할 수밖에 없지만 교육이 변해서는 안 된다는 '교육 중심' 논리 앞에 관료들은 주장을 굽일 수밖에 없었다.

교육에 대한 이런 오랜 소신은 이후 조선시대 전 기간을 통해 스승에 대한 존경심으로 이어졌다고 보아도 무리는 아니다. 우리나라 초기 근대교육에서 발견되는 교사들에 대한 일반의 존중감이나 사회변화에 대한 교사들의 특별한 소명의식에도 전승되었다. 민주주의 교육의 핵심 개념 중 하나인 교육자치를 포장한 제도는 남의 것일지 몰라도 그 정신이나 뿌리까지 남의 것은 아니다.

교육의 자주성, 전문성, 정치적 중립성을 보장하기 위해 일반 행정에서 교육행정을 분리, 독립시키는 제도를 교육자치제라고 한다. 교육을 국민의 관심과 필요에 맞게 실행하기 위한 제도적 기반이라는 의미에서 교육자치제는 국가와 지역에 따라 외형은 다르지만 민주주의 교육의 출발점이라는 뜻에서 지향점은 동일하다. 우리나라에 근대 교육자치제가 도입된 것은 언제일까? 법적으로는 1948년 8월 12일 미군정의 정부 이양 직전 '교육구 설치에 관한 법령'이 공포된 것이 그 출발점이고, 이를 이어 1949년 12월 공포된 교육법에 교육자치제가 반영되었다. 미군정하에서 교육부장을 지낸 오천석이 교육법의 '2대 승리'로 교육 관리의 민주주의화와 교육자치제 채택을 든 것도 이런 이유에서다. 과거 일반 국민은 그들의 귀한 아들딸을 교육하는 일에 아무런 발언권도 없었고, 중앙 정부의 명령에 의한 맹종적인 움직임이 있을 따름이었다. 그러나 헌법에 모든 권력은 국민으로부터 나온다고 뚜렷이 선언되었고, 교육법도 이 정신에 보조를 맞춰 자치제의 핵심인 교육구의 제정과 교육위원회 창설을 규정했다.오천석, 1950

전쟁 발발로 시행이 지연된 교육자치제는 전쟁이 아직 한창이던 1952년 5월 군 단위에 교육위원회가 설치됨으로써 비로소 시행되었다.

당시 교육자들의 민주주의 교육에 대한 열정을 짐작하게 하는 일이다. 전후 복구가 미진했던 서울특별시는 교육자치제 적용 대상에서 제외되었고, 위원 선출이 간접선거였던 점 등 많은 한계는 있었지만 국회의원 윤택중의 표현대로 그것은 "민주교육의 첫걸음"이었다.윤택중, 1952

〈새교육〉은 아래와 같은 사고社告를 실어 교육자치제의 성공적 정착을 통해 "교육독립의 성업을 완수하자"고 호소했다.

> 교육독립의 획기적 사명을 완수하기 위하여 교육구와 교육위원회가 실현되었다. 위원은 시읍면 의원 중에서 선거되는 것이요, 교육감은 교육공무원 중에서 선택되는 것이므로 적재적소로 교육자나 교육에 이해가 깊고 고매한 식견과 강력한 실행력이 있는 분이 나와서 이 제도를 잘 운영하여 교육독립의 성업을 완수하여야 되겠으니, 전 교육자와 각급 교육회는 교육사활을 결정하는 이 기회를 놓치지 마시고 지방선거에 유위유능한 인재를 선거하도록 만전의 계획을 수립하여 최선진미의 활동을 전개하시기를 거듭 강조합니다.
> _〈새교육〉, 제4권 제1호

당시 언론에서도 교육위원 선거는 큰 관심사였다. 『동아일보』는 1952년 5월 15일 기사에서 5월 24일 실시되는 선거의 내용을 상세하게 보도하며 큰 관심을 표했다.

> 금번 실시되는 교육선거는 시군 단위로 된 교육구 내에서 군교육위원과 시교육위원을 우선 각 면의회에서 1명을 선출하여 군교육위원회를 구성하고, 시의회에서는 각 시마다 10명의

교육위원을 선출하여 시교육위원회를 구성하게 되었다. 그리고 군교육위원회와 시교육위원회에서는 다시 1명씩의 도교육위원을 선출하여 도교육위원회를 구성하고, 또 도교육위원회에서는 다시 1명씩의 중앙교육위원을 선출하여 중앙교육위원회를 구성하는데, 중앙교육위원회는 각 도 교육위원회에서 선출된 8명의 민선위원과 문교부장관이 추천하여 대통령이 임명하는 20명의 관선위원을 합한 28명의 정원으로 구성될 것이라고 한다. 그리고 군시교육위원회에서는 오는 6월 5일 교육위원회의 보조기관이고 조언기관인 교육감을 1명씩 선출하게 되었다는 바 교육감의 자격은 첫째로 장학관, 장학사, 기타 교육행정과 20년 이상의 교육 및 교장의 경험이 있고 학식과 덕망이 있는 자로서 교육에 열의가 있는 자에 한한다고 한다.

회보 발간 등으로 계몽에 전력을 기울이는 동시에 각 시도에 강사를 파견하여 홍보에 최선을 다한 대한교육연합회는 선거 결과에 만족했다. 선출된 위원의 90퍼센트 이상이 대한교육연합회가 기대하던 교육 분야 인물들이었다. 그러나 극소수지만 교육에 전문적인 소양과 이해도 없이 일종의 감투로 생각하고 덤벼든 분도 약간 섞여 오점을 남긴 것은 유감이었다.^{주기용, 1952} 당시 교육감이 3급 공무원에 해당했고, 이는 고등고시를 거쳐야 이를 수 있는 꽤 높은 자리였기 때문이다.^{『경향신문』, 1952년 5월 17일} 당시에도 지방 교육행정이 지역 정치인들 혹은 정치 지망생들의 권력욕 충족 수단으로 변질되는 것에 대한 우려가 제기된 배경이다. 6월 5일 치른 간접선거에 따라 교육감이 8월 8일과 11일에 발령되었다. 대부분 교육 경력이 풍부한 교장이나 장학사 출신이었다.

지금의 교육감 선거가 정치권력의 대리 전쟁터로 변한 것에 비하면 초기 교육자치제가 오히려 지금의 교육자치제보다 교육의 정치적 중립성 유지라는 근본정신에 훨씬 가까웠다. 우리는 지난 60년 동안 적어도 교육자치에서는 '뿔을 고치려다 소를 잡는 어리석은 일矯角殺牛'을 반복해왔다고 해도 지나친 말이 아니다.

교육자치제는 출범하자마자 비판과 공격의 대상이 되었다. 전쟁 중이던 1952년 출범한 이후 1950년대 전 기간 동안 무려 3차례의 공식적 폐지 시도와 6차례의 비공식적 폐지운동이 벌어졌다. 1953년 1월 지방장관 회의에서 각 도지사와 서울특별시장 연명으로 지방기구 간소화를 대통령과 각부 장관에 건의하면서 교육구와 교육위원회의 폐지를 건의한 것이 첫 시도였다. 5월 20일에는 전라북도 지방자치 1주년 기념대회에서 교육구와 교육위원회 폐지를 포함한 지방행정기구 개혁에 관한 건의를 채택하여 대통령에게 제출했고, 6월에는 내무부에서 교육자치제 폐지를 담은 지방기구 축소안을 작성하여 대통령에게 제출했다.

법적 개정절차에 착수하라는 대통령의 지시가 국무총리에게 전달되었고 국무회의에 이 안건이 상정되었다. 그러나 교육계를 중심으로 한 격렬한 반대 여론에 밀려 1953년 9월 18일 국무회의에서 교육자치제를 계속 존속시키기로 결정했다. 1950년대 중반은 국무회의가 적어도 국민적 관심사인 교육 문제에서는 대통령의 지시나 국무총리의 의견에 무조건 따르는 시대가 아니었다. 이후에도 교육자치에 대한 도전은 계속되었다. 1955년 지방자치법 개정혁신안을 통한 교육감제 폐지가 시도되었고, 같은 해 8월 대통령의 긴급재정조치령 공포에 순응한다는 의미에서 교육자치제 폐지를 담은 혁신안이 국무회의에 부의되었으나 정부통령 선거에 주는 부정적 영향을 의식한 자유당에 의해 추진이 보류되었다. 1956년 7월 10일 있었던 전국 지방장관회의에 참석한 각 도지사 전원이 지방기구 간소화를 건의하면서 교육자치제 폐지를 다시 거론하기도 했다. 끝없는 도전과 응전이 이어졌다.

교육자치제 폐지를 주도한 것은 주로 내무부 계통 관료들과 일부 정치인들이다. 교육행정의 분리로 인한 행정 낭비, 인력 낭비, 재정 낭비를 축소하자는 것이 표면적이고 공식적인 이유였지만 숨은 의도는 권력 통합을 지향하던 대통령과 집권 세력의 기대에 부응하려는 정치적 욕심이었다.

교육자치제 폐지를 향한 이런 집요한 시도에도 불구하고 교육자치제는 유지되었다. 1956년에는 드디어 서울특별시에 교육청이 설치되고 교육감이 선임됨으로써 교육의 자주성이 한층 강화되기에 이르렀다. 이를 가능하게 한 것, 그럼으로써 교육의 자주성과 정치적 중립성, 교육행정의 전문성을 확보하게 한 일등 공신은 바로 교사들이었다. 7만 교사의 대표 기관이었던 대한교육연합회가 당시에는 정치권력에 예속되거나 정치권력의 눈치를 보지 않고 오로지 교사들의 순수한 의견을 대변하는 기관이었다. 말 그대로 교육자 단체였다. 1950년대에 간행된 〈새교육〉 70여 호를 관통하는 정신은 '교육자치제의 수호를 통한 민주주의 교육의 완성'이었다. 〈새교육〉을 통해 바라본 1950년대는 '교육의 자주성' 수호를 위한 교사들의 투쟁의 시기였다고 하기에 충분한 시대였다. 1980년대 교육민주화 운동에 비유하기는 어렵지만 이에 버금가는 교사중심 교육운동의 태동기로 규정하는 것은 충분히 가능한 시대였다. 운동이 지향한 사상이나 방식, 그리고 공권력의 대응 태도로 보면 1950년대의 그것이 더욱 교육적이었던 측면이 있다.

〈새교육〉 1953년 11월호5권 4호에 발표한 대한교육연합회의 성명서 '우리는 왜 교육구청 폐지를 반대하나'에서는 다음과 같이 결연하게 선언했다.

1. 현행 교육법 및 교육법시행령에 의한 교육행정기관인 교육
   청 또는 교육구청의 폐지를 절대 반대한다.
2. 민병대의 훈련 문맹퇴치사업을 포함한 광범하고 강력한
   국민교육의 비약적 발전과 교육의 자주성을 확보 육성하
   기 위하여 현행 교육자치제도의 철저한 추진을 지지한다.

같은 호에서 주기용(당시 대한교육연합회 사무국장)은 일제하에서도
반 자치화한 이 제도-미국교육사절단이 한국에서 유일한 희망이요
괄목하여 기대할 만한 것으로 지목한 제도-를 폐지하고 관료 지배 아
래 두어 교육을 유린하고 제2차 부속물처럼 취급하자는 것은 언어도
단이라고 비판했다. '교육행정을 정당 색이 농후난 내무부 계통의 군
수 산하에 편입하여 선생끼리 2파 3파로 나뉘어 반목 투쟁하게 하면
교육적 감화와 인격 도야를 이 난장판에서 기대할 수 있는가?'라고 자
문하며 교육자치제 폐지 주장을 천박한 주장으로 치부했다. 교육자치
제는 민주국가 발전을 위한 교육행정의 황금률이라는 신념에 기초하
고 있었다.

1956년 8월 21일 자 『조선일보』에서 홍순철은, 교육행정은 국가의
필요를 앞세워 일반 국민에게 강요하는 것이어서는 안 된다는 점, 민
주주의 국가에서 교육은 국민 각자의 교육적 필요를 충족시켜주는
데 근본 목적이 있으므로 교육계획은 민중에 의하여 발전되고 운영되
는 것이 마땅하다는 점을 강조했다. 교육에 대한 관리는 국민 각자의
개성과, 필요와, 각 지방의 특수 사정에 적응할 수 있도록 민중의 자치
에 맡겨야 한다는 주장이었다. 막연하고 불분명한 국가적 필요를 독

단적으로 앞세워 우리 국민의 열렬한 교육적 요구를 억압해서는 한국의 교육 진전은 기대할 수 없기에 교육자치제는 반드시 유지되어야 한다는 논리였다. 현행 법규의 권력적 적용이 교육행정의 중심일 수는 없다거나, 문교부의 존재 이유는 지방의 교육자치를 돕고 지원하는 데 있다는 홍순철의 주장은 1950년대 우리나라 교육자들의 민주주의 교육에 대한 신념을 잘 보여주는 사례임이 틀림없다.홍순철, 1956

교육자치제를 지키기 위한 대한교육엽합회의 주장과 활동은 5·16 쿠데타로 교육자치제가 일시적으로 중단된 1961년까지 이어졌다. 1950년대 우리나라 교육자들이 지닌 교육자치제에 대한 신념과 특징을 보여주는 대표적인 글로 〈새교육〉에 소개된 것으로는 다음과 같은 것들이 있다.

주기용, '몇 가지 제언'(1954년 3월, 제6권 제1호)

왕학수(고려대 교수), '교육자치제에 대하여'(1955년 11월, 제7권 제9호)

주기용, '교육자치제와 민족의 장래'(같은 호)

이창석(국무원 사무국 전례과장), '교육청은 폐지될 것인가?'(같은 호)

오천석(이화여대 대학원장), '교육자치제의 이론'(1956년 8월, 제8권 제8호)

배성룡(평론가), '교육청 폐지론에 반대함'(같은 호)

박운대(한국일보 논설위원), '교육구 폐지론을 배척한다'(같은 호)

최용근(민의원 의원), '교육청 폐지를 반대함'(같은 호)

주기용(오산고등학교 교장), '교육자치의 육성 강화를 강조

함'(같은 호)

손영경(문교부 의무교육과장), '교육구청 폐지를 반대함'(같
은 호)

김영훈(서울특별시 초대교육감), '서울특별시 교육청 발족에
제하여'(1957년 1월, 제9권 제1호)

오천석, '정유년 교육계의 전망-새 결심과 과감한 실천이 요
청된다.'(같은 호)

오강인(부산시 교육감), '교육자치제의 제문제-현행법과 개정
할 점'(1957년 12월, 제9권 제12호)

이항녕(고려대 교수), '교육자치제의 완성을 위한 법의 개
정'(1959년 8월, 제10권 제8호)

해방 직후 한국 교육계에서 가장 많이 논의된 문제의 하나가 바로
학원의 자주성 문제였다는 것도 의미 있는 사실이다. 이 정신은 1950
년대 교육자치제 수호 투쟁으로 이어졌다. 교육의 정치적 중립성을 민
주주의 교육의 핵심 가치로 인식하고 있던 당시 교육자들과 교육전문
가들에게 교육자치제는 그 가치와 비용에 대한 "시험이 끝난 불변의
진리"주기용였다. 더 이상 필요성 여부를 두고 논쟁을 벌여야 할 대상은
아니었다. 따라서 이를 폐지하려는 시도는 "뿔을 고치려다 소를 죽이
려고 하는 교각살우矯角殺牛의 망동"이창석이었다.

아쉽게도 50년이 지난 지금도 대한민국의 교육자치제는 다시 시험
을 치르고 있다. 최근 몇 차례의 교육감 선거는 정당의 관여로 국민들
이 지닌 교육자치제에 대한 느낌을 불편하게 만들었다. 잦은 교육감
교체로 인한 교육정책의 혼란과 교육감 선거에서 정당 간 대결 양상
의 심화로 국민들의 교육감 선거 피로감이 가중되어왔다. 나아가 이제

는 일부 교직단체 중심으로 교육감 직선제 폐지운동이 벌어지고 있다. '교각'은 필요하나 '살우'에 이르지는 말아야 한다는 60년 전 선배 교육자들의 외침이 새삼스러운 시대에 살고 있다.

지금의 교육자치제는 명실상부하지 않다. 교육위원회가 의결기관이기는 하나 입법권과 예산·결산 권한은 지방의회에 분담되어 있다. 교육위원 선출이 지방의회에 의한 간접 선출 방식을 따르고 있다. 1950년대 일반 행정 관료들이 앞장서서 폐지하려던 교육자치제를 지키기 위해 전개한 교육자들의 교육자치제 수호 투쟁 경험은 우리가 지켜야 할 교육자치제의 정신과 우리가 오해하고 있는 교육자치제의 정신이 무엇인지 판단하는 데 매우 명료한 지침을 제시한다. 교육의 중립성, 교육행정의 전문성, 교육의 현장성은 강화해야 할 정신이며, 교육의 당파성은 배제해야 마땅한 정신이다. 이 정신에 맞는 교육자치제로 나아가야 할 것이다. 그러나 어떤 경우에도 교각살우에는 이르지 말아야 할 것이다. 국민이 민주주의의 바탕인 것처럼 교육자치제는 민주주의 교육의 출발점이기 때문이다.

| 참고문헌 |

• 오천석(1950). 「새교육법을 비판함」. 〈새교육〉 제3권 제1/2호.
• 윤택중(1952). 「교육구 설치와 교육위원회에 대한 소고」. 〈새교육〉 1952년 제4권 제1호.
• 주기용(1952). 「교육감 자격에 대한 일고」. 〈새교육〉 제4권 제2호.
• 홍순철(1956). 「교육구 존폐론의 맹점과 교육법의 전면적 개정을 제의함」. 『조선일보』 1956년 8월 21일 자.
• 『동아일보』 1952년 5월 15일 자.
• 『경향신문』 1952년 5월 17일 자.
• 『고려사』 권74.

첫 여교감, 여교장

몇 해 전부터 학부모들 사이에서 남녀공학을 기피하고 남녀 별학의 단성학교를 선호하는 경향이 높아지고 있다. 수행평가체제가 도입된 1990년대 말 이후 남학생 학부모 사이에서 남녀공학에 재학하는 경우 꼼꼼하고 성실한 여학생들의 내신 우위현상이 나타날 것을 우려하는 목소리가 들리기 시작했다.오민아, 2013 남녀공학과 교육활동 간에 부(-)의 인과관계가 있다는 연구 결과김경년, 2013, 또는 대학수학능력시험에서 남녀공학 재학생들보다는 단성학교 재학생들의 성적이 우수하다는 연구 결과김범수·김가영, 2015까지 발표됨으로써 중등학교 수준에서 남녀공학 기피 현상이 현실화되고 있다. 양성평등이라는 자연권적 이념의 실현을 위해 도입된 민주사회의 보편적 제도가 학력 향상을 통한 개인적 욕망의 실현만을 우선시하는 한국 사회의 특수한 교육문화 앞에서 흔들리는 쓸쓸한 모습이라고 아니 할 수 없다.

여자들은 남자들과 동등한 지위를 가질 수 없다고 주장한 플라톤, 여성교육의 목적은 남성을 행복하게 해주는 데 머물러야 한다고 주장한 루소의 생각은 19세기까지도 크게 달라지지 않았다. 서양에서 19세기 중반부터 여성들이 보통교육을 받기 시작했고, 남성들과 같은 장소에서 함께 공부할 수 있는 기회가 주어지기 시작했지만 이것이 여성들의 천부인권에 대한 수용이나 남녀평등 의식의 산물은 아니었다. 산업화 과정에서 필요한 단순 노동자와 유순한 상품 소비자의 필요성, 여성을 위한 별도의 교육시설을 설치하는 데 필요한 비용의 절감 등 경제적 필요성이 결합하여 만들어낸 결과였을 뿐이다. 여자는 남자에 비하여 지력과 체력이 모두 열등하다는 생각, 여성이 가정이나 사회생활을 원만하게 수행하는 데 필요한 지식의 정도는 남성들에게 필요한 것보다 낮을 것이라는 생각이 동서고금을 통해 남녀공학을 실현하는 데 가장 큰 장애물이었다.

19세기까지는 남학생과 여학생이 별도의 학교에서 공부하는 단성학교가 동서양을 불문하고, 종교적 지형에 관계없이, 학교 급에 상관없이 보편적인 학교 형태였다. 특히 중등 단계에서 성이 다른 남자와 여자가 함께 공부한다는 것은 상상하기 어려운 모습이었다.

세계에서 가장 오래된 남녀공학은 1818년 개교한 영국 스코틀랜드 지방의 달러아카데미Dollar Academy였다고 한다. 대학으로 최초의 남녀공학은 미국 오하이오주에 1833년 개교한 오벌린대학Oberlin Collegiate Institute이다.Wikipedia, mixed-sex education 이렇게 시작된 중등과 고등교육 단계에서의 남녀공학이 확산되고 일반화된 것은 알려진 대로 미국의 독특한 역사적 경험에 바탕을 두고 있다. 즉, 서부개척에 한창이던 19세기 중반 즈음 서부의 광활한 지역으로 이주하던 미국인들에게 지역마다 학교 급별로 남학교와 여학교를 세우는 것은 현실적이지 못했던 것이다. 같은 시설에 남학생과 여학생을 함께 수용하는 것이 경제적이었다. 이런 지극히 실용적인 이유에서 남녀공학이 널리 확산된 것이다.

주립대학으로는 아이오와대학University of Iowa이 1855년 남녀공학을 최초로 실시한 후 1860년대에 접어들면서 대부분의 주립대학이 남녀공학 확산 분위기에 가세했다. 세계적으로 교육의 기회가 확산되고 보편교육이 추구되던 19세기 중엽의 개방적 분위기도 여성교육의 확장과 함께 남녀공학 확산에 도움을 주었다. 19세기 말과 20세기 초에 이르면 약간의 예외는 있지만 영국이나 미국뿐 아니라 대부분 지역에서 남녀공학이 시도되거나 시행되기에 이른다. 물론 종교적 이유로 이슬람권에서는 아직도 단성학교 체제가 널리 유지되고 있다.

1945년 일제로부터의 해방은 여성들에게 두 가지 억압에서 벗어나려는 기대와 함께 다가왔다. 하나는 일제의 억압에서 풀려나는 정치적 해방이고, 다른 하나는 오래된 남성 지배로부터 벗어나는 정신·문화적 해방이다. 그러나 여성들의 기대는 그리 쉽게 충족되지 않았다. 학교 교육을 포함한 많은 부문에서 차별은 여전히 그리고 강하게 여성들에게 억압적인 상태였다. 우리나라에서 남녀공학 문제가 처음 논의된 것은 1946년 미군정하에서였다. 1946년 일본을 방문한 미국교육 사절단의 권고에 따라 일본과 한국에서 남녀공학의 필요성이 제기되었고, 이에 대한 논란이 잠시 있었지만 큰 영향은 없었다.

1948년 5월부터 서울대학교 총장을 지낸 장리욱의 글 "남녀공학을 논함"〈새교육〉 제2권 제7·8호은 20세기 중반 한국 사회의 여성관을 매우 잘 드러낸다. 특히 관심을 끄는 것은 장리욱이 소개하는 남녀공학을 반대하는 8가지 이유다. 당시 사회에서 암묵적으로 공유되던 여성에 대한 차별적 인식을 비교적 잘 보여준다.

첫째는 남녀가 함께 공부하면 여성들이 지닌 여성적 특색을 상실시킨다는 점이다. 남성과 여성이 지닌 생물학적인 작은 차이보다는 인간이라는 큰 공통점을 애써 외면하려는 남성중심적 사고의 표현이다. 여성들에게 여성적 특성을 강요하는 지금의 사회 현실과 크게 다르지 않다.

둘째는 예의와 덕성을 부패케 할 우려가 있다는 지적이다. 즉, 사춘기 남녀가 같은 공간에서 많은 시간을 공유하는 경우 건전하지 않은 일들이 만연할 것에 대한 우려다. 아직도 우리나라에 여자고등학교나 여자대학이 많은 이유와 무관하지 않다.

셋째는 로맨스를 깨뜨리고 실망을 갖게 함으로써 결국 결혼생활을 기피케 하고 따라서 민족 자살의 길을 걷게 한다는 우려다. 결혼을 오직 2세 생산과 민족 혈통 보존을 위한 수단으로만 인식하는 전근대적 모습이다.

넷째는 결혼을 부자연스럽게 증가시키고 또 급진시킨다는 점이다. 자유연애의 증가와 혼전 임신 등이 가져올 부정적 결과에 대한 우려가 강했다.

다섯째는 여성들의 저하된 지력 때문에 지적 수준을 전체적으로 떨어뜨리는 결과가 된다는 우려다. 아주 오래된 여성 비하의식과 근거 없는 남성 우월의식의 잔재다.

여섯째는 남성들의 학력을 보호하고 조장하기 위해 남녀 별학이 바람직하다는 주장이다. 즉, 여성들이 간혹 남성들에 비해 지적으로 우수한 모습을 보임으로써 남성들에게 피해를 줄 수 있다는 주장으로, 21세기 한국 사회에서 재현되고 있다는 사실이 놀라울 뿐이다.

일곱째는 거세된 남성과 무정기無精氣한 여성을 만드는 결과가 될 수 있다는 염려다. 동일한 환경과 제도하에 생활함으로써 둘 다 그 특색을 잃어버리고, "변변치 못한 남성과 똑똑치 못한 여성"이 될 수 있다는 것이다.

마지막으로 남녀공학은 자연을 역행하는 것으로서 조물주가 본래 같지 않게 만든 것을 사람이 같게 만들자는 일이라는 주장이다.

여성교육과 함께 남녀공학 문제가 본격적으로 논의되기 시작한 것은 1950년대다. 장리욱의 글에서 보이듯 여성의 능력에 대한 편견이 강하던 당시 경기도 최초의 초등학교 "여교감" "여교장"이 탄생했다. 〈새교육〉 1955년 1월호는 '여교감론'이라는 흥미로운 기사를 게재했다. 경기도 최초의 초등학교 여교장 발령에 즈음하여 쓴 글이다. 필자는 당시 인천 서림국민학교 교장 김광수였다. 새로 발령받은 경기도 최초의 교장은 바로 김광수 교장이 2년 전 교장에 취임한 후 임명했던 최초의 여자 교감이다.

이 글에 따르면 1955년에 행해진 경기도 최초의 여교장 1명과 여교감 3명의 임명은 "일대 센세이숀"이었다. 교감이나 교장이라는 직책이 여성에게 개방된 것은 바람직한 현상이며, 따라서 이번 여교장과 여교감의 임명은 "최대의 경의와 찬사"를 받을 만한 사건이라고 표현했다. 그러나 전체적으로 여성의 능력에 대한 긍정적 인식을 강조하는 이 글을 읽다 보면 여성을 보는 당시 사회의 이중성을 읽을 수 있는 흥미로운 문장들이 자주 등장한다. 여성의 능력을 예외적으로 인정하기는 하지만 그 본질적 한계를 지적하려는 남성 중심의 욕구가 자주 표현되는 것이다. 이런 문장들이다.

"교장 노릇은 하여도 교감 노릇은 못한다는 것이 일반의 정평인데 … 더욱이 여자로서는 교장은 감당하여도 교감은 감당치 못한다는 것이 또한 정평인 듯도 하다."

"이런 어려운 자리를 무사히 극복하고 교장의 자리를 획득한 여교장은 과연 그 사람됨이 어떠하며 또 그가 남자도 어렵다는 교감의 책무를 어떻게 행하여 나갔을까?"

"여자로서는 드물 만큼 알고저 하는 마음과 연구하려는 의욕이 많아서…"

"그는 여자임에도 불구하고 계획성이 있고 박력이 있으며 직원을 통솔하는 재능을 가졌다."

"우리 경기도에 유일한 여교장이 난 것은 여교장 자신의 힘도 힘이려니와 배후에서 밀어주는 부군의 힘도 크다는 것을 솔직히 말하는 동시에 부군의 아량과 이해가 우리 한국에 훌륭한 여성 교육자를 나게 했다는 것을 인정치 않을 수 없다."

"역시 그는 여자이었다."

당시 기준으로는 나름 진보적이고 개방적이며 여성 우호적인 성향을 지닌 현직 남성 교장의 시각에 숨어 있는 여성의 본질적 능력에 대한 부정과 남성 우월적 태도는 우리 사회에서 여성의 사회 참여가 지니는 가치를 낮추고, 여성들을 가사 노동에 옭아매려는 전통 아닌 전통 문화를 현대까지 지속시킨 바탕임에 틀림없다. 출산이나 육아의 책임에 대한 남녀 공감대의 확대, 여성의 사회활동을 보장하기 위한 과감한 정책 수립과 실현을 포기한 채 말과 글로만 선언되고 주장되는 출산장려의 허구성에 깃든 오래된 오만이며 편견이다.

이 기사에 등장한 경기도 최초의 초등 여교감, 여교장 선생님은 교감이 되기 전부터 육아의 부담 속에서도 "항상 독서를 부지런히 하고" "강습회 같은 것도 기회만 있으면 빼놓지 않고" 수강했다. 김광수,

¹⁹⁵⁵ 예컨대 전시 하의 부산에서 개최된 제1차 미국교육사절단의 워크숍에도 젖먹이 아기를 데리고 '아이 보는 아이'(가사도우미)까지 대동하고 멀리 부산까지 가서 용감히 장기간의 강습을 마치고 귀환할 정도였다. 9·28 수복 후 결식아동이 많아서 영양 부족으로 수업을 제대로 받지 못하는 아동이 속출하자 자발적으로 기금을 모집하여 급식을 실시했다. 스스로 계획을 세우고 실천한 사례로서 기록에 나타난 우리나라 학교 무상급식의 효시다. 여자임에도 했던 교육활동이 아니라 여자이기에 더 잘 할 수 있었던 교육활동이었다.

이 시기의 남녀 차별 관행은 여러 방면에서 아주 강하게 자리 잡고 있었다. 같은 사범학교를 졸업하더라도 남학생들이 우선적으로 원하는 지역의 학교에 배정되었고, 남학생들의 배정 후 빈자리가 있으면 여학생이 배정되는 것이 국가 정책이었던 시대였다.

1956년 7월 7일 자의 한 여학생의 인터뷰 내용을 보자. 서울사범학교를 졸업한 학생들은 여학생보다 남학생이 먼저 발령받고, 여학생들은 졸업한 지 3개월이 지났는데도 발령받지 못한다며 "발령할 기회는 먼저 남학생에게 주어지는 것이 타당하지 않아 성별이 아닌 성적순으로 발령하는 것이 더욱 마땅하다"고 한 여학생이 불만을 드러냈다.『동아일보』, 1956년 7월 7일 이에 대해 문교부 사범교육과장이 "남자 졸업생은 전원 서울시로 배정했기 때문에 여자 졸업생은 결원이 생기는 대로 채용될 것이다. 만일 서울이 아닌 지방학교로 지망한 여학생이 있다면 바로 발령되도록 할 수 있다"고 답했다. 답인지 조롱인지 모를 이야기를 공직자가 언론과의 공식 인터뷰에서 마구 드러내던 시대였다.

1950년대의 힘든 상황에서도 교원단체가 발간하는 잡지 〈새교육〉이 여성교육에 대한 관심을 지속적으로 보여왔고, 발간 10주년에 즈음하여 1958년 3월호를 '여성교육' 특집으로 구성하는 등 여성교육과 교육에서의 남녀 차별 문제에 대한 사회적 관심을 높이기 위하여 지속적으로 노력했다. 그럼에도 봉건과 식민의 긴 역사가 주는 억압은 강했고, 남녀 차별의 관행은 좀처럼 사라지지 않았다. 세계의 많은 나라와 이웃 나라 일본에서는 이미 교직 여성화 문제가 심각하게 논의되던 1950년대 중반 우리나라의 교직은 남성 중심 상태에서 벗어나지 못하고 있었다. 여교사 비율이 초등학교의 경우에는 25% 정도, 그리고 중·고등학교의 경우에는 각각 6%와 3% 수준에 불과했다.

해방, 정부 수립 그리고 전쟁이라는 혼란과 변화 속에서도 사라지지 않고 강하게 남아 있던 여성의 능력에 대한 편견과 남성 우월적 태도로 중등학교에서의 남녀공학 확산은 쉽게 이루어지지 않았다. 유형진의 표현대로 "약간의 촌락학교나 사범대학에 부설된 실험학교" 정도에만 도입된 정도였다.⟨새교육⟩ 1959년 11월호 여성 교장이나 교감의 임용 또한 부진했다. "여성다운 여성"이 "민주적인 여성"이라고 표현되던 시대⟨새교육⟩ 1958년 3월호 여성교육 특집, 여성에게 실시하는 "남자와 똑같은 진학과 출세와 취직에 대한 교육"을 국가와 사회 위기의 근원으로 매도하는 교사가 살던 시대⟨새교육⟩ 1957년 6월호였다.

1969년 단행된 중학교 무시험전형과 1974년의 고등학교 평준화 조치 이후 여성 피교육자의 증가에 따라 남녀공학은 비로소 확대되고 보편화될 수 있었다. 1980년대 이후 급속히 확대되기 시작한 교단의 여성화 현상을 경험한 이후에야 여성의 교육행정직 진출이 "일대 센세이슌"이 아니라 일상적 소식이 될 수 있었다.

아직도 우리 사회에서는 '여가수' '여판사' '여사장' '여배우' '여경' '여군' 등 여성의 능력에 대한 본질적 비하에 바탕을 둔 용어가 남아 있는 영역이 다수 존재한다. 1950년대에 탄생한 여교감, 여교장이란 용어가 교육계에서 자주 들리지 않는 것은 불행 중 다행이다. 혼란과 갈등으로 어지러운 우리 사회에서 교육이 지금 이 정도의 위상을 차지하고 있는 것이 불행 중 다행인 것과 크게 다르지 않다.

| 참고문헌 |

- 김경년(2013). 「남녀공학이 학교풍토와 학습시간에 미치는 영향: 집단 판별 및 인과관계 분석」. 『교육사회학연구』 23/4.
- 김광수(1955). 「여교감론」. 〈새교육〉 제7권 제1호.
- 김범수·김가영(2015). 「고등학교의 남녀공학 여부가 대입수능에 미치는 영향」. 『KDI 정책연구』 37.
- 오민아(2013). 「남녀공학제도를 둘러싼 논쟁-학업성취도와 양성평등교육의 측면을 중심으로」. 『여성교육논총』 12.
- 장리욱(1949). 「남녀공학을 논함」. 〈새교육〉 제2권 제7·8호.
- 『동아일보』 1956년 7월 7일 자.
- 〈새교육〉 1959년 11월호
- 〈새교육〉 1958년 3월호.
- 〈새교육〉 1957년 6월호.

존 듀이를 넘어서려던 욕망

지난 1세기 동안 세계의 정치나 경제, 문화 등 대부분 영역에서 해당 분야에 가장 큰 영향을 끼친 인물 한 명을 꼽기는 쉽지 않다. 각자 꼽을 수는 있겠지만 합의는 어렵다. 그러나 교육 분야에서는 그리 어렵지 않다. 바로 듀이가 있기 때문이다. 19세기 중반 미국 북동부의 한적한 마을에서 태어나 20세기 중반까지 활동했음에도 미국을 넘어 세계 교육에 영향을 미쳤고, 20세기를 넘어 21세기 교육에까지 그의 영향은 지속되고 있다.

듀이는 우리나라에서 갑신정변이 일어난 1884년 존스홉킨스대학에서 박사학위를 받았다. 당시 존스홉킨스대학은 미국식 실용주의 사상인 프래그머티즘pragmatism의 산실이었다. 학위 취득 후 듀이는 미네소타대학을 거쳐 미시간대학교에서 10년간 재직했다. 이곳에서 듀이는 당시 미국 교육이 오래된 전통적 방식을 답습하고 있다는 현실, 그것으로는 20세기 산업화시대의 요구에 부응할 수 없다는 사실을 깊이 깨닫게 된다. 우리나라에서 청일전쟁과 갑오개혁의 소용돌이가 치던 1894년에 듀이는 시카고대학으로 자리를 옮기고, 이곳에서 1896년에 자신의 교육 이념을 실천하기 위한 실험학교Laboratory School(흔히 Dewey School)를 세운다. 이곳에서 시도한 것이 아동의 흥미에 바탕을 둔 교육이다. 1904년 컬럼비아대학으로 자리를 옮긴 후에도 교육에 대한 그의 관심과 열정은 지속되었다.[이길상, 2013]

듀이는 『민주주의와 교육*Democracy and Education*』[1916]의 출판 이후 그의 교육철학을 전파하기 위해 세계의 많은 지역을 여행했다. 만 60세 되던 해, 조선반도에서 3·1운동이 벌어지기 직전인 1919년 1월 22일 샌프란시스코를 출발한 듀이는 2월 9일 부인과 일본 요코하마 항에 도착하여 일본 방문을 시작했다. 그의 방문 전에 그가 저술한 대부분의 서적은 이미 일본어로 번역되어 일본 교육계와 철학계에 영향을 미치고 있었다. 이탈리아의 몬테소리, 스웨덴의 엘렌 케이 같은 유럽의 신교육운동과 듀이의 진보주의에 뿌리를 둔 교육혁신운동은 일본에서도 이미 유행하고 있었고, 1920년을 전후한 이른바 다이쇼데모크라시 아래에서 더욱 관심을 끌었다. 이런 지적 분위기 속에서 듀이의 『학교와 사회*The School and Society*』[1899]와 『민주주의와 교육 *Democracy and Education*』 등이 번역되었다.

일본 도착 후 그는 3·1운동을 전후하여 도쿄제국대학에서 8회 연속 강의를 했다. 첫 강의에는 700명 이상 1,000명 가까운 청중이 모였지만 점차 감소하여 마지막 강의에는 30~40명 정도만 참석했다고 한다.[Lee Nam Pyo, 1992] 와세다대학과 게이오대학, 교토대학 등에서도 강의했고, 교토와 나라 지역의 유적지도 방문했다. 그런데 일본 지식인들의 반응은 듀이의 예상과 전혀 달랐다. 거의 냉소적이었다. 문화적 우월감에 사로잡혀 아시아 침략을 감행한 일본인들에게 서로 다름을 인정하라는 주장이나 '이질적 문화 간 대화를 통한 상호 학습' 등 민주주의의 기본원리를 설파하는 것은 쉬운 일이 아니었다. 그가 목격한 것은 "민주주의 정신이나 자유주의 정신의 성장이 천황숭배 정신에 의해 압도당하고" 있는 폐쇄적 일본이었다.[Naoko, 2003] 듀이는 짧은 방문을 통해 일본 사회가 "요지부동immovable"이고, "신화에 싸여myth ridden" 있고, "계급 고착적class congealed"이어서 어떤 자유주의적 영향에 대해서도 저항적이라는 것을 깨달았다.Louis, 1969

예상하지 못했던 일본 지식인들의 비판을 경험한 듀이는 당초 계획인 5개월 일정을 축소하여 2개월여 만에 일본을 떠났다. 일본 정부가 제안한 최고의 국가 훈장Order of the Rising Sun, 욱일장 수여도 거부한 채 배를 타고 1919년 4월 30일 상하이에 도착하는 것으로 중국 방문을 시작했다. 도착 며칠 후 벌어진 5·4 운동을 직접 목격할 수 있었다. 중국에서는 차이위안페이蔡元培, 후스胡適, 타오싱즈道行知 등 신문화운동을 주도하던 인사들과 제자들에 의해 크게 환영받았고, 결국 그는 중국에서 2년 이상 체류하며 강의와 여행을 통해 중국 교육의 근대화에 적지 않은 영향을 미치게 된다.

듀이가 베이징대학교에 머물던 1919년 봄에 마오쩌둥은 듀이의 컬럼비아대학 제자로서 베이징대학 교수로 있던 후스의 소개로 이 대학 도서관 사서로 일하고 있었다. 당시 유럽 유학을 준비하고 있던 마오는 후스의 소개로 듀이를 접한 후 "듀이식 실용주의야말로 가장 진보적인 사상이며, 중국은 실용주의를 향해 나아가고 있다"고 주장하며, 유학을 포기하고 고향인 후난성 샹탄으로 내려가 교육발전협회를 조직하고 지역 중심 교육운동에 뛰어들었다.Sun, 1999 듀이가 일본에서 예정했던 기간 동안 머물렀다면 마오가 그를 만날 수 없었을 것이고, 마오는 계획대로 유럽으로 유학을 떠났을 수도 있다. 중국 현대사의 방향이 크게 바뀔 수도 있었다.

듀이는 일본에 체류하며 일본의 식민 지배하에 신음하고 있던 조선의 이야기를 들었고, 3·1운동의 진동을 경험했지만, 조선반도를 거치지 않은 채 배를 타고 바닷길을 통해 중국 상하이로 향했다. 당시 일본을 방문했던 대부분의 서양 지식인들이 조선반도를 경유하여 중국으로 가는 비교적 쉽고 흥미로운 여행길을 택한 것과는 다른 모습이었다. 어떤 이유에서인지는 모르지만 그는 조선을 무시하는 모습을 보였다. 그래서인지는 모르지만 일제강점기에 동아시아 3국 중에서 듀이에 대한 학문적 관심이 가장 낮았던 곳이 조선이었다. 일본이나 중국과 달리 한국에는 듀이의 지도를 받은 제자가 한 명도 없었던 것도 듀이에 대한 관심 부족의 배경의 하나였을 것이다.

그런 듀이가 해방과 함께 한국에서 폭발적으로 각광받기 시작했다. 미국에서는 이미 2차 세계대전의 시작과 함께 듀이식 진보주의 교육에 대한 비판이 거세게 나타나고 있었다. 전쟁이라는 위기를 맞이하여 개인의 자유를 구속하는 여러 가지 사회적 단결, 개인적 훈련, 애국적 행동 등이 요구됨에 따라 자유를 최고 가치로 여기던 진보주의 교육이 비판받기 시작한 것이다. 이를 대체하기 시작한 것이 이른바 문화유산 속에서 교육적 본질을 찾고자 하는 본질주의, 교육을 통해 사회재건을 꿈꾸는 재건주의, 그리고 고전이 지닌 초월적 가치를 강조하는 항존주의 등이다.

미국에서는 이미 비판의 대상으로 전락한 듀이의 교육사상이 해방과 함께 한국에서는 새로운 교육, 신교육을 위한 '복음'처럼 등장했다. 일본식 군국주의 교육을 대체할 수 있는 새로운 교육이론의 부재가 가져온 불가피한 선택이기도 했지만, 다른 한편 1920년대와 1930년대에 미국 컬럼비아대학교에서 듀이 혹은 그의 제자 윌리엄 킬패트릭 William H. Kilpatrick의 강의를 듣고 성장했던 오천석을 비롯한 듀이 문하생들의 존재가 가져온 결과이기도 했다. 그들은 오천석의 표현대로 듀이식 민주주의 교육학의 세례를 받았음에도 식민지 조선에서는 이를 마음대로 펼칠 수 없었다. 각고의 노력 끝에 자격을 얻었음에도 이를 펼칠 기회가 없었던 것이다. 해방은 바로 그들이 배웠던 이론을 전개할 수 있는 열린 기회의 도래를 의미했다. 안타까운 것은, 그들이 배운 기술은 이미 한 세대쯤 전, 듀이 교육사상의 전성기에 유행하던 낡은 기술이었다는 사실이다.

해방 이후 10년간 유행하던 교육의 이름은 '새교육'이지만 내용은 '듀이 교육'이었다. 교육의 주체를 교사에서 아동으로 바꾸고, 교육 내용의 중심을 차지하던 교과지식을 경험으로 교체하고, 생활과 유리된 학교교육을 생활의 한 부분으로 끌어들이고, 나아가 미래를 위한 준비로서의 교육을 포기하고 교육 그 자체에 목적을 두고자 했다. 이런 이념을 실천하기에 가장 필요한 과목은 사회생활이었고, 사회생활 과목을 중심으로 교육개혁을 추진하기에 가장 적합한 방식은 코어커리큘럼 제도였다. 즉, 전통 교과의 핵심이던 역사, 지리, 공민 과목을 통합한 사회생활과에서 개발한 문제나 프로젝트를 코어('중핵' 혹은 '중심'으로 번역)로 하고 나머지 과목들을 이와 연결시켜 가르치는 방식이다.

1951년부터 1955년까지 대한민국 교육계에서 선풍적인 관심을 끈 이른바 '커리큘럼 개조운동'의 이론적 기반이기도 했고, 제1차 국가교육과정의 철학적 기반이기도 했다. 1952년부터 3차에 걸쳐 미국의 교육사절단이 방문하여 영향을 준 것도 사실이다. 그러나 당시 미국 교육 사상의 도입과 실천운동을 "미국 교육이론의 맹목적 도입"으로 규정하는 것은 문제가 있다. 1980년대 이후 진행된 해방전후사에 대한 비판적 인식과 한국 현대사에 대한 주체적 해석이 가져온 이런 유사 규범화된 해석은 재고가 필요하다. 1950년대 지식인들이나 교육자들은 우리가 알고 있는 것보다는 훨씬 명료하게 듀이의 교육이론을 이해하고 있었으며, 훨씬 비판적인 시각에서 듀이의 교육이론을 받아들

였고, 훨씬 균형 잡힌 시각을 지니고 있었다.^{이길상, 2017}

1950년대 듀이 교육사상을 다룬 글은 적지 않았고, 이 글들은 1950년대 한국 교육자들이 맹목적이거나 무비판적인 태도로 듀이의 교육이론을 접하지 않았다는 것을 잘 보여준다. 우리가 지금까지 견지해오던 1950년대 한국 교육을 바라보는 시각이 오히려 1980년대 서구에서 수입해 온 갈등이론이나 문화적 제국주의 이론(교육은 서구에 의한 비서구 지배의 정당성 창출을 위한 도구의 하나였다는 이론)의 무비판적 적용이 낳은 자학적 역사 이해였을 수도 있다.

듀이 교육이론에 대한 비판은 미군정 종료 시점에 시작되었다. 즉, 미국식 민주주의 교육으로는 한국 교육이 당면한 고유한 문제를 해결하는 데 한계가 있다는 생각이 많은 교육자에게 공유되었고, 그 결과 새로운 교육이론의 필요성을 인식하기 시작했다. 전쟁으로 우리식 새로운 교육이론에 대한 탐구 노력이 잠시 식기는 했지만 이것이 다시 살아나기까지는 긴 시간이 필요하지 않았다. 1951년 1·4 후퇴 이후 커리큘럼 개조운동의 이름으로 새로운 교육이론 개발이 시작되었다. 당시 커리큘럼 개조운동을 주도한 교육자의 한 명인 공주사범학교부속국민학교의 문영한은 전쟁 이전의 새교육이 범했던 과오를 재연하지 않으려면 "우리 아동, 우리 교육자, 우리 지역에 적합한 커리큘럼"을 구성해야 함을 역설했다.^{문영한, 1952} 전쟁 이전 새교육이 범한 과오는 바로 미국식 교육이론의 맹목적 적용이었다는 데 많은 교육자들이 동의하고 반성했다. 한국 교육의 당면 과제는 '무슨 목적으로 어떤 내용을 가르쳐서 어떤 인간을 양성할 것이냐?'라는 질문의 답을 찾는 것이었음에도, 단순히 미국식 교수법을 흉내 낸 것을 의미했다. 전쟁 전에 유행했던 "새교육을 잘하면 중학교 입학시험에도 100% 입학이 될 것이요, 애국심이 부지불식간에 확고히 될 것이다"^{윤정석, 1949}라는 식의 사고에 대한 문제제기였다.

1952년 6월 1일 듀이가 93세로 타계했다. 당시 시카고대학교 대학원에 유학 중이던 이수남은 〈새교육〉 제4권 2호에 기고한 '현대교육학과 쫀 듀이 선생'이란 제목의 글에서 하나의 일화를 소개했다. 단기 4282년^{1949년} 10월 20일 듀이 출생 90주년 기념일에 미국 전역에 있는 학자와 학생 3,000여 명이 뉴욕에 모였다고 한다. 당시 컬럼비아대학교 총장이던 아이젠하워(훗날 미국 제34대 대통령)는 기념식사에서 "미국의 철학사는 쫀 듀이 선생의 철학사요, 미국의 교육사는 쫀 듀이 선생의 교육사"라고 표현했다. 이 글에서 이수남은 듀이의 『민주주의와 교육』을 "현대 민주주의교육 이론 연구의 금과옥조"라고 묘사했다. 이런 듀이가 세상을 떠났다는 소식이 전해진 당시 한국은 아직 전쟁 중이었다.

우연인지 모르지만 우리나라에서 듀이 교육사상에 대한 비판이 매우 본격적이며 체계적으로 제기되기 시작한 것은 그의 타계 이후부터였다. 대표적인 글이 1954년 〈새교육〉 제6권 제4호에 실린 경북대학교 사학과장 이해남의 글 '새교육 병'이다. 이 글에서 이해남은 과거에 무비판적으로 듀이 교육사상에 매달리던 사람들을 "새교육 병자"라고 부르면서 듀이식 교육을 다섯 가지 측면에서 비판했다. 첫째, 인간의 가능성에 대한 무한한 낙관주의가 지닌 한계, 둘째, 아동의 생활경험이 지닌 교육적 가치에 대한 과도한 평가, 셋째, 행동중심 교육이 지닌 지식교육에 대한 지나친 경시 풍조, 넷째, "교육은 생활의 예비가 아니라 생활 그 자체"라는 표어가 지닌 반교육적 성격, 마지막으로 우수한 인재의 대량생산이 필요한 시기에 교육을 수공업화하려는 시도가 지닌 시대착오성이다. 듀이의 교육철학이 지닌 맹점에 대한 명료한 지적이다. 당시 한국을 방문한 미국교사절단의 교육관이 당시 미국 지성인들의 교육관을 대변한다고 볼 수 없다는 점도 날카롭게 지적했다.

　서울대학교 사범대학 학장이었던 고광만 교수는 미국의 대표적인 듀이 비판가 존 하든John A. Hardon의 글 '미국 교육에서의 듀이 맹신'을 번역하여 〈새교육〉에 연재했다.1955년 제7권 2호, 3호 이 글은 듀이 교육이 가져온 개인주의의 과다를 비판하는 내용이었다. 듀이의 강의를 들었던, 자신의 표현대로 "존 듀이의 교육철학으로 세례를 받은 첫 유학생"인 오천석 또한 1955년에 이르러서는 한국전쟁 이전에는 새교육이 듀이적 교육의 모방에 그치고 확고한 철학적 기초 위에 서지 못함으로써 일종의 시대적 유행물이 된 것을 비판하게 된다. 이로 인해 우리 교육계에 새교육에 대한 신념에 동요가 오고, 옛 교육(지식 중심)에 대한 향수가 재현되었음을 인정했다. 나아가 종전 후 미국에서 나타난 듀이 교육이론에 대한 비평이 우리나라에도 소개됨으로써 새교육이 위기에 봉착하고 있다고 진단한 바 있다.오천석, 1955 오천석은 듀이의 진보주의 교육의 문제점으로 첫째, 산만한 교육 방법으로 인해 사회적 훈련을 받을 기회를 제공하지 못한다는 점, 둘째, 교육 내용에 조직과 계통이 없으며 반지성적인 경향이 있다는 두 가지를 특별히 강조하여 지적했다. 오천석은 듀이 교육에 대한 비판에서 출발한 본질주의 교육의 주요 주장들을 소개하면서 결론적으로는 우리나라의 새교육이 이 두 가지 교육철학의 장점을 살려 "개인과 사회를 같이 중요시하며, 자유와 훈련을 같이 존중하고, 흥미와 노력을 더불어 강조하며, 이해와 기본지식에 더불어 주력하는 교육 본연의 모습으로 돌아가"야 할 것으로 진단했다.

　〈새교육〉은 1957년 6월호에서 '3R로 돌아갈 것인가?'라는 제목으로 〈U. S. News and World Report〉에 게재된 기사 'Back to the 3Rs: Change in the Schools'를 번역 소개했다. 진보주의 교육의 퇴조를 가

저온 스푸트니크 쇼크 4개월 전 일이다. 이 기사는 미국의 전국 공립학교에서 진보적인 관념을 떠나 기초적인 교과 과정으로 돌아가려는 경향, 그리고 훈육을 강조하는 경향을 조사한 일종의 보고서다. 학력에 대한 관심의 부활, 숙련된 과학자와 기술자 부족에 대한 국가 차원의 우려, 그리고 학생들의 풍기문란에 대한 학부모들의 걱정이 점차 확대되면서 읽기, 쓰기, 셈하기 중심의 기초교육의 중요성이 다시 인정받기 시작한 것이다. 이는 비슷한 시기에 약간의 시차를 두고 우리나라에서 벌어지고 있던 모습과 크게 다르지 않았다.

1950년대 중반을 넘어서면서 우리나라의 새교육은 미국의 진보주의 교육이 경험한 것처럼 본격적인 위기를 맞았다. 새교육 실천의 대표적 인물인 부산사범부속국민학교 교장 김두성의 말처럼 1950년대 후반에 이르자 새교육의 상징이었던 "생활커리큘럼이니 경험커리큘럼이니 코어커리큘럼이니 하는 용어 자체마저 없어진" 안타까운 상황이 되었다. 미군정기 후반부터 시작된 듀이의 교육사상에 대한 비판은 1950년대 후반에 이르자 극에 달했다. 대표적인 듀이 비판가 이해남(한국외국어대학교 교수)은 미국에서는 이미 1938년경부터 "도대체 듀이즘이란 철학도 아니요, 교육도 아닌 것이라는 주장과 함께 듀이즘을 미국 사상의 왕좌 자리에서 몰아냈다는 사실을 바탕으로, 우리나라에서도 1958년 즈음에는 듀이즘만이 새교육이던 시대는 분명이 지난 것이 확실"하다고 선언했다. 이해남은 듀이즘이 과거 10년간 우리나라에서 새교육을 지도하는 중요한 역사적 사명을 이미 다했고, 이제는 "우리의 자연 지리적 배경과 사회적 유산을 감안하면서 세계 문화의 주류 위에" 우리식 교육이론을 세울 때임을 주장했다.[이해남, 1958]

이런 의식은 새교육의 가치와 한계에 대한 종합적 검토, 그리고 새로운 시대를 이끌어갈 교육의 방향에 대한 진지한 고민으로 이어졌다.

〈새교육〉은 새로운 10년, 1960년대의 시작을 앞둔 1959년 9월호를 '새교육운동의 반성' 특집으로 구성했다. 이 특집은 다른 어떤 분야와도 달리 우리나라 교육계가 정부 수립 이후 10년간의 교육 경험에 대한 철저한 반성과 비판, 그리고 새로운 시대에 적합한 우리식 교육의 방향에 대한 모색에 성실하게 임하고 준비하고 있었음을 보여준다. 1950년대 새교육운동이 그랬듯이 1960년대 교육운동 또한 서구식 교육이론의 무비판적·맹목적 모방에 그칠 수 없다는 위기의식에 우리 교육자들이 매우 철저하고 진지했음을 보여준다.

'무엇이 소위 새교육이었나? 새교육의 본질과 이제까지의 새교육'이란 글에서 김두성은 많은 비판과 저항에도 불구하고 새교육운동을 통해 우리나라 교육이 민주주의 교육을 향해 비약적인 변화를 이루었고, 비록 열기는 사라졌지만 "그 정신이나 생명은" 살아 있으며, "새교육의 매력"은 잊힌 것이 아니라고 보았다.^{새교육 1959년 9월호} 새교육운동은 1) 학력 또는 실력 저하에 대한 우려, 2) 입학시험이 요구하는 것과의 상충, 3) 도덕적 성장에 대한 관심의 미흡, 4) 정서 또는 기능교과의 불철저 등으로 인해 암초를 만나게 된 것으로 김두성은 해석했다. 누구나 인정할 수밖에 없는 새교육의 과오로는 첫째로, 우리나라의 역사·사회적 현실의 무시, 둘째로, 경험과 문화의 균형 유지에 실패, 셋째로, 교사들의 능력 부족과 시설 환경의 미흡, 넷째로, 학습에서 차지하는 계통성과 연습의 중요성 간과, 다섯째로, 전인교육의 어려움, 마지막으로 학교교육에 대한 국가·사회적 지원 결여 등을 언급했다.

결론적으로 새교육 주장자들이 보여준 경험주의의 과잉의식이나 보수주의 교육자들이 드러낸 아동경험에 대한 과소평가 모두 진실한 한국 교육을 위해 바람직하지 않다고 보았다. 1960년대 한국 교육의 새로운 방향을 설정함에 "교과 형식과 경험 형식은 빙탄불용氷炭不容하는 모순관계가 아니라는" 사실을 염두에 둘 것을 주문했다.

이화여자대학교 안인희 교수는 중등교육 분야에서 새교육의 영향을 다루었다. 1950년대 후반의 새교육을 "뿌리가 잘라진 꽃처럼 아름다우나 불안스러운 느낌"으로 표현했다. 안 교수는 새교육이 비록 "새것인 동시에 남의 것"이지만 많은 효과를 거두었다고 보았다. 특히 과학교육의 중요성에 대한 인식을 가져온 것이 가장 큰 공적이라고 해석했다. 그러나 새교육의 가장 큰 문제점은 도의교육의 실패인데, 이 문제를 해결하는 방식으로 보수주의자들이 내세우는 도의 과목의 신설과 강화는 일제강점기 수신 교육을 회상시킨다는 측면에서 타당하지 않다고 비판했다. 장기적 안목에서 과학적이고 민주주의적인 교육을 실시하여 청소년들로 하여금 자발적으로 판단할 수 있는 민주시민을 양성하는 것만이 타당한 방식이라고 제안했다.

창덕여자고등학교 교사 심재형은 '교육학자에게 드리는 글'에서 해방 10년 만에 권태기를 맞이한 우리 교육이 과거의 지식 중심 교육으로 환원하지 않고 다시 활력을 회복하기 위해서는 무엇보다도 국가의 교육 기획을 주도하는 교육학자들이 책이나 이론에 그치지 말고 현장의 다양한 모습에 관심을 가질 것을 당부했다.〈새교육〉, 1959년 9월호 서울충무국민학교 교사 심경석은 '교장을 위한 학교냐, 아동을 위한 학교냐'라는 글을 통해 새교육은 복잡한 그 무엇이 아니고 "시대사조에 따라 교육의 계획, 조직, 내용, 방법, 시설 등을 개선해나가는 움직임"인데, 그것이 현재 부진한 것의 책임은 교육학자, 교육행정가, 교사 등이 함께 져야 하지만 특히 학교행정가의 책임이 가장 크다고 보았다. 심 교사는 특히 교장의 민주적 학교경영을 촉구했다.

이 특집에서 1950년대 새교육의 경험과 의미를 정리하고, 1960년대 한국 교육의 바람직한 방향을 가장 설득력 있게 제시한 것은 수원 매산국민학교 교장 황기익이다. 황기익은 진보주의에 바탕을 두고 전개된 새교육의 장점과 한계, 그리고 1930년대 후반에 미국에서 새롭게 등장한 본질주의(문화유산의 전승을 중시하는) 교육의 장점을 통합하는 방향에서 당시 우리나라 교육이 지향해야 할 지점을 아래와 같이 제시했다.

> 개인의 욕구를 중요시하되 이기적 방향에 떨어지지 않도록 사회적 욕구로 방호해야 하며, 교육 과정에는 반드시 인간의 문화적 전통 중에서 인간 생활에 기여하는 근본적인 것은 포함되어야 한다고 생각하게 되었습니다. 즉, 그 요소를 자세히 분석해보면 진보주의 교육의 결함을 보충하여 개인과 사회를 같이 중요시하며 자유와 통제, 흥미와 노력을 같이 강조하고, 기본 지식과 이해를 동등한 자리에 놓도록 하여야 한다는 생각이 오늘날 교육계의 지배적인 생각입니다.
>
> _〈새교육〉, 1959년 9월호

지금 시점에서도 매우 설득력 있는 주장이다. 황기익은 새교육을 비방하는 사람들이 제기하는 "새교육으로 인한 기초학력 저하"라는 주장에 이의를 제기하며 새교육에는 거기에 맞는 새로운 학력관이 확립되어야 한다고 보고, 새로운 학력관은 "주지주의에서 벗어나 태도, 습관, 기능 등의 정의적 방면에도 중점을 두어서 하나의 완전한 전인적 인격자가 되어 환경과 사회에 원만하고 민첩한 적응력을 발휘할 수 있는 등의 능력"으로 볼 것을 주장했다.

〈새교육〉에 의한 새교육 비판, 그리고 새로운 학력관이 제안된 지어언 58년, 그동안 우리 교육은 여전히 낡은 학력관의 지배에서 벗어나지 못한 채 신음하고 있는 것은 아닌지…. 거듭 강조하지만 1950년대 한국 교육이 듀이의 진보주의 교육이론에 대한 무비판적 수용이나 맹목적 적용이 아니었음은 앞서 살펴본 1950년대 중반의 커리큘럼 개조운동 주도자들의 주장에서, 그리고 1950년대 중반 이후 본격화된 듀이 교육사상에 대한 논쟁에서 충분히 확인할 수 있다. 듀이 교육이론에 대한 명료한 해석, 그리고 한국인, 한국 사회, 한국 문화에 기반을 둔 주체적 교육을 구현하려 했던 1950년대 교육자들의 노력을 새롭게 규명하는 것은 후배 교육자들의 책임이고 의무다.

2016년은 듀이의 명저이며 그의 교육사상이 가장 잘 정리되어 있는 저서 『민주주의와 교육』이 간행된 지 100년 되는 해였고, 2017년은 그가 주도했던 진보주의교육협회Progressive Education Association가 해체된 지 60년 되는 해였으며, 2018년은 진보주의교육협회가 결성된 지 100년이 되는 해이다. 그의 사상이 시공을 초월하여 백 년 동안 전 세계 곳곳에 영향을 끼쳤음에도 그의 사상에 대해 우리가 얼마나 정확히 알고 있는지는 의문이다.마틴 드워킨 엮음, 황정숙 옮김, 2013 또한 듀이가 우리 교육에 미친 영향에 대해서도 충분히 이해하고 있는지 의문이다. 그런 의미에서 그의 사상에 대한 이해와 비판을 통해 주체적 교육개혁을 이루려 했던 1950년대 '교사중심 교육운동'에 대한 교육사적 재해석을 시도하는 것은 매우 중요한 과제다. 듀이가 남긴 말 중에 이런 표현이 있다고 한다. "도전하는 사람에게는 매일 태양이 뜬다." 우리 교육의 역사와 본질에 대한 주체적이며 도전적인 해석을 시도할 때이고, 그것에 기초해서 우리 교육이 나아갈 방향을 주체적으로 모색할 시점이다.

| 참고문헌 |

- 문영한(1952). 「커리큘럼 신연구」. 〈새교육〉 1952년 제4권 제2호.
- 오천석(1955). 「듀이의 교육사상과 한국의 교육(상, 하)」. 〈새교육〉 제7권 제7·8호.
- 윤정석(1949). 「새교육의 진정한 방향」. 〈새교육〉 1949년 제2권 제3·4호.
- 새교육(1959). 「새교육운동의 반성」. 〈새교육〉 1959년 9월호 특집.
- 이길상(2013). 「1920년 전후 존 듀이의 동아시아 여행과 일본, 중국, 한국-수용과 배제의 양상」. 『한국교육사학』 35/1.
- 이길상(2017). 「서구 교육이론의 한국적 수용 양상-해방 이후 진보주의 교육사상을 중심으로」. 『한국교육사학』 39/3.
- 이해남(1958). 「새교육과 듀이즘」. 〈새교육〉 제10권 제11호.
- Dworkin, Martin S. ed.(1959). *John Dewey on Education*. 황정숙 옮김(2013). 『존 듀이 교육론』. 씨아이알.
- Lee, Nam Pyo(1992). John Dewey's Sojourn in the Far East: An Inquiry on His Negligence on the Situation in Korea. 교육철학 10.
- Saito, Naoko(2003). Education for Global Understanding: Learning from Dewey's Visit to Japan. Teachers College Record, 105/9.
- Feuer, Louis B.(1969). John Dewey's Sojourn in Japan. Teachers College Record, 71/1.
- Sun, Youzhong(1999). John Dewey in China: Yesterday and Today. Transactions of the Charles S. Pierce Society, 25/1.

응답하라 1960

인류가 5천 년 동안 피 흘리며 거꾸러지며 싸워온 목표는 오직 하나, "사람은 소중하다"는 것이 아니었던가. 모든 사람은 전무후무한 특이한 존재다. 아무리 못생긴 바보 천치라도 그의 어머니에게는 우주와도 바꿀 수 없는 존재인 것이다. 그 어머니 마음이 있고서야 정치가도 될 수 있고, 교사도 될 수 있다. 교사라는 직업이 소중하다는 것도 인간을 기르는 직업이기 때문이다. 자기가 기르는 어린이 하나하나를 다 우주보다 더 소중하게 대접하지 못한다면 스스로 교사의 특권을 매장해버리는 것이다.

1960년 5월 1일 발간된 〈새교육〉의 권두언 '우주보다도 더한 것'은 이렇게 어린이의 소중함을 일깨우고 있었다. 15번째 어린이날(1946년 기념일 지정), 5번째 어머니날(1956년 기념일 지정)을 되새기는 뜻깊은 1960년 5월호였기 때문이다. 우리나라와 세계의 어린이헌장에 대한 해설이 실리고 어린이에 관한 몇 편의 글이 실렸을 뿐, 이전 호와 크게 다르지 않아 보였다. 시론과 특집, 연재물 '나의 잊지 못할 스승'과 '현상 교육논문 당선작' 발표도 변함없이 지면을 차지했다. 연재물 '바

둑강의'는 '변두리 두는 법'을 소개했다. 〈새교육〉은 어제와 다르지 않아 보였다. 그러나 이 호에 실린 글들이 작성되고 편집되던 한 달 사이에 세상은 완전히 뒤집히고 있었다. 4·19 학생혁명이었다.

어머니에게는 "우주보다도 더" 소중했던 무려 185명의 학생과 시민의 생명이 권력이 휘두른 폭력 앞에 사라져갔다. 1960년 4월 학생혁명의 소용돌이 한가운데서 발간된 것이 바로 〈새교육〉 1960년 5월호(제12권 제5호)다. 학원탄압, 데모, 부정선거 그리고 혁명으로 이어진 혼란과 변화 속에서도 〈새교육〉은 중단되지 않았다. 흥미로운 것은 혁명의 성공 이전 사회적 혼란 속에 작성된 권두언과, 혁명이 성공하던 바로 그날 감격 속에 작성된 편집후기, 혁명 이전에 투고가 완료된 원고와 혁명 성공의 환희 속에 급히 작성된 원고가 함께 실린 것이 바로 1960년 5월호 〈새교육〉이라는 점이다. 편집후기는 이렇게 쓰고 있다.

> 4월 26일, 누구는 이날을 민권 승리의 날이라고 했다. 또 어떤 사람은 시민혁명의 날이라고 불렀다. 아무튼 이날은 우리 민족에게 새로운 희망을 가져온 날이다. 그냥 얻은 것이 아니고 고귀한 학도들이 피의 대가를 지불하고 스스로 민주주의를 전취한 잊을 수 없는 날이다… 한국의 지성은 이 나라의 민주주의를 구출한 것이다. 학원은 죽지 않았다… 이 후기를 쓰는 순간은 4월 27일 하오 1시다… 아아, 교육의 중대함이어, 학원의 존귀함이어! ＿〈L〉

이 편집후기는 바로 이승만의 하야일(4월 27일)에 작성되었다. 이런 의미에서 〈새교육〉 1960년 5월호는 역사 그 자체가 아닐 수 없다.

교육의 민주화를 위한 다양한 학습과 토론 그리고 실천운동이 벌어지고 있던 1950년대 후반의 대한민국, 민주주의를 향한 열정 그것을 가로막은 것은 정치적 탐욕이었다. 수차례 개헌으로 12년째 대통령직을 유지하던 이승만은 영구집권을 위해 제4대 대통령선거에 출마했다. 민주주의에 대한 권력의 도전이었고, 학생들은 이에 대해 맨손으로 대응했다.

4·19 학생혁명의 출발지는 대구였다. 야당인 민주당의 선거 유세장에 학생들이 가지 못하도록 일요일임에도 등교를 강요하자 1960년 2월 28일 대구 경북고등학교를 비롯한 중·고등학교 학생 1,200여 명이 시위를 벌였다. 이를 이어 서울, 대전, 수원, 충주, 부산, 인천 등 전국에서 학생 시위가 벌어졌다. 그럼에도 3월 15일 강행된 정의롭지 못한 선거 끝에 대통령 이승만, 부통령 이기붕이 당선되었다.

전쟁을 통해 학생들이 경험하고 배운 것은 민주주의의 가치였다. 낯설지만 고귀하게 느껴지는 그것, 전쟁 때 우리를 도운 많은 나라들이 갖고 있던 그것을 우리도 갖고 싶어졌다. 새교육을 통해 학생들이 배운 것은 민주주의 교육의 소중함이었다. 어렵지만 꼭 실천하고 싶은 것, 그것을 통해 우리도 새로운 사회를 만들고 싶어졌다. 1950년대 피, 땀, 눈물이 우리 민족에게 준 선물이었다. 학생들은 저물어가는 민주주의를 살리기 위해 일어섰고, 권력은 그들을 향해 총구를 겨누었다. 마산에서 시작된 본격적 항거는 서울, 광주, 진주, 포항 등으로 번져갔다. 학교에서 배운 민주주의와 너무도 다른 현실에 대한 저항은 한 달 동안 지속되었고, 폭력에 의한 진압 또한 격해졌다. 4월 11일, 경찰 최루탄에 눈을 맞고 사망한 마산상고 1학년, 17세 김주열 학생의 시신이 마산 앞바다에 떠올랐다. 학생들의 저항은 다시 타올랐고, 이승만은 이를 "난동"이라고 표현했다. 배후에 공산당이 있다고 발표했다. 4월 19일 학생들의 총궐기에 시민들이 참여했고, 시위는 전국으로 확대되었다. 피의 화요일, 이날 21명의 시민이 사망했다. 4월 25일 258명의 교수들이 학생들을 지키기 위해, 민주주의를 지키기 위해 거리로 나섰다. 4월 26일 이승만은 국민이 원한다면 대통령직에서 물러나겠다고 밝히고 다음 날 대통령 자리에서 내려왔다. 세계 역사에서 처음으로 학생들이 권력을 바꾸는 정치혁명을 성취했고, 세계는 이를 놀라운 눈으로 바라보았다.

〈새교육〉 1960년 5월호에 수록된 대부분의 원고는 이렇듯 숨 막히게 전개된 3·15 선거와 4·19 학생혁명을 전후하여 집필되고 편집되었다. 발간일은 5월 1일이다. 편집인 〈L〉이 편집후기를 쓴 일시가 이승만 대통령의 하야 발표 다음 날인 4월 27일 오후 1시였던 것을 보면 실제 인쇄는 4월 28일부터 30일 사이였을 것이다. 권두언과 시론, 특집을 비롯한 대부분의 원고는 4월 혁명 성공 이전에 이미 작성된 상태였다.

5월호의 시론 주제는 이전 호에서 예고된 대로 '학원의 자유'였다. 중앙대학교 교육학 교수였던 김종철은 〈새교육〉이 이런 주제를 택한 것은 "3·15 정부통령 선거를 계기로 교육공무원의 선거운동, 학생들의 데모사건, 교육행정의 내무행정 예속화 경향 등"으로 학원 자유가 크게 위협받고 있는 현실에서 교육자들의 각성이 필요했기 때문으로 보았다.^{김종철, 1960} 연세대학교 법정대학장 신동욱은 당시 횡행하던 교육에 대한 정치적 간섭이나 정치적 이용이 학원의 자유에 대한 위협이라고 간주했다.^{신동욱, 1960} 고려대학교 법정대학장 이항녕 또한 당시 학원의 자유를 침해하는 것은 다름 아닌 정치라고 단정했다.^{이항녕, 1960} 이들 '학원의 자유' 시론에 실린 세 글은 3·15 부정선거에 대한 학생들의 저항이 시작되고 이를 총칼로 탄압하던 숨 막히는 상황에서 작성되고 편집되었다. 1950년대 지식인들의 학원의 자유, 민주주의를 향한 열정과 용기를 읽을 수 있는 장면이다.

〈새교육〉 5월호는 4·19 학생혁명 발발 이전에 청탁되고 작성된 원고 외에 긴급 원고 몇 편을 실었다. 이승만의 하야 선언으로 혁명의 성공이 확인된 순간 원고 청탁이 급하게 이루어졌다. 그리고 불과 하루 이틀 사이에 원고가 완성되고 편집이 진행되었다. 그중 하나는 당시 동양통신 편집국장이던 문인 김광섭의 글이다. 그는 일제강점기에 모교인 중동중학교 교사를 지냈고, 1941년에는 학생들에게 아일랜드 시를 강의하며 반일 사상을 가르쳤다는 혐의로 체포되어 3년 8개월간 옥고를 치렀다. 해방이 되자 미군정하에서는 공보국장을 지냈고, 정부가 수립되자 이승만 대통령의 초대 공보비서관이 되었다. 1951년 공보비서관을 사직한 후에는 경희대학교 교수로 재직하며 문학의 길에 매진했다. 4·19 당시에는 동양통신 편집국장이었다. 김광섭은 하룻밤 사이에 시급히 작성한 '학생혁명과 제2공화국의 전망'이라는 글에서 3·15 선거를 "몇몇 개인의 영달을 위해서 전 국민의 권리를 유린, 박탈"한 불법, 부정, 폭행으로, 4·19 학생혁명은 "조국을 사랑하는 젊은 청소년들의 고귀한 피와 사심 없는 거룩한 애국운동의 결정"으로 규정했다.

훗날 김광섭은 네 번째 시집 『성북동 비둘기』를 펴냈고, 이것이 교과서에 실려 유명해진다. 그런데 그를 더 유명하게 만든 것은 1969년 11월 『월간중앙』에 발표한 서정시 〈저녁에〉였다. 이 시가 '어디서 무엇이 되어 다시 만나랴'라는 제목의 대중가요(유심초 노래)와 같은 제목의 그림^{김환기 작}으로 다시 태어났기 때문이다.

> 저렇게 많은 별 중에서 별 하나가 나를 내려다본다.
> 이렇게 많은 사람 중에서 그 별 하나를 쳐다본다.
> 밤이 깊을수록 별은 밝음 속에 사라지고

나는 어둠 속에 사라진다.

이렇게 정다운 너 하나 나 하나는

어디서 무엇이 되어 다시 만나랴.

김광섭이 4·19 당시나, 이 시를 짓던 1969년 당시에 간절하게 소망한 것은 다름 아닌 민주주의였고 사람 사이의 아름다운 관계 회복이었다.

서울대학교 교수였던 국어학자 이희승은 학생혁명의 의의를 "우리 민족의 권위와 명예를 온 세계에 선양한 점"에서 찾았고, 성균관대학교 교수였던 국문학자 조윤제는 전국의 교육자들에게 "위정자에게 아부하는 태도를 버리자"고 호소했다. 〈새교육〉 5월호는 '혁명대열에 나선 지성의 기치'라는 제목 아래 4·25 대학교수단 시국선언문 전문을 게재했다. 잘 알려진 대로 14개 조항으로 된 이 선언문은 학생들의 평화적 데모에 대한 지지와 3·15 부정선거에 대한 책임자 처벌을 핵심으로 했다. 선언문은 이에 그치지 않고 "곡학아세하는 사이비 학자"와 문화와 예술을 "정치 도구화하는 문인 및 예술인"의 배격, 그리고 38선 너머 공산세력에 대한 경계의 내용도 담고 있었다.

4·19 학생혁명이 대한민국의 정치에 미친 영향은 대부분의 전문가에 의해 긍정적인 평가를 받아왔다. 그러나 4·19 정신에 기초하여 출범한 제2공화국의 교육정책이 한국 교육의 발전 과정에서 차지하는 의미에 대한 평가는 긍정적이든 부정적이든 많지 않다. 평가 이전에 분석조차 쉽지 않은 측면이 있다. 분석과 평가가 어려운 것은 새로 등장한 민주당 정부의 존속 기간이 지나치게 짧았다는 한계 때문이라고 할 수도 있다. 4·19 혁명의 교육적 의미 해석을 어렵게 만드는 더 중요한 요인은 우리 학계가 1950년대 교육에 대한 종합적 이해와 평가에

무관심했기 때문이다. 1950년대 교육에 대한 이해의 부족은 4·19 학생혁명이 가져온 변화의 의미에 대한 해석을 어렵게 할 수밖에 없었다.

분명한 것은 4·19 학생혁명이 대한교육연합회와 교원의 위상에는 적지 않은 영향을 미쳤다는 점이다. 〈새교육〉 1960년 5월호는 이를 예고하고 있다. 권두언 다음 페이지에 실린 김윤식의 글 '전문직이 되기 위한 노력은 필요하다'는 현직 교사의 자기 고백이다. 그의 글은 "교원이 전문직이 된다면 얼마나 보람 있는 일일까 하고 생각해본다"로 시작한다. 그는 〈새교육〉 이전 호1960년 4월호에 실린 권두언을 읽고 감명을 받았다. 4월호 권두언은 인류 역사에서 교사의 시초는 그리스 로마 시대에 상류계급 자제에게 글자를 가르치던 파이다고고스Paidagogos였고, 이 직업은 노예로서 충당되었다는 가슴 아픈 사실을 지적한 후, 교사가 노예 취급을 받지 않고 치과의사 같은 전문직으로 대우받으려면 "집단 활동을 통해 교직의 전문성, 교육의 자주성 확보"에 노력해야 할 것을 주문했다. 김윤식 교사는 지금까지 의사나 변호사에 대해 열등의식을 지닌 채 살아왔고, 스스로 전문직이라고 생각하여 오지 않았으며, 전문직 대우를 받기에는 너무나 짧은 교육을 받았음을 고백했다. 그는 스스로 부끄럽지 않을 정도의 전문직다운 교양과 기술을 몸에 지니기 위해 땀 흘려 노력할 것을 다짐했다.

4·19 학생혁명의 성공은 학원의 민주화와 교원 처우 개선이라는 오래된 과제의 해결에 관심 있던 많은 교사들의 참여 속에 교원노조의 탄생을 가져왔고, 이는 정부 수립 이후 유일무이한 교원단체로 대우받아오던 대한교육연합회에는 최초이자 최대의 위기로 다가왔다. '교직은 일반 노동자와 구분되는 전문직인가?'라는 질문은 이 시기 교육계 안팎의 논쟁을 지배하는 화두였다. 〈새교육〉 1960년 6·7월호는 당초 예고된 특집 '농촌학교의 문제의식'을 포기하고 '4·19 혁명과 민주교

육'을 다루었고, 교직의 전문성 문제가 핵심 주제로 등장했다. 교원노조 합법화에 대한 반대 여론을 조성하기 위한 노력이었다. 이어 간행된 8·9월호는 특집 전체를 '교직의 전문성'으로 구성했다.

1960년 초에 불어닥친 이 위기에 대처하는 대한교육연합회의 자세는 무엇이었고, 결과는 어찌되었을까? 복수 교원단체 문제로 고민하는 이 시대 교육자들의 질문에 1960년이 던지는 질문과 응답은 무엇일까?

| 참고문헌 |

• 김광섭(1960). 「학생혁명과 제2공화국의 전망」. 〈새교육〉 제12권 제5호.
• 김윤식(1960). 「전문직이 되기 위한 노력은 필요하다」. 〈새교육〉 제12권 제5호.
• 김종철(1960). 「외국의 실정을 중심으로 본 학원의 자유」. 〈새교육〉 제12권 제5호.
• 신동욱(1960). 「정치상으로 본 학원의 자유」. 〈새교육〉 제12권 제5호.
• 이항녕(1960). 「법률상으로 본 학원의 자유」. 〈새교육〉 제12권 제5호.
• 이희승(1960). 「학생혁명과 교직자의 제언」. 〈새교육〉 제12권 제5호.
• 조윤제(1960). 「위정자에게 아부하는 태도를 버리자」. 〈새교육〉 제12권 제5호.

학교 귀퉁이의 교사가 될 것인가,
사회 복판의 교사가 될 것인가?

『조선교육사』라는 명저를 남긴 이만규 선생은 1906년 경성사범학교에 진학하여 교사가 되려 했으나 입시에 실패하여 부득이(?) 경성의학전문학교에 진학했다. 졸업 후 송도(지금의 개성)에서 개업의사가 되었으나 곧 폐업하고 사립중학교 생물교사로 교직의 길을 선택했다. 근대 초기에는 이처럼 교육자가 의사에 버금가는 전문직으로 인식되었다. 식민 지배하에서도 교원을 양성하는 사범학교는 입학이 쉽지 않았고, 교사는 꽤 존경받는 직업이었다.

해방 후 자본주의의 급속한 성장에 따라 의사와 교사에 대한 사회적 인식과 자존감의 역전이 일어났다. 두 직업 사이의 자기평가와 외부 평가에서 의사 우위가 나타나기 시작했다. 의사는 전문직, 교사는 일반 급여생활자 혹은 유사 전문직 정도로 인식이 바뀌었다. 시대가 만든 비극이지만 교육자들의 책임 또한 적지 않다.

우리나라에서 교직의 성격에 대한 본격적 논의가 시작된 것은 1950년대 후반부터였다. 의사, 변호사 등 근대적 직종의 약진 속에서 열악한 근무조건과 부족한 경제적 대우에 불만을 품은 교사들의 탄성이 쉴 새 없이 노출되었고, 이를 해결하기 위한 수단으로 교원노동조합이 필요하다는 주장이 제기되기 시작했다. 1947년 결성되어 교원의 사회적 지위 향상과 근무여건 개선에 몰두하던 일본교직원노동조합의 적극적 활동에 고무된 면도 있었다. 물론 1950년대 중반 이후 일교조의 과격성에 대한 경계의 목소리도 들렸다.

1958년 11월 일부 교사들 중심으로 노동자 단체와 연합하여 교원노동조합을 결성하기 위한 움직임이 시작된 적이 있고, 1959년 4월 법무부가 교원노동조합 설립 불가를 선언함으로써 교원노동조합 설립 운동은 중단되었다. 그럼에도 교직의 성격에 관한 논쟁은 끊이지 않았다. 교사에 대한 사회적 기대, 교사에게 거는 도덕적 책임의 크기에 비해 교사를 보는 사회 일반의 시선과 교사의 땀과 열정에 대한 경제적 보상은 만족스러운 상태가 아니었기 때문이다. 둘 사이의 불균형으로 교사들의 불만은 누적되었고, 교직의 사회적 선호도는 하락하고 있었다. 교사들은 처우개선과 인식개선을 요구했고, 사회에서는 교사들의 전문성 향상을 요구했다. 이런 갈등 구조 속에서 언론을 통해 주기적으로 보도되는 교사들의 비리나 입시 부조리는 교사들의 주장에 찬물을 끼얹는 역할을 했다. 당시나 지금이나 다르지 않다.

4·19 학생혁명 직전인 1960년 〈새교육〉 신년호에서 서울대학교 교육심리학과 정범모 교수는 '우리는 오해받고 있다, 또 오해받을 만도 되어 있다'라는 글을 통해 전국 8만 교사들의 각성을 촉구했다. 그는 교육자가 사회에 전문직으로서의 대우를 요구하기 위해서는 범속의 교사가 아닌 전문의 교사, 좀팽이 교사가 아닌 폭넓은 교사, 그리고 학교 귀퉁이의 교사가 아닌 사회 복판의 교사가 되기에 힘써야 한다고 역설했다. "선생질"이라는 모욕적 표현으로 교사를 사회적 나락에 몰아버리는 당시 현실에 대한 책임은 다른 누구도 아니고 교육자 그 자신에게 있다는 말로 교육자들의 각성을 촉구했다.

그는 무엇보다도 교직이 전문직이 되려면 다섯 가지 요건이 충족되어야 할 것으로 보았다. 첫째, 전문직은 이론적 배경이 심오해야 한다. 둘째, 그 이론을 체득하기 위한 긴 훈련 기간이 요구되어야 한다. 셋째, 경험의 축적보다는 이론의 명석이 직책 운영에 도움이 되어야 한다. 넷째, 전문직에 머물기 위해서는 쉴 새 없이 발달해가는 이론을 추구해야 한다. 다섯째, 전문직으로서의 표준을 유지하고 향상하고 감독하는 데 필요한 전문단체가 있어야 한다. 이런 요건을 충족하기 위한 교육자들의 자기반성과 노력 없이는 전문직으로 대우받을 수 없을 것으로 보았다. 정범모는 교사들에게 사회 속으로 나아갈 것을 이렇게 주문한다.

> 학교의 귀퉁이 속에서 오무락 조무락 잔소리를 일삼는 교사보다, 생동하는 현 사회의 한복판에서 눈 딱 뜨고 그 구석구석을 내다보며 다음과 내일의 사회를 계획하는 교사, 그것이 학생이 요구하는, 사회인이 요구하는 현대의 교사다. 고장의 술집이 어디에 있는지, 고장의 악과 선과 화와 복과 손과 득이 어디 있는지를 모르는 교사는 좀팽이라는 오해, 낙오자라는 처우를 받기에 꼭 알맞을 뿐 아니라, 그의 교육은 십중팔구 발전과 신장의 교육이기보다는 퇴행과 위축의 교육이 되고 말 것이다. 백년퇴보지대계다.   _정범모, 1960

교원 처우 개선을 위한 법 개정 논의를 하던 국회에서 한 국회의원이 교원노동조합의 필요성을 언급했다. 〈새교육〉 1960년 2월호는 권두언에서 이 주장을 무식한 국회의원의 "뇌까리는 말"로 규정했다. 나아가 특집 '교원과 보수'를 통해 의심할 바 없이 "교사는 전문직"이라고 규정한 후 처우 개선의 필요성을 역설했다. 반면 많은 교육자의 입에서는 전문직이 되기 위한 교사들의 자각과 노력이 선행조건임을 내세우는 자기반성적 주장이 제기되고 있었다. 교직은 전문직이라는 교사 및 교직단체의 주장과 교직을 전문직이라고 주장하는 것은 시기상조라는 자기반성이 충돌하던 시기였다.

4·19 학생혁명의 성공은 갈등을 폭발시켰다. 혁명 직후인 1960년 4월 29일 대구에서 대한교육연합회 배척운동이 시작되었고, 5월 1일에는 서울에서 교원노조결성준비위원회가 구성되었다. 이어서 대구, 서울, 부산 등 지역별 교원노조가 결성되었다. 과도정부 문교부는 교원노동조합 불인정 방침을 고수했고, 교원노동조합 측은 적극적 투쟁으로 맞섰다. 민주당 정권의 비교적 온건한 태도는 교원노동조합 운동의 확장을 가져왔고, 1961년 초에는 2~4만 명의 교원이 노동조합에 가입하기에 이르렀다. 대한교육연합회는 교원노동조합의 시기상조 내지는 불필요성을 일관되게 주장했다. NEA 간부를 비롯하여 외국의 전문가들도 〈새교육〉을 통해 노동조합 설립은 시기상조이며 대한교육연합회 개혁이 해답이라는 제안을 쏟아냈다. 대한교육연합회의 개편과 기능 강화를 통해 교원의 지위 향상과 처우 개선에 기여할 수 있다는 점, 그리고 교원노동조합 설립을 인정하는 경우 일본에서처럼 교육의 정치적 중립성이 크게 훼손될 수 있다는 점, 나아가 파업 등으로 학생들의 교육받을 권리가 근본적으로 훼손될 수 있다는 점 등이 핵심적 주장이었다. 물론 대한교육연합회과 교원노동조합의 양립 및 협력이 가능하며 필요하다는 주장이 대한교육연합회 내부에서 제기되고 〈새교육〉에 소개되기도 했으나 소수 의견에 머물렀다.

교원노동조합의 합법성 논의에서 문교부는 노동조합 불인정을 원칙으로 내세운 반면 언론의 경우는 다양한 의견을 제기했다.『한국일보』는 과거 문교행정의 난맥, 대한교육연합회의 역량 부족, 그리고 사학의 교권침해 등을 이유로 교원노동조합 결성의 근거를 부정하기 어려운 상황임을 인정하면서도 교원노동조합의 경우 일반 노동조합과는 다른 일정한 한계의 설정이 필요함을 주장했다. 『세계일보』는 과거의 교육이 관권 지배하에 있었고, 교직자들은 교육에 종사하는 노예와 같은 형편이었음을 상기시키며, 교원노동조합 건설은 한국 교육사상 획기적인 일대 쾌거라고 규정하여 지지하는 입장을 표명했다. 『경향신문』은 교원노동조합의 원칙은 지지하나 교육계에 가져올 혼란이 예견되기에 시기 조절이 필요하다는 시기상조론을 폈다. 『조선일보』와 『동아일보』는 교사가 일반 노동자와는 그 대상이나 일의 내용에서 크게 다르기 때문에 교원노동조합을 인정할 수 없다는 문교부의 방침을 지속적으로 지지하는 입장이었다.

대한교육연합회와 교원노동조합의 갈등을 가져온 핵심적 쟁점은 '과연 교직이 전문직인가? 아니면 일반 급여 노동자와 같은 단순 급여자인가?'였다. 〈새교육〉은 교직의 전문성을 둘러싼 논쟁의 중심에 있었다. 4·19 학생혁명 성공 직후 간행된 〈새교육〉 1960년 6·7월호는 권두언에서 몇 가지 흥미로운 내용을 담았다. 첫째, '한국은행 조사월보'의 직업 분류에는 교원을 전문직에 넣어놓았다는 사실, 그럼에도 일반 사회뿐 아니라 교원들 자신조차도 스스로를 전문직으로 인식하고 있지 않다는 안타까운 현실이었다. 둘째, 국내외를 막론하고 극소수의 교사를 제외한 대부분의 교사는 결국 급료를 받고 생활하는 근로자에 지나지 않으며, 다른 전문직과 같은 신분 보장과 생활 안정이 확보되어 있지 않다는 점이었다. 셋째는 교사의 전문성 확보만이 헌법이 보장하는 교육의 정치적 중립성을 유지할 수 있는 유일한 길이라는 사실이다. 교직의 전문성이 형식적으로는 인정되고 있었지만 실제로는 전문직 대우도, 전문직이라는 자의식도 부족했다.

이 질문에 대한 교육자들의 응답은 두 가지 방향으로 나타났다. 첫째는 교직의 전문성 강화를 위한 자기반성과 제도 강화만이 교권 확립과 교육의 정치적 중립성 확보의 유일한 방도라는 의견이었다.성래운, 1960 반면, 일부 교육자들은 다른 직업과 달리 교육의 대상은 인간이라는 점, 사람에게 봉사하는 직업이라는 점, 그리고 교육 방법 또한 다른 어떤 전문직에 견줄 만큼 전문성을 지닌다는 점에서 전문적인 직업이며 결코 노동자는 아니라는 원론적인 주장을 했다.정원식, 1960

논쟁 속에서 많은 교육자들은 이런저런 대안을 제시했다. 대부분 전문직으로 대접받기 어려운 현실적 여건을 인정한 상태에서 교직이 전문직으로 나아가기 위한 구체적인 방법들이었다. 가장 많이 제기되고 널리 공유되던 방법은 교원 양성이나 교원 재교육 제도를 의사나 변호사 양성과정 수준으로 강화하자는 제안이었다. 전문직의 1차적 조건인 자격 취득에 필요한 교육 기간을 늘리는 방안으로는 우선 초등교사의 경우 당시 중등교육 수준으로부터 최소한 2년제 대학 수준으로 높여야 한다는 방안, 나아가 4년제 대학 졸업 후 3년 이상의 교직 연수를 요구하자는 방안, 중·고등학교 교사의 경우 자격 요건을 대학원 석사학위 취득 수준으로 조정해야 한다는 방안 등이 제시되었다. 둘째는 교직의 전문성 획득에 도움이 될 수 있는 권위 있는 전문단체의 육성이었다. 교사의 전문성 유지에 필요한 자격기준을 세우고 관리하는 주체로서의 신뢰성 있는 단체가 필요하다는 주장이었다.

'나의 교직 생활에서 가장 즐거웠던 일'을 묻는 설문에서 선생님들이 보인 응답은 당시 교사들의 모습을 잘 보여준다. 서울여자상업고등학교 초임 교사였던 이두영은 이렇게 자문자답했다.

교직이란 생활이 심신에 주는 피로 때문에 즐거움보다 괴

로움을 더 느끼게 하지 않나요? 아직 초년생이라 어려움을
즐겁게 생각할 따름입니다. _〈새교육〉, 1960년 6·7월호

충무국민학교 교사 이정희는 교직 생활에서 가장 즐거웠던 경험을
이렇게 말했다.

작년 4월 서울충무국민학교로 발령받고 2학년을 맡게 되
었는데 학생 수가 42명이었습니다. 어찌나 기뻤는지 애들을
붙잡고 막 뛰었습니다. _〈새교육〉, 1960년 6·7월호

대부분의 현장 선생님들은 사실 교직 전문성 논쟁이나 교원노동조
합 설립 문제보다는 작은 일로 기뻐하고 작은 일로 힘들어하고 있었
다. 교원노동조합 합법화 투쟁과 교직의 전문성 논쟁은 답을 찾지 못
한 상태에서 지루하게 이어졌고, 갑자기 찾아온 5·16쿠데타로 논쟁은
커녕 질문조차 중단되었다.

교직의 전문성 논쟁과 교원노동조합의 합법성 논쟁은 1980년대 후
반에 다시 반복되었고, 십 년의 갈등을 겪은 후 1999년 1월 전국교직
원노동조합은 합법화되었다. 1970년대 이후 급격히 확대된 교직 여성
화, 그리고 1990년대 초반 도입된 교원임용고시로 인해 교사라는 직
업은 초등, 중등, 대학 구분 없이 진입하기 어려운 대표적인 직종이 되
었다. 진입은 어려워졌지만 교직에 대한 사회적 인식이 그만큼 획기적
으로 향상되지는 않았다. 여전히 '대학교수를 제외한 초·중등 교사가
전문직인가?'라는 질문에 대한 일반 사회의 응답과 교육자의 자답은
명료하지 않은 시대에 살고 있다.

교직 전문성을 둘러싼 1950년대 말과 1960년대 초의 경험이 들려

주는 응답은 간단하고 명료하다. 전문직이 되기 위한 자기 혁신과 변화를 실천하라. 학교 귀퉁이의 교사가 아니라 사회 복판의 교사가 되라.

| 참고문헌 |

- 정범모(1960). 「우리는 오해받고 있다, 또 오해받을 만도 되어 있다」. 〈새교육〉 제12권 제1호.
- 성래운(1960). 「교직의 오늘과 내일」. 〈새교육〉 제12권 제8·9호.
- 정원식(1960). 「교직 전문성의 재검토」. 〈새교육〉 제12권 제6·7호.

〈새교육〉의 경고

"우리를 위하여 의미 있는 것이 세계 다른 지역 사람들에게도 의미 있는 것"이 되어야 한다. 미국의 유명한 교육학자이며 듀이의 애제자인 킬패트릭William Heard Kilpatrick은 〈새교육〉 제90호(1961년 3월 간행)에 번역 소개된 '도전하는 새 세계와 미국의 교육'이란 글에서 미국이 교육을 통해 만드는 표준이 세계의 표준이 될 거라는 자부심을 미국 시민들에게 심어주자고 주장했다. 1957년 소련의 인공위성 스푸트니크가 가져다준 충격으로 미국인들의 자존감에 상처가 나 있던 무렵이었다.

1960년 말 선거에서 공화당의 리처드 닉슨 후보와 민주당의 존 에프 케네디 후보가 맞붙었다. 케네디는 선거 유세 기간에 세계 각국의 청년을 미국에 초대하는 것이 미국이 세계 각국의 이해와 신뢰를 얻는 가장 효과적인 수단이라고 주장했다. 케네디는 닉슨을 누르고 대통령에 취임했다. 바야흐로 세계가 미국의 시대에 접어들고 있었고, 교육은 그 시대로 가는 지렛대로 설계되었다. 대한민국의 엘리트들은 미국의 시대에 동참하는 데 필요한 증명서인 미국 대학의 박사학위를 얻기 위해 하나둘씩 미국 대학으로 향하던 시절이었다. 미국까지 가는 대한민국 국적의 여객기는 꿈도 꾸지 못하던 시절이었다.

1950년대 후반 미국의 위기가 교육에 바탕을 두고 있으며, 교육을 통해 미국의 위기를 극복할 수 있다는 신념을 전파하는 데 성공한 것이 케네디의 선거 승리 배경이기도 했다. 그는 우수한 교사가 우수한 교육을 만든다는 신념하에 교육자치제의 전통을 유지한 채 연방정부 주도로 추진하는 교사 처우 개선과 소련에 대항할 수 있는 훌륭한 과학자 양성을 핵심 교육정책으로 내세웠다. 변화를 갈망하는 교사들의 마음을 얻었고, 선거에서 승리하여 미국 역사상 최연소 대통령에 당선되었다. 한국에서는 학생혁명의 성공과 국민들의 기대 속에 새로운 민주당 정부가 출현했고, 태평양 건너 미국에서는 "이 나라를 다시 한번 힘차게 만들어봅시다"라는 케네디의 연설에 미국 국민들이 환호하고 있었다. 개신교의 나라 미국에서 가톨릭교도로서 대통령에 출마한 최초의 후보였음에도, 그의 나이가 불과 43세였음에도, 그가 주류 민족인 앵글로 색슨계가 아닌 아일랜드계였음에도 미국 국민은 하버드대학을 졸업했고, '영국은 왜 잠자고 있는가'라는 논문을 쓴 그의 능력과 약속을 선택했다. 그가 최초로 정치적 훈련을 받은 것은 대학 졸업 직후 당시 주영국 미국 대사를 지내고 있던 아버지 조지프 케네디의 비서로 일한 6개월의 경험이었다. 변화하는 미국에서 능력은 혈연을 넘어서는 덕목이었다. 당시는 정치인이 친인척이 아니라 아들을 비서로 고용해도 문제가 없던 시대였다.

학생혁명으로 새로운 정부가 출범한 1960년 8월 여름부터 가을, 겨울, 그리고 1961년 봄까지 대한민국은 새 시대에 대한 희망과 현실에 대한 절망, 그리고 교육에 대한 기대와 실망의 목소리가 진동했다. 진동은 강했고, 이는 잡지 〈새교육〉도 흔들었다. 〈새교육〉은 4·19 학생혁명의 소용돌이 속에서도 중단되지 않고 월간지로서 발간을 이어갔지만 1960년 6월과 7월, 8월과 9월은 합본 형태로 지면을 대폭 축소하여 간행했다. 아시아재단의 용지 지원을 받기 시작했던 것을 보면 재정적인 어려움이 있었을 것이다. 결국 10월과 11월에는 정치·사회적 혼란도 없는 상태에서 예고 없이 간행이 중단되었고, 12월호로 속간되었다. 48면이라는 축소된 최소한의 지면으로 간행된 1961년 1월호와 2월호를 보면 눈물겹다. 6만 회원 교사들의 참여 속에 만들어지는 유일한 월간지로서 한때는 선생님들의 힘찬 목소리와 감동적 주장으로 150쪽 이상을 채우던 모습은 사리지고 50쪽 내외로 간행되기에 이르렀다. 예고도 없이 장기 휴간에 들어가기 전 마지막 호였던 1961년 2월호 편집후기는 이렇게 고백하고 있다.

> 6만 회원의 유일한 기관지이고 교육연구지가 이래서야 되겠나 하는 것이 편집자의 솔직한 심정이다. 1년 5회 발간이니 격월제도 못 되고 지면은 단 48페이지이고 보니 무엇을 실어야 할지? 하나도 빼지 않고 다 싣고 싶은 기사뿐인데… 그중에서 그래도 이것만은 하고 실어보았으나 역시 어딘지 부족한 것 같고 독자 앞에 내어놓기가 부끄럽다. 발행이 1년 5회인 관계로 이번 호부터 월호를 쓰지 않고 앞으로도 통권으로 표시하게 되었으니 양찰하시기 바란다.

페이지 수를 맞추기 위해 마지막 면을 교육과 아무 관련도 없는 민의원 좌석표로 채워야 했던 편집자의 한숨소리가 지금도 들리는 듯하다. 창간 13년 만에 맞는 〈새교육〉의 최대 위기였다.

4·19 학생혁명 이후 제기된 대한교육연합회에 대한 비판의 목소리, 새로 출범한 교원노동조합의 합법성을 둘러싼 교사집단과 여론의 분열 속에 대한교육연합회의 영향력은 급격히 약화되었고, 이는 기관지

〈새교육〉의 위기로 이어졌다. 무엇보다 답답했던 것은 〈새교육〉의 대응 방식이다. 대한교육연합회에 대한 비판의 핵심은 이 국가 유일의 교원 단체가 어느 순간부터 대한민국 교육자들의 목소리를 대변하지 못하고 있다는 것, 그리고 교원들의 처우 개선이나 교육환경 개선 같은 현실적 교육문제 해결에서도 적극적이지 못했다는 것이었다. 이런 지적에 대해서는 대한교육연합회도 부분적으로 동의했지만, 해결 방식에서는 많은 교사들과 의견을 달리했다. 당시 교사들의 지위가 실질적으로는 노동자였다는 것, 사회적 약자였다는 것, 따라서 단결권이나 단체교섭권 같은 집단적 권리를 보장받는 것이 필요하다는 주장에 귀를 기울이지 않았다. 교원노동조합 결성이 아니라 기존 조직인 대한교육연합회의 개혁을 선택했다. 지역 교육회 대의원 구성이나 운영 방식에서 일선 교사들의 참여를 확대하는 등 몇 가지 개혁안을 제시했지만 간부 중심 조직에서 현장 교사 중심 조직으로의 전환을 지향한다고 보는 사람은 거의 없었다. 이미 돌아선 교사들의 마음을 되돌리는 데 한계가 있었다. 적지 않은 교원이 대한교육연합회를 떠나 새로 출범하는 교원노동조합에 가입하는 현상이 벌어졌다. 적게는 2만, 많게는 4만 명이 떠났다.

문제는 〈새교육〉이었다. 창간 이후 한동안 대한민국 교사 전체를 대변하는 '교육 종합지'로서 국가의 주요한 교육문제에 대한 논의를 주도했고, 국가 교육정책의 창구 역할을 한 것이 〈새교육〉이다. 일선 교원들의 교육적 의견과 교사적 감성 표출의 터전이던 것이 〈새교육〉이다. 그러나 어느 순간부터 〈새교육〉은 제도적 틀 안에서, 현실적 여건을 수용하는 범위 내에서의 교원 지위 향상과 처우 개선 문제에만 몰두하는 옹졸한 모습을 보이기 시작했다. 특집의 대부분은 '교원의 생활과 권익'으로 채워졌고, 투고되는 원고들의 주제 또한 교원 인사 문제나 교원법정수당 지급 문제 등에 치우치기 시작했다. 제2공화국에서 추진했던 대표적 교육정책인 교육자치제의 개편, 즉 소교육구제(시군 단위)에서 중교육구제(다수 시군의 통합형태)로의 개편을 둘러싼 논쟁이 간혹 다루어지는 것 외에 대부분의 글은 교사들의 근무 여건과 생활 개선 문제를 다루었다. '종합교육지'가 아닌 '교원복지지'로의 변모였다. 그럴수록 교원들의 마음은 오히려 멀어져만 갔다. 시대 변화를 제대로 파악하고, 변화한 시대에 맞는 역할을 설정하는 데 실패하고 있었다.

위기의 끝은 휴간이었다. 1961년 2월호, 통권 90호를 마지막으로 〈새교육〉은 예고 없이 중단되었다. 예측하지 못한 중단이었기에 예고도 없었다. 몇 개월 후 5·16쿠데타를 맞았고, 휴간은 길어졌다. 결국 군사정변 1년 후인 1962년 5월, 변화한 환경 속에서 통권 제91호로 속간되었다. 교육 주체가 교사가 아니라 권위적 국가권력인 시대가 시작되었고, 〈새교육〉은 이에 동조하기 시작했다.

5·16쿠데타 직전의 급변하는 정세 속에서 자신의 미래에 대한 예측에는 이처럼 실패했지만 〈새교육〉은 대한민국의 미래를 명료하고 준엄하게 예측하고 있었다. 휴간 직전에 간행된 1961년 1월호는 회장 신년사 앞에 이례적으로 '주장'이란 글을 게재하여 교육계 지도자들의 각성과 교육자들의 분발을 촉구했다. 그것은 태평양 건너 먼 곳에 있는 새로운 지도자 케네디의 한국적 출현을 바라는 듯한 목소리처럼 들렸다.

사월 혁명 이후 전 국민의 흥분된 기대감은 8월의 정부 수립에서 그 고조에 달한 듯했다. 그러나 9월의 고개를 넘어서

자 환멸감이 짙어가며 어디에서나 일종의 허탈증에 빠져 있는 감이 있다… 이런 사태는 다시 조용한 울적과 진동의 폭발 가능성을 내포한다… 지금 민중이 바라는 것은 일이 년 내에 실업자가 없어지고, 일이 년 내에 남북이 통일되고, 일이 년 내에 교육이 크게 개량되기를 바라는 것이 아니다. 민중이 바라는 것은 그 사실이라기보다는 그 사실로 향하는 뚜렷한, 수긍이 갈 수 있는 약속과 기대와 가설이다. 가설과 기대를 가지고 있는 사회는 역동적인 사회다. 이것이 없을 때, 그 사회는 비역동에 빠지며, 환멸과 분노, 체관과 폭발 사이에서 극단적인 진동의 가능성을 내포한다. 사회의 역동성의 동력이 될 수 있는 가설과 약속과 기대는 지도자의 말로 이루어지지는 않는다. 그것은 지도자의 첫째 도의적인 신념과 둘째 대담한 창의적인 실험 혹은 모험과 셋째로 따듯한 인간적인 애정에서 나오는 행실로 이루어진다. 지도자를 중심으로 첫째로 곳곳에 부패된 인사와 정실이 왕래하는 한, 둘째로 상투, 상규, 안일, 무난이 행사의 특징인 한, 셋째로 차디차고 경원의 인간관계가 분위기를 덮고 있는 한, 그 지도자들은 이 사회를 다시 분화구로 몰아가는 것이다… 이 새로운 역동성이 보이지 않을 때, 민중에게는 피를 흘리며 물리친 낡은 독재자 대신, 새로운 독재자에게 자기들 운명을 맡기려 드는 절망적 사상의 위험성도 생기는 것을 경계할 만하다.

민주주의 국가 건설에 대한 최소한의 약속, 가설 그리고 기대를 가지고 있던 1950년대의 역동적 사회 모습이 사라지고, 새로운 독재자가 우리의 운명을 좌지우지하는 비역동적 사회가 출현할 수도 있음을 경계하는 내용이다. 안타깝게도 역사는 〈새교육〉의 예측대로 흘러갔다. 학생혁명으로 시작된 제2공화국은 뚜렷한 비전을 제시하는 데 실패했다. 대중의 힘으로 태어난 정권은 대중의 압력에 순응하는 정책 지향을 보였고, 이는 정권의 통치력 상실로 이어졌다. 교육 부문에서는 어떤 기대나 약속도 만들어내지 못했다. 교원노동조합 결성 움직임에 따라 문교부장관 자문기관으로 교육자치제도심의회를 발족시킨 것(1960년 11월 9일), 각의에서 교육대학제 실시를 의결한 것(1961년 2월 23일) 외에는 뚜렷한 방향을 제시하지 못했다. 이에 실망한 대학생들은 남북통일을 위한 즉각적 조치를 요구했고, 1961년 5월 4일 '민족통일연맹' 성명을 통해 북한 학생들과의 회담을 위해 5월 20일 판문점으로 향하겠다고 선언했다. 그리고 며칠 후 5·16쿠데타가 벌어졌다.김성환 외, 1984

국민들이 받아들일 만한 약속과 기대를 제시하지 못한 지도자들의 느슨함이 제2공화국의 실패를 가져왔고, 국민들의 절망감은 과거의 낡은 독재자를 대신하는 새로운 독재자를 용인하는 비극으로 치달았다. 국민들 사이에 엿보이던 이런 심리적 변화를 이용한 군부정권의 출현으로 사회의 역동성은 소멸되기 시작했다. 가능성과 역동성이 살아 있었던 한국 교육 제1의 길은 이렇게 막을 내렸다.

〈새교육〉의 경고는 결코 반세기 전의 가난한 대한민국에만 유효한 것으로 끝나지 않는다. 개화기 이후 또다시 만난, 세기적 위기라고 묘사되는 21세기 초반 경제 선진국 대한민국의 정치계, 문화계 그리고 교육계 지도자들 모두에게 보내는 경고이기도 하다. 우리는 후세대에게 어떤 약속과 기대를 보여주고 있는가? 상투적인 생각으로 어린 세대를 또 다른 분화구로 안내하고 있지는 않은가? 지금 우리 사회의

지도자들이 이 땅의 어린이들을 진정으로 생각한다면 분노, 환멸, 체념을 일소하고 새로운 약속과 기대를 만들어야 한다.

촛불혁명으로 태어난 문재인 정부에서 의욕적으로 출범시킨 것이 국가교육회의이다. 일부에서는 이 회의에서 국가 교육의 미래 설계도가 생산되기를 기대하지만, 일부에서는 이 기구 또한 교육부의 상급기관이 하나 더 생긴 것뿐이라는 냉소적 태도를 보인다. 이 회의에서 설정한 핵심 의제를 보면 후자의 입장으로 마음이 흐른다. 국가교육회의의 핵심 의제는 대학입시제도 개선이다. 그것만 해결하면 대한민국 공교육이 살아나고, 학부모들의 교육적 고통은 반감되고, 아이들은 아침마다 웃는 표정으로 학교로 향하는 나라가 된다고 생각하는 것일까? 대학입시제도만 공정해지면 대한민국 교육이 국민에게 고통을 주는 제도에서 희망을 주는 제도로 변한다고 생각하는 것일까?

국가교육회의는 현재 중학교 3학년이 감당해야 할 2022학년도 대입제도를 만들고 있다. 교육부 → 국가교육회의 → 대입제도개편 특별위원회 → 공론화위원회 → 일반 시민 순으로 논의를 진행하여 2018년 8월 말에 결정하는 일정이다. 일부 쟁점은 시민들이 참여하는 공론화위원회에 맡기기로 했는데 대표적인 것이 대학수학능력시험의 전 과목을 절대평가로 전환할 것인지 여부, 수시와 정시 모집 비율을 어떻게 할 것인지 등이다. 일부에서는 이것이 이미 '답은 정해져 있고 너는 대답만 하면 돼'라는 방식의 꼼수 행위라고 비난하고 있다.『국민일보』, 2018년 5월 5일 국가교육위원회는 2018년 9월 30일 '대학입시제도 개편 권고안'을 발표하였다. 수능 위주 전형의 비율 확대 권고, 수시 수능 최저 학력 기준 활용 여부는 대학 자율로 정할 것, 수능 평가 방법의 경우 일부 과목 상대평가 유지 원칙 적용 권고가 주요 내용이었다.

정치, 경제, 학술뿐 아니라 시민의 일상생활까지 학벌주의가 지배하고, 뚜렷한 서열 구조 속에서 특권을 누리는 국립대학이 존재하고, 특권화된 대학에 입학하는 데 특별히 유리한 형태의 중등학교와 거주지역이 존재하는 사회에서 선발의 정당성 획득을 위한 제도의 마련은 불평등을 정당화하려는 꼼수 찾기에 불과하다. 그리고 지난 70년의 경험을 통해 이것이 꼼수라는 것을 모르는 국민은 없다. 그러하기에 대학입시제도 변경으로 "국민적 공감을 이루어내는… 교육혁신"(국가교육회의 홈페이지 의장 인사말)이라는 허황된 꿈은 결코 성취할 수 없을 것이다. 그런 꼼수로 "교육 비전과 중장기 정책 방향을 제시"함으로써 "우리 교육이 대한민국의 희망이 될 수"는 없을 것이며, 국민 모두의 관심을 모을 수도 없을 것이다. 반드시 실패할 것이다.

지금 우리 교육이 처한 위기를 직시한다면 '대학입시에서 수시를 확대할 것인지 정시를 확대할 것인지, 학생종합생활기록부 전형을 유지할 것인지 폐지할 것인지, 자율학기제를 유지할 것인지 폐지할 것인지, 고교학점제를 도입할 것인지 말 것인지'를 논하는 데 국가역량을 모을 일이 아니다. 반세기 전이나 지금이나 국민들이 바라는 것은 인간에 대한 애정에서 나오는 교육적 약속이고, 되살려야 할 것은 교육에 대한 국민들의 기대일 것이다. 입시제도 변경을 교육적 약속으로 여기고, 무엇을 기대할 국민은 반세기 전이나 지금이나 없을 것이다.

1961년 암울한 시간에 〈새교육〉은 이렇게 말한다. "너희는 저들에게 너의 사랑을 줄지어다. 그러나 너희 생각을 주려고는 말지어다."1961년 1월호 사랑을 주는 교육이 아니라 어른들의 생각을 어린이들의 머리에 넣어주려는 교육에 매달리고 있는 사회의 미래는 결코 밝을 수 없다. 입시제도 변경을 사랑으로 받아들일 이 땅의 어린이는 없을 것이 분명하다. 국가교육회의에서 해야 할 일은 사람에 대한 사랑이 가능한 교육 세계를 설계하겠다는 약속일 것이다. 필요한 것은 사람에 대한 사랑에 바탕을 둔 개혁이지, 슬기롭게 사람을 잘 선별해내는 묘책이 아니다. 물론 지금의 우리나라 교육 현실에서 그런 묘책이 쉽게 찾아질 리도 만무하다.

| 참고문헌 |

- 김성환 외(1984). 『1960년대』. 거름.
- 윌리엄 킬패트릭(1961). 「도전하는 새 세계와 미국의 교육」. 〈새교육〉 제13권 제3호.
- 〈새교육〉 1961년 1월호. 「주장」. 「아이들에 대하여」.
- 『국민일보』 2018년 5월 5일 자. 「국가교육회의 대입제도 공론화 꼼수」.
- 국가교육회의 홈페이지(https://eduvision.go.kr/greetings.do).

한국 교육 제1의 길

미군정으로 시작하여 정부 수립, 전쟁 그리고 전후복구를 거쳐 4·19학생혁명을 지나 5·16쿠데타에 이르는 15년의 시간은 우리나라 현대교육이 걸었던 제1의 길이다. 제1의 길로 부를 수 있는 것은 이 시간 속에서 일종의 시대적 동질성이 확인되기 때문이다. 내가 발견한 이 시대의 동질성은 민주주의 교육에 대한 신념과 도전이다. 대한민국 교육의 역사 70년에서 이 시기만큼 역동적이었고, 이 시기만큼 민주주의 교육에 대한 교육자들의 신념이 강했고, 이 시기만큼 용기 있게 도전했던 시기는 없었다.

부족한 연구, 부정적 이미지

1940년대 후반과 1950년대는 한국 역사에서 일종의 공백기로 여겨진다. 4·19 이후 1년의 시간도 다르지 않다. 엄밀히 말하면 역사학에서의 공백기 취급이 역사 자체의 공백을 만들어낸 셈이다. 한국 현대사에서 1950년대를 전후한 시기는 서양사에서 중세와 비슷하게 암흑기나 정체기, 혹은 의미가 부족한 일종의 공백기를 대표하는 시기로 인식되어온 것이 사실이다.^{김경일, 1998} 이런 이미지는 당대를 살았던 사람들의 경험이 들려주는 시대상時代狀인 동시에 이후의 지식인들에 의해 확인되고 각인되어왔던 시대상時代像이기도 하다.

1940년대 후반과 1950년대에 대한 학문적 무관심은 과거이며 현실이다. 1979년 제1권을 시작으로 이후 10년간 간행된 『해방전후사의 인식』이 총 6권으로 출판된 반면, 『1950년대의 인식』은 1981년 간행된 1권에서 멈추었고 더 이상 시도되지 않았다. 이승만으로 표상되는 1950년대는 질타의 대상이지만 극복을 위해 애정 어린 탐색의 대상으로 삼아야 한다진덕규 외, 1981는 학문적 제언은 제대로 실현되지 않았다. "1950년대의 한반도에 대한 연구는 현재로서는 한국 현대사에서 가장 커다란 공백으로 남아 있는 부분"한국역사연구회 현대사연구반, 1991이라고 평가했던 1991년 현대사 연구자들의 자기고백이 이후 제대로 부정된 적이 없었다. 학문 영역 중 한두 분야, 아마도 문학이나 정치학 분야를 제외한 대부분의 영역에서 1950년대는 연구의 공백 내지 사각지대로 남아 있다. 최근 연구들에서도 이런 고백은 이어지고 있다. 예컨대 노동의 역사에서도 1950년대는 빈 시간으로 남아 있다.이종구 외, 2010

1940년대 후반과 1950년대에 대한 부정적 이미지가 확대 재생산된 것은 다양한 요인으로 설명될 수 있다. 이 시대를 살았던 사람들이 겪어야 했던 전쟁, 궁핍, 부패, 독재 등으로 인해 생긴 자연적 이미지라는 측면을 무시할 수는 없다. 여기에 몇 가지 자연적이지 않은 인위적 요소들이 더해졌다. 우선 1960년의 4·19 학생혁명이 부각되는 것에 비례하여 이승만 정권의 무능과 독재 또한 강조될 수밖에 없었던 측면이 있다. 4·19 학생혁명의 당위성을 드러내야 하는 정치적 입장이나 학문적 시각에서 이승만 시대는 침체와 혼돈의 시기로 규정되어야 했다. 박정희도 쿠데타를 일으킨 이후 민주당 정부뿐 아니라 이승만 시대를 혹독하게 매도하는 데 적극적이었다.서중석, 2007 4·19 학생혁명 주도층과 5·16쿠데타 주도층은 그 인적 구성과 지향이 상이했음에도 직전 시대인 1950년대를 부정해야 한다는 측면에서는 시각을 공유하기도 했던 것이다. 4·19 주도세력과 5·16 주도세력의 협업으로 재탄생한 것이 1950년대에 대한 부정적 이미지였다.

문학 또한 1950년대를 부정적으로 이미지화하는 데 기여했다. 1950년대에 생산된 문학이나 1950년대를 배경으로 한 문학을 지배했던 주제는 전쟁으로 인한 불안과 공포였으며^{정원숙, 2016}, 이후 연구자들의 1950년대 문학에 대한 학술적 담론 또한 분석 대상이었던 당시 문학이 보여준 불안과 공포를 재현하고 확산하는 데 기여했다. 1990년의 한 여론조사에서도 1950년대는 "부정과 부패로 얼룩진 독재정권이었다"는 평가가 53.1%로 과반수를 넘는 지지를 받았다.^{김경일, 1998: 23 재인용}

1960년대 이후 적어도 한 세대 동안 대부분의 논자들은 1950년대를 '암흑기'로 규정했다. 1950년대는 '어둠의 시대'였으며, 이전과 '단절되는 시기'라는 가설을 받아들이고 있었다.^{한국역사연구회 현대사연구반, 1991}

새로운 열망, 새로운 시도

민주화에 대한 열망으로 가득 찼던 1980년대를 경험한 신세대 연구자들에 의해 1990년대에 들어서면서 이런 고정된 시각을 교정해야 할 필요성이 제기되기 시작했다. 1950년대 전후의 남북한 상황을 살펴보면, 1950년대를 부정되거나 무시되어야 할 시기로 보는 이러한 가설은 특정 시기의 특정한 관점에서 바라본 선입견적 판단일 수 있다는 주장^{한국역사연구회 현대사연구반, 1991}이 제기되기 시작했다.

전쟁, 궁핍, 독재, 남북대립 등 부정적인 이미지로 가득했던 1950년대 전후 사회를 "새로운 사회를 구조하는 거대한 에너지 분출의 시대"로 읽으려는 열망이 출현했다.^{역사문제연구소, 1998} 역사문제연구소는 1998

년에 내놓은 『1950년대 남북한의 선택과 굴절』을 통해 남과 북은 "각각 자본주의적 산업화와 사회주의적 산업화의 길을 선택"했으며, 주어진 조건들을 활용하며 그 길을 현실화해갔고, 결과적으로 "남북한 사회구조의 기본 틀을 형성"할 수 있었다는 점을 강조했다. 한마디로 말해서 1950년대를 "현대 한국의 기초가 실현된 시기," 나름대로 의미 있는 시기로 규정했다.역사문제연구소, 1998 "산업화 없는 근대화, 민주주의 없는 반공주의의 시대"에서 변화를 가능하게 한 것은 도전이었다고 규정했다.역사문제연구소, 1998 이승만 정권의 권위주의, 극우반공주의에도 불구하고 그에 대한 도전은 끊이지 않았고, 그 도전 속에서 민주주의의 토양이 서서히 만들어져갔다. 남한에서의 민주주의는 결코 미국이나 이승만 정권에 의해 주어진 선물이 아니라, 지속적인 저항과 도전에 의해 축적되어간 결과물이다.역사문제연구소, 1998 역사문제연구소의 1950년대 남북한 비교는 매우 흥미롭다. 산업화에 요구되는 효율성에서는 북한의 우월성이, 그 산업화의 길을 감시하는 데 요구되는 역동성에서는 남한의 우월성이 드러난 시기로 해석했다.역사문제연구소, 1998 이 책에서 말하듯이 안타깝게도 역사는 우리 민족에게 효율성과 역동성을 결합한 이상적인 체제를 허용하지 않았다.

사회학자 김경일 또한 1950년대의 역동성에 주목했다. 같은 해에 발표한 1950년대 후반의 사회이념을 다룬 논문에서 그는 1950년대 역동성의 배경으로 인구 성장과 도시집중에 주목했다. 당시 민주주의에 대한 열망과 민족주의에 대한 경계심리를 분석한 그는 "혼란과 무질서가 1950년대의 징표라고 해서 변화의 양상이 전혀 없었던 것이 아닌 것과 마찬가지로 사회의식과 이념의 측면에서도 일정한 진보와 발전의 계기가 있었다"김경일, 1998고 주장했다. 나아가 그는 한국 현대사에서 "아마도 1950년대는 민주주의 시대로 기록될 수 있을 것이다"김경일, 1998라고 조심스럽게 규정했다.

2000년대에 들어서자 1950년대를 전후한 시대에 대한 재조명은 더욱 활발해졌다. 서중석은 부정적 이미지의 출발 지점인 1950년대의 정치 분야조차 어두운 면만 있었던 것이 아니라고 보았다. 지배자들의 의도나 행태와 상관없이 역동적으로 변화하고 있었던 1950년대에 대한 새로운 이해의 필요성을 강조한 것이다.서중석, 2007 1950년대 역동성의 주체로 노동자에 주목한 연구자들도 출현했다. 1950년대 노동자는 가난하고 힘들었지만 새로운 가능성과 기회를 찾아 능동적으로 행동했으며, 노동기본권을 확보하려는 역동적인 모습을 보였다는 것에 착안한 이종구는 1960년대 이후 한국 현대사를 제대로 이해하려면 1950년대에 대한 좀 더 상세하고 구체적인 연구가 필요하다고 지적했다.이종구 외, 2010

1950년대를 전후한 시대를 혼돈의 시기인 동시에 가능성의 시대로 읽는 시도도 있었다. 1950년대는 이전과는 다른 사회질서가 실험되고 전환하는 시기였다는 시각이다. 정체의 시기가 아니라 균열 속에서 많은 가능성이 열려 있던 시기로 새롭게 조명해야 한다는 것이다.김득중 외, 2007 김득중 등에 따르면 해방, 전쟁, 독재, 빈곤 등과 같은 거대한 상징에 대한 지나친 관심으로 이루어진 기존 연구들은 여타 문제들에 대한 무관심과 무지를 재생산하고 있는 셈이다.김득중 외, 2007 교육 또한 무관심과 무지의 대상 중 하나였다.

최근에는 이 시기의 유동성과 욕망에 주목한 연구 결과도 발표되었다. 김성보에 의하면 1950년대는 전쟁이 가져온 사회적 유동성과 그러한 유동성 속에서 거침없이 분출하는 욕망, 이것이 추동하는 다양한 역사적 가능성들이 교차하는 시기였다.김성보 외, 2016 전쟁으로 삶의 심리적·공간적 터전이 흔들려 "유동적으로 떠도는 사람들의 난민적 삶의 형태"는 2세대가 지난 현재까지도 우리의 의식과 삶에 영향을 미치고 있다는 주장이다.^{김성보 외, 2016}

1950년대 전후 교육에 관한 선입견

1950년대는 교육 분야에서도 현대 공교육의 기반이 구축된 시기라는 것을 인정함에도 이 시기를 따로 독립시켜 꼼꼼하게 조명하여 그 역사적 의미를 밝힌 연구는 찾아보기 어렵다.^{김기석·강일국, 2004} 한편 오늘날 한국 교육의 주요 특징이 이미 1950년대를 중심으로 한 제1공화국 시절에 구체적인 형태가 만들어졌고, 한국 교육의 희망과 좌절 또한 이미 1950년대 교육에 배태되어 있었다는 점은 많은 전문가들이 수용해왔다. 1950년대 한국 교육을 잘 보면 한국 현대교육의 역동성을 잘 이해할 수 있을 것^{김기석·강일국, 2004}이라는 시각이 이를 잘 보여준다.

이런 필요성에도 불구하고 1950년대 한국 교육에 대한 신뢰할 만한 연구는 논문 형태든 저술 형태든 찾아보기 어렵다. 한국 교육학계에서 1950년대를 종합적으로 다룬 유일한 저술은 손인수의 『한국교육운동사: 1950년대 교육의 역사인식』¹⁹⁹⁴일 것이다. 이 책은 해방 이후 1950년대 말까지의 기간에 공포되거나 시행된 주요한 교육정책들을 망라하여 다루고 있다. 정책 자료들과 관련자들의 인터뷰 자료를 폭넓게 동원하여 구성한 방대한 저서임에도 이 저술은 1950년대의 역동성이나 가능성을 보여주지는 못한다. 저자도 서문에서 밝혔듯이 분석적 입장은 배제된 상태에서 자료들을 종합적으로 정리하여 소개하는 정도에 머물러 있다. 정책 입안자들의 정책 목표와 정책 내용을 이해하는데는 큰 도움이 되지만 1950년대 교육 분야에서 도전과 실험에 참여했던 다양한 행위자들의 모습이 보이지 않는다. 예컨대 교육과정 제정과 연구학교를 다룬 제15장에서 교사들 중심으로 1950년대 전반기에 전국적으로 활발히 이루어진 커리큘럼 개조운동에 관한 내용은 생략된 채 정부 중심의 제1차 국가교육과정 채택과정과 내용이 중심을 차지하고 있다.

1950년대를 전후한 시기의 교육에 관해 연구 성과는 없으나 선입견이 굳건한 것이 문제다. 한 고등학교의 한국사 교과서에는 '1950년대 교육열이 한국 사회에 미친 영향'이 다음과 같이 소개되어 있다.

> 6·25 전쟁이 끝나고 사회가 안정되면서 출산율이 크게 증가했다. 또한, 급격한 사회 변화와 전쟁을 거치면서 사람들은 교육을 통해 부와 사회적 지위를 얻고자 했다. 그 결과 초·중·고등학교 수가 빠른 속도로 늘어났고, 학생의 수도 많아졌다. 대도시에는 한 학급의 학생 수가 70, 80명을 넘었으며, 2부제와 3부제 수업을 하는 학교도 많았다. 과도한 교육열은 교육 경쟁을 더욱 부추겨, 학생들은 어릴 적부터 시험에 시달려야 하는 부작용을 낳기도 했다.
>
> _주진오 외, 2017: 『고등학교 한국사』

한국 현대교육을 상징하는 교육열을 중심으로 구성된 1950년대 교육 이미지다. 한국 교육에 관한 모든 이야기를 흡수하는 일종의 블랙홀인 '교육열'의 1950년대 버전이라고 할 수 있을 것이다.

1950년대를 재조명하려는 최근 연구에서도 교육은 큰 주목을 받지 못하고 있다. 몇 사례를 보면, 1950년대를 재구성하고자 하는 모자이크 판에서 교육은 의미 있는 부분을 차지하지 못하고 있다. 강준만의 『한국 현대사 산책: 1950년대 편』전 3권, 2004을 구성하는 95개의 스토리에도 교육은 단 한 번 등장한다. 제1권에 등장하는 '전쟁 중의 뜨거운 교육열'이 그것이다. 일단 1950년대 한국 교육을 상징하는 스토리로서 교육열을 선정한 것은 적절하다고 할 수 있으나 대한민국 현대사회의 성장과 한계를 구성하는 95개의 이야기 퍼즐에서 교육이 단 하나를 차지한다는 것은 아쉬움이 있다.

김정형의 『20세기 이야기: 1950년대』[2013]는 1950년대의 역동성, 대한민국 변화의 다양한 동인들을 균형 있게 보여주는 비망록이다. 그런데 이 책을 구성하는 스토리 130개 중 교육 관련 스토리는 1951년 '전시연합대학 설치와 지방 국립종합대 설립'뿐이다. 1950년대 교육을 대표하는 스토리는 대학교육의 발전보다는 초등교육의 팽창이라는 점에서도 이 구성은 한계가 있다.

한국 현대사 연구에서 차별받아온 1950년대, 그 시대를 재구성하려는 최근의 학문적 관심에서도 교육은 비껴 있는 느낌이다. 이런 측면에서 보면 김성보 외[2016], 『한국현대 생활문화사: 1950년대』는 1950년대의 이미지 구성에서 차별받던 교육을 회생시키려는 시도의 하나로 볼 만하다. 1950년대를 구성하는 6가지 스토리군 중 하나로 '팽창하는 학교와 학생'을 선택했다. '상아탑? 우골탑?', '입시지옥과 과외의 성행', '우골탑을 쌓는 학부모들', '1950년대 학생들은 어떻게 살았을까?', '아이, 공부해야 되는데, 학생 통제와 동원의 역설' 등이 세부 내용이다. 교육열과 국가권력에 의한 교육의 도구화가 전체를 지배하는 핵심 주제로 설정되었다. 지금까지의 1950년대 교육에 관한 스케치 중 가장 균형 있는 결과물이라고 할 수 있다.

최근의 이런 새로운 시도들에도 불구하고 1950년대의 교육이 전체 모습을 드러냈다고 할 수는 없다. 여전히 연구는 부족하고 시각은 제한적이며 스토리는 진부하다. 1950년대의 욕망, 도전, 역동성, 그리고 가능성이 교육 영역에서 어떻게 분출되고 실험되었는지를 보여주는 노력이 여전히 필요하다.

앞에서 살펴본 열다섯 개의 이야기는 1950년대를 전후한 시기의 우리 교육에서 나타났던 일정한 계기와 진보의 양상을 잘 보여준다. 민주주의의 이념이 교육 영역에서 어떻게 실험되고 실현되었는지를 보여주는 구체적인 스토리들이다. 이 시기에 대한 정치 중심적 평가로 인해 민주주의를 실현하고자 했던 이 시대의 다양한 행위자들, 특히 교육 부문의 행위자들이었던 교사, 지식인, 학생들의 노력이 매몰되는 것은 바람직스럽지 않다. '민주주의=반공'이라는 굴절된 시각과 현실에 맞서 민주주의를 지키려 했던 학생, 지식인, 교사의 이야기는 이 시대의 교육적 의미를 파악하기 위해 필수적인 요소들이다.

한국 교육 제1의 길

열다섯 개의 스토리를 통해 드러난 한국 교육 제1의 길은 민주주의 교육에 대한 교육자들의 신념과 이에 대한 국가권력의 도전이 지속된 역동성의 시간이었다. 적어도 교육 분야에서는 침체나 암흑의 시간으로 규정할 수는 없다. 당시 교육 주체들이 생각했던 민주주의 교육의 핵심은 학원과 교사의 자율성, 교육의 공공성, 그리고 교육 내용의 생활적합성이었다. 학교와 교사의 자율성을 억누르려던 국가권력의 탄압과 이에 대한 저항, 교육을 사적 이익의 추구 수단으로 만들려던 모리배들의 등장과 이에 대한 저항, 그리고 교육 내용을 우리 민족의 삶과 유리된 지식 중심으로 구성하려는 시도에 대한 교육적 저항이 끊임없이 이루어진 역동성의 시기였다. 이 시기는 민주주의 교육에 대한 희망이나 가능성이 사라진 시기가 결코 아니었다. 교사들은 여전히 학교 교육의 중심이 자신들이라는 신념에 의해 움직였고, 학부모들은 공교육을 담당하는 학교에 대한 신뢰를 버리지 않았으며, 지식 중심 교육에 대한 비판의식과 생활 중심 교육의 필요성에 대한 신념이 교육계에 넘치던 시기였다. 그 이전과 이후의 시간과 비교해보면, 단군 이래 한국 사회가 이렇게 평등한 적은 없었다^{김동춘, 2015}는 표현이 적어도 교육 분야에서는 충분히 설득력 있게 들리던 시기였다. 이런 의미에서 1948년 정부 수립으로부터 1961년 5·16까지의 시간은 우리나라 교육에서 제1의 길이라고 규정할 수 있을 만큼 내적 통일성이 명료한 시기였다.

당시 교육 주체들의 교육에 대한 신념을 잘 보여주는 것이 이 책 6절에 소개된 '전쟁 속에서 발견한 세기적 교육법'이다. 전쟁이라는 최악의 여건에서도 교사들은 이런 믿음으로 교육을 했고, 그것은 이후 대한민국 교육의 튼튼한 뿌리가 되었다.

> 나는 이렇게 생각합니다. 학교의 주체는 교장도 교사도 아니요, 어린이들입니다. 가정의 주체는 어머님도 아버님도 아니요, 아들딸들입니다. 나라의 주체도 정부고관도 다른 성인도 아니요, 제2세 국민(어린이)이어야 합니다. 전쟁이 일어나도 난리가 계속되어도 이 주체인 제2세의 교육은 잠시라도 그쳐서는 아니 되겠습니다. 왜 그런고 하니 제2세는 더 살기 좋은 새 나라를 세우기 때문입니다.

루소의 『에밀』, 페스탈로치의 『백조의 노래』, 그리고 듀이의 『민주주의와 교육』에 나타난 교육사상을 모두 더하고 융합해도 이 교육법을 넘을 수는 없을 것이다. 공교육의 가치, 교육의 공공성, 교육권의 소재 등을 명료하게 제시하고 있다. 그리고 교육자들은 이를 실천하기 위해 행동했다.

한글 간소화 파동은 교육적으로 바람직하지 않은 국가정책이라면 대통령의 의지가 담긴 정책일지라도 끝까지 반대하여 막아낸 교원단체와 전문가들이 있었던 1950년대의 모습을 보여주었다. 교육정책의 전문성과 교육의 정치적 중립성이 포기할 수 없는 민주주의 교육의 핵심 가치라는 것, 그리고 교육정책 결정 과정의 민주성이 정책 내용의 타당성만큼 필요하다는 것을 보여주는 60년 전의 교훈이다. 권력을 이기는 교육자의 모습은 민주화 이후에도 긴 세월 동안 쉽게 경험하지 못했다.

전쟁 중에 시작하여 1955년까지 지속되었던 커리큘럼 개조운동은 우리 교육사에서 의미 있는 흔적을 남겼다. 그것은 최초의 교사중심 교육운동이고, 아래로부터의 교육운동이며, 지역사회 기반 교육운동이었다. 1955년 제1차 국가교육과정 공포로 이 운동은 동력을 상실했고, 이후 교육의 국가권력 주도, 교육이론과 교육 현실의 괴리, 교육 내용의 획일화, 교육개혁에서 현장 교사의 소외라는 우리 교육의 병폐 현상은 서서히 깊어가기 시작했다. 그럼에도 지식학교에서 생활학교로, 기억학교에서 경험학교로의 전환을 시도한 이 운동이 지닌 교육사적 가치는 결코 적지 않다. 한국 교육 제1의 길을 상징하는 하나의 실패 경험이었다. 커리큘럼 개조운동 실패와 제1차 국가교육과정 채택은 소나무 위에 대나무를 접붙인 모양의 우리 현대교육을 상징하는 사건이다. 교육 내용의 지역 적합성, 민족 적합성, 생활 적합성이 민주주의 교육의 핵심이라는 것을 상기시키는 경험이다.

공교육에 대한 국가권력의 개입 의지가 드러난 사건 중 하나가 교육자치제 폐지운동이다. 당시 교원단체는 이를 천박한 주장, 교각살우의 망동으로 치부했다. 교육자치제는 민주국가 발전을 위한 교육행정의 황금률이라는 신념, 그리고 교육자치제의 핵심은 학원 자율성이라는 신념에 기초했기에 가능한 투쟁이었다. 교육자치제는 더 이상 그 가치를 논할 필요가 없는 불변의 진리라는 신념이 지배하던 시대였다. 복잡하고 유동적인 사회에서 변화하는 교육적 필요를 법률로 규정할 수는 없기에 현행 법규의 권력적 적용이 교육행정의 중심이 될 수는 없다는 사실, 민주국가의 교육행정은 국민의 교육적 필요를 각인의 개성과 욕구에 즉응하여 충족해주려는 봉사적 기능이라는 사실, 따라서 교육자치는 민주주의 국가에서 포기될 수 없는 원칙이라는 주장^{홍순철,} ¹⁹⁵⁶은 이 시대 교육자들의 신념을 잘 드러내고 있었다.

1950년대 첫 '여교감'과 '여교장'의 탄생, 그리고 남녀공학 논쟁은 교육에서 평등의 가치와 공동체의 가치가 매우 중요하다는 것을 일깨워주는 이야기다. 여성의 능력에 대한 부정과 남성 우월적 태도는 우리 사회에서 여성의 사회참여가 지니는 가치를 낮추고, 여성들을 가사 노동에 옭아매려는 전통 아닌 전통문화를 지금까지 지속시키는 바탕임에 틀림없다. 출산이나 육아의 책임에 대한 남녀 공감대의 확대, 여성의 사회활동을 보장하기 위한 과감한 정책 수립과 실현을 포기한 채 말과 글로만 선언되고 주장되는 출산 장려의 허구성에 깃든 오래된 오만이며 편견이다. 1950년대 여교감과 여교장 이야기는 이런 한계와 가능성을 모두 보여주었다.

4·19 학생혁명이 진행되던 시기에 편집된 〈새교육〉 1960년 5월호의 권두언은 한국 교육 제1의 길이 지닌 정신을 잘 대변한다.

인류가 5,000년 동안 피 흘리며 거꾸러지며 싸워온 목표는 오직 하나, '사람은 소중하다'는 것이 아니었던가. 모든 사람은 전무후무한 특이한 존재다. 아무리 못생긴 바보 천치라도 그의 어머니에게는 우주와도 바꿀 수 없는 존재인 것이다. 그 어머니 마음이 있고서야 정치가도 될 수 있고, 교사도

될 수 있다. 교사라는 직업이 소중하다는 것도 인간을 기르
는 직업이기 때문이다.

전무후무한 존재, 우주보다 소중한 존재인 사람을 기르는 교육을
향해 나아가던 수많은 교육 주체들의 역동성과 이를 차단하려던 국
가권력의 무모함이 충돌하던 '가능성의 시간'이 바로 한국 교육 제1의
길이었다.

| 참고문헌 |

• 강준만(2004). 『한국 현대사 산책 1950년대 편』(1-3권). 서울: 인물과사상사.
• 김경일(1998). 「1950년대 후반의 사회이념: 민주주의와 민족주의」. 한국정신문화연
  구원 현대사연구소 편. 『한국 현대사의 재인식 4』. 서울: 도서출판 오름.
• 김기석·강일국(2004). 「1950년대 한국 교육」. 문정인·김세중 편(2004). 『1950년대
  한국사의 재조명』. 서울: 선인.
• 김동춘(2015). 『대한민국은 왜? 1945-2015』. 사계절.
• 김득중 외(2007). 『죽엄으로써 나라를 지키자: 1950년대, 반공·동원·감시의 시대』.
  서울: 선인.
• 김성보 외(2016). 『한국 현대 생활문화사: 1950년대, 삐라 줍고 댄스홀 가고』. 파주:
  창비.
• 김정형(2013). 『20세기 이야기: 1950년대』. 서울: 답다.
• 서중석(2007). 『이승만과 제1공화국: 해방에서 4월혁명까지』. 서울: 역사비평사.
• 손인수(1994). 『한국교육운동사: 1950년대 교육의 역사인식』. 서울: 문음사.
• 역사문제연구소(1998). 『1950년대 남북한의 선택과 굴절』. 서울: 역사비평사.
• 이종구 외(2010). 『1950년대 한국 노동자의 생활세계』. 서울: 한울.
• 정원숙(2016). 『1950년대 공포와 죽음의 시학: 고석규론』. 서울: 시지시.
• 주진오 외(2017). 『고등학교 한국사』. 서울: 천재교육.
• 진덕규 외(1981). 『1950년대의 인식』. 서울: 한길사.
• 최정희(2016). 「서구 교육과정 이론의 수용과 배제의 역사: 1950년대 커리큘럼개조
  운동의 재평가」. 『교육과정연구』 34/3.
• 한국역사연구회 현대사연구반(1991). 『한국 현대사 2』. 서울: 풀빛.
• 홍순철(1956). 「교육구 존폐론의 맹점과 교육법의 전면적 개정을 제의함」. 『조선일
  보』 1956년 8월 21일 자.
• 〈새교육〉 1948년 창간호~1960년 5월호.

제2장

한국 교육 제2의 길,
국가권력이 만든 두 개의 교육

교육망국론 시대의 교육

반공 태세 강화, 자유 우방과 유대 강화, 구악 일소, 자주경제 재건, 통일을 위한 실력 배양, 혁명 수행 후 본연의 임무에 복귀 등 6개 항의 공약을 제시한 박정희 주도의 군부가 1961년 5월 16일 민주당 정부를 붕괴시키고 정권을 장악했다. 정권을 장악한 군부는 당시 교육이 학생 데모와 교원노동조합 설립 운동, 그리고 사립대학의 정원 외 학생 입학을 둘러싼 비리 등으로 혼란과 비리에 빠져 있다고 규정했다. 문제의 출발점이 1950년대 교육이 지향했던 교육의 자율화 혹은 학원의 자유 경향에 있다고 규정한 군부는 교육자치제 폐지와 교육의 국가관리 강화를 강력하게 추진하기 시작했다. 군부가 특히 주목한 대상은 대학이다.

4·19 이후 고등교육 인구는 급격히 증가했다. 1960년 4월 약 10만 명이던 고등교육 인구가 1961년 5월 말에는 약 14만 명으로 폭증했다. 1년 만에 40%가 늘어난 셈이다. 사립대학들이 정원을 무시하고 학생들을 입학시킨 결과였다. 대학이 자식들의 등록금 마련을 위해 농민들이 눈물을 머금고 팔아버린 소의 뿔로 세워진 우골탑이 되기 시작한 것이 이때부터다. 사회질서를 회복한다는 명분으로 권력을 장악한 군부는 사회혼란의 주범으로 대학과 대학생을 지목했다. 이는 사립대학

에 대한 강력한 통제정책으로 나타났다. 3권을 통합한 초법적 기구인 국가재건최고회의는 6월에 대학정비의 일반 방침을, 그리고 7월에는 대학입학자격을 국가에서 실시하는 시험에 합격한 자에게만 부여한다는 '대학입학자격 국가고시제'의 실시계획을 발표했다. 이어서 사립대학뿐 아니라 국공립 대학을 통폐합하기 위한 정비 방안이 차례로 발표되었다. 모든 것이 전광석화처럼 이루어졌고, 교육자들은 어리둥절한 채로 바라보고 있었다.

대학에 대한 국가 통제를 비롯하여 군부가 지향하는 새로운 교육정책을 담은 청사진이 1961년 9월 1일 발표되었다. 그것이 바로 교육법을 지배하는 법 위의 법인 '교육에 관한 임시특례법'(법률 제708호)이다. 불과 22개 조와 부칙으로 이루어진 이 법은 문교재건자문위원회 설치, 학교정비를 위한 학교 및 학과 통폐합과 학생 수의 강제 조정, 2년제 교육대학 설치, 실적심사제에 의한 대학교원 신규 임용, 교원의 노동운동 금지, 교원 정년 5년 단축, 대학 학사학위의 국가고시제 도입 등을 담고 있었다.

특례법에 기초하여 1961년 10월 16일에는 학사자격고시령, 11월 18일에는 사립대학정비안이 발표되었다. 이에 따라 학생 정원이 600명 이하인 지방 대학과, 700명 이하인 서울 소재 대학들이 폐지되었다. 37개 주간 사립대학 중 12개 대학이 폐지되고 25개 대학만 살아남았다. 이런 조치에 대하여 일부에서는 사회적 비리 척결과 대학의 정상화를 위해 불가피하거나 바람직한 정책이라는 의견이 제기된 반면, 일부에서는 여론 수렴 과정이나 이해 당사자의 의견 개진 기회가 주어지지 않은 채 단시일에 진행된 비민주적이고 강압적인 조치라는 비판을 제기했다. 현실적으로는 대규모의 교원이 해고되고, 사립대학의 운영난이 심화되었으며, 고등학교 졸업생들의 진학 기회가 축소되었다.

이런 격변 속에서도 〈새교육〉은 동면상태에서 벗어나지 못했다. 4·19 이후 제기된 대한교육연합회 무용론, 교원노동조합 탄생, 이에 따른 교사 집단의 분열이 만들어낸 위기의 결과였다. 1961년 2월호 이후 시작된 예고 없는 휴간은 속절없이 길어졌고, 1962년 봄까지 이어졌다. 1년 이상의 동면에서 깨어날 수 있었던 것은 "유력한 독지가의 재정적 뒷받침"과 "전국 교육자의 전례 없이 뜨거운 성원"^{통권91호 편집후기} 덕분이었다. 유력한 독지가가 누구인지는 알 수 없지만 전국 교육자들의 뜨거운 성원은 확인할 수 있다. 속간된 1962년 5월호 〈새교육〉은 "인쇄되자마자 순식간에 매진되었다."^{통권92호 편집후기}

속간호의 간행사에서 발행인인 대한교육연합회 회장 유진오는 교육을 향한 당시의 부정적인 여론을 "교육망국론"이라고 표현했다. 고려대학교 학생처장 현승종 또한 속간호에 게재한 '혁명 후의 대학교육'이란 글에서 타율적인 수술의 대상이 된 대학교육의 모습을 반성하며 '교육망국론'으로 표현했다. 대학 사회가 비자율적으로 수술을 받아야 한다는 것은 대학의 권위를 생각할 때 수치스러운 일이었다. 〈새교육〉이 지향했던 한국적 체질과 풍토에 적합한 교육이론 수립에 실패한 것, 사회에 만연한 다양한 형태의 부패와 혼란, 그리고 이런 부조리 앞에서 교육의 무기력함을 표현한 것이 '교육망국론'이다. 물론 '교육망국론' 혹은 '교육망가론_{教育亡家論}'이란 단어는 이미 1920년대 언론에서 사용되기 시작했고, 1950년대 후반에 이르러서는 '대학망국론'이라는 단어와 함께 언론에 등장한 바 있으나 자주 사용되지는 않았다. 오랜 동안 구국의 수단이던 근대교육이 1960년대에 이르러 드디어 망국의 수단으로 변해버린 것이다. 정부 수립 15년을 맞으며 교육은 희망과 절망의 중간지대에서 흔들리고 있었다.

교육이 지닌 희망과 절망의 모습을 함께 보여주는 것은 1962년 3월 새로 출범한 10개 교육대학(제주대학 병설 교육과 포함)이다. 중학교 졸업 후 입학하는 후기 중등교육 수준이던 사범학교에서 맡던 초등교원 양성 교육이 초급대학 수준으로 승격한 것은 희망이었다. 해방 이후 실추되고 있던 교직의 이미지를 개선하려는 의지를 담아 민주당 정부에서 개발한 정책이 실현된 것이었다. 한마디로 말해서 "교원과 교육은 동의어다"<새교육> 통권 92호 권두언 혹은 "어린이를 잘 가르치는 사람은 어린이를 낳은 사람보다 더 존중되어야 한다"함종규, 1961라는 외침에 합당한 제도 도입이었다.

그러나 이런 희망과 기대 속에 새로 출범한 교육대학은 실망스러운 모습을 보여주었다. 1962학년도에 문을 연 춘천교육대학의 첫 입학생 모집 실태를 보면 160명 모집에 강원도 내 지원자가 388명이었는데, 이 중 대학입학 자격시험인 국가고시 합격자는 63명뿐이었다. 나머지는 대학입학 자격고시 불합격자들로, 입학 대상으로 고려될 수도 없었다. 따라서 2차 모집을 했고 여기에 122명의 국가고시 합격자가 응시하여 간신히 정원을 채울 수 있었다. 160명 중 여학생은 35명이었다. 교사직에 대한 당시 사회의 부정적 태도를 보여주는 모습이었다. 춘천교육대학 초대 학장 김영돈에 의하면 광주교육대학과 부산교육대학을 제외한 8개 신설 교육대학은 많은 문제들로 인해 "교원 교육의 시험대에 올라" 있었다.김영돈, 1962

가장 큰 문제는 교직에 대한 부정적 인식의 확산이었다. 서명원의 표현대로 해방 전에 보이던 교사들의 기백은 사라지고 일종의 기술자로 전락한 교원들로 넘치는 모습이었다. 학생 수의 폭증으로 발생한 부족한 교원 문제를 해결하기 위해 해방 후 졸속으로 추진한 교사 자격증 남발이 가져온 부작용이었다. 빵 문제를 해결하기 위해서, 또는 해방 후의 정치사회적 혼란을 일시적으로 피하기 위해서 교직을 일종의 무풍지대로 생각하고 "기어들어온 무리"가 상당수 있었기 때문이다.^{서명원, 1962} 교사는 지식을 파는 하나의 기술자가 되었고, 우후죽순 격으로 사립학교를 세우는 기업가들은 최소의 비용으로 최대의 이윤을 내기 위해 기술자로서의 교사를 괴롭히는 현상이 나타나기 시작했다. 피해는 학생들의 몫이었고, 짐은 사회가 져야 했다.

교사를 지식 전달의 기술자로 만드는 데는 새로 권력을 잡은 군부도 크게 기여했다. 획일적인 군대문화에 익숙한 신 권력층은 획일적이고 일관성 있고 투명한 기준을 선호했다. 많은 정책이 교사들의 자율적 판단보다는 외부에서 주어진 획일적 기준의 준수를 강요했다. 대표적인 것이 현직 교원에 대한 학력시험 실시였다. 교육자치제의 폐지가 낳은 해프닝이기도 했다. 〈새교육〉^{통권 93호, 1962년 7월호}에 의하면 일부 도에서 일반 행정가들의 판단에 따라 교원에 대하여 학력시험을 실시했다. 또 다른 도에서는 학력시험 실시를 예고해놓고 수험 준비 참고서까지 지정했기 때문에 교사들은 수업을 도외시하고 참고서 암기에 골몰하고 있었다는 것이다. 교사들의 질적 수준 저하에 대한 우려에서 나온 정책이기는 하지만 이는 교사에 대한 당시 사회의 전반적인 불신의식의 확대, 그리고 교사의 질을 지식의 양으로만 평가하려는 비정상적인 교직관이 만들어낸 것이다.

교사의 자격과 능력을 시험으로 평가하려는 이런 경향에 대해 당시 〈새교육〉은 강하게 비판을 제기했다. 일반직 공무원, 별정직 공무원, 법관, 군인, 의사, 변호사 등의 직업에는 요구하지 않는 자격 검정을 오직 교사들에게 요구하는 비상식적 태도와 시험 만능의 비교육적 의식에 대한 비판이었다. 교원에 대한 학력시험, 그것은 악화되고 있던 교직에 대한 시대 의식을 보여주는 사건이었다. 1960년대의 교사는 비록 빈곤으로 찌든 기층 민중의 한 부류에 포함되어 설명되지는 않지만^{김경일 외, 2018}, 존경받는 직업이나 전문적인 수준의 일을 하는 사람들로 여겨지지도 않았다.

교육자치제 폐지가 가져온 부정적 행태는 여기서 그치지 않았다. 학교행정이 내무행정에 예속됨으로써 교장이 군수는 물론, 심지어는 면장이나 지서 주임한테까지 지시를 받는 형편이 되었다.〈새교육〉 통권93호, 좌담회 교육자치제 폐지가 가져온 이런 신풍속도는 열악한 급여, 과다한 행정업무, 순환제로 인한 교사 생활의 불안정 등과 결합하여 교직에 대한 부정적 인식을 확산시킬 수밖에 없었다.

암울하고 불안한 1960년대 초반을 살아가는 교사들에게 힘을 주는 것은 오직 학생들이었다. 해방 이후 최초로 실시된 교원의 사회적 지위에 관한 학생 의식 조사〈새교육〉 통권 92호를 보면 교사는 대체로 학생에 대해 '친절하다'는 의견(30.9%)이 '불친절하다'는 의견(7.9%)보다 훨씬 많았고, 대부분 교사의 표정은 '명랑하다'는 의견(21.4%)이 '찌프르퉁하다'는 의견(7.1%)보다 훨씬 많았다. 물론 '무표정하다'는 의견이 70.7%로 압도적이기는 했다. 교직은 흔들리고 있었지만 학생들의 순수함은 여전히 남아 있었다. 중앙교육연구소에서 제공한 중등교육 실태조사 보고서〈새교육〉 통권 93호를 보면 당시 중고등학교 학생들이 생각하는 자신에 관한 문제로 1위는 "취미나 특기를 살릴 수 있었으면 좋겠다"(중학생 72.9%, 고교생 73.7%), 2위는 "날씬한 체격을 갖고 싶다"(중학생 64.0%, 고교생 70.6%)로 나타났다. 요즘 학생들과 다르지 않아 보인다. 예나 지금이나 세상 변화에 따라 쉽게 흔들리는 것은 학생들의 마음이 아니고 오히려 어른들의 마음인 듯하다.

| 참고문헌 |

- 〈새교육〉 통권 92호. 「학생은 교사를 이렇게 본다」.
- 〈새교육〉 통권 93호. 「좌담회」.
- 김경일 외(2018). 『1960년대 사회변동과 자기 재현』. 한국학중앙연구원출판부.
- 김영돈(1962). 「교육대학의 당면한 난관과 그 타개책」. 〈새교육〉 통권 91호.
- 서명원(1962). 「한국 교사의 의식 주변」. 〈새교육〉 통권 93호.
- 함종규(1962). 「교원 우대의식의 구현」. 〈새교육〉 통권 91호.

풍월을 읊는 가여운 당견

한국교육학회 정기 학술지 〈교육학연구〉가 창간된 것이 1963년 6월이다. 당시 학회 회원은 199명이었다. 학회가 창립되던 1953년 당시 47명에서 4배 이상 늘어난 셈이다. 같은 해에 〈새교육〉은 통권 100호를 발간했다. 우리나라에서 학술지를 포함하여 정기간행물의 역사상 처음 있는 일이었다. 창간 이후 15년 동안 격월간지에서 출발하여 계간지로, 계간지에서 월간지로, 월간지에서 휴간으로, 그리고 다시 복간이라는 변화무쌍한 가시밭길을 더듬어 〈새교육〉은 1963년 2월 제100호를 맞았다. 5·16쿠데타 이후의 격변기를 거쳐 민정이양으로 향하고 있던 즈음이고, 창간된 지 총 186개월 만이었다. 1.8개월 만에 한 호씩 발행했으니 대략 격월간 정도로 간행된 셈이다.

〈새교육〉이 100회 간행되는 동안 우리나라 교육은 많은 변화를 이루었다. 학교 수, 학생 수, 교사 수, 취학률, 진학률 등 외형적인 지표에서 많은 발전을 이룬 것이 사실이다. 초등학교 취학률은 1960년대 초반에 90%를 넘어 거의 완전취학에 이르렀고, 중학교의 경우에는 수용의 한계 등으로 어려움은 있었지만 50% 가까운 취학률을 보이고 있었다. 이렇듯 양적 성장은 이루었지만 질적인 측면에서는 여전히 많은 문제를 노출하고 있었다. 〈새교육〉이 지속적으로 주목하고 있었지만 여전히 해결되지 않은 질적 문제 중 하나는 교원의 지위와 처우 문제였고, 이를 어렵게 하는 것은 교직의 전문성에 대한 일반의 부정적 시각이었다.

〈새교육〉 제100호는 권두언 '〈새교육〉 100호지를 내며'에서 교원이 국제표준 직업 분류에서는 "전문적, 기술적 종업자"로서 최고위의 대분류에 들어 있지만 "세계적으로 그 전문성의 정도는 의문시되어 있다"는 사실을 안타깝게 지적하고 있다. 면허 자격에 엄밀성이 결여된 것을 일차적 원인으로 보았다. 2년제 교육대학이 설립되고, 전국 4년제 대학에 교육대학원이 설립되는 등 교원 양성제도와 교원 재교육을 위한 제도적 확충은 이루었지만 교원이 의사, 법률가, 조종사 같은 전문가로서 대우받기에 어려운 현실적 환경임은 부인할 수 없었다. 〈새교육〉은 당시 신문기사 하나를 부러운 시선으로 인용하고 있다. 비행기 조종사 이야기다.

> 교통부는 7일 하오, 고영일씨 등 5명의 대한항공공사(KAL) 소속 조종사에게 정기 운송 조종사 자격증을 교부함으로써, 지난 2월 발급된 2명을 합해 도합 7명의 조종사가 확보되어 조종사 기근을 면하게 되었다. 새로 자격을 얻은 이들은, 쌍발 및 4발 여객기의 기장 또는 부조종사로 근무하게 될 것인데, 이들은 3,800 내지 5,000시간의 비행시간을 가진 사람들이다. _『한국일보』, 1962년 12월 8일

조종사들이 전문직 자격 기준의 향상을 위해 노력하고 있는 모습을 소개함으로써 교직단체의 분발을 촉구하고 있다. 당시 조종사는 새로 출현한 전문직의 하나로 자주 언급되었다. 교직이 본받아야 할

부러운 전문직이었던 의사, 치과의사, 법률가에 조종사가 더해졌다. 〈새교육〉은 100호를 맞으면서 권두언에 이런 이야기를 소개함으로써 1963년이 교원 전문성 앙양에서 "역사적인 이정표"가 되기를 간절히 기원했다.

〈새교육〉은 이즈음 아시아 지역 교원의 경제적 지위에 관한 자료를 게재하여 사회의 관심을 끌고 교원들의 자성을 촉구하는 기회로 삼고자 했다. 1963년 1월호와 2월호 〈새교육〉은 세계교직기구총연합회 WCOTP에서 간행한 'Status of Teachers in Asia'를 번역하여 소개했다. 이는 우리나라 교원의 사회경제적 지위에서 상대적 위상을 보여주는 아주 흥미로운 자료였다.

첫째, 봉급에서 학교 급별 차별 문제였다. 많은 나라에서 학교 급별 교원 봉급에 차별을 두고 있었다. 한국은 일본이나 인도와 마찬가지로 초등학교 근무 교원과 중등학교 교원의 봉급은 2:3 내지 4:5 정도의 비율을 유지하는 복선형 봉급제를 실시하고 있었다. 이는 학력이나 경력이 같은 교직원에 대해 근무 학교의 급별이 달라도 동일한 봉급을 지급하는 단일 호봉제를 적용하던 이스라엘, 말레이시아, 필리핀, 태국 그리고 싱가포르 등의 국가와는 다른 차별적 제도였다. 몇 나라에서는 담당 과목에 따라 급여에 차등을 두기도 했다. 인도의 경우 언어, 역사, 수학, 과학 담당 교원의 급여는 음악이나 미술 담당 교원보다 많았다. 과목의 위계가 담당 교원의 급여의 위계로 나타나는 시대였다.

둘째, 여교원 급여에 차별을 두는 나라가 상당수 있었다. 말레이시아, 뉴질랜드, 오스트레일리아 그리고 싱가포르 등에서는 남녀 교원 간에 봉급의 차등이 있었다. 예컨대 오스트레일리아의 경우 뉴사우스웨일즈 주에서는 초등학교 여자 교원은 남자 교원의 75%, 중등학교 여자 교원은 남자 교원의 90%를 지급받고 있었다. 한국은 자랑스럽게

도 남녀 구분 없이 동등한 봉급을 지급하는 나라에 속했다. 한국 외에 중국, 이스라엘, 쿠웨이트, 필리핀, 태국, 일본 그리고 인도가 이런 경우였다. 계급질서가 엄격하고 여성 차별적인 사회제도가 광범위하게 남아 있던 인도가 뉴질랜드나 오스트레일리아보다 먼저 남녀 교사의 평등대우를 실행하고 있었다는 것은 신기한 일이다. 우리가 지닌 역사를 보는 관점의 오류 가능성 혹은 오리엔탈리즘의 뿌리 깊음을 보여주는 사례다.

셋째, 교원 봉급 책정 과정에서 교원단체가 행정 당국과 공식적인 교섭을 하는 것이 인정되는 나라와 그렇지 않은 나라가 있었다. 이스라엘이나 오스트레일리아 교원단체의 경우에는 문교부와 정식 교섭을 하거나 봉급 책정에 관해 건의하도록 제도화되어 있었다. 이란은 비공식적 교섭의 기회가 주어져 있었다. 반면 우리나라는 급여에 관해 공식적이거나 비공식적인 단체교섭이 허용되지 않았다.

넷째, 남자 교원과 여자 교원의 불평등은 임금에 머물지 않았다. 뉴질랜드에서는 여자 교원의 경우 정년이 55세로, 남자 교원의 정년 65세보다 무려 10년이나 빨랐다. 남녀평등의 관점에서 반세기 전 백인의 나라 뉴질랜드는 전혀 선진적이지 않았다. 인도나 이란보다 여성 차별적인 국가였다. 싱가포르의 경우에도 남자 교원의 정년은 55세인 반면 여자 교원은 50세로 남자 교원보다 5년 먼저 교직을 그만두어야 했다. 정년이 남녀 모두 55세인 인도와 홍콩, 65세인 이란의 경우도 있지만 우리나라를 포함한 대부분의 나라에서는 60세 정년이고 남녀 차별이 없었다. 오스트레일리아의 경우는 특이하게도 남자는 60세인 반면, 여자는 65세까지도 가능했고, 임시 교원은 70세까지로 되어 있어서 여자 교원과 임시 교원에게 정년이 유리하게 규정되어 있었다. 여성과 임시 교원의 정년이 남성이나 정규 교원보다 늦었던 사례는 우리나라 교육계의 사회적 약자 배려 정책에서 고려할 만한 흥미로운 내용이다.

우리나라 교원의 경우 복선형 봉급제로 인해 학교 급별 봉급의 차이가 있었다. 교원이 근무하는 학교 급에 따라 국민학교, 중학교, 고등학교, 초급대학, 대학교의 5원제로 규정되어 있었다. 이런 차별을 제외하고는 제도적으로 큰 문제가 없는 상황이었음에도 교사라는 직업에 대한 사회적 인식이나 교사들의 자의식이 좋지 않은 상태였다. 1962년 대학입학자격 국가고시에 의한 신입생 선발 과정에서 교육대학은 정원을 채우지 못해 부득이 국가고시 불합격자 중에서 성적순으로 입학생을 충원했고, 중등교원 양성기관으로 설립된 교육연수원에는 법정 정원 300명이 무색할 정도로 17명이 취학하는 형편이었다. 졸업 후 취업이 보장되는 교원 양성기관임에도 지원자가 이렇게 적었던 것은 당시 교원에 대한 국민들의 부정적 인식을 잘 보여준다. 외형적으로는 교원을 '애 보는 아이baby sitter'로 대치해놓아도 당장은 큰 위험이 없어 보인다는 자조적인 표현까지 등장했다.〈새교육〉 1962년 2월호, 주장

〈새교육〉 101호는 "이렇듯이 모든 분야에서 비난, 비방, 무시, 천대를 받고 있으면서도 변명조차 하지 않는 이 나라의 교원들은 과연 '피학증 환자'일까? 아니면 '속세를 초탈한 성인군자'란 말인가?"라는 특별 원고를 통해 교원의 사회·경제적 지위 향상을 저해하는 다섯 가지 문제점을 거론했다. 21세기 현 시점에서 우리나라 교원의 사회적 위상을 돌아보게 하는 의미 있는 지적들이다.

첫째, 면전에서는 성직자라 부르면서 속으로는 처세의 무능자로 여기고, 금력이나 권력 앞엔 무조건 굴복하는 약자로 단정하여 때로는 압력을 가하며 부당한 일을 강요하는 태도로 임하는 학부형들이 문제였다. 이런 태도를 지닌 학부형들 아래서 자라나는 학생들이 그들의 스승을 무시하고 비난하는 것은 당연한 일이었다.

둘째, 학부형이나 학생의 일방적인 이야기만 믿고, 공정한 판단에 앞서 교원을 공격하려는 태세로 기사를 쓰는 언론의 공정하지 못함이 문제였다. 〈새교육〉에 따르면, 사실을 샅샅이 조사하면 침해당한 인권은 학생이 아니라 교원의 편일 때도 언론은 한결같이 교원만 죄인처럼 다루는 일이 허다한 것이 교원의 지위 하락을 부채질하고 있었다.

셋째, 4·19 전에는 선거운동에, 그리고 5·16 이후에도 각종 정치적 집회에 교원들이 동원됨으로써 교원들이 아동교육에 주체적이고 자율적으로 집중하기 어렵게 만들었다. 교육자치제 폐지에 따라 도지사, 군수, 면장의 지시를 빙자한 면서기 등 일반 행정 공무원들의 명령에 복종해야 하는 입장에서 교원의 권위가 실추되는 것은 불가피했다.

넷째, 한 학급당 법정 정원인 60명을 초과하여 80명 내지 100명을 초과하는 학급을 지도해야 하는 교원에게 과도하게 맡겨지는 각종 행정 사무 또한 번잡하기 이를 데 없는 것이 문제였다. 〈새교육〉의 표현대로 때로는 세무서의 집달리처럼 죄 없는 학생들과 돈 싸움을 해야 하는 것이 당시 교사들이었다.

다섯째, 사회적 부패 일소를 목표로 추진된 각종 수당이나 후원금의 폐지 등으로 교원 급여 수준은 상대적으로 저하되었고, 이는 교원의 사기 저하와 교직에 대한 사회적 외면을 초래했다. 최소한의 생활 보장이 확보되기를 기대하는 교원들의 기대가 충족되지 않는 한, 교원의 사회·경제적 지위 향상이나 이에 기초한 교육의 정상화는 어려운 상황이었다.

새로 출범을 앞둔 '제3공화국의 교육정책은 이래야 한다'라는 글에서 성래운(국가재건최고회의 교육정책담당 전문위원 역임)은 새 공화국이 추진해야 할 세 가지 핵심 정책 중 첫 번째로 '선생에 관한 정책'을 제시했다. 그리고 그 방향을 "교사의 정신적·물질적 대우를 획기적으로 개선하고 그들이 자주적으로 교육에 전심할 수 있도록 제반 대책을 세운다"로 표현했다.

이렇듯 많은 사람의 관심과 노력에도 불구하고 1960년대에는 교직에 대한 인식이 개선되지 않았다. 오히려 경제개발 우선 정책이 만들어낸 황금만능주의의 여파로 교직에 대한 인식은 악화되고, 교직 이탈이 가속화되어 교원 부족 현상이 야기될 뿐이었다. 교육에 대한 공권력의 관여는 점차 확대되었고, 교육의 자율성은 훼손되어 형식만 남은 상황에서 교직은 더 이상 천직이나 성직이 아니었다. 전문직을 지향할 최소한의 의지마저 사라져갔다. "교원은 민주사회 발전의 주동세력"이라는 〈새교육〉의 외침1963년 4월호이 점차 공허해져가는 1960년대였다.

윌리엄 아일리스 아시아재단 한국지부장은 1963년 3월 8일 이임 고별강연에서 비록 해결해야 할 과제는 많지만 "한국의 희망은 교육에 있다"고 교육의 중요성을 역설했다. 그러나 교육자들의 입에서는 교육 때문에 나라가 망할 것이라는 교육망국론이 자주 언급되고, 새로운 일자리를 찾아 교직을 떠나는 교사들은 점차 늘어만 갔다. 경제성장 위주의 정책으로 직업 선택의 기준은 돈으로 변해가고 있었고, 돈으로 유혹하는 새로운 직장은 하나둘 늘어만 갔다. 국가를 성장시키는 교육은 있었지만, 교육을 성장시키는 국가는 없었고, 그 속에서 많은 교사들이 풍월風月을 읊는 가여운 당견堂犬(서당개) 신세로 변해가고 있었다.

| 참고문헌 |

- 「권두언: 새교육 100호지를 내며」. 〈새교육〉 1963년 2월호.
- 「주장: 교원 보수의 합리화를 바란다」. 〈새교육〉 1963년 2월호.
- 「주장: 교원은 민주사회 발전의 주동 세력」. 〈새교육〉 1963년 4월호.
- 「주장: 교원은 피학성(被虐性) 환자인가?」. 〈새교육〉 1963년 3월호.
- 이화여자대학교 한국문화연구원 편(2004). 『교육학연구 50년』. 혜안.
- 정태시(1963). 「아시아 지역 교원의 경제적 지위」. 〈새교육〉 1963년 1월호 & 2월호.

치맛바람에 맞선 '7·15 어린이 해방'

우리나라 교육의 역사에서 1960년대는 한마디로 입학시험 제도의 실험기였다. 교육자, 지식인, 정치인 그리고 학부모가 생각할 수 있는 모든 형태의 입학시험 제도가 제안되고 실시되고, 수정되고, 폐지되고, 또다시 새로운 제도가 등장함으로써 1960년대 후반에 이르러 이제는 더 이상 사람의 머리로 생각해낼 수 있는 새로운 입시제도는 없다는 것을 전 국민이 깨닫게 되었다.

한 가정주부가 〈새교육〉에 기고한 글의 제목이 당시 분위기를 잘 보여준다. 최정자라는 학부모가 〈새교육〉의 특집 '입시제도를 분석한다'에 게재한 글 제목은 '입학시험과 자녀교육: 이기고 볼 일이다'였다.1963년 8월호 더 이상 기대할 수 있는 것은 없었다. 입시제도가 어떻게 변하든지, 무슨 수단을 동원해서라도 오로지 입시전쟁에서 이겨 지옥을 탈출하고 볼 일이었다. 당시 가장 극심한 입시지옥은 중학교 입시였다. '일류 중학'이라는 단어가 상징하듯 중학교의 극심한 서열화가 만들어낸 지옥이었다. 일류 학교 입학을 통한 입신양명이 거의 민간신앙으로 자리 잡아가던 시기였다.김동춘, 2015

해방 이후 1961년까지 중학교 입시는 학교별 전형을 기본으로 했다. 국가권력이 입시에 관여했던 전쟁 기간을 제외한 대부분의 시기에 교육법에 명시된 학교장의 학생선발권과 학생들의 학교선택권이 보장되었던 것이다. 학교별로 자체 출제하는 주관식 입시 문제에서 우수한 성적을 받은 학생이 합격하는 단순하고 명료한 제도를 유지했다. 전형 내용은 초등학교 6년 동안 배운 모든 과목이었다. 적어도 입시에서는 과목별 차별이 존재하지 않았고 학교 외부 세력의 관여가 허용되지 않았다. 학생선발의 권리도 책임도 오로지 학생을 키우는 학교에 주어져 있었다.

5·16쿠데타와 군부정권 탄생은 모든 것을 혼란에 빠뜨렸다. 1962학년도부터 중학교 입시가 국가 공권력의 개입에 의한 국가공동출제 형식, 그리고 간단명료한 사지선다형으로 바뀌었다. 이에 대한 비난이 폭발하자 1963학년도 입시에서는 국가공동출제 대신 시·도별 공동출제라는 방식으로 바뀌었다. 이후 1965학년도 입시까지는 이런 형식을 유지하다가 1966학년도 입시에서는 다시 학교별 단독출제를 기본으로 하되 필요한 경우 공동출제도 허용하기로 했다.^{이길상, 2007}

이 시기에는 출제 형식만 자주 바뀐 것이 아니었다. 이전까지 초등학교 6년간 배운 "국산사자"(국어, 산수, 사회, 자연)를 포함한 전 과목이 중학교 입시과목이었으나 1964학년도 중학교 입시에서는 갑자기 입시과목이 축소되었다. 당시 표현을 빌리자면 심지어 '사자'조차도 없어졌다. 예체능 과목뿐만 아니라 사회과목과 자연과목이 입시에서 배제된 것이다. 6학년 어린이들이 아침에 책보를 쌀 때마다 "국산사자"를 외우던 것에서 "국산 국산"만 외우는 것으로 바뀌었다. 학교에서는 시험도 국어와 산수만 보고, 숙제도 국어와 산수만 내주는 새로운 풍토가 만들어졌다. 우리나라 교육 역사에서 '도구과목'이라는 바람직하지 않은 새로운 용어가 탄생한 것이다. 도구과목 중심의 교육으로 공교육의 획일성이 강화되고 교육의 기본이 무너지는 출발점이었다.

1965학년도 중학 입시에서는 다시 반공과 도덕을 포함한 전 교과목을 대상으로 하는 입시로 환원되었으나 도구과목의 추억은 이후 우리나라 교육에 자주 등장하여 교육의 비정상화를 초래하는 계기로 작용하게 되었다.

1960년대 중반 중학교 입시가 초래한 부작용은 학교의 학생선발권 약화, 도구과목의 등장, 사지선다형으로 상징되는 단편적 지식 중심 교육의 출발에 그치지 않았다. 1965년에 있었던 입시문제 누설 소동은 입시에 대한 학부모들의 불안 심리를 증폭했고, 1966년의 국민학교 아동 학구 위반사건은 국가공권력의 공정성에 대한 학부모들의 의구심과 함께 교육 여건의 지역별 불균형에 대한 불만의 표출을 초래하기도 했다. 국가권력이 교육에 주제넘게 개입하면서 시작된 혼란이고, 불안이고, 불편이었다. 한마디로 국가권력이 앞장서서 만든 교육 난맥상이었다.

이처럼 혼란스러웠던 1960년대 중반 중학교 입시의 난맥상을 상징하는 대표적인 사건이 유명한 '무즙파동'이다. 1965학년도 서울시내 중학교 입시 문제를 둘러싼 이 파동은 당시 〈새교육〉의 표현대로 "우리나라의 문교행정의 난맥상을 집약적으로 나타낸 모델 케이스였고, 교육계의 치부를 그대로 드러낸 사건"〈새교육〉 1965년 12월호이었다.

서울시 공동관리위원회가 출제한 문제 중 정답이 애매하여 말썽이 된 문제는 무려 16개(국어 2, 산수 2, 자연 8, 사회 4)에 달했다. 학부모들의 이의 제기로 문교부는 시험일로부터 닷새 사이에 무려 다섯 차례에 걸쳐 정답을 수정 발표함으로써 교육계를 일대 혼란에 빠뜨렸다. 결국 학부모들의 항의를 공권력으로 무시하고 합격자를 발표하기에 이르렀다. 대다수 학부모들은 이에 굴복했으나 이른바 일류 중학이던 경기중학과 경복중학에 1점 차이로 불합격한 학부모 38명은 엿 만드는 과정에 필요한 첨가물을 묻는 자연과목 18번 문제 정답에 '디아스타제'뿐만 아니라 '무즙'도 해당한다는 주장을 관철하기 위해 서울고등법원에 행정소송을 제기했다. 재판정에서 무즙으로 엿을 만드는 시연을 보인 끝에 무즙도 정답으로 인정되어 38명의 학생들이 원하는 중학에 입학하게 된 사건이다. 그러나 입학 가능 시기를 명료하게 규정한 당시 교육법으로 인해 직접 입학이 어려웠던 이들 38명의 학생들을 전학 형식으로 원하는 학교에 편입시키는 편법이 국가권력 주도로 이루어졌다. 이 과정에서 금력과 권력을 지닌 금수저 자녀 21명이 덤으로 입학하는 문제가 발생했고, 언론을 통해 비난 여론이 들끓었다. 결국 청와대 비서관, 교육감, 문교부 보통교육국장, 서울시 학무국장 등 고위 공직자들이 무더기 해임되는 사태가 벌어졌다.[문교40년사편찬위원회, 1988]

이 사건의 전개 과정과 해결 과정, 그리고 비판 여론 속에서 주목받게 된 새로운 현상이 하나 있었다. 이른바 '치맛바람'이었다. 당시 등장한 '치맛바람'은 일류병과 함께 무즙파동의 공범으로 해석되었고, 공교육 붕괴를 가져오는 지극히 한국적인 현상으로 주목받게 되었다. 〈새교육〉은 1965년에 '치맛바람'을 다룬 몇 편의 글을 게재했다. '학교 주변을 휩쓰는 치맛바람'이라는 글에서는 이 현상이 '순국산'이라는 흥미로운 사실에 주목했다. 물밀 듯이 휘몰아치는 양풍 속에서, 그리고 미국 교육의 풍조 속에서도 오직 초연히 우리 풍토 위에서 절개를 지키며 날개 돋쳐 성장한 것이 '치맛바람'이라고 풍자했다.[〈새교육〉 1965년 6월호] 1960년대에 등장하여 1970년대에 전성기를 맞이한 '치맛바람'이 순국산인 것은 맞지만 이것이 우리의 전통은 아니다. 전통사회에서는 지배층과 피지배층을 막론하고 딸의 교육은 어머니가, 아들의 교육은 아버지가 맡는 것이 일반적이었다. 자녀의 학교 교육에 관한 책임이 어머니에게 과중하게 부여되기 시작한 것은 근대의 산물이고, 남녀 성역할의 불균형이 만들어낸 결과였지 우리 전통에 깃들어 있던 요소는 아니었다.이기봉, 2007

경향신문사 논설위원이었던 언론인 송건호는 당시 여성들의 활발한 사회진출 현상을 소개한 후 '사모님'의 등장을 경계하는 글을 〈새교육〉에 게재했다. 송건호는 여성들이 전문 직업인이 아닌 '사모님'이라는 차원에서 사회에 영향력을 행사하게 되면 여성의 지위 향상이라기보다는 나라 정치의 부패를 가져올 것이라고 경계했다. '사모님'의 진출은 공사公事를 공정하게 다루지 못하고 정실로써 다루게 만들며, 정실이 있는 곳에 부패가 따르기 마련이라는 것이었다. 부패가 있는 곳에 공정한 인사행정이 있을 리 없고, 공정하지 못한 인사에는 불평불만이 싹트기 마련이라는 것이었다. '사모님'의 진출은 필연적으로 사치와 허영을 수반하기 마련이라는 것도 송건호의 분석이었다. 국민학교, 중·고등학교에 진출하는 '사모님'들의 심리에는 자녀의 공부를 염려한다는 목적 외에 '나는 이렇다', '나는 이런 옷을 입었다'는 등의 심리가 작용한다는 것이다. 한마디로 '사모님'의 등장은 교육계나 사회의 부패와 관계가 깊다는 주장이었다. '무즙파동'에서 나타난 '치맛바람'은 바로 이런 '사모님'의 등장이기에 대한민국의 미래를 위해 경계해야 할 현상이라는 것이 송건호의 결론이다.〈새교육〉 1965년 2월호 반세기가 지난 요즘 대한민국을 흔들고 있는 이런저런 부패 스캔들을 예견한 듯한 글이다.

입시제도 개선을 둘러싼 교육계의 논쟁 속에 비극적인 사건이 잇따라 여론에 노출되었다. 과외 수업을 받던 어린이가 과로로 졸도한 후 숨지는 사건, 과외 공부에서 자신을 잃은 김모 군(12)이 "이번에 떨어지면 너 죽고 나 죽자"는 어머니의 성화에 못 이겨 단골 만화가게에서

음독자살하는 사건, 그리고 과외 공부를 마치고 집으로 돌아오던 아동들이 유괴되고 살해당하는 비극적 사건들이 보도되었다. 대한교육연합회를 비롯한 사회 각계에서는 대대적으로 아동구출 보호운동을 벌였지만 효과는 없었다.

결국 정부는 1968년 7월 15일 "우리나라 교육사의 큰 혁명"『동아일보』, 1968년 7월 15일을 단행했다. 당시 신문은 '중학입시제도 폐지'『동아일보』, '중학입시제 폐지, 내년부터 학군제'『경향신문』라는 제목으로 1면 헤드라인을 장식했다. 1969학년도부터 1971학년도까지 3개년에 걸쳐 전국 모든 중학교의 시험제 입학을 완전히 없애고 학교군별 추첨입학제를 실시한다는 것이 핵심이었다. 정부는 이렇게 훗날 '7·15 어린이 해방'이라고 부르는 중학교 무시험입학 정책을 그야말로 전격적으로 발표했다. 군사정부에서나 가능한 강제 조치였다. 이 조치에 따라 서울 경기중, 서울중, 경복중, 경기여중, 이화여중, 경동중, 용산중, 서울사대부중, 창덕여중, 수도여중, 중앙중, 보성중, 진명여중, 숙명여중 등 14개의 세칭 일류 중학교를 단계적으로 폐교하고, 시설은 고등학교에 전용시켰다. 국가권력이 사립중학교까지 일류라는 이유로 문을 닫아버리는 어마어마한 초헌법적 조치였다.

문교부의 발표에 따르면 이 조치를 통해 달성하려 했던 것은 국민학교 교육 정상화, 과외 공부 해소, 학교차 해소, 입시경쟁 해소, 입시경쟁 시점 연장 등이었다. 결국 이 다섯 가지 목표 중에서 실질적으로 달성한 것은 입시경쟁 시점 연장뿐이었다. 단기적으로 국민학교 교육 정상화를 가져오는 듯했지만 장기적으로는 큰 효과가 없었다. 이후 중학생 수의 폭증에 따른 고등학교 입시 과열 등과 같은 문제점을 발생시키는 예정된 부작용을 겪어야 했다. 이렇듯 많은 갈등과 희생, 그리고 사회적 비용을 지불한 후 얻은 수확이었던 중학교 무시험입학제의 도입은 우리나라 교육의 역사에서 거의 유일하게 성공적인 정책으로 평가받고 있다.

중학교 무시험입학제 도입과 관련하여 한 가지 기억할 것이 있다. '7·15 어린이 해방' 수개월 전에 대한교육연합회에서 입시제도 개선방안을 모색하기 위한 전문연구위원회를 발족시켰고, 이 위원회에서 중학교 무시험입학, 진학 희망자 전원 입학 허용, 학교 간 격차 해소를 핵심 내용으로 하는 연구 결과를 발표했다는 사실이다.〈새교육〉 1968년 6월호 이 연구 결과와 정부의 7·15 정책이 매우 흡사했다는 점에서 우리는 교육자 단체의 전문화의 필요성, 교육개혁 과정에서 교사 참여의 필요성을 다시금 깨닫게 되는 것이다.

| 참고문헌 |

• 〈새교육〉 1965년 2월호.
• 〈새교육〉 1965년 6월호.
• 〈새교육〉 1965년 12월호.
• 〈새교육〉 1968년 6월호.
• 김동춘(2015). 『대한민국은 왜? 1945-2015』. 사계절.
• 『동아일보』 1968년 7월 15일 자.
• 문교40년사편찬위원회(1988). 『문교40년사』. 문교부.
• 이기봉(2007). 「장보기와 치맛바람-근대와 여성의 '가정적 이미지'」. 『대한지리학회 2007년 전국지리학대회 발표 논문집』, 107-109.
• 이길상(2007). 『20세기 한국교육사』. 집문당.
• 최정자(1963). 「이기고 볼 일이다」. 〈새교육〉 1963년 8월호.

국가권력이 교육제도와 이념을 지배하다

　대한민국 정부 수립 20주년이 되던 1968년 무신년은 북한 무장공비의 청와대 기습 미수사건, 이른바 김신조 간첩일당의 청와대 피습사건으로 문을 열었다. 그해 1월 21일이었다. 이틀 후인 1월 23일에는 승무원 83명이 타고 있던 미국의 정보수집 함정 푸에블로호가 원산 앞바다에서 북한으로 납치되는 사건이 발생했다. 대한민국이라는 독립된 국가가 성인이 되던 해였고, 동시에 〈새교육〉이 창간된 지 20주년이 되던 해는 이처럼 남북분단의 비극을 만천하에 드러내며 시작했다.

　〈새교육〉 1968년 3월호는 바로 이해에 일본의 국민총생산GNP이 세계 3위에 도달했다는 부러운 소식을 전하며, 일본 사람들은 이 시대를 "3C의 시대"로 부른다고 기록했다. 천연색 텔레비전Color Television, 개인 승용차My Car, 그리고 냉방장치Room Cooler, 이 세 가지를 일본 국민 모두가 갖추게 되었다는 것이다. 도쿄올림픽 4년 후의 일본 사회 모습이다. 여기에 비하면 당시 남북한의 생활수준은 후진성을 면치 못하고 있었다. 이 안타까운 차이를 가져온 많은 원인 중 첫째는 남북분단이라고 〈새교육〉은 단언했다. 세계와 경쟁하는 데 써야 할 민족의 에너지를 군비경쟁에 소모하는 것이 후진성의 원인이라고 보았다.

　분단 극복 없는 후진성 탈피가 어렵다고 본 〈새교육〉의 당시 진단은 다행히 시간의 흐름을 따라 부정되었다. 대한민국 국민의 땀과 열정으로 후진성은 서서히 극복되었다. 분단 체제에서도 대한민국은 경제선진국에 진입하는 데 성공했다. 정부 수립 70주년을 맞은 지금 대한민국의 국민총생산은 세계 11위 규모이고, 인구 3,000만 명 이상의 국가 중에서 1인당 국민소득은 8위 수준에 이르러 일본에 버금가게 되었다.

분단하에서 이룬 성장이기에 대한민국의 성장은 일면 자랑스럽다. 그러나 성장 이면에는 여전히 그늘이 존재한다. 재벌은 성장하여 갑이 되었으나 노동자들은 성장을 멈춘 채 을의 삶을 힘겹게 살아가고 있다. 국가발전과 민족중흥에 혁혁한 공을 세운 교육은 여전히 병들어 있고 아프다. 아이들은 웃을 수 없고, 학부모는 힘겹다. 교사들은 무기력하다. 무기력한 교사들이 건강한 미래 세대를 만들 수는 없는 것이기에 불안하다. 발전한 대한민국에서 무엇이 교육을 병들게 했을까? 무엇이 학생과 학부모 그리고 교사들의 하루하루를 불행하고 불안하게 만들었을까? 나의 진단 결과는 국가권력의 지나친 교육 관여가 1차적 원인이고, 그 출발 시점이 제1차 국가교육과정이 공포된 1955년이었다면, 두 번째 가속이 시작된 시점은 바로 무신년인 1968년이다.

국가 공권력에 의한 공교육의 체계적 관리는 근대교육의 한 구성 요소로 인식된다. 서구적 기준에서 보면 중세의 오랜 시간 동안 국가권력보다는 교회권력이나 개별 가문 권력에 장악되어 있던 교육이 국민국가의 체계적인 관리하에 들어오고 공공성을 얻게 된 것은 큰 발전이었기에, 여기에 '근대'라는 용어를 덧붙여 '근대교육'이라는 개념을 만들어낸 것은 자연스러운 일이었다. 따라서 서구적 기준이기는 하지만 국가권력에 의한 공교육의 체계적 관리 그 자체가 부정적인 평가를 받을 수는 없다. 문제는 그것의 지나침에 따른 폐해다. 교육에 대한 국가권력의 지배력 과잉은 필연적으로 교육의 획일화, 단순화, 비인간화를 초래하며 이는 자율과 창의를 속성으로 하는 교육을 병들게 하기 때문이다. 국가권력이 기준을 만드는 데 몰두하면, 이 기준을 넘기 위해 모든 교육당사자들은 경쟁하고 싸워야 하며, 그런 싸움 속에서 배려나 협력의 정신은 싹틀 수 없다. 실패한 자는 실패한 인생을 살든지 스스로 그 사회로부터 사라지는 것 외에는 선택할 길이 없다.

비록 한 세대 이상 강력하고 잔인한 식민지 권력과 일부 부역자들에 의한 전체주의적 통치를 받았지만 새로 출범한 대한민국의 교육은 민주주의적 가치에 비교적 충실한 모습을 지니기 위해 안간힘을 쓰고 있었다. 처음부터 국가가 주도하고 학교가 추종하는 모습은 아니었다. 예컨대 교육자치권의 상징인 학생선발권은 1948년부터 1968년까지 20년간 학교에 맡겨져 있었다. 학교장의 학생선발권에 대한 국가권력의 도전이 몇 차례 있었지만 교육자들의 저항 앞에 번번이 실패로 귀결되었다.

1953년 5월 27일 문교부는 대학입시 국가연합고시제의 실시 방침을 발표했고, 같은 해 12월 28~29 양일간에 연합고시가 실시되었다. 실력 테스트라기보다는 "커닝 경연대회"였다는 비판과 조롱 속에 이승만 대통령은 '중학교 이상 각 학교의 입학시험은 선발 자유제 실시'라는 특별 담화를 통해 이미 실시한 연합고시 결과의 폐기와 연합고시제 폐지를 선언했다. 우리나라 최초의 국가연합고시제에 대한 당시 신문의 평가는 이러했다.

문교부에서는 마땅히 '테스트'만에 의존하여 학생을 선발하는 학교 당국에 날카로운 메스를 넣어서 그 모순된 점을 시정하는 방침을 수립하여야 할진대 도리어 문교부까지 나서서 이러한 과오를 저질러 세간에 물의만 분분케 한다는 것은 '자식싸움에 아버지까지 나서는' 격이 된 것이 아닌가? … 종전과 같은 지나친 간섭(연합고시)은 단연 폐지하고 오로지 교사가 학생에게 성실해질 수 있게, 그리고 학생이 열성으로 공부할 수 있게끔 제반 사정을 '가려운 데 손이 갈 수 있도록' 돌보아줌으로써 평소 실력 측정에 부정과 착오가 없도록 … 감독만 게을리 하지 않으면 감독기관으로서 할 일은 다하게 된 것이다. _『동아일보』, 1954년 1월 20일

국가연합고시제 폐지 이후 학교에 환원된 학생선발권이 다시 위축된 것은 5·16 직후인 1962학년도에 실시된 대학입학자격 국가고시제였다. 이 제도 또한 대학의 학생선발권 침해와 학교 간 교육격차의 심화라는 비판 속에 2회 실시 후 폐지되었다.

정부 수립 후 20년간 학교에 부여되었던 학생선발권에 대한 국가권력의 도전이 마침내 완벽한 성공으로 나타난 것은 1968년 10월 14일 발표된 대학입학 예비고사제였다. 쿠데타 후 7년간의 공교육 장악 노력이 성공한 것이다. 멕시코올림픽 개막 다음 날인 이날 발표된 대학입학 예비고사제는 다음 날인 10월 15일 대부분의 일간지 1면을 장식했다. 『동아일보』는 '대학입학 예비고사제 실시, 다섯 과목 객관식으로, 예체능 제외 6만 뽑아, 69학년은 1월 중에'라는 제목으로 이 소식을 상세하게 전했다.『동아일보』, 1968년 10월 15일 드디어 입시의 최후 단계인 대학입시를 국가 관리 체제하에 두고, 문제는 전 국민이 좋아하는 객관식으로, 그리고 과목별 위계질서에 따라 일부 과목은 소외과목으로 취급하는 과감한 정책을 도입한 것이다. 『동아일보』는 사회면에서 '대학정상화의 실마리, 탈선사대에 쐐기, 진학자 수를 조정'이라는 해설

기사를 실었다. 각계의 의견을 소개하며 '대체로 찬성'이라는 제목을 붙였다. 찬성 이유는 대학생의 자질 향상과 일부 사립대학의 비리를 막을 수 있다는 점이었다.오천석 그리고 작은 지면을 할애하여 이 제도의 문제점으로 '교육 균등 저해 우려, 자치권에 대한 간섭 될지도'라는 제목의 기사를 실었다. 예비고사와 본고사, 두 차례의 시험을 치를 경우 고등학교 교육이 더욱 시험공부 위주의 교육이 되리라는 우려도 제기되었다.

최고의 지성을 지닌 교수 중심으로 구성된 대학 사회의 학생선발 능력을 불신하고, 관료들이 이끄는 국가권력의 학생선발권을 신뢰하는 비교육적이고 비민주적이며 비상식적인 정책은 이후 점차 강화되어왔다. 이를 비정상으로 인식하여 비판하는 목소리는 항상 소수의견이었을 뿐이다. 민주주의의 다른 이름은 다양성에 대한 옹호이고, 전체주의의 다른 이름은 획일성에 대한 집착이라고 보면 우리나라의 교육을 지배하는 문화는 여전히 한국적 전체주의이고, 1968년의 대학입학 예비고사제 출범은 그 흐름이 본궤도에 진입했음을 알리는 신호였다. 명칭은 수차례 변했지만 국가에 의한 대학입학자격 관리제는 점차 정교해져갔고, 이는 대한민국 공교육에 숨 쉬는 이런저런 작은 희망마저 삼켜버리는 블랙홀이 되어 있다. 1968년 예비고사제 도입 당시의 우려들이 모두 현실이 되어 우리 교육을 규제하고 있다고 해도 지나친 말이 아니다. 우리나라 교육이 현장의 자율성, 제도적 역동성, 그리고 민주주의 교육 가능성을 유지한 채 걸어왔던 제1의 길에서 이탈하여 완벽한 국가권력의 통제하에서 획일성과 타율성을 본질로 하는 제2의 길에 들어섰음을 알리는 신호탄이었다.

대학입학 예비고사제가 제도를 통해 교육을 획일화, 단순화, 비인간화시켰다면 같은 해 12월 5일 발표된 국민교육헌장은 이념을 통해 교육을 획일화, 단순화, 비인간화시키는 역할을 했다. 이날 오전 9시 30분 시민회관에서 대통령, 전 국무위원, 지방장관, 외교사절, 사회단체 대표 등이 참석한 가운데 선포식이 열렸고, 10시에는 초·중·고는 물론 대학을 포함한 전국 각급학교, 시·도 교육위원회에서도 빠짐없이 헌장 선포식을 가졌다.『경향신문』, 1968년 12월 5일 해방 후 지속적으로 지적돼오던 우리 교육의 철학 부재, 이념 부재에 대한 응답 형식이었다. "우리는 민족중흥의 역사적 사명을 띠고 이 땅에 태어났다…"로 시작하는 393자에 이르는 이 헌장은 초·중·고의 모든 교과서 첫머리에 실렸고, 학생들은 헌장을 암송해야 했다. 선포일은 법정기념일이 되었다. 헌법 이상의 가치를 지닌 이 문서에 대한 비판은 허용되지 않았다. 이 헌장에 대한 비판이나 저항은 불가능했다. 헌법을 넘어서는 가치와 힘을 지닌 393자였다.

이 헌장에 대한 최초의 비판은 발표 후 10년이 지난 1978년에 제기되었다. 이른바 '우리의 교육지표' 사건이다. 이를 발표한 11명의 대학교수들은 구속되거나 해직되었으며, 항의 시위에 참가한 다수의 학생과 시민들도 구속되었다.손인수, 1994 1994년 공식적으로 폐기되기까지 국민교육헌장은 대한민국 교육에 대한 국가권력의 지배 과잉을 상징하는 문서, 교육의 정치도구화를 상징하는 문서였다. 우리나라 교육이 걸어온 제2의 길을 떠받치는 이념적 기반이었다.

대학입학 예비고사제와 국민교육헌장에 대한 〈새교육〉의 입장은 동일하지 않았다. 예비고사제에 관해서는 찬반 입장이 대립했다. 현승종은 〈새교육〉 1968년 11월호에서 사립대학의 정원 외 입학 등의 문제를 해결하려는 정책 목표는 이해하지만 근본적으로 대학입학 예비고사제는 "민주주의의 원칙에서 벗어나는" 점이 깃들어 있음을 지적했다. 언론인 최문순 역시 〈새교육〉 1968년 12월호에서 "자율성과 특수성이 대학의 생명이라면, 어떤 형태의 입시제도의 국가 관리도 이를 침해하는 것, 대학 발전에 큰 지장을 가져올 것"이라고 비판했다. 1968년 12월 15일 실시된 최초의 대학입학 예비고사 결과가 발표되자 〈새교육〉은 분석 기사에서 "획일적인 문교정책이 반드시 최선책은 아니"라는 것을 보여준 것이라고 비판했다.〈새교육〉 1969년 2월호 1969년 3월호에서도 '예비고사의 종합진단'을 특집으로 마련하여 각계 전문가의 의견을 게재했다. 국민대학장 이종항은 "대학입학 예비고사제의 근본적인 정책 목표는 당초부터 그 무슨 오산을 한 것이 아닌가 하는 회의를 품게 한다"고 지적하는 등, 예비고사제의 본질인 획일화가 가져올 학교 서열화와 교육격차 문제를 심각하게 논했다.

대학입학 예비고사제에 대한 〈새교육〉의 비판적 논의를 가로막은 것은 국민교육헌장이다. 국민교육헌장 공포 직후 간행된 〈새교육〉 1969년 1월호는 첫 페이지부터 마지막 페이지까지 국민교육헌장 이야기로 장식되었다. 15만 교직자를 향해 대한교육연합회 임영신 회장은 "국민교육헌장의 이념을 깨달아 그 선도적 역할에 앞장서야" 할 것이라고 다짐했다. 초대 문교부장관 안호상은 "국민교육헌장을 생활지표로 삼자"고 주장했고, 당시 문교부장관 권오병은 "이 영광된 사명 완수에 피차 더욱 분투할 것을 굳게 다짐"했다. 20세 성년이 된 〈새교육〉은 국민교육헌장 구현에 앞장서기 시작했다. 교육의 정치적 중립과 교원의 자존감을 지켜오던 하나의 보루가 서서히 약화되고 무너지기 시작했다.

이런 시대적 분위기를 반영해서일까, 1969학년도 대학입시에서 지방의 모든 교육대학이 정원 미달이었다. 국가권력이 강해지면 교원의 지위는 약해지는 것이었다. 기댈 것은 오직 교원의 사명감 하나였다. 1969년 〈새교육〉 송년호는 권두언에서 "교육자만은 온갖 타락에 물들지 말고 혼미한 이 사회의 등불이 되어 온 세상을 밝게 하고 선도자가 되어 달라고 부탁"하고 있다. 대한민국 15만 교원은 이렇게 1970년대, 이른바 국가권력 과잉시대, 한국 교육 제2의 길 한복판으로 들어서고 있었다.

| 참고문헌 |

• 〈새교육〉 1968년 3월호.
• 〈새교육〉 1968년 11월호.
• 〈새교육〉 1968년 12월호.
• 〈새교육〉 1969년 1월호.
• 〈새교육〉 1969년 2월호.
• 〈새교육〉 1969년 3월호.
• 〈새교육〉 1969년 12월호.
• 『경향신문』 1968년 12월 5일 자.
• 『동아일보』 1954년 1월 20일 자.
• 『동아일보』 1968년 10월 15일 자.
• 손인수(1994). 『한국교육운동사 3』. 문음사.

'달세기'를 맞이하는 비과학적 태도

"The Eagle has landed(이글호 착륙했다)." 인간이 달에 위대한 첫 발을 딛는 순간 캡틴 닐 암스트롱이 한 첫마디다. 1969년 7월 16일 발사된 미국의 유인 우주왕복선 아폴로 11호의 캡틴 닐 암스트롱과 착륙선 조종사 버즈 올드린이 4일 후인 7월 20일 드디어 달에 발을 딛는 모습을 대한민국 국민들도 흑백텔레비전으로 세계인들과 함께 시청했다. 미국인의 이 세기적 성취는 당연히 하루아침에 이루어진 것은 아니었다.

1960년 11월의 미국 대통령 선거는 한 편의 드라마였다. 공화당 후보 리처드 닉슨은 가난한 가정에서 태어난, 말 그대로 흙수저 출신의 정치인으로, 하버드 대학을 나와 정치에 입문한 후 39세에 미국 최연소 부통령이 된 입지전적 인물이다. 반면 민주당의 존 F. 케네디는 부유한 가문에서 태어나 하버드 대학을 나오고 20대에 하원의원에 당선된 인물이지만 앵글로 색슨계가 아닌 아일랜드계였고, 미국의 주류 종교 개신교가 아닌 가톨릭을 믿는 구교도였다. 미국 대통령 선거 최초로 TV토론이 생중계된 이 선거에서 연설의 천재 리처드 닉슨을 0.1% 차로 누르고 대통령에 당선된 것은 이미지 정치에 강한 케네디였다.

케네디가 대통령 임기 첫 해를 시작한 1961년 4월 12일, 소련은 유리 가가린이라는 최초의 우주인을 태운 유인 인공위성을 쏘아 올림으로써 다시 한 번 세계를 놀라게 했다. 스푸트니크 쇼크 이후 4년 만이었다. 냉전에서 잇단 패배로 실망한 미국 국민을 향해 케네디는 1961년 5월 25일 상하 양원 합동위원회에서 행한 연설에서 "나는 이 나라가 1960년대가 지나가기 전에 달에 인간을 착륙시킨 뒤 지구로 무사히 귀환시키는 목표를 달성할 것을 믿는다"고 선언했다. 지도자의 이 선언은 교육을 변화시켰다. 즉, 미국 교육의 상징이던 진보주의 교육을 약화시키고 기초과학 교육을 강화하는 결과로 나타났고, 변화한 교육의 성과 위에서 케네디가 선언한 목표는 달성되었다.

공교롭게도 아폴로 11호의 달 착륙 당시 대통령은 8년 전 케네디에게 패한 공화당의 리처드 닉슨이었다. 물론 닉슨은 이후 1972년 재선에 성공했지만 탄핵에 직면하여 1974년에 임기를 채우지 못하고 사임했다. 정권과 무관하게 국민들과 공유할 수 있는 국가의 비전이나 목표를 설정하고, 이를 위해 사회적 동력을 총동원하는 모습에서 성공적인 정치 지도자 모습을 보게 되는 것이다.

케네디 대통령이 달 착륙을 미국의 목표로 선언하던 바로 그해에 우리나라는 5·16쿠데타를 맞았고, 아폴로 11호가 달에 착륙한 해에는 국민교육헌장이라는 추상적 교육선언의 실천에 모든 교육적 역량을 쏟아붓고 있었다. 모든 교육 내용이나 방법의 설정 기준도, 교육적 성과의 평가 기준도 국민교육헌장이었다. 그것은 법 이상이었다.

아폴로 11호의 달 착륙 소식은 〈새교육〉에도 영향을 미쳤다. 아폴로 달 착륙 후 처음 간행된 1969년 9월호의 권두언 제목은 '달 세기의 개원과 한국 교육'이었다. 이 글은 아폴로 11호의 성공을 이끈 원동력은 "뭐니 뭐니 해도 그러한 과학 기술의 모체인 인간의 창조적 정신을 개발하고 신장케 한 교육"이라고 규정했다. 그리고 아폴로 11호의 성공이 한국 교육에 주는 교훈은 "한국의 교육도 이제 포스트 아폴로Post-Apollo 시대에 적응할 수 있을 만한 원대한 목표를 설정해야 한다는 것" 그리고 "이를 위하여 우선 우리나라에서도 정치가를 비롯한 모든 지도층 인사들 사이에 새로운 달세기에 대비한 비전 확립이 아쉽다"라고 정리했다. 권두언에 이어 〈새교육〉 1969년 9월호는 특별기획으로 '아폴로 시대의 우주과학'을 게재했다. 아폴로 11호 발사에서 귀환까지의 과정을 다룬 위상규 서울대 공대 항공공학과 교수의 글 '신대륙 달을 정복하다', 달의 지질학적 특성을 다룬 서울대 문리대 교수 김봉균의 '달 정복과 우주개발의 가능성-지질학적으로 본 달세계를 중심으로', 아폴로 11호 이후 우주개발의 방향을 논한 현정준 서울대 문리대 교수의 글 '아폴로 11호의 성공과 전망', 그리고 아폴로 11호의 성공을 가져온 배경을 설명한 이남규 『조선일보』 기자의 '달 탐험을 가능케 한 미국의 과학정책' 등이 실렸다.

여기까지였다. 불과 몇 개월 후 1970년대의 문을 여는 〈새교육〉 신년호도, 몇 개월 후 맞이한 광복 25주년을 기념하는 〈새교육〉 1970년 8월호도 온통 국민교육헌장 이념의 구현을 향한 광적인 목소리만 난무할 뿐, 이른바 '달세기'에 대비하는 어떤 교육적 이상이나 방법도 더이상 〈새교육〉의 관심 대상이 아니었다. 지도층 인사들 사이에 교육의 비전 마련을 위한 새로운 노력도 없었고, 우주과학 시대에 대비한 과학정책이나 교육정책에 대한 고민도 보이지 않았다. "교육은 70년대의 국운을 좌우한다"는 박정희 대통령의 담화는 교사들의 사명감과 책임감을 강조하며 학생들에게는 입시준비 외에 다른 것에는 눈을 감으라는 지시 이상의 역할을 하지 못했다.

광복 25주년 기념호인 1970년 8월호 〈새교육〉의 내용 구성은 당시 시대상과 교육의 모습을 잘 보여준다. 여기 실린 글의 제목들을 보면

'국가안보와 교육의 역할' '북괴간첩 식별법과 신고요령' '국가사회 발전과 사회교육의 역할' '학원소요에 있어서의 교수의 역할' '경부고속도로의 완공' '해군방송선의 납북' '국립묘지에 침투한 공비' '캄보디아 내 미군철수' 등이 포함되어 있었다. 교육 전문 잡지라고 하는 것조차 부끄럽게 만드는 내용들이 많았다. 20년 전 창간 초기나 마찬가지로 교육자들이 긍지와 자부를 지켜줄 것, 우리 민족에게 부과된 추상적인 교훈을 교육자들이 솔선하여 실천할 것을 억지스럽게 당부하고 있었을 뿐, 국민들이 공감하는 교육적 목표를 창출하거나 제시하려는 지도자들의 노력이나 고민은 어디서도 찾을 수 없었다. '달세기'는 더 이상 우리 것이 아니었다.

해방 25주년을 기념하면서 아직도 "우선 해방 당시의 정신으로 되돌아가야 할 것" 그리고 반공교육이 "형식에 흐르고, 유야무야의 존재에서 탈피하여 진정한 가치 판단과 올바른 실천으로 학교 교육의 기본 골격을 이루어야" 할 것을 주장하는 데 집중하고 있었다. 한편으로는 "세계에서 최초로 금속활자를 발명했고… 거북선이란 철갑선을 만들어낸 우수한 문화민족" 타령을 하고 있었다.〈새교육〉 1970년 8월호

아폴로 11호의 성공 소식에 아주 잠시 흥분하던 한국 교육계는 다시 국민교육헌장 중심의 반공교육, 도덕교육, 민족 주체성 교육에 매달리는 모습으로 돌아갔다. 아폴로 11호 발사 이듬해인 1970년 간행된 열두 번의 〈새교육〉 수천 페이지에서 단 한 번도 과학교육이 특집으로 다루어지지 않았다. 우주과학 관련 주제를 다룬 글조차도 단한 편만이 실렸다. 현직 교사 박상인이 쓴 '인공위성과 우주여행'이란글이 〈새교육〉 1970년 11월호에 실렸을 뿐이다. 1970년을 마무리하는 12월호 〈새교육〉에도 국민교육헌장 2주년을 기념하며 교육사적 의미를 되새기는 글들은 넘쳐났지만 과학교육을 향한 대책이나 의지를 보

여주는 글은 없었다. 〈새교육〉 12월호에 게재된 포토뉴스에서는 제18
회 학생의 날을 맞아 서울 시내 1만 8,000명의 고교생들이 효창운동
장에서 승공을 다짐하는 합동 교련 훈련을 하는 장면이 눈길을 끌었
다. 같은 호 권두언에서 수학여행 기차 사고로 경서중학교와 인창고등
학교 학생들이 희생당한 가슴 아픈 사고 소식을 전하면서도 기계문명
의 횡포를 경계했을 뿐, 과학 발전의 중요성을 이야기하지는 않았다.

1970년대 초반 우리나라 인구의 1/4이 학생이었다. 그 비율은 교육
선진국 미국과 동일한 수준이었다. 국가의 노력보다는 학부모들의 교
육열에 힘입어 이룬 양적 성장이었다. 교육의 질적 발전은 성취해야
할 무거운 과제로 예나 지금이나 교육자들을 괴롭히고 있었지만 우리
지도자들은 시대적 과제를 외면한 채 정치와 권력에 몰두하고 있었다.

| 참고문헌 |

• 〈새교육〉 1969년 9월호.
• 〈새교육〉 1970년 8월호.
• 〈새교육〉 1970년 12월호.
• 박상인(1970). 「인공위성과 우주여행」. 〈새교육〉 1970년 11월호.

'노이로제 시대'의 교육, 그리운 사모아

'노이로제'라는 말이 유행한 적이 있다. 1970년대 중반이다. 요즘 많이 사용하는 표현인 스트레스stress가 오래 지속되면 나타날 수 있는 대표적 심리적 증상인 신경증을 의미하는 의학 용어 'Neurose'(독일어)를 당시에는 그렇게 불렀고 많이 사용했다. 어른 아이 할 것 없이 많은 사람의 입에서 '노이로제'라는 말이 쉽게 튀어나오던 시절이다. 정치 분야에서 큼직큼직한 사건이 요즘만큼이나 자주 언론에 등장한 것이 1970년대를 '노이로제 시대'로 만든 배경이고, 죄 없고 빽 없는 국민들의 '노이로제'가 모여서 충돌하고 폭발하는 장의 하나가 바로 교육현장이었다.

'노이로제 시대'의 출발은 1972년 10월 유신 선포였다. 1971년 8월 분단 후 최초로 남과 북이 한 테이블에 마주 앉은 남북적십자 회담이 열렸고, 이듬해인 1972년 7월 4일에는 남북공동성명이 발표되었다. 그러나 장기 집권체제를 공고히 하기 위한 남과 북의 이런 적대적 공생 관계는 오래 가지 않았다. 1972년 8월 베트남에서의 미군 철수는 공산주의에 대한 공포감을 증식시켰고, 박정희 대통령은 10월 17일 영구 집권을 위해 유신을 발표했다. 대통령 간선제와 중임 제한 폐지를 골자로 하는 유신 헌법에 대한 국민투표가 실시되었다. 유신 헌법은 투표율 91.9%, 찬성률 91.5%로 확정되었다. 이어 12월 27일 박정희는 체육관 선거를 통해 제8대 대통령에 취임했다.

1973년도 평화롭지는 않았다. 8월 8일에는 박정희 대통령의 정적 김대중을 납치하여 살해시키려다 미국에 의해 구조되는 사건이 벌어졌고, 그해 12월에는 에너지 파동으로 TV 아침 방송이 모두 중단되었다. 1973년에는 소설가 펄 벅, 화가 피카소, 그리고 영화배우 이소룡 등 시대를 상징하던 문화 예술인들이 세상과 이별했다.

1974년의 시작을 알린 것은 긴급조치였다. 1월 8일 발표된 긴급조치 1호는 헌법에 대한 반대, 부정, 비방을 금지했고, 4월 3일 공포된 4호는 학교 내외의 모든 집회, 시위, 농성 등을 금지하는 동시에 이를 위반할 경우 최고 사형에 처하도록 했다. 미국에서는 워터게이트사건으로 닉슨 대통령이 탄핵당한 후 사임한 것이 이해 8월 9일이며(9월 8일 포드 대통령이 사면), 바로 1주일 후 대통령 영부인 육영수 여사가 광복절 기념식장에서 재일교포 문세광이 쏜 총에 맞아 사망했다. 북한은 이해 9월 16일 IAEA(국제원자력기구)에 가입했다.^{1994년 6월 탈퇴}

광복 30주년이 되는 1975년 또한 암울했다. 4월 30일 월맹군이 사이공을 함락시킴으로써 베트남 전쟁이 종결되었다. 우리나라는 미국의 요청으로 10년간 전투 병력을 포함하여 32만 명의 군인을 베트남에 보냈고, 그중 5,000명이 전사했다. 물론 우리 군대로 인한 베트남의 피해는 그보다 더 컸지만, 그것은 중요하지 않았다. 베트남 공산화는 반공이 국시인 대한민국에서 오로지 반공교육의 좋은 소재로 활용될 뿐이었다. 대한민국이 제출한 UN가입(안)은 8월 6일 부결되었다. 이런 불안한 시대에 대처한다는 명분하에 학도호국단이 9월 2일, 그리고 민방위대가 9월 22일 창설되어 병영사회로 한발 한발 진입했다.

1976년은 희망과 불안이 교차한 해였다. IT 분야에서는 획기적인 해였다. 4월 1일에는 애플이 창립되었고, 우리나라 최초의 로봇 애니메이션 태권V가 개봉된 것도 이해 7월 24일이다. 중국에서는 타이완 지도자 장제스(장개석)가 전년 4월에 사망한 데 이어 대륙의 지도자 마오쩌둥이 이해 9월 9일 사망했다. 8월 18일 벌어진 판문점 도끼 만행 사건으로 남북, 북미 관계는 최악으로 치닫고 있었다. 우리나라에 들어오는 『타임』이나 『뉴스위크』 같은 외국 잡지는 검열을 통해 여러 페이지가 검은 매직으로 읽을 수 없게 덧칠해진 상태에서 배포되었으며, 시내 곳곳에서는 경찰들이 시민들의 가방을 뒤지고 긴 머리와 짧은 치마를 단속했다.

이런 어둡고 침울한 환경 속에서 청소년들이 정신적으로 건강할 수는 없었다. 한 보고서에 따르면 1970년대 중반 우리나라 청소년들의 2/3가 '노이로제 현상'에 걸려 있었다.⟨새교육⟩ 1975년 4월호 원인은 복잡하지만 명료했다. 부모가 주도하는 입시경쟁과 국가가 강요하는 애국 활동이 청소년들의 심신을 괴롭혔기 때문이다.

교원단체가 만드는 잡지 ⟨새교육⟩ 또한 시대의 요구에 저항하지 못했다. 아니, 그보다는 스스로 순응하는 모습을 보였다. 10월 유신이 선포된 직후 발간된 ⟨새교육⟩ 1973년 신년호에서 박동앙 대한교육연합회 회장은 "10월 유신의 대과업이 전 국민의 가슴속에 메아리치는 시기를 맞아 600만 학생들을 진정으로 조국을 사랑할 줄 아는 한국인으로 키우는 보람을 영원히 간직하자"고 호소했다. "우리의 주체성을 확립 강조하는 한국적 교육"(박일경, 명지대 헌법학교수)이 되어야 하겠다거나, "국가교육과정 개정의 기본 방향 또한 국민교육헌장의 이념 구현"(정세문, 음악교육자)이어야 한다는 등의 애국적 주장이 ⟨새교육⟩의 지면 다수를 점령했다. 1973년 신년호 특집 또한 '새마을교육의 실적과 전망'이었고, '한국적 민주주의 우리 땅에 뿌리박자' 같은 구호가 큰 글씨로 잡지 이곳저곳에 깃발처럼 나부꼈다. '새마을교육 대상 입선작'이 실리고, 소개된 교육 자료는 '10월 유신을 위한 사회과 교사 용 지침'이었다. 편집자 말대로 1972년을 '새마을의 해'라 불러도 지나친 말은 아니었고, 〈새교육〉은 제호일 뿐, 내용은 〈새마을교육〉으로 변하고 있었다.

1973년은 '유신의 해'였다. 1973년 2월호 권두언에서 김성식 충남교육감은 '유신정신 구현을 위한 학교교육의 혁신' 방안을 제시했고, 이화여대 김은우 교수는 교육자들에게 나라와 민족을 위해 소아小我를 버리고 대아大我를 살리는 결단을 요구했다. 그는 "정열적인 조국애와 민족애가 새로운 윤리의 척도"가 되어야 하고 교육 내용과 제도도 이 기준에 맞추어야 한다고까지 주장했다. 초등교육과정 개정1973년 2월 공포 직후 간행된 3월호 특집 '새 교육과정에 따른 교육방향'에서는 심지어 산수과의 경우에도 '한국적 산수교육'이 되어야 한다는 주장이 제시되었다.이정실. 서울시립농대 교수 강제된 애국 앞에 교육자로서나 학자로서의 부끄러움조차 사라져가던 시대였다.

1974년 8월 15일 있었던 대통령 저격 미수(육영수 여사 피격) 사건으로 교육은 반공을 넘어 승공을 위한 수단이 되어가고 있었다. 〈새교육〉 1974년 10월호는 '승공교육의 강화' 특집으로 꾸며졌다. 승공교육 강화 구현 방안, 승공교육자료 개발계획 시안, 승공교육 학습지도안 등이 실렸다. 해외 교포에 의한 대통령 저격사건으로 '교포교육 강화를 위한 교육자 앙케이트'가 실시되었고, 이화여대 김인회 교수는 "교육경쟁은 제3의 전쟁임을 명심"하고 교포교육을 강화할 것을 주장했으며, 초등학교 교사 정춘모는 "민족주체성 확립을 위한 미술교육"의 필요성을 외쳤다. 산수(수학)과조차 한국적이어야 하고, 미술교육 또한 민족주체성을 지향해야 하는 슬픈 시대를 살아야 했다. 주체성을 강조한 나머지 한국적 물리학이나 한국적 과학이 있다고 주장하는 자들의 어리석음을 지적하는 용기 있는 학자는 찾아보기 힘들었다.

1970년대 '노이로제 시대'의 교육을 상징하는 현상 중 하나는 재수생 문제, 특히 대입 재수생 문제였다. 재수 자체가 문제가 될 수는 없다. 원하는 학교에 입학하기 위해 1년 혹은 그 이상의 시간을 투자하는 것은 개인의 선택이며 용기의 산물이기도 하다. 역사에 알려진 인물 중에도 물리학자 아인슈타인, 생물학자 루이 파스퇴르 등의 과학자나 무라카미 하루키 같은 문학가도 재수를 통해 자기 꿈을 실현했으며, 이순신 또한 4수 끝에 무과에 합격했다. 문제는 재수생의 규모와 사회적 비용이다.

우리나라에서 재수생이란 용어가 신문에 처음 등장한 것은 1961년이다. 『경향신문』 8월 1일 자 사회면에는 당시 서울시교육감이 국민학교 6학년에 재수생을 수용하고 이를 숨긴 시내 금호국민학교 이 모 교사를 해임 조치했다는 소식이 전해졌다. 중학교 입시에서 실패하고 다시 중학교 입시를 준비 중이던 한 아동을 국민학교에 다니게 한 것이 해임으로 이어진 사건이다. 이렇게 시작된 재수생 문제가 언론에 가장 많이 보도된 것은 1970년대 중반이다.

1975학년도 대학입시의 경우 입학 정원이 5만 7,000명인데 재수생이 무려 16만 5,000명에 달했다.〈새교육〉 1975년 4월호 1975년 입시에서 예비고사에 응시한 학생이 22만 명이었고, 이 중 11만 명이 합격했다. 예비고사 합격자 중 5만 7,000명만이 본고사에 합격했고, 나머지 5만 3,000명은 불합격하여 재수의 길을 가게 되었다. 예비고사 불합격자 11만 명 중 6만여 명이 재수를 선택했기 때문에 1975년 한 해에 재수생 11만 3,000명이 발생한 셈이다. 재수생 중 74%, 거의 4명 중 3명이 낙방했음에도 서울대학교를 비롯한 유명 대학의 재수생 합격률이 입학생의 40% 전후를 차지한 것이 재수를 부추기는 배경이었다.

그때나 지금이나 일류 대학이 문제였고, 재수생 프리미엄이 강하게 작용했다. 이런 사회적 환경과 교육적 여건 속에서 국가와 부모를 만족시켜야 하는 청소년들에게 '노이로제' 증상이 나타나지 않는다면 그것이 오히려 비정상인 시대였다. 당시 통계에 의하면 가계비의 50% 이상이 교육비로 지출되고 있었으니 이 또한 정상은 아니었으며, 재수생들로 인한 풍기문란도 항상 비판의 대상이었다. 언론에서도 재수생이 연루된 사건이나 사고를 보도하는 데 매우 흥미가 있었다. 『경향신문』 1976년 2월 10일 자 사회면 기사 중에는 제목이 '재수생 강도 검거'로 표시된 것이 있을 정도였다. 상인의 금품 132만 원어치를 빼앗은 일상적인 강도 사건인데 범인이 재수생이라는 것 때문에 크게 보도되는 시대였다.

재수생 대책을 마련하라는 대통령의 지시에 따라 문교부와 한국교육개발원은 1976년 6월 29일 재수생종합대책시안을 발표했다. 핵심 내용은 대학입학 예비고사제 폐지와 고교학력국가고사제 실시, 재수생 등록 의무화, 대입 응시회수 제한, 그리고 대학입학 정원의 대폭 증원 등이었다. 여론 악화, 대통령 지시, 교육학자 주도의 대책 연구, 임기응변식 대책 발표로 이어지는 우리나라 교육정책 도입과정의 전형적인 패턴을 보여주었다.

다음 해인 1977년 7월 23일 문교부는 공청회 등을 거친 '재수생 문제 해결을 위한 종합대책'을 대통령에게 보고했고, 대통령으로부터 받은 특별지시사항을 반영하여 최종안을 확정했다. 79학년도부터 예비고사 3회 이상 응시자에게 감점제를 실시하고, 서울에 밀집되어 있는 재수학원을 지방으로 분산하며, 고등교육기회 확대를 위해 대학 입학

정원을 대폭 늘리고, 대학의 경우 졸업정원제를 지향한다는 것이 핵심적인 교육대책이었다. 대학입시에 고등학교 내신성적 반영을 의무화하는 내용도 포함되어 있었다. 이 대책은 발표와 동시에 근본 해결책은 되지 못한다는 각계로부터의 비판에 직면했다.『경향신문』 1977년 7월 23일 학부모와 학생들의 노이로제를 극대화시키는 것 외에 교육적 효과는 전혀 없는, 말 그대로 대책을 위한 대책이었을 뿐이다.

당시 꽤 유명했던 정신신경과 의사 백상창 박사는 "한국적 노이로제의 특징"이라는 제목의 강연을 했고, 그 내용이 일간지에 보도되었다. 백 박사가 주장하는 한국적 노이로제의 특징 중 하나는 노이로제가 신체증상으로 나타난다는 점이었다. 정신적 고뇌로 나타나야 할 노이로제가 한국인에게서는 위장장애나 고혈압, 신경통 등의 신체적 고통으로 나타나는 것이 특징이라는 것이었다. 백 박사가 진단한 한국적 노이로제의 또 다른 특징은 일류병 증상이다. 눈에 안 보이는 내면의 가치보다는 표피적 가치만을 추구하는 데서 오는 일류병 증상이 한국적 노이로제의 핵심이라는 것이다.『매일경제』 1972년 12월 2일

1970년대 암울한 시대의 교육은 한국적 노이로제를 일으켜 한국인 모두를 해롭게 하는 사회적 독소로 자라고 있었다. 그것을 치유한다고 주장했지만 결국 그것을 키운 것은 정당성을 상실한 채 폭력에 의존하던 국가권력이었다. 당시 한 현직 교사의 표현대로 "비생산적인 교육, 비생산적인 지식은 오히려 무식보다 해롭다"〈새교육〉 1975년 4월호, 이상갑는 격언이 실감 나는 시절이었다. 1970년대 중반의 '노이로제 시대'가 탄생시킨 '노이로제 교육'은 사회적 낭비이며 비극이었다. "사모아에는 학교는 없으나 훌륭한 교육은 있다"는 인류학자 마가렛 미드의 표현이 그리운 시대였다.

| 참고문헌 |

- 〈새교육〉 1973년 1월호.
- 〈새교육〉 1973년 2월호.
- 〈새교육〉 1974년 10월호.
- 〈새교육〉 1975년 4월호.
- 『경향신문』 1977년 7월 23일 자.
- 『매일경제』 1972년 12월 2일 자.

경제성장이 낳은 부작용,
교직 이탈과 교직 기피

1970년대 후반은 한국 현대사에서 큰 변곡점이었다. 1960년대 중반 이후 연간 GDP 성장률이 10%를 넘나들었다. 1인당 국민소득은 1973년 기준 1천 달러를 넘어섰고, 무역 규모가 1978년 세계 17위에 랭크됨으로써 수출주도형 경제성장의 성공신화가 만들어지기 시작했다. 식량 자급률이 100%를 넘김으로써 굶주림의 공포에서 벗어났고, 오일쇼크에 대한 공포도 1978년 고리 원자력발전소의 첫 가동으로 잠시 주춤해졌다.

통계가 보여주는 이런 성장의 이면에는 외채 급증, 물가 상승, 그리고 저임금과 인권 탄압이라는 그늘이 존재했다. 그늘을 외면하고 앞으로 나아가기란 쉽지도 바람직하지도 않은 것이지만 집권 세력은 그런 길을 선택했다. 결국 사회적 불만의 조직화와 집단적 표출로 이어졌다. 당시 시작된 노동 가치에 대한 왜곡과 저평가는 오늘날 일상화된 '열정페이'의 출발점이었으며, 민주화 요구에 대한 억압 조치들은 요즘 시대적 해결 과제로 등장한 '적폐'의 씨앗이었다. 성장의 이면에 드리워진 그늘에 무관심했던 대한민국은 부마항쟁과 10·26을 맞았다.

1978년 7월 발간된 〈새교육〉 통권 285호는 창간 30주년 기념호였다. 〈새교육〉이 30년간 한국 교육의 등대와 안내자 역할을 해왔다(박찬현 문교부장관), 〈새교육〉이 걸어온 길이 곧 한국 교육이 걸어온 길이었다(이선근 대한교련회장), 혹은 〈새교육〉은 민주교육을 토착화하는 데 지대한 공헌을 했다(임한영 교수)는 등의 찬사 속에서도 일부 전문가는 교육적 과제의 해결에 미흡한 점이 있음을 자성할 것을 주장했다. 양적 성장을 달성했던 1970년대 후반 즈음 교육 분야의 해결 과제는 너무도 많았다. 과밀학급, 과외공부 문제, 재수생 문제, 식민지교육 잔재, 교육학의 학문적 사대주의, 그리고 부실한 교육재정 등이 교육의 질적 성장을 가로막고 있었다.

특히 교원단체와 교육자들이 한 세대 동안 지속적인 관심을 가지고 개선 노력을 기울였음에도 해결은커녕 더욱 악화된 문제가 하나 있었다. 그것은 다름 아닌 교원의 처우와 사기 문제였다. 해방 이후 30년간 백가쟁명식의 주장이 제기되고, 교사들의 자기고백과 정부의 정책 발표가 반복되었지만 1970년대 후반 시점에서 교사들은 아이들을 가르치면서도 이직을 꿈꾸고 있었고, 사범대학 졸업생들은 교사로서의 사명감 배양이나 전문성 향상보다는 대기업 취업 준비에 몰두하고 있었다.

1970년대 후반에 교사들 사이에 만연해 있던 '교직의 위기' 현상을 김선호 교수(경희대)는 "남자 사대 졸업생들이 졸업과 동시에 전공분야에 따라 각급학교 교직에 취직하는 것이 아니라 전공과는 거리가 먼 일반 기업체에 취직되어 가는 것과 대조적으로, 여자 사대 졸업생들은 교직에 종사하고 싶어도 학교 측에서 잘 받아주지 않는" 실정이라고 표현했다. 당시 한 신문에 실린 지방 상업고등학교 교장의 글에는 이런 얘기가 나온다. "교원 자신들이 긍지는커녕 교원 신분을 감추려는 행동을 서슴지 않고… 지난 학년 말에는 교직원 32명 중 12명이 퇴직했으며 대부분 일반 기업체로 전직하고… 인근에 있는 읍 소재지

공립학교는 3월 말까지 4명의 교사가 미발령 상태여서 학생들이 1개월이나 자습으로 시간을 때웠으니…" 서울 시내 한 교장은 "교사를 채용하려면 몇 년 전까지는 앉아서 모셔 올 수 있었으나 지금은 정반대입니다… 왜 이런 상황이 됐는가-교사에 대한 처우가 너무 소홀했기 때문입니다"<새교육> 1979년 8월호라며 한탄했다.

1960~1970년대 고속경제성장의 최대 피해 집단은 교사들이다. 교사들의 급여는 정체된 상태에서 일반 기업과 공무원의 급여는 급격히 상승한 결과 교직 이탈과 기피 현상은 가속화되었다. 1979년 대한교육연합회에서 내놓은 '교원정책의 당면과제'라는 연구조사보고서를 보면 초등학교 교원의 사회적 서열은 32개 직업 중 25위였고, 중등교원의 서열은 21위였다. 전문직을 지향하는 교사들이 낙담하기에 충분한 상태였다. 2015년 교육부가 발표한 학부모 직업선호조사에서 초등학교와 중학교 학부모의 경우 여학생 학부모는 교사를 1위로, 남학생 학부모는 2위로, 고등학교 학부모의 경우 남학생 학부모와 여학생 학부모 모두 교사를 1위로 선택한 것을 감안하면 격세지감이 느껴지는 옛 기록이다.

격세지감이 느껴지는 또 다른 통계는 여교사 비율이다. 1975년 당시 전체 초등교원의 33.7%, 중등교원의 21.8%가 여성이었다. 당시 호주는 초등 70.8%, 중등 46.8%, 브라질은 초등 94.0%, 중등 51.1%, 루마니아는 초등 66.9%, 중등 43.7%, 태국은 초등 77.0%, 중등 45.2%, 싱가폴은 초등 67.1%, 중등 52.0%가 여성이었던 것에 비하면 한국의 여교사 비율은 매우 낮은 상태였다. 아시아 국가 중에서도 낮은 편이었다. 가까운 일본은 초등 교사의 54.1%, 중등교사의 23.9%가 여성이었으며, 여성 차별이 심한 이슬람 국가 파키스탄도 초등 30.1%, 중등 28.2% 수준이었던 것에 비하면 우리나라의 여성 교사 비율은 당시 세계적 경향에 비해 현저히 낮은 편이었다. 당시 교육대학 졸업자 총수 2,087명에서 여성이 1,344명으로 63.4%를 차지하고 4년제 대학의 사범계 졸업자에서 여성이 차지하는 비율 또한 58.8%에 이르렀다는 점을 고려하면 당시 여성의 교직 진입에는 차별이 있었음을 알 수 있다.

1970년대 말 교사와 관련하여 흥미로운 통계는 남녀 기혼교원별 취업 상태다. 남자 교원의 아내들은 83%가 무직인 데 비해 여자 교원의 배우자는 7%만이 무직인 상태였다. 남자 교원의 배우자의 무직 비율이 높은 지역은 경북, 충남, 충북, 강원 순서였고, 무직 비율이 낮은 지역은 제주, 서울 순이었다. 제주와 서울의 여성들이 상대적으로 타 지역에 비해 사회생활에 적극적이었던 특성을 보여준다. 반면 여자 교원의 배우자 무직 비율은 전북이 17%, 강원이 12%로 높았고, 서울이 4%, 부산이 5%로 가장 낮았다. 도시 지역과 농촌 지역의 취업 활동의 차이를 보이고 있었다. 교원의 처우 개선 필요성이 심각한 대상은 미혼 교사나 맞벌이가 다수인 기혼 여자 교원보다는 기혼 남자 교원들이었다. 교원 처우 문제를 개선하는 손쉬운 방법 중 하나는 여자 교원의 구성 비율을 높이는 것이라는 정책 제안이 가능했던 배경이기도 하다.

1970년대 후반은 대한민국 역사에서 교사에 대한 사회·경제적 보상이 가장 열악했던 시기였다. 교사들의 상대적 박탈감이 심했다. 급격한 경제성장과 대기업의 출현으로 월등한 근무조건과 급여를 제공하는 다양한 직업이 등장하여 대학 졸업생들을 유혹했다. 특히 대학을 졸업하는 남자들의 경우 교직을 기피하고 일반 기업이나 금융기관, 공무원을 선호하는 경향이 강화되기 시작했고, 교직을 향한 여성들의 관심이 확대되기 시작했다. 1960년대 말까지 국제적 평균이나 아시아 평균보다 심하게 낮은 20%대에 머물던 여교사 비율이 점차 증가하여

1990년에 50%를 넘게 되는 변화의 출발점이 1970년대 후반이다. 교직에서 여성 차별 해소를 위한 사회적 공감대의 확산이나 적극적 정책의 결과는 아니었다. 교사들에 대한 열악한 처우가 가져온 교육받은 남자들의 교직 이탈과 교직 기피 현상의 부산물이었다.

교사에 대한 처우는 1970년대 후반이나 지금이나 본질적으로 달라지지 않았다. 급여 수준은 국민소득 증가에 비례하여 개선되었을 뿐이고, 사회적 불안의 증가와 노후 불안 심리의 확산에 따른 반사 이익으로 교직에 대한 선호도는 높아졌지만 교직에 대한 종합적 인식은 그 직에 맡겨진 미션의 무게에 비해 낮은 편이다.

교직은 전문직인가? 질문도 오래되었고, 답은 진부하다. 반세기 이상 지속된 이 질문에 대한 답은 늘 같았다. 전문직이어야 마땅하지만 현실적으로 전문직이 되지 못하는 안타까운 실정이다. 반세기 동안의 안타까움이다. 오래전부터 교직의 전문적 기준은 보통 여덟 가지를 나열한다. 리버만Lieberman이 오래전에 제시한 사회봉사 기능, 고도의 지적 기술, 장기간의 준비교육, 광범위한 자율성, 행동과 판단에 대한 책임, 경제적인 이익보다 사회봉사 우선, 자치조직 결성, 윤리강령 준수가 그것이다. 대한민국 교사는 이런 기준의 일부에는 해당하지만 일부에는 해당하지 않는다. 그래서 늘 교직 전문성에 대해서는 회의적 시각이 강한 것이 사실이다. 교사들 스스로의 인식 또한 크게 다르지 않다. 특히 우려되는 것은 신자유주의 교육개혁이 본격화된 1990년대 중반 이후 교직의 전문성이 더욱 흔들리고 있다는 점이다. 교사의 자율성은 약화되고, 교사가 교육개혁의 대상으로 설정된 것이 배경이다. 일반 서비스직과 유사한 '감정 노동자'로서 교사를 이해하는 새로운 관점이 출현한 것도 이런 이유와 맞닿아 있다.박상완, 2015 교직을 변호사나 의사, 교수, 세무사, 회계사 등과 같은 성격의 전문직으로 보는 시대가 쉽사리 올 것 같지는 않다.

한 나라의 교육 수준은 교원의 수준을 절대로 넘어설 수 없다는 사실을 인식한다면 교직의 전문직 전환을 위한 과감한 정책이 요청된다. 교직이 잡다한 직업 중 하나가 아니라 잡다한 직업을 향해 땀 흘리며 성장하는 아이들의 몸과 마음을 키우고 치료하는 전문직이라는 점에 대한 사회적 인식의 공유가 필요하다. 이를 위해서는 교사들 스스로 전문성 향상을 위한 노력과 인식의 공유, 그리고 최소한의 단체행동이 필요할 것이다. 교사들의 자존감을 훼손하는 신자유주의적 교원 정책(교원성과급이나 임용고시)의 과감한 재검토, 그리고 전문성 신장을 가로막는 온갖 잡무로부터의 해방은 최소한의 필요조건이다.

| 참고문헌 |

• 〈새교육〉 1978년 7월호.
• 박상완(2015). 「신자유주의 교육개혁에서 교직의 전문성」. 『교원교육』 31/1.
• Lieberman, M.(1956). *Education as profession*. Englewood Cliffs, New Jersey: Prentice-Hall, Inc.

순화 불능 학생은 관계기관에 고발,
7·30 교육 쿠데타의 교훈

1980년대는 대한민국의 5·18 광주민주화운동(1980년)으로 시작되어 중국 천안문사태와 베를린장벽 붕괴(1989년)로 마감된 시간이다. 대한민국의 1980년대는 서울의 봄을 억누르고 신군부 독재 권력이 등장하고, 민주화를 염원하는 시민들의 다양한 외침을 각종 억압적 국가기구를 동원하여 짓밟는 고통의 시간으로 문을 열었다. 그런 와중에 1988년 서울올림픽을 준비한다는 구실로 선진국 진입을 독려하는 메시지가 난무했다.

1980년대의 문을 연 〈새교육〉 1980년 신년호의 첫 글은 흥미롭게도 '교통안전을 위한 교육과정연구'였다. 필자는 사회교육을 전공하는 서강대 차경수 교수였다. 이 글은 1968년 6만여 대이던 전국 자동차 보유 대수가 1977년에 27만 대에 이르렀다는 것, 1981년에는 58만 대로, 그리고 1986년에는 220만 대로 증가될 것이라는 전망으로 시작한다. 우리나라의 경제성장과 삶의 질 개선을 자랑하려던 당시 사회의 꿈틀대는 과시욕을 드러내는 흔한 사례다. 1977년 교통사고 사망자는 4,000여 명으로 하루 평균 16명인데, 이는 미국의 1970년 사망자 수 5만 4,800명에는 못 미치지만, 자동차 보유 대수로 비교해보면 우리나라의 자동차 한 대당 사고비율은 외국의 평균치에 비해 발생 건

수는 23배, 사망자 수는 31배, 부상자 수는 22배에 달한다는 충격적 사실도 소개되었다. 미국, 영국, 독일, 일본에서는 1970년을 고비로 교통사고 사망자 수가 줄어드는 추세라는 것을 함께 소개함으로써 우리도 이제는 이런 서구 선진 국가들과 비교 대상이 되었다는 것을 은연중에 드러내고 있다. 물론 이 글의 목적은 교통안전교육의 필요성을 부각하는 것이지만, 동시에 이 글은 1980년대 초반 당시 우리 사회가 서구적 근대사회에 접근하고 있음을 보여주고 싶은 욕망에 가득 차 있었음을 잘 드러낸다. 1986년 아시안게임과 1988년 서울올림픽은 이런 욕망 분출의 정점이었다.

성장과 발전을 드러내 자랑하고 싶은 욕망은 〈새교육〉 1980년 신년호 특집 '한국 교육 1980년대의 과제'에도 드러난다. 이 특집은 1980년대를 "선진국 대열에 진일보하려는" 시간, "웅비를 약속하는" 시간으로 묘사하고 있다. 1인당 GNP 2,363달러(1986년), 7,731달러(1991년)를 약속하는 풍요한 고등산업사회의 여명이 밝아오는 시점에 교육이 해결해야 할 과제로 첫째는 획일화 극복과 다양성 추구, 둘째는 학제를 비롯한 교육제도 개편, 그리고 셋째는 교직의 전문성 강화와 교원 처우 개선을 들었다.

앞서 살펴보았듯이 1970년대의 고도경제성장이 낳은 대기업 중심 고소득 일자리의 증가는 현직 교원의 교직 이탈을 가속화했다. 교직은 잠시 들렀다 떠나가는 정류직업stationary job이 되었다는 자조적인 표현이 등장한 것도 이 당시였다. 1970년대 전반에 연 2~5%였던 현직 교원의 이직률이 1970년대 후반에 이르러 10% 가까이에 이르렀으며 사립중등학교의 경우에는 15%에 달했다. 사범대학이나 교육대학 졸업자로서 복무연한을 마치지 않은 경우 '교원 자격증이 박탈'되고 면제받았던 수업료를 변상해야 하는 벌칙에도 불구하고 1978년의 경우 사범대학 졸업자의 교원자격증 박탈자가 자격증 발급자의 27.64%에 이르렀다. 당시 한 조사에 의하면 교직의 경제적 지위는 초등이 27위, 중등이 24위로 개인택시 기사(17위)나 목수 등보다 낮았다고 한다.〈새교육〉 1980년 1월호

괄목할 만한 경제성장의 결과 국민들의 욕망이 분출하는 가운데 교육의 근본인 교직사회는 무너지고 있었다. 대한교육연합회는 제28회 교육주간(1980년 5월 2~8일)을 맞아 각종 행사를 벌였는데, 그 주제가 '교육의 위기, 이대로 좋은가?'였다. 〈새교육〉 1980년 6월호에서도 교육주간 주제해설을 통해 우리 교육의 위기 상황을 상세하게 밝혔다. 그것은 크게 교육의 질과 재정의 위기, 교육의 자율성과 전문성 위기, 사학교육의 위기, 그리고 사회적·문화적 위기로 요약되었다. 1980학년도 대학입시를 지켜본 이돈희 교수(서울대)는 "우리 사회의 교육적 질병들은 개별적으로 치료될 수 있는 성질의 것이 아니다"라고 그 심각성을 지적하며 "한국 교육을 종합적으로 진단"할 것을 제안했다.〈새교육〉 1980년 3월호 당시 교육이 위기 상태라는 것에 대한 사회적 공감대가 형성되어 있었다.

학계와 교육계의 이런 공감대에 대한 정치적 반응으로 출현한 것이 바로 1980년 7월 30일 신군부 국가보위비상대책위원회(위원장 전두환)에서 발표한 '교육 정상화 및 과열 과외 해소 방안'이었다. 대학 입학 정원의 획기적 증가, 대학입학 본고사 폐지, 대학 졸업정원제, 고교 내신제, 초·중·고교 교과통합, 교육방송 실시, 방송통신대학 확충, 교육대학 이수연한 확대, 교육재정 확충 등을 핵심으로 하는 이 조치는 말 그대로 혁명적이었다. 일류 대학 입학을 향한 지식 중심의 암기교육과 끝없는 사교육 경쟁을 종식시키고 인격교육과 전인교육을 실천하겠다는 신군부의 선언에 일부 전문가들과 교육자들은 의구심을 나

타내기도 했지만 일반 국민들은 지지하는 태도를 보였다. 〈새교육〉 또한 기대감을 표시했다. 〈새교육〉 1980년 10월호에 실린 '교육혁신에 거는 기대'에서 차경수 교수(서울대)는 이 방안이 새로운 시기의 출발점이 될 것이라는 기대감을 표시했다. 새로운 시기의 교육은 지식교육을 대체한 전인교육과 인격교육이 중심인 교육이었다.

〈새교육〉 1980년 10월호는 '교육 정상화 및 과열 과외 해소 방안' 전문과 함께 문교부에서 시달한 '학교정화운동 추진계획'과 '과외 단속 시행 지침'을 게재했다. 문교부는 학교정화운동을 강력히 추진할 것을 시달했는데, 그 방침 중 첫 번째는 이 운동을 '자율적으로' 추진한다는 것이었다. 자율적으로 추진하되 운동이 부진하거나 소기의 성과를 거두지 못하는 경우에는 당해 교육행정 기관장 또는 학교장에게 책임을 묻는다는 것, 자율적으로 추진하되 모든 교직자, 학부모, 학생이 참여해야 한다는 것, 자율적으로 추진하되 학원의 비리가 완전히 제거될 때까지 계속 추진한다는 것이었다. 자율적으로 추진하되 명칭은 반드시 '○○학교정화추진위원회'로 할 것도 지시했다. 한마디로 말해서 자율적으로 추진하는 것을 강제하겠다는 매우 신기한 지침이었다. 정화 대상자 처리 지침도 시달했다. 지침에 따르면 불량학생은 원칙적으로 학교에서 선도하되, 상습적이고 조직적인 불량학생으로서 순화 불능 학생은 관계기관에 고발 조치해야 했다. 정화 대상 교직자는 당해 학교정화추진위원회의 결정에 따라 교육계에서 스스로 떠나게 하고 이에 불응할 때는 고발하도록 했다.

'과외 단속 시행 지침' 또한 강력했다. 각급학교의 학교 수업 이외의 수업을 받는 모든 교습 행위는 장소, 시간, 주체, 내용, 목적을 불문하고 단속 대상이었다. 과외 수업은 입학시험을 목적으로 하거나 아니거나를 구분하지 않았다. 불법 과외를 시킨 학부모는 신분이 공직자이면 파면, 기타 학부형은 그 명단을 신문지상에 공개하고, 세무, 금융, 인허가 등 가능한 모든 행정권을 발동하여 제재하도록 했다. 직장인의 경우에는 소속 고용주에게 통보하여 면직토록 하며, 불응 시 당해 업체를 규제하도록 했다. 인가받지 아니한 과외활동을 한 현직 교사는 파면과 함께 형사입건 또는 세무조사 등의 제재 조치를 취하도록 했다. 국가 공권력을 동원한 특별 단속반을 대대적으로 조직했고, 전국에는 과외 행위 신고센터를 운영했다. 말 그대로 과열 과외를 뿌리 뽑을 태세였다. 부패한 교육자 집단은 감시와 처벌의 대상이었고, 깨끗한 권력 집단은 감독과 징계의 주체였다.

〈새교육〉은 1980년 11월호에서 다시 특집 '교육개혁의 과제와 전망'을 마련했다. '교육 정상화 및 과열 과외 해소 방안'이 발표됨으로써 "교육 정도의 길은 보다 밝아졌다"고 단언한 후 개혁 배경과 과제를 조망했다. 9월 1일 취임한 전두환 대통령의 취임사 중 교육에 관한 부분을 발췌하여 게재했다. 취임사는 "교육이 단순히 지식의 주입에만 치우치지 않고 앞으로는 민주시민으로서의 자질 향상, 인격 함양, 확고한 안보의식의 정립, 창의력 개발에 역점을 둔 전인교육이 되어야 한다"고 선언했다. 시민의 생명을 짓밟고 등장한 정부는 이처럼 입만 열면 민주시민 교육, 창의력 교육, 전인교육을 외쳐댔다. 이에 아랑곳하지 않고 학부모는 지식교육, 암기교육, 입시교육을 포기하지 않았다. 이런 모습은 당시나 지금이나 다르지 않다. 신군부의 강압적 교육개혁 노력은 결국 실패했다. 교육은 정상화되기는커녕 비정상화로 치달았고, 과외 금지 조치는 '몰래바이트'(숨어서 하는 고액과외)를 초래했으며, 졸업정원제는 유명무실화를 거쳐 폐기되었다. 대학의 서열화와 서울 집중은 더욱 심해졌다. 교육개혁은 힘이나 권력으로 성취할 수 있는 것이 아니라는 쉬운 교훈을 얻는 데 긴 시간과 많은 고통을 견뎌야 했다. 준비 없는 욕망의 과잉이 가져온 참극이었다.

많은 후유증을 남겼던 군부 기획의 7·30 교육 쿠데타는 출발 자체가 교육적이지 않았다. 출발부터 그것은 교육 문제를 해결하기 위한 교육적 개혁이 아니라 부정·부조리·비능률 등 당시 신군부가 규정한 사회적 문제를 해결하기 위해 추진된 "사회개혁적인 교육개혁"정태수, 1991이었고, 정치적 정당성 확보와 교육계 기강 잡기 차원의 조치였다. 교육 본질에 충실한 개혁이 아니었기에 교육에 긍정적인 영향을 가져오기는 불가능한 개혁이었다. 당시 이 개혁에 참여했던 당사자도 말했듯이 이 혁명적 조치는 특히 이 땅의 많은 지식인과 교육자들의 자율적 개선능력과 자율 역량을 믿을 수 없었기에 "밖으로부터" 추진한 개혁이다. 이런 타율적인 교육개혁에 대해 일부 지식인과 교사들의 협력이 있기는 했지만 대다수 교육자들은 정부 주도의 교육개혁이 아니라 현장 중심의 교육 민주화, 국가 주도의 교육이 아니라 교사 주도의 참교육을 외치기 시작했다. 7·30 교육 쿠데타가 보여주듯이 1980년대는 국가주의적 동원체제가 더욱 권위주의적인 방향으로 경화돼가고, 그에 따라 교육계의 저항도 보다 대중성을 확보해가는 시기였다.이길상, 2005

20세기 세계 교육의 역사에서 1980년대는 교육개혁의 시기로 기록된다. 미국은 1983년 대통령 직속 미국교육수월성위원회에서 '위기에 선 국가: 교육개혁을 위한 긴급 제언A Nation at Risk: The Imperative for Educational Reform'을 발표하여 미국 교육의 위기를 선언하고 21세기에 대비하여 더욱 강화된 교육 기준을 정립해야 할 필요성을 제기했다. 일본 또한 1984년부터 1987년까지 총리대신이 주도하는 임시교육심의회를 운영한 뒤 결과보고서에서 세계 속의 일본인을 양성하기 위한 청사진을 제시했다. 이 보고서가 나오자 일본 언론은 일본이 이 보고서와 함께 이미 21세기를 시작했다고 평했다. 같은 시간에 미국과 일본은 희미해진 교육열을 되살리는 개혁을 추구했다면 우리나라는 타오르는 교육열을 잠재우기 위한 개혁을 시도하고 있었다. 이후 한 세대 동안 우리나라의 교육개혁은 교육열을 잠재우기 위한 묘안 찾기에서 벗어난 적이 없다.

거듭되는 교육개혁의 실패를 보며 이제는 묻고 싶다. 대학이 극한적으로 서열화되어 있고, 일류 대학 졸업장이 주는 프리미엄이 이렇게 큰 나라에서 대학입시에 유리한 학교가 있는 지역으로 위장전입하려는 욕구가 왜 비난받아야 하는 것인가? 세금으로 운영하는 국립 서울대학교가 주는 매력이 이렇게 큰 나라에서 그곳에 입학하기 유리한 조건을 찾아 움직이는 학부모들의 노력이 왜 비난받아야 하는가? 국가가 주도하거나 방조하여 만든 대학의 서열화를 국가가 과감하게 해소하지 않은 채 왜 서민들의 과외욕구를 탓하고 억누르려는가? 1980년 7·30 교육 쿠데타의 실패에서 우리는 무엇을 배워야 하는가?

| 참고문헌 |

• 〈새교육〉 1980년 1월호.
• 〈새교육〉 1980년 3월호.
• 〈새교육〉 1980년 6월호.
• 〈새교육〉 1980년 10월호.
• 〈새교육〉 1980년 11월호.
• 정태수(1991). 『7·30 교육개혁』. 예지각.
• 이길상(2005). 「1980년대 교사운동의 전개과정」. 한국학중앙연구원 편(2005). 『1980년대 한국사회연구』. 백산서당.

스카이콩콩의 추억, 교육자율화의 시대

1982년은 야간통행금지 해제로 시작되었다. 1945년 9월 8일 미군의 인천 상륙과 서울 입성에 즈음하여 시작된 야행금지령, 이후 1955년 제정된 〈경범죄처벌법〉으로 제도화되는 과정을 거쳐 무려 36년 4개월, 그러니까 일제강점기 지배 기간보다 더 긴 시간 동안 시민들은 밤 12시부터 새벽 4시까지 외출을 금지당했다. 밤 12시에 사이렌이 울린 이후 통행하는 사람은 경찰서에서 잡혀 있다가 새벽 4시에 풀려났다. 국제선 비행기도 기상 여건 악화 등으로 12시를 넘기는 경우에는 김포공항에 착륙하지 못하고 일본이나 홍콩, 심지어는 알래스카나 하와이 등으로 회항해야 했다. 부처님과 예수님이 태어나신 날은 예외였다. 1957년부터 1960년까지는 3월 26일 대통령탄신일이 휴일로 지정되면서 이날도 야간통행이 허용되었다. 적어도 부처님오신날과 크리스마스날 밤에 느끼는 두 분 외국 성인에 대한 고마움은 세종대왕이나 이순신 장군에 대한 고마움을 앞섰고, 3월 26일 밤에는 대통령도 두 분 성인과 같은 급이었다. 자유가 그리운 청소년들에게 일시적 통금 해제는 엄청난 선물이었다. 금지도 선물도 당연한 것으로 여기며 살아왔던 슬픈 시간이었다. 이런 야간통행금지 조치가 1982년 1월 5일 해제되었다.

야간통행금지 해제에 이어 1월 15일 OB베어스를 시작으로 MBC청룡, 해태타이거즈, 삼성라이온즈, 삼미슈퍼스타즈, 롯데자이언츠 등 프로야구팀들이 줄줄이 창단되어 본격적인 프로스포츠 시대를 열었다. 2월 6일에는 '애마부인'이라는 묘한 제목의 영화가 종로 서울극장에서 개봉되었다. 어두웠던 밤이 밝아지고, 심심했던 일상이 깨어나는 시절이었다.

이 시절에 유행하기 시작했던 완구 중 하나가 스카이콩콩이다. 스프링의 탄력에 의해 자연스럽게 튀어 오르는 완구이며 운동 도구였다. 시인 윤지용은 〈새교육〉에서 '스카이콩콩'을 이렇게 노래했다.

> 하늘에 콩콩
> 땅에 콩콩
> 연두빛 바람 사이로
> 내어민 앞니 두 개
>   …
> 논두렁 밭두렁
> 꼭 이스라엘 축구선수같이
> 바람결에 나풀나풀
> 하늘에 콩콩
> 땅에 콩콩.
> _〈새교육〉 1982년 5월호

왜 이스라엘 축구선수에 빗대었는지는 모르지만 스카이콩콩 위에서 어린이들은 긴 머리가 휘날리는 것을 뽐냈다. 그런데 긴 머리를 뽐내는 것은 초등학교 6학년이 마지막이고, 중학교 입학과 동시에 남학생은 삭

발이, 여학생은 단발이 강제되었다. 중학교 3년과 고등학교 3년 동안 누구도 규정을 넘어 머리를 기르는 것이 허용되지 않았다. 그리고 모든 학생이 똑같은 모양의 교복을 입고 교모를 써야 했다. 사람을 구분하는 것은 오직 학교의 상징으로 모자 앞에 달린 교표와 왼쪽 가슴 위 명찰뿐이었다. 한 세대 동안 식민지 교육 유산의 청산을 외쳐왔지만 두발 규제와 교복 강제는 그대로였다.

중학생과 고등학생에 대한 두발 규제와 교복 강제가 폐지된 것은 야간통행금지 조치가 해제되기 하루 전인 1982년 1월 4일이다. 문교부는 전국 시·도 교육위원회에 중·고생 교복과 두발의 자율화 조치를 시달했다. 당연히 전두환 대통령의 특별한 지시라는 점을 강조했다. 〈새교육〉 1982년 3월호는 이를 '머리·옷의 혁명−굴레 벗은 중·고생'이라고 표현했다. 물론 이 기사 또한 "전두환 대통령의 중·고교생 교복 및 조발형을 자율화하라는 지시에 따라"로 시작함으로써 대통령의 선의를 강조했다. TV 뉴스도 신문기사도 시작은 모두 '전두환'이었다. 이 조치에 따라 두발은 1982년 9월부터, 그리고 교복은 1983년 신입생부터 자율화되었다.

교복과 두발의 자율화는 그리 오래가지 못했다. 이렇게 사라졌던 중·고생의 교복이 부활하기 시작한 것은 불과 4년 후인 1986년 제2학기부터였다. 학교장 재량에 의해 교복 착용을 허용한다는 문교부의 후속 조치에 따라 교복을 다시 착용하는 학교가 크게 늘어났다. 서울의 경우 1986년 2학기에 중학교 4개교, 고등학교 8개교였던 것이 1987년 신학기에 이르자 47개교로 늘었다. 1990학년도 2학기 즈음에는 전국 4,157개 중·고등학교 중에서 교복을 입는 학교가 1,809개교(43.5%)에 이르게 되었다.^{손인수, 1994} 비록 두발 자율화에도 일정한 한계가 있었고, 교복이 다시 부활하기는 했지만 1980년대 초반에 시작된 두발과 교복의 자율화는 이 시대 교육계의 희망과 한계를 보여주는 현상이었다. 이후 교복과 두발은 학생의 자율적 판단이 아니라 학교의 자율적 판단에 맡겨졌다. 학교별 자율규제 대상이 되었던 학생의 두발과 교복이 학생인권 보장 차원에서 완전 자율화하려는 움직임이 최근 다시 시작되었다. 교육에서 자율화를 막는 것은 '자율'을 '무질서'와 동일시하는 오래된 집단주의 그리고 획일주의 선호 의식이다.

자율화 물결은 중·고등학교를 넘어 대학 사회에도 변화를 가져왔다. 1983년 12월 21일 모든 신문은 정부의 '학원자율화' 조치를 대서특필했다. 『동아일보』 1면 헤드라인은 '학원사태 제적생 복교 허용, 5·17 이후 1,363명 대상'이었고, 『경향신문』 또한 '제적학생 전원 복교 허용, 80년 5·17 이후의 1,363명'이라는 제목 아래 이날의 학원자율화 조치를 보도했다. 이 조치에 따라 1984년 1학기부터 제적학생의 복교가 이루어지고, 대학 내에 공식·비공식으로 주둔하고 있던 일체의 공권력이 철수했으며, 정치적 차원에서 해직된 시국 관련 교수는 전원 복직이 이루어지게 되었다. 규율 중심의 학교문화를 감옥에 비유했던 프랑스 철학자 미셸 푸코가 사망한 바로 그해, 1984년 한 해 동안 한국 교육은 탈규율과 자율화로 한 걸음 한 걸음 나아가기 시작했다.

이런 자율화의 물결을 지켜보면서 연세대 교수 김동길은 1985년 〈새교육〉 신년호에 '우리 교육의 반성'이란 글을 게재하여 '자유가 무질서의 원인인가?'라는 근원적이며 도발적인 질문을 제기했다. 김 교수는 8·15 직후의 혼란 속에서도, 6·25 동란의 소용돌이 속에서도, 이승만 정권의 독재하에서도 교육만은 민주적이어야 한다는 원칙만은 살아 있었다고 주장했다. 그에 의하면 민주교육이 암초에 부딪히게 된 것은 5·16쿠데타로 인해서였다. 그날부터는 민주교육을 이야기하는 것조차 허용되지 않는 비정상적인 사회로 진입했다. 10·26 이후 잠시 회생했던 민주주의 교육의 꿈이 다시 억압당하고 있던 것이 당시라고 김동길은 규정했다. 이 땅에서 민주주의 교육의 역사를 회상해보면 자유가 무질서의 원인이 아니었으며, 통제와 규제 그리고 억압과 탄압이 무질서를 만들어냈다고 보는 것이 마땅하다는 김동길의 해석은 시대를 넘는 용기 있는 통찰이었다.

교복과 두발의 자율화에 대해 청소년 범죄와 연결시키며 이는 반드시 '나라를 망칠 것'이라고 주장하는 교육자들이 여전히 많았다. 제적됐던 대학생들의 복교, 해직 교수들의 복직 이후 격해지고 있던 데모를 지켜보며 대학의 혼란이 결국 '나라를 망칠 것'이라고 염려하는 교육자들이 여전히 넘치던 시대였다. 이들의 시각에서 무질서의 원인은 자유였고, 질서로 가는 길은 오직 규제와 탄압뿐이었다.

자유를 비난하고 규제를 옹호하던 이들 구시대의 교육자들을 향해 김동길은 "학원자율화 작업은 포기되어서도 안 되고 중단되어서도 안 된다. 이것만이 이 나라 교육이 사는 길"이라고 강조하며, "대학 교육은 대학교수들이 맡고, 중·고등 교육은 중·고등학교 교사들이 맡아야 한다. 문교부나 교육청은 일선 교육을 돕기 위해서만 필요한 것이지, 간섭이나 제재, 월권행위나 직권남용을 위해 있어서는 안 된다"고 주장했다. 이런 주장을 한 김동길 교수가 훗날 국가권력이 만드는 역사교과서, 이른바 국정교과서 지지에 앞장섰다는 것은 아이러니다. 교육자들에 대한 신뢰가 교육이 사는 길이라는 그의 주장은 말로 표현하기는 쉽지만 실천하기는 어려운 과제라는 것을 스스로 보여준 사례다. 1980년대의 시작과 함께 시작된 교원들 중심의 교육민주화 운동은 그 어려움을 여실히 보여주었다.

1970년대에도 정치적 이유로 교사를 탄압하는 사례가 없지는 않았다. 1975년 '겨울공화국'이란 제목의 시를 발표했다는 이유로 국어교사 양성우는 해직되었고, 1978년에는 전남대학교 교수 11명이 '우리의 교육지표'를 발표하여 학원의 민주화를 주장했다는 이유로 구속되었다. 1980년대 들어서는 서울의 봄과 함께 아람회사건, 부림사건, 오송회사건 등으로 이 땅의 교사운동이 오랜 침묵을 뚫고 다시 하나둘 세상에 드러나기 시작했다. 1982년 결성된 'YMCA 중등교육자협의회'는 교육민주화를 위한 토론과 실천운동을 주도하기 시작했다. 1985년에는 학교교육에 대한 비판 이론의 소개와 실천 경험의 공유를 목표로 한 교육 무크지 〈교육현장〉과 〈민중교육〉이 출판되었다. 문제가 된 것은 〈민중교육〉이다. 이 책에 관여했던 교사들에 대한 탄압이 이어졌고, 파면 10명, 강제 사직 7명, 감봉 2명, 경고 1명이라는 비극을 낳은 것이다. 같은 책에 글을 실었던 대학교수들은 탄압의 대상에서 제외되었고, 오직 초·중등 교사들만 대상이 되었다. 법이 규정하는 정치활동의 자유에서 교사와 교수 사이에 나타나는 차이만큼이나 큰 차별이었다. 이 사건은 이후 교육민주화 운동의 대중화 길을 여는 촉매 역할을 했다.이길상, 2005 피해 교사들을 중심으로 1986년 '민주교육실천협의회'가 탄생했고, 이어진 1987년 6월 항쟁의 흐름 속에서 '민주교육추진전국교사협의회'가 창설될 수 있었다.

그 어두운 시절 시인 허영자는 〈새교육〉에서 선생님의 말씀을 먹고 눈부시게 자라나는 어린이를 이렇게 노래했다. 암울한 시절 모든 교사들이 갖고 있던 작은 꿈이었다. 서울의 봄을 억압하고 시작된 추운 시절이었지만 어린이들의 꿈은 자라나고 있었고, 선생님을 향한 아이들의 믿음은 희미하게 살아 있었다.

"너는 참 어여쁘구나"
하신 하느님 말씀에

꽃은 저토록

어여쁜 색색으로 피어났으니

"너는 참 눈부시구나"

하신 하느님 말씀에

빛은 저토록

눈부심으로 밝은 것이리

선생님 말씀은 하느님 말씀 같으셔라

"어여뻐라 눈부셔라"

말씀만 하시면

우리들의 어린이는

눈부시게 아롱져 궁글고

어여쁘디 어여쁘게

자라나는 것이리.

_〈새교육〉 1982년 12월호

| 참고문헌 |

• 〈새교육〉 1982년 3월호.
• 〈새교육〉 1982년 5월호.
• 〈새교육〉 1982년 12월호.
• 〈새교육〉 1985년 신년호.
• 손인수(1994). 『한국교육운동사 5』. 문음사.
• 이길상(2005). 「1980년대 교사운동의 전개과정」. 한국학중앙연구원 편(2005). 『1980년대 한국사회연구』. 백산서당.
• 전국교직원노동조합(1990). 『한국교육운동백서, 1978~1990』. 풀빛.

두 개의 선언, 두 개의 교육

1986년은 매우 상징적이며 충격적인 두 개의 폭발 사고로 시작되었다. 1월 28일 미국에서는 7명의 우주인을 태운 우주왕복선 챌린저호가 발사 후 73초 만에 전 세계인이 지켜보는 가운데 폭발하는 사고가 발생했다. 우주선과 함께 미국의 자존심이 부서지는 순간이었다. 조사 결과 인재人災였다는 것이 더욱 큰 충격이었다. 과학자들이 제기한 발사 연기 필요성을 우주쇼를 연출하려는 열정으로 무시한 결과였다.

3개월이 지난 4월 26일에는 인류 역사에 남을 또 하나의 큰 폭발 사고가 세계를 놀라게 했다. 미국의 오랜 경쟁국 소비에트연방에 있는 체르노빌 원자력발전소의 원자로가 출력제어 실패로 폭발했고, 원전 근로자뿐 아니라 사고 진압을 위해 투입된 소방대원과 운전사 등 수십 명의 사망자가 발생했다. 사고 이후 이 지역은 인간뿐 아니라 어떤 생명체도 정상적으로 살 수 없는 땅이 되었다. 체르노빌 원전 사고 같은 환경재앙은 해당 국가뿐 아니라 모든 나라, 모든 인류, 나아가 지구상의 모든 생명체에게 크고 지속적인 위기가 된다는 것을 가르쳐 주었다. 당시 소련 공산당 서기장은 1980년대 후반 사회주의 소련의 붕괴를 주도한 고르바초프였다.

이 두 폭발 사건은 제2차 세계대전 후 40년 이상 지속된 미국과 소련 중심의 냉전체제 붕괴를 알리는 일종의 예비 신호이기도 했다. 실제로 소련은 이후 붕괴와 해체의 길로 들어섰고, 이를 이끈 것은 고르바초프였다. 세계사에 끼친 이런 공로로 그는 1990년 노벨평화상을 수상했다. 미국 또한 냉전 이후 다원화된 세계를 주도할 새로운 질서를 모색하기 시작했다.

이 세계사적 변화의 시기에 우리나라에서는 두 개의 선언이 있었다. 같은 시기에 이루어진 선언이지만 소규모 신생 교사단체에서 발표한 하나의 선언은 폭발적인 관심을 끌었고, 십수만 명의 회원을 거느린 유서 깊은 교직단체에서 발표한 다른 하나는 미미한 관심을 끄는 데 그쳤다. 첫 번째 선언은 1986년 5월 10일 YMCA 중등교육자협의회 소속 초·중등 교사 546명이 발표한 '교육민주화선언'이다. 1980년대 초반의 암울한 시절을 이기고 살아남은 교사들의 절규였다. 선언은 이렇게 시작한다.

학생들과 함께 진실을 추구해야 하는 우리 교사들은 오늘의 참담한 교육 현실을 지켜보며 가슴 뜯었다.

그리고 이런 상식적이고 당위적인 내용을 주장하고 선언했다.

교육개혁은 교육, 인간 및 사회를 보는 관점의 개혁에서 출발하지 않으면 안 된다. 교사·학생·학부모를 교육 주체의 자리에 확고하게 세우지 않으면 안 된다. 이것이 바로 교육민주화의 첫걸음이다. 진정한 교육개혁은 교육의 민주화에 다름 아닌 것이다.

그리고 그들은 요구했다. 첫째, 헌법에 명시된 교육의 정치적 중립성은 실질적으로 보장되어야 한다. 둘째, 교사의 교육권과 제반 시민적 권리는 침해되어서는 안 되며, 학생과 학부모의 교육권도 최대한 보장되어야 한다. 셋째, 교육행정의 비민주성, 관료성이 배제되고 교육의 자율성이 확립되기 위해 교육자치제는 조속히 실현되어야 한다. 넷째, 자주적인 교원단체의 설립과 활동의 자유는 전면 보장되어야 하며, 이에 대한 당국의 부당한 간섭과 탄압은 배제되어야 한다. 다섯째, 정상적 교육활동을 저해하는 온갖 비교육적 잡무는 제거되어야 하며, 교육의 파행성을 심화시키는 강요된 보충수업과 비인간화를 조장하는 심야학습은 철폐되어야 한다.

그러나 이 당연해 보이는 주장이 만들어낸 파열음은 컸다. 이 선언이 "교육에 악영향을 미치는 집단행위"라는 당시 문교부장관의 언급에 따라 선언 발표 5일 후 서울시 교육위원회는 이 선언을 선동적 대중정치 집회의 한 부분으로서 위법이라고 규정하고 이수호 교사(신일고) 등 주동자 5명은 권고사직, 적극 가담 교사 12명은 경고 처분하겠다고 공식 발표했다. 이에 대해 교육계와 종교계 등에서 반발이 거세지자 발표 몇 시간 후 서울시 교육위원회는 중징계 방침을 전격 철회하는 해프닝이 벌어졌다.

이 '교육민주화선언'은 이후 진행된 정치적 민주화, 경제의 개방화, 사회의 다원화 움직임과 접목되어 우리 교육계에 적지 않은 갈등과 변화를 만들어내는 출발점이 되었다. 교육민주화 선언의 정신은 1987년 9월의 민주교육추진 전국교사협의회(전교협) 출범, 그리고 1989년 5월의 전국교직원노동조합(전교조) 출범으로 이어졌다.

교육민주화선언에 이어 또 다른 선언이 발표된 것은 6월 항쟁 이후인 1987년 10월 23일이다. 명칭은 '교육의 자율화를 위한 교육선언'(이하 교육자율화선언)이고, 주체는 대한교육연합회이다. 교육민주화선언 이후 가속화되기 시작한 교직사회의 분열 속에서 위기를 느낀 대한교육연합회는 제49회 대의원회에서 이 교육선언을 채택했고, 그 전문과 해설이 〈새교육〉 1987년 12월호에 게재되었다. 교육자율화선언은 이렇게 시작한다.

> 우리는 정치의 민주화, 경제의 개방화, 사회의 다원화 등 오늘의 추세를 긍정적으로 수용하고자 한다. 또한 오늘날 우리 사회를 휩쓸고 있는 개방화·자율화의 물결이 야기시키고 있는 과도기적 혼란을 슬기롭게 극복하고 우리 민족의 탁월한 저력을 발휘함으로써 민족의 화합과 국가의 융성을 위한 공동목표를 기필코 성취하여야 할 것임을 확신한다.

교육민주화선언은 교사, 학생, 학부모를 이야기한 반면 교육자율화선언은 국가와 민족을 이야기했다. 교육자율화선언은 깊은 자기성찰과 자기비판에 기초하여 세 가지를 다짐하고 요구했다. 첫째, 회원의 공고한 단결과 화합을 바탕으로 한 참여의 확대, 둘째, 교직단체의 자율성을 위축시키는 법적·제도적 규제 제거, 셋째, 주요 교육정책에 대한 대한교육연합회와 협의 또는 단체교섭의 제도화였다.

교직사회의 분열이 가속화되고, 새로 출범한 전교협을 중심으로 '교련탈퇴운동'이 벌어지던 1987년 10월 29일 대한교육연합회 제21대 회장에 취임한 정범석은 취임 초에 있었던 한 언론과의 인터뷰에서 '전교협을 어떻게 생각하느냐?'는 질문에 이렇게 대답했다.

> 그동안 교련 밖에 있었기 때문에 깊이 생각해보지는 않았

지만 순수하고 패기 있는 그들의 소리에도 진지하게 귀를 기
울일 방침이다.　　　　　　　_『경향신문』, 1987년 10월 24일

이어 그는 교육민주화선언 이후 행해진 해직교사 문제에 관해서도
"금명간 문교부를 찾아가 내용을 알아보고 해직교사의 복직을 위해
최대한 노력하겠다"고 밝힌 바 있다. 소통과 화해의 표현이다. 물론 이
런 그의 주장이 그대로 실천되지는 않았으며, 우리나라 교직단체의 분
열과 갈등 또한 멈추지 않고 진행되었다.

1989년 5월 28일 전국교직원노동조합(전교조)이 창립되었다. 전교
조를 중심으로 기존의 왜곡된 교육을 대체할 올바른 교육을 의미하는
'참교육'이라는 용어가 널리 사용되기 시작한 것도 이즈음이다. 이후
참교육 실천운동과 함께 전교조 합법화를 위한 투쟁이 이어졌다. 정부
는 해당 교사에 대한 파면과 해임 계획을 발표하여 위협하는 것으로
맞섰다. 전교조 탈퇴 각서를 받기 위해 온갖 수단을 동원했다. 협박과
회유, 징계 위협 속에 실제로 많은 교사들이 탈퇴하기도 했으며, 일부
탈퇴 교사들은 탈퇴 무효화 선언으로 대항했다. 1989년 8월 3일 탈퇴
무효화 선언 교사 360명이 발표한 성명서는 이런 내용을 담고 있다.

　　　우리를 전교조로부터 이탈시키기 위해 가족을 협박하여
　　노부모를 병석에 눕게 하고, 상가집까지 찾아와서 탈퇴를 종
　　용할 때 그들은 이미 인간이 아니었다. 저들의 광란적 행동
　　에 우리 가정은 혼란에 빠졌고, 가족의 고통을 외면할 수 없
　　었다. 그러나 그 굴욕적인 탈퇴 각서에 서명할 때 우리의 손
　　은 떨렸고, 우리는 아이들 앞에 바로 설 수 없었다.

　　　　　　　　　　　　　　　　　　　　_이길상, 2005

그러나 정부는 전교조 창립을 주도한 42명의 교사를 국가공무원법 위반 혐의로 구속하고, 1,527명의 교사를 파면이나 해임 처분으로 교단에서 추방했다. 이런 조치를 강행하는 데 앞장선 것이 사범대학에서 교사 양성을 담당해온 교육학자로서 교육부장관이 된 인물이었다는 것은 비극이었다. 이후 전교조 합법화 투쟁이 이어졌고, 1994년 3월에는 김영삼 정부 출범과 함께 해직교사 1,329명이 교단으로 복귀했다. 전교조가 관련법 제정으로 합법화되는 데는 다시 5년의 시간이 필요했다. 1999년 7월 1일 전교조는 단체행동권을 제외한 단결권과 단체교섭권을 지닌 노동조합의 자격을 얻었다.

합법적 지위를 얻어 10년 이상 활동하던 전교조는 2010년 3월부터 해직교사의 조합원 인정이 문제가 되어 정부와 합법성 투쟁을 벌여야 했다. 결국 2016년 1월 20일 서울고등법원의 최종 판결에 따라 합법적 노조의 지위를 상실함으로써 수만 명의 조합원을 지닌 법외노조의 지위를 지니게 되었다.

두 교직단체가 두 개의 선언을 발표한 후 다시 30년 세월이 흘렀다. 당시 두 개의 선언에 담겨 있던 교육을 보는 엇갈린 두 개의 시선이 우리 교육계 전체를 혼란스럽게 만들어왔다. 어찌 보면 이 두 선언 이후 이 땅에는 하나의 교육이 아니라 두 개의 이질적 교육이 동거하는 양상이 되었다. 대부분의 교육적 이슈 앞에서 두 개의 상반된 목소리가 들리는 것이 일상화되었다. 이제 전국의 유치원·초등·중등 교원은 49만 명을 넘어섰다. 이들이 우리의 미래를 책임질 660만 명의 학생을 가르치고 있다. 그런데 49만 교원 중 적지 않은 다수가 교원단체를 외면하고 있다. 한 세대 이전에 시작된 교직단체의 분열 내지는 교직단체의 복수화가 아름답게 마무리되지 않은 결과다. 그 책임을 짊어져야 할 주체 또한 이 땅의 49만 교원들이다. '어느 교사의 기도'[이해인]에 이런 구절이 있다.

> 힘든 일 있어도 내가 처음으로 교단에 섰을 때의 떨리는
> 두려움 설레는 첫 마음을 기억하며 겸손한 자세로 극복하게
> 해주십시오.

멀지 않은 어느 날 겸손한 자세로 하나 된 이 땅의 교사들이 두 개
의 선언이 아니라 하나의 선언을 발표하는 모습을 볼 수 있을까. 한 세
대 전에 시작한 교육민주화의 완성, 하나의 교육을 보고 싶다.

| 참고문헌 |

• 〈새교육〉 1987년 12월호.
• 손인수(1994). 『한국교육운동사 5』. 문음사.
• 이길상(2005). 「1980년대 교사운동의 전개과정」. 한국학중앙연구원 편(2005).
  『1980년대 한국사회연구』. 백산서당.
• 이해인. 「어느 교사의 기도」.
• 전국교직원노동조합(1990). 『한국교육운동백서, 1978~1990』. 풀빛.

유전합격 무전낙방, 예체능 입시 비리

2016년 가을, 유명 사학 이화여자대학교의 미래라이프대학 설치 프로젝트를 둘러싼 논쟁에서 시작된 학내 갈등이 체육 분야 특기생 J모 양 입학 부정에 대한 학생들의 저항 사태로 이어졌고, 이는 결국 한국 정치사에 남을 촛불혁명을 가져오는 도화선이 되었다. 일부에서는 대한민국을 바꿀 사회혁명의 물꼬를 텄다고 해석한다. 특정 학교, 특정 전공, 특정인의 입시 비리라고 하는 작은 교육 사건 하나가 사회 전체의 변화를 촉발하는 엄청난 사건이었다. 대한민국에서 교육이 차지하는 상상 이상의 위상, 학력주의가 주는 거대한 의미를 되새기게 하는 사건이었다.

예체능 분야의 대학입시 부정은 어제오늘의 일도 아니고, 한두 번 반복된 일도 아니며, 특정 대학에만 국한된 일도 아니다. 21세기의 시작을 10년 앞둔 1991년 1월, 학부모는 물론 일반인의 이목을 집중시킨 교육 뉴스가 있었다. 바로 유명 대학의 예체능 입시 비리 소식이었다. "서울대 음대 입시부정"『동아일보』, 『한겨레신문』, 1991년 1월 22일 소식에 이어 "예체능 입시 비리: 유전합격 무전낙방의 비극"『경향신문』, 1991년 1월 23일, "예체능 입시 비리: '레슨' 없인 합격도 없다"『경향신문』, 1991년 1월 24일, "예체능 입시 비리: 흥정합격 연결고리 끊어야"『경향신문』, 1991년 1월 25일, "예체능 대입 뒷거래 실상"『한겨레신문』, 1991년 1월 26일, "돈노름 예체능 대입, 돈과 바꾼 예술"『동아일보』, 1991년 2월 2일 등의 기사가 이어졌다. 연일 이처럼 자극적인 제목의 기사들이 난무했고, 비리 사례들이 언론을 뒤덮었다. 그야말로 "건국 이후 부각된 교육문제 중 가장 큰 충격"『동아일보』, 1991년 2월 2일을 준 사건이었다.

서울대학교에 이어 입시부정은 건국대학교, 단국대학교, 부산여자대학교, 이화여자대학교 등에서도 확인되었다. 1991년 1월 22일 첫 발표 이후 2월 22일까지 한 달간 예체능 입시부정으로 검찰에 구속된 대학교수는 전국적으로 14명, 수배된 교수는 5명이었다. 부정에 가담한 학부모도 다수가 구속되거나 수사를 받았다. 대한민국 교육의 상징, 학문의 상징, 도덕성의 상징이던 국립서울대학교가 입시 비리의 중심이었다는 것과 교수들이 주역이었다는 것은 대한민국 교육의 현주소를 알려주는 극명한 사례였다. 아마도 서울대학교가 연루되지 않았다면 이처럼 큰 파문으로 이어지지는 않았을 수도 있었다. 여기서도 우리 사회 학력주의의 단면을 엿볼 수 있다. 1991년 서울대학교 음대 입시 비리 이전에도 대규모 입시 비리 사건은 많았다. 1980년대에 드러난 사건만 보더라도 1980년 2월의 조선대학교 대리시험 사건, 1989년 동국대학교 부정입학 사건(총장 등 구속), 1990년 12월 한성대학교 부정입학 사건(재단이사장 등 구속) 등이 있었지만 이번 사건만큼 주목받지는 못했다. 이번 사건은 서울대학교가 포함된 사건이라는 측면에서 사회적 충격이 더 크고 지속적이었다.

〈새교육〉은 1991년 4월호에 "'돈 놓고 합격 먹기' 예체능 입시 비리 백태"라는 글을 통해 그동안 폭로된 각양각색의 예체능 분야 입시 비리의 사례들을 소개했다. 다음은 〈새교육〉에 소개된 몇 사례다.

고급공무원 주 모 씨의 첼로를 전공한 둘째 딸은 두 차례
나 대입시에서 낙방했다. 고교 내신성적이 3등급이나 되고
국내 음악콩쿠르에서 몇 번씩 1등상을 받았는데 번번이 낙
방하는 것이었다. 시험 볼 때마다 입시 브로커들로부터 '2~3
천만 원은 써야 합격이 보장된다'는 언질을 받곤 했지만 주씨
는 고급공무원이란 신분과 '공정한 입시에서 설마' 하는 마
음으로 이를 뿌리쳤었다는 것. 주씨는 딸을 유학 보내기로
결심했다. 세계적 명문인 미국 줄리어드 음대에 지원, 우수한
성적으로 합격했다. "대학입시에 두 번씩 떨어졌을 때, 사실
딸아이의 연주 실력을 믿을 수 없었어요. 그러나 줄리어드에
합격하고, 더군다나 그곳 매스컴들이 딸아이의 연주 실력에
감탄, 칭찬하는 글까지 보도되는 것을 보고 우리나라 음대
입시의 모순을 절감할 수 있었습니다." _〈새교육〉 1991년 4월호

이 모 씨의 경우, 지난해 12월 초 모 대학 강사인 딸의 과외선생으
로부터 "6천만 원이면 확실히 합격시킬 수 있다"는 제안을 받았다. 돈
의 액수가 하도 많아 이씨는 2천만 원으로 '구걸'하다시피 깎아 돈을
건네줬다. 결과는 불합격이었고 돈은 돌려받을 수 있었다. 이씨의 딸
은 학력고사 점수 245점에 내신 성적도 5등급이었는데 불합격되었고,
딸의 친구는 210점에 8등급인데도 합격되었다며, 고개를 내저었다.

서울 K여고 박모 양(18)은 모 음대에 지원했다 낙방했다.
그러나 합격한 친구들로부터 '레슨 선생을 통해 3천만 원을
썼다', '엄마가 6천만 원을 마련해 전달했다'는 말을 들었다.

_〈새교육〉 1991년 4월호

이들이 사용한 수법은 〈새교육〉의 표현대로 '스파이전'을 방불케 했다. 당시 구속된 지방 소재 M대학의 C교수는 부인에게 레슨을 받은 수험생이 서울대학교에 응시했으나 본인이 서울대학교 심사위원으로 위촉받지 못하자 심사위원인 K모 씨에게 그 수험생의 플루트 연주음 특색을 알려주는 방법을 썼다. 연주음 특색을 찾아낸 심사위원은 나머지 심사위원들에게 코를 만지거나 손목시계를 풀어놓거나 머리를 쓰다듬는 등의 암호를 전달, 채점에 반영하도록 했다. 서울 S대학의 M교수는 자신이 심사위원이므로 응시생인 딸의 실기엔 참석하지 않은 대신, 사전 약속대로 자신의 손바닥을 비비는 암호를 전달했다. K대학의 A교수는 수험생 H군의 부모로부터 2천만 원을 받고 오보에 실기시험에서 피아노 반주자와 짜고 색다른 튜닝 음을 신호로 보내 채점위원이 알아보도록 했다.

미술대학에 입학하려면 개인지도 외에 입학 예정 대학의 교수가 경영하는 학원에 다녀야 하고, 대학교수가 개인전을 열면 수백만 원 내지 수천만 원 대의 작품을 사주어야 한다는 것이다. 인문계 고등학교에 다니던 전직 국회의원의 딸인 P양은 대학 입학이 어렵게 되자 고3 때 아버지의 권유로 더블베이스를 배우기 시작하여 1년 만에 대학에 합격했다. 아버지가 당시 억대에 해당하는 더블베이스 7대를 해당 대학에 기증한 것이 작용했다는 것이다.

폭로에 이어 각종 조사가 이어지고 대책이 발표되었다. 교육부는 1월 26일, 확산되는 비난 여론에 부응하여 '예체능계 입시부정과 일부 사립대의 교수 채용 비리와 관련, 전국 128개 대학에 대한 대대적인 전면 감사' 실시 계획을 발표했고, 이어 1월 30일 수사를 받고 있던 서울대학교, 이화여자대학교, 건국대학교 등을 비롯한 주요 대학을 제외하고 예체능 분야 학생 수가 많은 한양대학교, 중앙대학교, 대구대학교, 호남대학교 등 4개 대학에 감사반을 보내 입시부정 및 교수 신규 채용과 관련한 금품 수수 등 비리에 대한 감사에 착수했다. 아울러 교육부는 '예체능계 입시제도개선특별위원회'도 구성했다. 지금까지도 이어지고 있는 엄격한 조사와 대책위원회 구성이라는 상투적인 대응 방식이었다.

2월 2일 대학총장 모임인 한국대학교육협의회는 "예체능계 입시부정과 학사 비리 등을 해소하기 위해 대학이 먼저 자율 규제를 강화해 나갈 것"이며 "예체능계 교수들의 불법 레슨과 교수 임용 비리 등에 대해 강력한 규제책을 마련하겠다"고 발표했다.『한겨레신문』, 1991년 2월 3일 역시 대학들이 습관처럼 내세우는 자성과 자율 규제라는 약속의 반복이었다. 2월 28일, 교육부는 4개 대학에 대한 감사를 실시한 결과 "부정 사례를 적발하지 못했다"고 발표했다. 1991년 9월 12일 자『동아일보』는 서울대학교 음대 교수 35명이 중고생들을 대상으로 한 레슨을 거부하는 자정운동을 전개하기로 하여 사회 일반에도 적지 않은 청량감을 주고 있다고 보도했다.

그런데 불과 수개월 후 예체능 분야 입시 비리가 다시 여론을 뒤흔들었다. 이번에도 이화여자대학교였다. 이화여자대학교는 다시 예체능 입시부정의 주역으로 떠올랐다. 이번에는 무용 전공이었다. 무용과 홍 ○○ 교수가 입시에서 수험생의 학부모로부터 부정입학의 대가로 1억 1천만 원의 사례비를 받은 것이 학교 측의 자체 조사 결과 드러났고, 이에 따라 검찰의 수사가 시작되었다. 수사 대상에는 한국 무용계의 상징이던 홍○○, 육○○, 김○○ 교수 등이 포함되어 충격은 더 컸다. 수사 결과 이들은 실기점수 조작에 관여한 혐의가 인정되어 구속 기소되었고, 실형 선고와 함께 대학을 떠났다. 한국 무용계의 트로이카로 불리던 이들은 1993년 즈음 무용계로 복귀함으로써 적지 않은 논란을 불러일으키기도 했다.

복귀한 것은 이들 입시 비리 관련자들만이 아니었다. 비리 자체도 돌아왔다. 더 규모가 크고 정밀한 형태로 돌아왔다. 1993년 1월 모든 방송과 신문은 과거 수년간 다수 대학에서 부정입학이 벌어져왔고, 이들에 대한 수사를 진행하고 있다는 사실을 보도했다. 같은 해 5월 12일 검찰에서 발표한 수사 결과를 보면 대입 부정합격자는 1,412명에 이르며 이들에 대한 정밀 검토 결과 공소시효가 만료된 사람 등을 제외한 42명을 수사 대상에 포함시켰다. 9개 대학에는 연세대학교, 한양대학교, 광운대학교, 한림대학교, 서울여자대학교, 상지대학교, 경원대학교, 국민대학교 등이 포함되었다. 부정입학 유형은 지망학과 변경, 교직원 자녀 특례입학, 답안지 교체, 편입학 구술시험 채점 조작, 편입학 답안지 조작, 예능계 실기고사 점수 조작, 외교관 자녀 부적격입학 등이었다. 연루된 학부모 중에는 전·현직 국회의원, 문교부장관, 언론사 사장, 경찰청장 등이 상당수 포함되어 있었지만 이들은 대부분 수사 대상에서 제외되었다. 정부는 또다시 철저한 조사와 개선 대책 마련을 지시하고 발표했다. 몇몇 대학 총장이 해임되고 관련 교직원들이 해임 또는 파면되는 등의 가시적인 조치들이 잇따랐다.

20세기의 막바지였던 1999년 11월 25일 『동아일보』는 '음대 입시 비리 교수 2명 밤샘조사'라는 보도를 했다. 1998년 음대 입시에서 K대를 포함하여 서울 시내 4개 대학 음대 교수들이 금품을 받은 사실이 드러난 것이다. 이어서 『경향신문』 11월 30일 자는 서울시내 10개 음대 교수 16명 입시 비리 계좌추적"이라는 기사를 게재했다. 이번에도 서울대학교와 연세대학교 그리고 이화여자대학교가 포함되었다.

검찰의 엄정 수사, 관련자들에 대한 처벌, 교육부의 대책 발표, 대학 사회의 자정 노력 등이 이어졌지만 대학입학을 둘러싼 입시 비리와 부정은 근절되지 않았다. 오히려 그 수법이 교묘해질 뿐이었다. 교육자치제의 본격화, 복수 교원노조 출범 등으로 교육 분야에서의 민주화가 본격적으로 추진된 시기로 규정된 1990년대는 시작과 끝이 입시 비리였다. 1990년대는 학력이 권력, 경제력, 나아가 개인과 가족의 명예, 그리고 배우자 선택에까지 영향을 주는 사회에서 학력을 향한 무한 질주와 일탈을 제어하는 것이 결코 쉽지 않다는 사실을 경험한 시기였다. 세상을 뒤흔든 2016년 이화여자대학교 체육 분야 부정입학 사태는 우리 사회가 경험을 통해서도, 역사를 통해서도 학습하지 못하고 과거의 잘못을 한없이 반복하는 집단적 문맹사회일 수 있다는 것을 여실히 보여주었다.

| 참고문헌 |

• 〈새교육〉 1991년 4월호.
• 『동아일보』, 『한겨레신문』 1991년 1월 22일 자.
• 『경향신문』 1991년 1월 23일 자.
• 『경향신문』 1991년 1월 24일 자.
• 『경향신문』 1991년 1월 25일 자.
• 『한겨레신문』 1991년 1월 26일 자.
• 『동아일보』 1991년 2월 2일 자.
• 『한겨레신문』 1991년 2월 3일 자
• 『동아일보』 1999년 11월 25일 자.
• 『경향신문』 1999년 11월 30일 자.

교원임용고시, 28년 고통의 시작

1991년은 그야말로 숨 가쁜 한 해였다. 새해 시작과 함께 미국이 이끄는 다국적군이 이라크를 공격함으로써 걸프전이 발발했고, 한때 싸구려를 뜻하는 '치킨 누들' 네트워크Chicken Noodle Network로 불리던 미국의 신생 케이블 뉴스 채널인 CNN이 이 전쟁을 실시간으로 중계함으로써 뉴스 채널의 새로운 시대를 열었다. CNN 뉴스가 세계 여론을 지배하는 시대가 시작된 것이다. 이후 세계 여론은 미국 중심적 보도를 추구하는 CNN과 이에 저항하는 채널들(예컨대, 알자지라) 사이의 전쟁터가 되었다. 같은 해에 유고슬라비아로부터 슬로베니아와 크로아티아가 독립을 선언했고, 이어 라트비아, 우크라이나, 에스토니아, 리투아니아, 마케도니아, 타지키스탄, 아르메니아 등 소비에트연방 소속이던 국가들이 무더기로 독립했다. 소비에트연방은 무너지고, 러시아는 독자적으로 유엔에 가입했다.

이런 변화의 시간 속에서 대한민국과 조선민주주의인민공화국도 유엔에 동시에 가입했다. 1991년 9월 17일이다. 수락 연설에서 이상옥 외무장관은 "더욱 뜻깊은 것은 조선민주주의인민공화국이 우리와 함께 유엔에 가입하게 된 것입니다… 오늘 남북한의 유엔 가입은 한반도에 냉전의 잔재를 청산하기 위한 새로운 출발을 예고하는 날이 되기를 기원합니다"라고 그날의 감격과 희망을 표현했다. 그 희망이 이후 28년간의 우여곡절을 거치며 절망을 수차례 맛보았고, 이제야 또 다른 출발 앞에 서게 되었다는 것은 슬픈 일이다.

1991년 당시 흔들리고 요동친 것은 세계질서만이 아니었다. 오랜 동안 비교적 안정적이던 대한민국의 교사 임용제도 또한 크게 흔들렸고, 수많은 교사 지망생에게는 고통과 번민의 문이 열렸다. 우리나라 교원 양성과 임용제도의 역사에서 1991년은 그야말로 획기적인 해였다. 교직을 평생 직업으로 선택하려는 수많은 대학 졸업생들을 고시촌으로 내모는 공립 초·중등학교 교사 임용 후보자 선정 경쟁시험, 이른바 교원임용고시가 이때 시작되었기 때문이다.

일반 대학 사범계열뿐 아니라 교원 양성을 목적으로 설립된 교육대학에 이르기까지 교직 희망자를 가르치는 모든 교육기관을 교원임용시험 준비 기관으로 전락시킨 비교육적 정책이었다. 나아가 학교를 아름다운 교육의 장이 아니라 정규직 교원과 기간제 교원의 어색한 동거 기관으로 만든 제도가 바로 이때 도입한 교원임용고시다. 당시 이 제도를 도입한 그 누구도 28년 후 이 제도로 인해 대한민국 교직사회가 양분될 것이고, 교직을 꿈꾸는 청춘남녀들이 대학 졸업 후에도 수년간 고시촌에서 눈물겨운 시험 준비에 매달리게 되리라고 생각하지는 못했을 것이다. 이 제도 도입 후 첫 시험을 앞둔 1991년 1월 21일 자 『경향신문』은 '교원 공개임용, 제도 정착까진 산 넘어 산. 첫 고시 평온-면접이 뇌관'이라는 제목의 글을 실었다. 제도 도입을 둘러싼 논쟁과 갈등은 심했지만 첫 시험은 비교적 평온하게 치러졌다. 문제는 넘어야 할 산이었다. 그 산은 점점 커져서 지금은 거대한 산맥이 되어 있다. 교원 수급을 결정하는 공권력도, 교원이 되고자 준비하는 응시자들도 넘기 힘든 산맥이 되어 우리나라 교육의 근간을 흔들고 있다.

해방 후 1950년대 후반까지는 교육 인구의 폭증에 따른 교사 부족이 심각한 상태였다. 따라서 정규 교사 양성기관 외에도 다양한 형태의 임시 교사 양성제도를 운영했고, 교직에 필요한 최소한의 자격이 있는 사람은 교직에 나아가는 데 별다른 여과 장치가 필요하지 않았다. 1946년에 출범한 서울대학교 사범대학, 대구사범대학, 공주사범대학을 졸업한 학생 중 교직을 원하는 사람은 누구나 교직에 임명되었다. 1950년대에 접어들어 국립과 사립 사범대학이 다수 신설되고, 일반 대학에 교직과가 설치되고, 다양한 형태의 임시교원양성소가 설치되어 운영됨으로써 교사 부족 문제는 서서히 해결되기 시작했다. 초등교원과 중등교원 양성기관은 분리되어 있지 않았다.

1953년 4월 18일 제정된 최초의 교육공무원법에서는 교사의 신규임용과 관련하여 특별한 절차를 규정하지 않았다. 11호봉 이하의 교원에 대하여 "다음 각호의 1에 해당하는 교육공무원은 문교부장관이 임명한다"(제11조)라는 규정이 전부였다. 자격 있는 교원이 절대 부족한 상황, 자격을 지닌 교원을 시급히 양성해야 하는 상황을 고려할 때 당연한 법 규정이었다.

1961년 2년제 교육대학이 별도로 설립됨으로써 초등교사 양성 기간은 2년, 중등교사 양성 기간은 4년으로 차등이 생겼지만 이로 인한 갈등이 크게 초래되지는 않았다. 1963년 12월 5일 교육공무원법은 전문 개정이 이루어졌다. 제9조는 교원 신규 임용과 관련하여 매우 의미 있는 내용을 규정했다. 제1항은 "교사의 신규 임용에 있어서는 국립 또는 공립의 교육대학·사범대학 기타 교원 양성기관의 졸업자 또는 수료자를 대통령령이 정하는 비율에 따라 우선하여 채용하여야 한다"라고 규정했고, 제2항은 "교육공무원의 신규 임용에 있어서 채용예정 인원수보다 그 희망자가 많은 때에는 임용권자 또는 임용제청권자는 경쟁시험에 의하여 그 임용후보자를 선정할 수 있다"라고 규정했다. 교원 임용에서 국·공립대 졸업생 우선 채용, 사립대학 졸업자에 대한 경쟁시험에 의한 채용을 규정한 것이다. 이런 차별적 요소를 지닌 법 조항도 '양적 충원'이 시급하던 당시에는 별 문제가 없었다.

교육대학과 사범대학 증설로 교원자격증 소지자가 양산되던 1970년 대까지도 큰 문제가 되지는 않았다. 취학 희망 인구의 증가, 산업화의 진전과 기업의 인력 수요 확대에 따른 교직 이탈의 가속화, 교직의 인기 하락, 그리고 교육여건 개선을 위한 교사 충원의 확대 등으로 1980년대 초반까지는 교원 임용 절차가 심각하게 사회문제로 대두되지는 않았던 것이다. 1970년대 후반까지도 교직과정 설치를 희망하는 대학에는 양성의 여건을 고려하지 않고 모두 승인했다. 국공립 교육대학과 사범대학 졸업자들은 희망하는 경우 전원 공립학교에 임용되었고, 이들로 충원되지 않은 결원에 대해서는 사립대학 출신자들 중 교원자격증 소지자들을 대상으로 실시하는 교사임용후보자 순위고사 합격 순위에 따라 차례로 임용되는 원칙이 무난히 적용되었다.

문제의 출발점은 국가의 교원 수급정책 부재였다. 초등의 경우 지속적으로 교원자격증 소지자 부족 현상을 겪는 반면, 중등의 경우에는 교원 임용 적체 현상으로 인한 비난과 혼란이 야기되었다. 국가 정책의 실패를 모면하는 방식으로 선택한 것은 통제와 시험이었고, 그로 인한 피해는 대학과 교직사회가 감당해야 했다.

통제의 첫 대상은 교직과정과 사범대학이었다. 교직과정에 대한 질적 통제를 시작한 것은 1982년부터였다. 1980년 7·30 교육개혁에 따라 대학 입학 정원을 사범대학을 포함하여 모든 분야에서 30% 증원했으나 교직 이탈 추세는 오히려 약화되기 시작했다. 사회가 불안하면 안정된 직업을 선호하는 일반적 경향을 반영한 현상이었다. 1983학년

도부터 국립과 사립 사범대학의 입학 정원을 축소하기 시작했다. 1983
학년도부터 1990학년도까지 국립대의 경우 사범대학 입학 정원이
7,310명에서 3,795명으로 절반 수준으로 줄었고, 사립 사범대학의 경
우에도 11,620명에서 9,375명으로 20% 가까이 줄었다. 1985년에 비해
1990년의 국공립 중등학교 교원 채용인원은 두 배 이상(214%) 증가했
다.〈새교육〉, 1991년 9월호 이렇게 사범대학 입학 정원을 축소하고, 교직과정
이수 자격을 강화하는 동시에 교원 채용을 확대하는 등의 정책을 추
진했음에도 중등교원 수급 불균형 문제가 본격화되기 시작했다. 교원
에 대한 국가자격고시제 도입 등의 주장이 등장한 것도 이즈음이다.

이런 상황에서 문교부는 1989년 초 국립 사범대학 출신 중 미임용
대기자의 적체 해소를 위해 4개월 과정의 임시중등교원양성소를 설
치한다는 계획을 발표하여 사립대학으로부터의 반발을 불러일으켰
다. 한국외국어대학 사범대학, 효성여자대학교 사범대학, 동국대학교
사범대학 교수들의 임시교원양성소 반대성명 발표와 전국 6개 사범대
학 학생 1천여 명의 반대 집회가 이어졌다. 이 정책을 둘러싼 논쟁과
갈등은 교원 임용 과정에서의 국립대학 우대와 사립대학 차별 문제를
공론화시키는 계기가 되었다.

교육개혁심의회, 교육행정학연구회, 한국교사교육연구협의회 등 전
문단체에서 논의를 주도했고, 이즈음 〈새교육〉에도 교원 수급 불균형
문제를 다루는 전문가와 교사들의 주장과 제안이 급증했다. 박덕규의
'교원과잉공급의 문제와 그 장단기 대책방안'〈새교육〉 1989년 7월호도 그중
하나다. 이 글에서 박덕규는 초등과 중등 부문에서 교원 과잉공급의
실상을 분석했다. 결론은 '교원수급계획의 부재'였다. 교원수급정책의
실패가 낳은 결과는 "대학 졸업하고 할 일 없으면 선생이나 하지"라는
자조적 표현의 등장과 교원 지위의 하락이었다. 이 글에서 제시한 해

결책은 교과서적이었다. 단기적으로 임용자 수 확대, 장기적으로는 교사 양성 규모의 적정화였다. 1989년 8월호에서는 '교원 양성·임용정책의 재검토'를 특집으로 마련했다. 윤형원은 '교원 양성·임용정책의 대전제'라는 글에서 그간의 교원정책을 "정책 포기의 행태"로 규정한 후, "자격시험이고 국립대학 출신자의 공립학교 우선 임용 폐지론이고 하는 이야기는 자타가 공인하는 우수 교원이 배출될 때 거론할 문제이지 지금 현재로서는 교사교육의 근본 바탕까지 무너뜨릴 공산이 크므로 경청할 가치조차 없는 이야기"라고 단언했다._{윤형원, 〈새교육〉 1989년 8월호} 한국교육개발원의 이윤식은 '교원임용정책의 문제'라는 글에서 새로운 정책 도입은 교사양성교육과정의 개선과 교직에 대한 사회적 인식의 개선에 기여하는 방향에서 이루어져야 할 것을 강조했다. 교사 양성 기관을 고시학원화할 우려가 있는 공개경쟁임용제도의 도입에 신중을 기할 것을 주장하기도 했다._{〈새교육〉 1989년 8월호} 인천교대(현 경인교대)의 최희선 또한 '교사 양성·수급의 불균형'이라는 글에서 새로운 정책은 일시적 정책이 아니라 반드시 "교원의 질적 향상"과 "교원의 전문직적 지위를 확보하여" 주는 방향으로 나아가야 할 것을 주장했다.

〈새교육〉 1989년 10월호에는 동아대학교에서 열리고 한국교사교육연구협의회에서 주최한 '국·사립학교 교원의 수급 및 임용정책'이라는 주제의 세미나에서 발표된 논문들이 소개되었다. 서울대학교의 이종재는 국가가 주도하는 교원자격고시제의 도입과 시·도별 독자적 선발 방안을 제시했다. 국립대학 졸업자 우선 임용 원칙 폐지는 원칙적으로 반대했다. 전북대학교 사범대학의 곽영우는 평등성과 공평성의 원칙을 강조하며 자유경쟁에 의한 선발의 불가피성을 주장했다. "채용을 위한 검사(테스트, 고시, 시험 등)는 필요악일 수밖에 없다"는 논리였다._{〈새교육〉 1989년 10월호}

〈새교육〉은 1989년 12월호에서도 이 문제를 다루었다. 대한교육연합회 주최로 열린 '우수교원 확보를 위한 교원양성·임용정책' 토론회에서 발표된 홍익대학교 서정화의 논문이 게재되었다. 서정화는 이 글에서 시·도 단위 교육감 책임하의 공개경쟁임용제도 도입과 신규 채용 확대를 주장했다. 대통령 자문기구였던 교육정책자문회의에서도 국립·사립 구분 없는 완전공개경쟁시험을 통한 신규 교사 임용을 제안했다는 것을 언급하며, 합리적인 정책 대안이 마련되지 않을 경우 사법적인 결정으로 해결될 가능성도 배제할 수 없다고 예측했다.〈새교육〉 1989년 12월호

결국 서정화 교수가 우려한 "사법적 결정"이라는 절차에 따라 곽영우 교수가 주장한 "필요악"인 공개경쟁시험제도가 도입되었다. 1990년 10월 8일 헌법재판소는 교육공무원법 제11조 제1항이 헌법정신(평등권과 직업선택의 자유)에 위배된다고 판결함에 따라 해당 조항은 같은 해 12월 31일 "교사의 신규 채용은 공개전형으로 한다"는 것으로 개정되었다. 법 개정에 따라 1991학년도부터 국·공립 중등학교 신규 교사는 공개전형으로 선발하기 시작했다. 1993학년도까지는 국립 사범대학 졸업생에게 신뢰이익을 보호하기 위하여 채용 예정인원의 일정 비율(71%)을 배정하고, 나머지를 사립대학 출신의 교원 자격 소지자를 대상으로 한 경쟁시험에 의해 충원하는 과도기적 충원 방식을 도입했다. 71 대 29라는 배율이 어떤 근거에서 나왔는지는 당시나 지금이나 궁금증으로 남아 있다.

국립과 사립대학 양측으로부터의 비난에도 불구하고 이 비과학적이며 비교육적인 조치는 그대로 이행되었다. 1990년 12월 처음 실시된 1991학년도 임용시험에서는 국립 사범대학 졸업자들의 경우 2.42 대 1의 경쟁을 보였지만, 사립 사범대학 졸업자들은 무려 16 대 1의

경쟁을 보였다. 초등교원의 경우에는 모든 지역에서 미달 사태를 보였다. 선발인원 4,147명에 1,872명이 지원했다. 서울의 경우에도 국립 교대 출신은 530명 선발에 299명만이 지원했을 뿐이었다. 반면 사립대 및 전직 교사 출신은 60명 모집에 250명이 지원하여 4.2 대 1의 치열한 경쟁률을 나타냈다.

공개시험 철회를 요구하는 집회와 농성이 이어졌고, 일부 대학에서는 원서접수에 필요한 증명서 발급 중단으로 인한 갈등과 혼란이 야기되었다. 이런 사태에 직면하여 교육부는 "교원임용고사는 예정된 날짜에 정상적으로 시행된다"고 밝히고 "시험 당일 방해자는 형사입건할 방침"이라고 선언했다.『경향신문』, 1991년 1월 9일 한마디로 말해서 교원수급정책 실패라는 근본적 문제에 대한 해결책 마련은 포기한 채 절차의 공정성만 확보하여 비난을 모면하려는 오래된 교육정책 실패의 관행을 반복하는 데 그쳤다. 1991년 9월호 〈새교육〉은 공개경쟁시험제도의 도입에도 불구하고 우리나라의 교원임용정책이 여전히 "이상기류에서 표류하고 있다"고 규정했다.김선종, 1991

이때 시작된 표류는 28년째 지속되고 있다. 표류 상태에서 멈추기는커녕 이제 침몰 위기를 향해 치닫고 있다. 국가 설립의 목적형 교사 양성 체제를 유지하고 있는 초등학교 임용시험조차 궤도를 이탈했다. 2017학년도 임용시험에서는 강원도를 비롯하여 충북, 충남, 경북, 경남 등에서는 미달 사태가 벌어진 반면, 서울을 비롯한 대도시 지역에서는 경쟁이 치열한 양극화 현상이 벌어졌다. 2018학년도 임용시험의 경우 미달 지역은 없었지만 평균 1.62 대 1의 경쟁을 뚫어야 교직으로 진입할 수 있는 자격을 얻을 수 있었다.

문제의 심각성은 교원 임용과 관련하여 미래를 예측할 수 없다는 사실이 가져오는 교원 양성기관 종사자들의 불안감과 교육 기능의 왜

곡이다. 중등교원 양성기관에서 시작된 교사 양성 교육의 왜곡 현상은 이제 초등교원 양성기관으로 전이되었다. 물론 개방형 양성 체제를 지닌 공립 중등학교 교원 임용이 지닌 문제는 이보다 몇 배 심각하다. 최근 중등교원 임용시험 경쟁률은 20:1에 달하고, 사범대학 졸업생들의 임용률은 10% 미만이다. 교원 양성과 임용 정책은 국가가 관장하고, 그로 인한 고통의 책임은 교원이 되려는 국민 각자의 몫이다. 28년 전에 시작된 이 정책은 교원 양성 교육의 정상화와 교직의 전문성을 가로막는 1차 장애물이다.

모든 교육대학과 사범대학은 교사로서의 전문성 향상보다는 임용시험 준비에 몰두하고 있다. 교사 양성을 목적으로 설립된 교육대학과 사범대학은 제구실을 못하고 있으며, 일반 대학 교직과정과 교육대학원 과정을 통해 양성되는 교사 자격증 소지자 수가 사범대학 졸업자 수를 능가한다. 전문직이어야 마땅한 교사를 양성하는 과정을 보면 이미 우리나라의 교사는 전문직이 아니다. "학교의 주인은 알파도 오메가도 교사"^{김용옥, 2017}라는 주장이 공허하게 들린다. 양성과정의 비전문성과 임용 절차의 무책임성은 이를 증명한다. 교사 양성제도의 정상화와 교원 수급 과정의 정상화를 위한 혁명적 조치와 사회적 합의가 필요한 시점이다. 이런 조치가 성공을 거두려면 이해 당사자들(교육대학, 사범대학 소속 교수와 교육부)의 반성과 노력이 필수적이며 전제되어야 할 조건이다.

| 참고문헌 |

• 김선종(1991). 「중등신규교사 자격검정방안」. 〈새교육〉 1991년 9월호.
• 김용옥(2017). 『도올의 교육입국론 증보신판』. 통나무.
• 박덕규(1989). 「교원과잉공급의 문제와 그 장단기 대책방안」. 〈새교육〉 1989년 7월호.
• 〈새교육〉 1989년 8월호.
• 〈새교육〉 1989년 10월호.
• 〈새교육〉 1989년 12월호.
• 『경향신문』 1991년 1월 9일 자, 1월 21일 자.

한국 교육 제2의 길

8·15 직후의 혼란, 전쟁의 소용돌이, 이승만 정권의 독재하에서도 교육만은 민주적이어야 한다는 원칙은 살아 있었다. 우리 교육이 기반이 약한 제1의 길을 걷는 동안에는 교사도, 교육도 살아 버티고는 있었다. 민주교육이 큰 암초에 부딪히게 된 것은 5·16쿠데타로 인해서였다.김동길, 1985 그날부터는 민주교육을 시도는커녕 이야기하는 것조차 허용되지 않는 비정상적인 사회로 진입했다. 우리 교육은 길고 험한 제2의 길에 들어섰다.

한국 교육 제2의 길은 교육에 대한 국가권력의 과잉 지배와 이에 대한 도전의 시간으로 채워져 있다. 박정희 시대, 전두환 시대, 노태우 시대로 이어지는 30년의 시간이다. 획일성과 목표지상주의, 경제우선주의를 내세운 유신독재와 군부독재에 의해 교육이 지배되고, 어떤 종류의 비판이나 자율도 허용되지 않던 어두운 시간이었다.김동춘, 2006

국가권력에 의한 공교육의 체계적 관리는 근대교육의 한 구성 요소로 인식된다. 서구적 기준에서 보면 중세의 오랜 시간 동안 국가권력보다는 교회권력이나 개별 가문권력에 의해 장악되어 있던 교육이 국민국가의 체계적인 관리하에 들어오고, 교육이 공공성을 얻게 되면서 큰 발전이 있었으므로 여기에 '근대'라는 용어를 덧붙여 '근대교육'이라는 개념을 만들어낸 것은 자연스러운 일이다. 따라서 서구적 기준이기는 하지만 국가권력에 의한 공교육의 체계적 관리 자체가 부정적인 평가를 받을 수는 없다. 문제는 그것의 지나침이 가져오는 폐해다. 교육에 대한 국가권력의 과잉 지배는 필연적으로 교육의 획일화와 단순화를 초래하며, 이는 자율과 창의를 속성으로 하는 교육을 병들게 하기 때문이다. 국가권력은 자신들의 통치 이념을 반영한 기준을 만들고, 이 기준에 도달하기 위해 모든 교육 당사자들은 경쟁하고 싸워야 하므로 그 속에서 배려나 협력의 정신은 싹틀 수 없다. 교육의 공공성은 결국 무너지는 것이다.

한국 교육 제2의 길은 1961년 5·16쿠데타로 시작되었다. 이후 교육은 국가가 주도하는 관리 체제 아래 놓이면서_{김정인, 2018} 정치적 이념을 구현하는 데 동원되는 수단으로 변해갔다. 한국 교육 제2의 길이 보여주는 가장 큰 특징은 바로 교육에 대한 국가 관여의 극대화와 교사의 자율성 상실이다. 교사로 상징되는 학교의 자율성은 소멸하고, 국가권력의 교육 지배는 점차 공고해져갔다. 교육 주체여야 할 교사, 학생, 학부모들은 점차 교육현장에서 객체 혹은 타자화되어갔고, 국가권력이 모든 것을 주도했다. 제1의 길을 지배하던 국가권력이 미숙한 초범이라면 제2의 길을 지배하던 국가권력은 노련한 상습범이다.

우리나라 교육에서 교사를 지식 전달의 기술자로 만드는 데는 새로 권력을 잡은 5·16 군부의 역할이 지대했다. 획일적인 군대문화에 익숙한 신 권력층은 획일적이고, 일관성 있고, 투명한 기준을 선호했다. 이들이 지도하여 생산해내는 많은 교육정책은 현장 교사들의 자율적 판단보다는 외부에서 주어진 획일적 기준에 따를 것을 강요했다. 이런 경향을 보여준 대표적인 사례가 현직 교원에 대한 학력시험 실시였다. 군부에 의해 단행된 교육자치제 폐지가 만들어낸 사건이기도 했다. 갑작스러운 교육자치제 폐지로, 교육행정의 권한이 일반 행정가들에게 넘어갔다. 이에 따라 일부 지역에서는 교원의 자질에 의구심을 가지고 있던 일반 행정가들의 판단에 따라 지역 교원을 대상으로 학력시험을 실시하는 일이 벌어졌다. 심지어 교사들에게 학력시험 실시를 예고해 놓고 수험 준비 참고서까지 행정기관에서 지정하는 일까지 있었다. 교직을 유지해야 하는 교사들은 수업을 도외시하고 지정된 참고서를 암기해야 했다. 당시 교사들의 자질에 대한 일반 행정가들이나 일부 학부모들의 우려에서 나온 정책이었다. 1960년대 초반, 교사에 대한 사회 전반적인 불신에다가 교육의 수준을 지식의 양으로만 평가하려는 비정상적인 교육관이 만들어낸 정책이었다. 지식 중심의 획일적인 시험으로 모든 것을 평가하려는 시대 분위기를 상징하는 사건이었다.

교육에 대한 국가 관여의 확대를 보여주는 대표적인 사례는 역시 입시제도일 것이다. 문교부 주도로 공포된 무시험 중학입시제(1969년 시작), 대학입학 예비고사제(1969년 시작), 고등학교 평준화제(1974년 시작)를 통해 공교육의 모든 단계에서의 학생선발을 개별 학교가 아니라 국가권력이 관장하는 체제를 만들었다. 교육법이 규정하는 각급학교장의 학생선발권을 무시하는 초법률적 제도가 순차적으로 도입된 것이다. 이런 개혁 조치들을 발표할 때마다 공교육 정상화, 사교육 해소, 학교차 해소, 입시경쟁 해소를 외쳤지만 이루어진 것은 없었다. 오히려 반대의 결과를 가져왔다. 입시에 국가권력의 의지가 반영됨으로써 지식 중심성과 획일성이 우리 교육의 고유한 특성으로 자리 잡기 시작했다. 당시 만들어진 객관식 문제, 도구과목, 눈치작전 등 비교육적 용어들이 우리 공교육의 저변에 자리 잡는 결정적인 계기가 되었다는 점에서 국가권력의 입시 독점은 우리 교육 제2의 길을 상징하는 현상이었다. 교육에서 기준과 표준의 지나친 강조는 현장의 자율성을 무너뜨리고, 교육에 대한 지배권이 표준을 세운 곳으로 옮겨 가는 결과를 만들어낼 수밖에 없다. 민주주의의 다른 이름은 다양성에 대한 옹호이고, 전체주의의 다른 이름은 획일성에 대한 집착이라고 보면 우리나라의 교육을 지배하는 문화는 여전히 한국적 전체주의이고, 1960년대와 1970년대에 완성된 입시제도의 국가관리 체제는 그 출발점이었다.

우리나라 교육이 현장의 자율성, 제도적 역동성, 그리고 민주주의 교육의 가능성이나마 유지한 채 걸어왔던 제1의 길에서 이탈하여 완벽한 국가권력의 통제하에 획일성과 타율성을 기저로 하는 제2의 길에 들어섰음을 알리는 신호탄들이 다양하게 쏘아 올려졌다. 그중 하나는 1968년 공포된 국민교육헌장이다. 이 헌장은 이후 오랜 기간 교육을 국가권력의 통치 도구로 정착시키는 주춧돌 역할을 했다. 우리 교육 제2의 길을 떠받치는 이념적 기반이었다.

이즈음 폭주기관차를 연상케 하는 국가권력의 모습을 가장 잘 보여준 것이 바로 1980년에 나온 '7·30 교육 정상화 및 과열 과외 해소 방안'이다. 이 개혁안이 내세운 것은 정의로운 사회, 전인교육, 평생교육, 심지어는 창의력 중심의 교육이었다. 이 조치로 시행된 학교정화 운동이나 과외 단속은 교육을 대하는 당시 국가권력의 민낯을 고스란히 보여주었다. 상습적이고 조직적인 불량 학생으로서 순화 불능 학생으로 판단되면 관계기관에 고발 조치하는 것이 교육자의 의무였고, 이런 의무에 충실하지 않은 정화대상 교직자는 스스로 교단에서 떠나든지 고발 조치되는 시대였다. 부패한 집단으로 여겨졌던 교직자들은 감시와 처벌의 대상이었고, 스스로 깨끗함을 자임하던 통치 집단은 감독과 징계의 주체였다. 이런 식의 교육을 통해 학생들의 창의력을 신장시키고 전인교육을 추구하겠다는 꿈같은 이야기가 들리던 눈물겨운 시절이었다.

국가권력은 이처럼 민주시민교육, 창의력교육, 전인교육을 외쳐대고, 학부모는 수단과 방법을 가리지 않고 지식교육, 암기교육, 입시교육에 매달리는 모습은 당시나 지금이나 다르지 않다. 신군부의 강압적 교육 개혁 노력은 결국 실패했다. 교육은 정상화되기는커녕 비정상화로 치달았고, 과외금지 조치는 몰래바이트라는 새로운 유행을 낳았으며, 졸업정원제는 수습되지 않을 정도의 부작용만 낳았다. 대학의 서열화는 심해졌고, 8학군으로 상징되는 교육의 지역 격차는 부동산 투기와 뒤엉키며 서민들의 상실감을 극대화시켰다.

이런 험난한 길 위에 선 학부모와 학생이 선택할 수 있는 것은 단 하나뿐이었다. 당시 한 학부모의 표현대로 '입학시험에서 이기고 볼 일'이었다. 이기기 위한 싸움에 내몰린 학부모들의 몸부림이 만들어낸 것이 치맛바람이고 일류병이다. 순국산인 치맛바람은 교육이 이미 공공성을 상실하고 사유화된 것에 대한 학부모들의 명석한 깨달음을 알리는 현상이었다. 재력이든 경력이든 실력이든 모든 것을 동원해서라도 이기는 것이 교육에서 유일무이한 덕목이었다. 자녀를 일류 학교에 입학시키고자 학부모들은 가계비의 50% 이상을 교육비에 투자했고, 교육은 공공성을 상실한 채 극단적인 사유화의 대상으로 전락해 갔다. 공교육이 반드시 추구해야 할 가치의 핵심인 공공성은 사라지고 교육은 오로지 사적 이익의 추구 수단으로 변했다. 교육을 정치적 정당성 확보의 수단으로 변질시키는 데 앞장서고 있던 국가권력은 온갖 표준과 기준의 제시를 통한 경쟁 부추기를 통해 교육의 사유화를 더욱 조장했다.

제2의 길에서는 교육이 지식을 지배하는 것이 아니라 지식이 교육을 지배하는 모습이었다. 그 지식은 우리가 생활 경험에서 만든 지식이 아니라 서구 세계가 그들의 경험에 기초하여 만든 낯선 지식이거나 국민통합을 주문처럼 외우며 국가권력이 생산하여 유포시킨 이념성 지식이었다. 교육이 우리의 생활이나 경험으로부터 점차 멀어지기 시작했다. 학교를 지배하는 지식은 아주 멀고 낯선 곳에 있는 어떤 어른들이 만들고 체계화한, 그래서 배우는 학생들의 관심이나 흥미와는 무관한 지식이었다. 이런 지식을 가르치는 장소인 학교는 재미없고 의미 없는 곳, 이상한 지식을 강요하는 곳이라는 이미지를 굳혀갔다. 물론 서구의 지식을 발 빠르게 따라가는 것도 아니었다. 서구에서 우주시대를 맞아 과학교육의 중요성을 이야기하고 있을 때 우리는 여전히 국민교육헌장을 외우고 간첩 식별법을 배워야 했다. 서구에서의 지역사회 교육운동은 변질되어 애국애족과 결합된 새마을교육이 되었다.

아스팔트처럼 굳었던 제2의 길에 작은 균열이 만들어지기 시작했다. 1980년대 초반 잠시 돌아왔던 서울의 봄 이후 더욱 강고해진 통치체제하에서도 크고 작은 학원자율화가 시작되었다. 권력의 자발적 의지에서 출발한 자율화는 아니었지만 제1의 길에서 염원했던 학원의 자유가 다시 이루어야 할 꿈으로 등장했다. 중고등학교 두발과 교복의 자율화, 해직교수 복직과 제적학생 복교, 그리고 대학에서 공권력 철수 등이 이루어졌다. 5·16쿠데타로 암초에 부딪혔던 민주교육이 다시 움트기 시작한 것이다.

1986년 5월 10일 YMCA 중등교육자협회 소속 교사들이 발표한 '교육민주화선언'은 교육의 민주화야말로 진정한 교육개혁이라는 의지를 담아 발표되었다. 그들이 요구한 교육의 정치적 중립성 보장, 교사·학생·학부모의 교육권 보장, 교육의 자율성 확보를 위한 교육자치제 실현, 자주적인 교원단체 설립 및 활동 보장, 그리고 교육현장에서의 비인간적·비정상적 관행 철폐는 당시나 지금이나 정상적인 교육을 위해 반드시 필요한 당연한 주장이었다. 이 당연한 주장을 하는 것이 '교육에 악영향을 미치는 집단행위' 혹은 '선동적 대중정치 집회'로 규정되던 서글픈 시절이었다.

'교육민주화선언'이 보여준 정신은 이후 민주교육추진 전국교사협의회(1987년), 전국교직원노동조합(1989년)의 출범 등으로 이어져 교육민주화 시대로 가는 길을 여는 디딤돌이 되었다. 같은 시기에 발표된 또 하나의 선언이 있다. 1987년 10월 23일 발표된 '교육의 자율화를 위한 교육선언'이고, 이를 주도한 것은 대한교육연합회이다. 이 선언은 과도기적 혼란을 슬기롭게 극복하고 우리 민족의 탁월한 저력을 발휘함으로써 민족 화합과 국가의 융성이라는 공동목표를 성취하자고 호소했다. 교사집단의 한편에서는 교사, 학생, 학부모의 교육권을 이야기하고 있었고, 다른 한편에서는 국가와 민족을 이야기하고 있었다. 교직단체의 분열과 반목이 본격화된 시점이었다.

이렇게 한국 교육 제2의 길은 교육에 대한 국가권력의 집요한 관여로 시작하여 교직단체의 분열로 마무리되고 있었다. 1980년대 후반 교사들이 주도하여 발표했던 두 개의 선언에 담긴, 교육을 바라보는 엇갈린 시선이 우리 교육계 전체를 혼란스럽게 만들어왔다. 어찌 보면 이 두 선언 이후 이 땅에는 하나의 교육이 아니라 두 가지 이질적 교육이 동거하는 양상이 되었다.

한국 교육 제2의 길은 국가권력에 의한 교육의 완전 장악, 교육의 공공성 상실과 사유화, 그리고 교육계의 분열로 점철된 암울한 길이었다. 서구의 어떤 나라도 경험해보지 못한 지극히 한국적인 길이다.

| 참고문헌 |

- 김동길(1985). 「우리 교육의 반성」. 〈새교육〉 1985년 1월호.
- 김동춘(2006). 「박정희 시대의 민주화 운동」. 정성화 편(2006). 『박정희 시대와 한국 현대사』. 선인.
- 김정인(2018). 『대학과 권력: 한국대학 100년의 역사』. 휴머니스트.

제3장

한국 교육 제3의 길, 시장이 지배하는 교육

교육 패러다임의 전환,
5·31 교육개혁의 파고

1990년대의 시작과 함께 이 땅에는 새로운 유형의 낯선 인간들이 등장한다. 1992년 4월 11일 데뷔한 '서태지와 아이들'은 그런 새로운 인간의 대표였고, 그들이 부르는 노래 '난 알아요'는 낯선 그들의 의식을 보여주는 표상이었으며, 그들이 입은 헐렁하고 이상한 옷차림과 격한 몸동작은 낯선 그들이 추구하는 새로운 행동 양식이었다. 그들은 신세대, X세대, 혹은 신인류로 불리는 새로운 인간유형이었다. 이들은 한 연구자의 표현을 빌리면 "사회주의 이념과 체제를 타락한 자본주의 체제의 한 대안으로 생각하던 1980년대의 운동권 세대가 좌표와 방향을 잃어버린 채 혼돈 속에서 헤매고 있을 때, 그 혼돈과 좌절의 영토를 잠깐 사이에 점령해버린 새로운 혁명군"이었으며, 스스로 "철이 들 생각은 추호도 없다"고 주장하는 사람들이었다.^{장석주, 2007} 이성보다는 감성, 절제보다는 자유, 이념보다는 욕망, 정신보다는 육체를 중요하게 여기는 이들이 기성세대에게는 미쳤거나 비정상적인 집단으로 보였을 수도 있다.

1990년대 초에 등장한 이들 신세대는 이후 대한민국의 교육을 송두리째 흔들기 시작했다. 이전 세대가 폭력적 국가권력에 저항했다면 이들은 교사들과 기성세대의 권위에 저항했고, 이전 세대가 국가와 민족을 위해 학력 경쟁에 몰두했다면 이들은 자신의 생존과 여유 있는 삶을 위해 스펙 경쟁에 몰두했으며, 이전 세대가 이데올로기의 포로였던 반면 이들은 자기감정의 포로가 되기를 주저하지 않았다. 이 새로운 인류의 출현에 효과적으로 대처하는 것은 21세기를 앞둔 1990년대 한국 사회 전체의 고민이었고, 한국 교육계의 과제였다.

문제는 이들을 기존 체제나 질서로부터 일탈했다거나 상식에서 벗어난 비정상으로 보려는 기성세대의 안이한 태도였다. 〈새교육〉의 시각 또한 그렇게 다르지 않았다. 이들을 보는 시선이 따듯하지는 않았다. 청소년의 달을 맞아 1992년 5월호 특집은 '신세대: 그들은 누구인가'로 구성되었다. 이 특집에서는 당시 청소년들의 모습을 이렇게 묘사했다.

> 하루도 거르지 않고 매스컴을 통해서 보도되는 청소년 범죄, 입시 스트레스를 이기지 못해 마침내는 자신의 목숨을 스스로 끊는 자살 행위, 시내버스나 전철 안에 빈자리가 있으면 먼저 뛰어가서 앉는 행위, 만원버스 안에서나 길거리에서나 옆에 있는 사람들은 전혀 개의치 않고 치고받고 장난치고, 대화의 절반 이상은 욕으로 엮어 나가는 행위, 이루 다 헤아릴 수가 없다. _〈새교육〉 1992년 5월호

전문가들은 입을 모아 이런 모습은 한마디로 건강하지 않은 모습이라고 규정했고, 이런 모습은 잘못된 사고, 잘못된 의식구조의 결과라는 해석이었다. 인생의 목표로 '인생을 즐겁게 산다'를 단연 1위로 꼽고, '국가와 사회를 위해 봉사한다'는 응답은 점차 줄어드는 것을 암울하게 바라보던 것이 당시 기성세대이고 전문가들이었다. 신인류를 구

인류의 시각으로 평가하고 이끌려던 당시, 한 조사에 의하면 성인들에 대해 '존경받을 만하고 모범적'이라고 보는 청소년의 비율은 불과 12.9%에 불과했다.〈새교육〉 1992년 5월호

인류의 긴 역사에서 어느 시대, 어느 사회에서나 세대 간 갈등을 호소하지 않는 경우는 없었다. 기원전 700년, 지금부터 2,700년 전 수메르인이 남긴 점토판에는 아들을 향한 한 아버지의 잔소리가 기록되어 있다. "나는 밤낮으로 너 때문에 고통받았다. 너는 밤낮으로 쾌락에 빠져 있다. … 너는 너의 인간성을 돌보지 않고 있기 때문이다."새뮤엘 노아 크레이머 지음, 박성식 옮김, 2000 부모 세대의 기대와 자녀 세대의 현실 사이의 간격은 시간의 흐름이나 경제적 발전, 인간 지능의 향상이나 문명의 발달과 무관하게 지속적으로 일정한 정도를 유지해왔다고 보는 것이 타당하다.

이 시기에 우리나라는 이른바 문민정부가 출범했다. 무력을 바탕으로 군부가 주도하던 30년간의 군사독재 정부가 막을 내리고 김영삼이라는 전문 정치인 출신 민간인 대통령이 이끄는 새로운 정부가 출범한 것이다. 1993년 2월 출범한 김영삼 정부는 출범 과정에서 획득한 민주적 정당성과 90%가 넘는 초기의 국민적 지지를 바탕으로 교육의 새 판을 짜는 작업에 착수했고, 그 결과는 이른바 5·31 교육개혁으로 나타났다.

5·31 교육개혁은 1989년 사회주의 붕괴와 함께 시작된 문명사적 전환의 시기가 요구하는 바를 충실히 반영하려는 기획의 결과였다. 이 개혁을 주도한 인물들이 진단한 문명사적 전환의 핵심 내용은 세계화, 정보화 그리고 지식사회화였다.안병영·하연섭, 2015 사회주의의 몰락으로 세계경제는 자본주의 시장경제라는 단일 체제에 편입되었고, 생산과 유통, 소비가 글로벌 네트워크에서 이루어지게 되었다. 이를 지배하

는 이념은 신자유주의였고, 자유와 경쟁을 강조하는 신자유주의는 준비되어 있는 선진 자본주의 국가들에게 유리한 정신이었다. 세계화와 함께 등장한 신자유주의는 지구적 차원에서는 19세기식 적자생존의 원리가 부활하는 듯했고, 사회적 차원에서는 자유경쟁이라는 이름하에 소득 불평등과 양극화 현상을 합리화하려는 비인간적 정신이었다. 이미 앞서 있는 국가나 시민에게는 유리하고, 뒤처져 있는 자들에게는 고통스러운 이념이 신자유주의였고 세계화였다. 이 새로운 이념은 교육에 적용되는 원리와 구조의 변화를 요구했고천보선·김학한, 1998, 우리 교육도 이 새로운 이념의 압력에서 자유로울 수 없었다.

이런 측면에서 세계화에 대한 저항은 끊임없이 제기되었다. 그러나 정보화라는 시대 흐름에는 저항이 불가능한 측면이 있었다. 1990년대가 시작되자 컴퓨터와 통신 기술의 급속한 성장이 시작되었고, 이를 통해 유통되는 다량의 고급 정보를 갖추지 못한 개인이나 사회가 도태되는 것은 불가피해 보였다. 세계화와 정보화는 미래 사회에서 노동이나 자본보다는 실용적 지식의 중요성이 커진다는 것을 의미했다. 지식의 생존주기는 급속히 짧아지지만 새로운 지식을 얻고 창출하기 위한 학습의 필요성은 확대되는 새로운 시대가 열린 것이다.

5·31 교육개혁이 추진되던 1990년대 중반의 대한민국은 외부 세계의 전환기적 변화 못지않게 내부적으로도 예측 불가능한 사건의 연속으로 매우 어지러웠다. 1994년 2월 5일 교육개혁위원회가 출범했고, 불과 5개월쯤 지난 1994년 7월 8일, 50년 가까이 북한을 다스리던 김일성 주석이 갑작스럽게 사망했다. 7월 9일 방송과 7월 10일 신문은 이 소식으로 뒤덮었다. 교육개혁위원회가 9월 5일 대통령에게 교육개혁 11대 과제를 보고하자마자 10월 21일에는 한강 위에 세워진 성수대교가 붕괴했다. 이런 사건을 가로지르며 1년 4개월에 걸친 준비 끝

에 1995년 5월 31일 제1차 교육개혁안이 보고되었고, 1개월도 지나지 않은 6월 29일에는 삼풍백화점이 붕괴되어 502명의 시민이 사망하는 사건이 벌어졌다. 취임 이전부터 일제 잔재 청산을 부르짖던 김영삼 대통령은 1995년 8월 15일을 기해 80년간 경복궁 앞마당에 버티고 있던 조선총독부 건물(중앙청)을 철거했다. 잇따른 놀라움과 흥분의 시간이었다.

1995년 5월 31일 교육개혁위원회의 제2차 대통령보고서로서 발표된 '세계화·정보화 시대를 주도하는 신교육체제 수립을 위한 교육개혁 방안'은 이른바 5·31 교육개혁의 철학, 지향점 그리고 핵심 내용을 담은 종합보고서였다. 이후 2년간 교육개혁위원회는 세 번 더 교육개혁 방안을 발표했다. 총 4회에 걸쳐 발표된 김영삼 정부의 교육개혁안을 포괄하여 우리는 5·31 교육개혁이라고 부른다.

1995년 5월 31일 발표된 제1차 교육개혁 방안의 주요 내용은 ① 열린 교육 사회, 평생학습사회 기반 구축, ② 대학의 다양화, 특성화, ③ 초·중등 교육의 자율적 운영을 위한 '학교공동체' 구축, ④ 인성 및 창의성을 함양하는 교육과정, ⑤ 국민의 고통을 덜어주는 대학입시제도, ⑥ 학습자의 다양한 개성을 존중하는 초·중등교육 운영, ⑦ 교육공급자에 대한 평가 및 지원 체제 구축, ⑧ 품위 있고 유능한 교원 육성, ⑨ 교육재정 GNP 5% 확보(1998년까지)였다. 이에 따라 학점은행제 도입, 대학 설립의 준칙주의로의 전환, 학교운영위원회 설치와 교장초빙제 도입, 교육과정 개편 및 외국어 교육 강화, 학생종합생활기록부의 대입전형 반영 확대, 고등학교 유형의 다양화, 교육과정평가원 설치, 교사의 연구 환경 개선, 공교육에 대한 투자 확대 등이 순차적으로 시행되었다.

1996년 2월 9일 제2차 교육개혁 방안이 발표되었다. 핵심 내용은

① 신직업교육체제 구축, ② 초·중등 교육과정 개혁, ③ 전문대학원 도입, ④ 교육 관계법령 체제 개편이었다. 이 개혁 방안에 따라 특성화 고등학교의 확대와 전문대학 직업교육 강화, 수준별 교육과정과 기간제 교사제 도입, 의학·법학 분야 전문대학원 제도 도입, 그리고 교육법 폐지와 교육기본법, 초·중등교육법, 고등교육법 제정을 통한 교육법 체제의 전면 개편 등이 이루어졌다. 1941년부터 55년간 사용되던 국민학교라는 명칭이 사라지고 1996년 3월 1일 초등학교라는 새 이름을 얻었다.

제3차 교육개혁 방안이 발표된 것은 1996년 8월 20일이다. 핵심 내용은 ① 지방교육자치제도 개혁, ② 교직사회 활성화를 위한 교원정책 개혁, ③ 사학의 자율과 책임 제고, ④ 교육정보화의 청사진과 개혁 방안, ⑤ 열린 학습사회를 위한 사회교육개혁 방안 등이었다. 이에 따라 교육위원회 및 교육감제도 개혁, 교원임용시험제도 개선, 사학 운영의 공공성과 투명성 확보, 각종 교육 자료 전자화, '평생학습법' 제정 등이 추진되었다.

마지막으로 정권 교체를 눈앞에 두고 있던 1997년 6월 2일 제4차 교육개혁 방안이 발표되었다. 핵심 내용은 ① 민주시민 교육을 위한 개혁, ② 초·중등 교육 혁신과 고등교육 체제 개선, ③ 정보화 사회 적응력 함양을 위한 교육 강화, ④ 유아교육의 공교육 체제 확립, ⑤ 과외대책을 통한 사교육비 경감 방안 등이었다. 이에 따라 학교에서 체벌금지, 교육 내용 감축, 대학평가 기준과 모형의 다양화, 정보 소양교육 강화, 유아교육체제의 단계적 구축, 학교교육 정상화를 통한 사교육비 부담 축소 등이 추진되었다.

모든 교육개혁이나 정책이 그렇듯이 5·31 교육개혁에 대한 당시, 그리고 이후의 평가 또한 일정하지 않다. 많은 찬사와 비판이 엇갈려왔다. 분명한 것은, 이 개혁이 해방 후 50년의 교육 경험을 기반으로 21세기 한국 교육이 따라야 할 새로운 패러다임을 선언했고, 이것에 의해 이후 20년 이상의 한국 교육이 견인되어 지금에 이르렀다는 점이다.

5·31 교육개혁안이 발표될 당시 이에 대한 총론적인 평가는 긍정적이었다. 〈새교육〉의 1995년 송년 특집에서 이 개혁안에 대해 "21세기 신문명 시대에서의 생존과 번영을 위한 절박한 과제의 반영"이라고 평가한 것이 이를 잘 보여준다. 물론 보다 엄밀히 말하면 당시 『한겨레신문』1995년 6월 1일 기사 제목처럼 '궁금증 속 환영 반 걱정 반'의 분위기가 지배적이었다.

교육계와 일반 시민의 기대와 우려를 인식하고 있던 당시 정부의 강력한 추진 의지 속에서 5·31 교육개혁에 포함된 내용 중 많은 것들이 빠른 속도로 제도화되었고, 정권 교체와 무관하게 이후에도 그 틀이 유지되었으며, 당시 도입되거나 추진된 개혁 내용들이 현재도 우리나라 교육의 기본 틀을 구성하고 있다. 국가 경제의 성장에 부응하는 방향으로 교육재정을 확대했고, 교육자치와 학교자치의 제도적 기반을 조성했으며, 교육법 체계를 정비하고 평생학습의 이상을 정책화하는 등 우리나라 교육의 새로운 틀을 만들어냈다. 적어도 1990년대 후반 시점에서 세계가 당면하고 있던 일반적 상황과 우리나라가 처해 있던 특수한 여건을 충실히 반영한 결과물이었다는 점에 이의를 제기하기는 어렵다. 1996년 OECD에서 이 교육개혁을 검토한 후 이것이 "매우 혁신적"이었다는 평가를 한 것도안병영·이연섭, 2015 이런 측면을 긍정적으로 본 결과였을 것이다. 5·31 교육개혁을 통해 우리나라 교육이 21세기 초반 현재 드러나고 있는 긍정적 모습들(학력수준과 교육에 대한 시민적 열정의 지속, 교육에 대한 시민참여 확대 등)이 만들어졌다는 면에서는 긍정적인 평가도 가능하다.

20여 년이 지난 현재는 5·31 교육개혁에 대해 긍정적 평가보다는 비판의 목소리가 상대적으로 더 크다. 비판의 대상이 되는 것은 당시 세계화를 추동한 기본 이념인 신자유주의의 영향이 명료해 보이는 정책들이다. 최소 요건만 갖추면 대학을 설립할 수 있게 함으로써(대학 설립준칙주의 도입) 부실대학을 양산했고, 획일적 기준의 대학평가제 도입으로 대학의 기업화를 가져왔다는 것은 신자유주의 정책이 가져온 적폐의 하나임에 틀림없다. 자율경쟁을 통한 대학의 질적 수준 제고라는 목표와는 점차 멀어지고, 정부의 대학 통제와 대학의 정부 의존성이 오히려 강화되는 결과를 만들어냈다.

성과급제를 둘러싼 갈등이 보여주었듯이 수요자 중심 교육을 표방했지만 현장에 남긴 것은 교육의 시장화였고, 교사의 개혁 대상화였다는 평가 또한 매우 엄중하게 제기되고 있다. 교사의 전문성 강화와 교사의 자존감 향상을 포기한 어떤 형태의 교육개혁도 성공하기 어렵고 바람직하지 않다^{앤디 하그리브스·데니스 셜리 지음, 이찬승·김은영 옮김, 학교교육 제4의 길①}는 상식적 기준에서 보더라도 5·31 교육개혁은 현장을 상징하는 교사들의 자율성은 오히려 축소시키고 관제적 하향식 개혁 관행은 고착화시켰다. 시도 단위 교육행정 관청의 명칭이 교육청에서 교육지원청으로 바뀌었지만 하향식 교육행정이 상향식 혹은 수평적 교육행정으로 바뀌었다고 보는 현장 교육자는 찾아보기 어렵다. 이처럼 5·31 교육개혁이 만들어낸 부정적 흔적이 우리 교육 여기저기에 산재해 있는 것이 현실이다.

아직도 끝나지 않은 한국 교육 제3의 길, 그것을 떠받치고 있는 이념인 신자유주의가 전제하는 것은 선택, 경쟁, 시장이다.^{마이클 애플, 2014} 이는 특권 계층에게 부와 자원을 배분하는 장치라는 측면에서 민주주의가 추구하는 이상과 가치에 대한 가장 강력한 도전임에 틀림없다.^{헨리 지루, 2009} 신자유주의가 지배하는 제3의 길을 통과하며 한국 교육은 철저하게 사유화되었다. 교육은 경쟁적이고 이기적인 인간을 길러내는 제도 이상 아무것도 아닌 상태에 이르렀다.

| 참고문헌 |

- 〈새교육〉 1992년 5월호.
- 〈새교육〉 1995년 12월호.
- 『한겨레신문』 1995년 6월 1일 자.
- 마이클 애플(2012) 지음. 강희룡 외 옮김(2014). 『교육은 사회를 바꿀 수 있을까?』. 살림터.
- 새뮤얼 노아 크레이머 지음(1956). 박성식 옮김(2000). 『역사는 수메르에서 시작되었다』. 가람기획.
- 안병영·하연섭(2015). 『5·31 교육개혁 그리고 20년』. 다산출판사.
- 앤디 하그리브스·데니스 셜리 지음(2009). 이찬승·김은영 옮김(2017). 『학교교육 제4의 길 ①』. 21세기교육연구소.
- 장석주(2007). 『20세기 한국 문학의 탐험 5』. 시공사.
- 천보선·김학한(1998). 『신자유주의와 한국 교육의 진로』. 한울.
- 헨리 지루 지음(2008). 변종헌 옮김(2009). 『신자유주의의 테러리즘』. 인간사랑.

새천년의 시작, 학교붕괴,
그리고 조기유학 열풍

밝게만 보였던 새천년이 암흑일 수도 있겠다는 두려움이 20세기 마지막에 들이닥쳤다. 1997년이 시작되자 연초부터 한보철강, 삼미그룹, 진로그룹, 한신공영, 기아그룹, 쌍방울그룹 등 대한민국의 대표적인 기업집단들이 차례로 부도를 맞고 해체되었다. 외환위기로 국가경제가 붕괴에 직면했고, 결국 1997년 12월 3일 국제통화기금IMF에 구제금융을 신청하는 국치로 이어졌다. 미국의 신용평가기관 무디스는 우리나라의 국제신용등급을 'Near Junk'(거의 쓰레기) 수준으로 하향 조정했고, 우리나라의 자본시장은 전면 개방되었다.

12월 19일 새로운 대통령(김대중)이 선출되고 전 국민이 참여한 금모으기운동이 제2의 국채보상운동처럼 전개되어 227톤의 금(21억 달러 수준)이 모였다. 수많은 사람들이 직장에서 밀려났고, 사업장의 문은 하나둘 닫혔다. 대한민국과 대한민국 사람들은 20세기의 시작과 마찬가지로 20세기의 마지막 또한 고난과 불안 속에 보내야 했다. 1년의 고난이 지난 후인 1998년 12월 18일 정부는 처음으로 IMF자금 18억 달러와 IMF긴급보완금융 18억 달러를 상환했다. 1999년에도 제일은행 매각, 대우그룹 해체, 현대그룹 구조조정 등 경제적 위기는 이어졌지만, 한편에서는 국가신용등급 회복과 종합주가지수 상승, 그리고 외

환보유고 증가 등으로 희망의 불씨가 살아나고 있었다.

국가경제는 회복의 기미가 보이던 이때 교실과 학교가 붕괴되고 있다는 위기의식은 극으로 치닫고 있었다. 실제로 학교와 교육이 어떤 모습으로, 어느 정도, 어떻게 무너졌는지보다 더 중요한 것은 학교를 바라보는 교사, 학생, 학부모 등 교육 주체들의 마음이 처참하게 무너져 있었다는 점이다. 학교붕괴를 이야기하는 데는 진보와 보수, 여당과 야당, 기성세대와 신세대의 구분이 없었다. 『조선일보』나 한국방송공사 같은 보수언론의 학교교육 비판이 상대적으로 크고 절실했던 것은 사실이지만, 진보 진영에서도 당시 학교교육을 위기로 인식하는 데는 크게 다르지 않았다. 1999년 12월 전교조 합법화·참교육실천위원회에서 간행한 교사와 학생들의 글모음집 제목이 '학교붕괴'였다는 것이 이런 측면을 잘 보여준다. 이 책을 소개한 당시 신문은 이렇게 기사를 시작했다.

> 학생도 교사도 "학교 가기 싫다"고 한다. 학생들은 "담탱이
> (담임선생님)가 우리 마음을 몰라준다"고 불평하고, 교사는
> "요즘 아이들은 정말 버릇없다"고 말한다.
>
> _『경향신문』, 1999년 12월 28일

오고 싶지 않은데 억지로 온 학생들과 이런 아이들이 못마땅하지만 직업이기에 할 수 없이 가르쳐야 하는 교사들이 의무적으로 만나는 것은 분명 비극이다. 학교붕괴를 외치던 많은 언론과 교육자, 교육학자들은 우리나라의 학교가 원래의 모습을 잃고 이런 비극이 만들어지는 곳으로 갑자기 변화한 것이 1990년대 말의 학교붕괴의 본질이라는 주장을 했다. 이들 주장의 이면에는 우리나라 교육이 어느 한 시

기에서는 온전했다는 전제가 깔려 있다. 물론 그 시기가 언제였는지에 대해서는 혹자는 일제강점기, 혹자는 1950년대, 혹자는 1960년대와 1970년대, 혹자는 명료하지 않지만 있었을 것이라는 막연한 생각을 바탕으로 그런 주장을 하고 있었다.

어찌 보면 당시 학교붕괴라는 말을 사용하는 사람들의 심리에는 무너지지 말아야 할 것이 무너진다는 우려와 무너져야 할 것이 무너지지 않는다는 우려가 교차하고 있었다. 당시 많은 언론과 교육자들이 무너지지 말아야 할 것 중에 대표적인 것으로 내세웠던 것은 교사의 권위였다. "신세대는 기성세대와 다르므로 마음대로 행동해도 된다는 젊은이들의 사고방식"이 만들어낸 교사의 권위 실추를 학교붕괴의 본질로 보고 이런 젊은이들의 사고방식을 바로잡는 것이 교육과 기성세대의 책임이라는 주장이 난무했다.『동아일보』, 1999년 11월 1일

반면 일부 전문가들과 소수 언론은 20세기 후반의 우리나라 교육은 "21세기를 살아갈 아이들을 교육하기 위해서라도 마땅히 붕괴돼야 한다."『한겨레』, 1999년 10월 29일, 유상덕는 표현을 했다. 입시 위주 경쟁교육, 관료적 교육행정을 축으로 하는 기존 학교체제는 21세기 지식정보사회, 생명존중사회, 그리고 민주적 시민사회의 발전을 가로막는 장애물이기 때문에 붕괴되어야 마땅하며, 이것은 기존의 낡은 교육이 새로운 교육으로 대체되는 과정이지 결코 교육이나 학교 자체의 붕괴는 아니라는 시각이다. 한마디로 말해서 당시 학교붕괴를 과장하여 주장하는 배경에는 기존 교육체제와 교육문화를 통해 이익을 독점하던 기득권층의 반개혁적 이기심이 숨겨져 있다는 분석이었다. 당시 학교붕괴를 교육개혁의 계기로 삼아야 한다는 생각을 공유하고 있는 사람들도 적지 않았다.

한 언론은 교육 발전의 발목을 잡는 세 귀신들이 교실을 점령하고

있는 것이 붕괴된 교육의 본질이라 설명하면서 이 귀신들을 되살리는 것이 아니라 완전히 물러나게 하는 것이 교육개혁이라고 주장했다. 그것은 교육현장을 지배하고 있는 성과주의와 획일주의, 그리고 학부모들의 마음을 사로잡고 있는 이기주의였다.『경향신문』, 1999년 12월 30일 또 다른 언론 또한 당시의 학교붕괴를 '교육공황'으로 묘사하며 이는 이미 예견됐던 일이라고 규정했다. 이 언론에 따르면 국민교육헌장을 달달 외우게 만든 박정희식 획일주의 교육에서 학교붕괴의 씨앗이 잉태했고, 교사와 학생을 입시기술자와 노예로 내몬 전두환과 노태우 정권의 반교육적 교육정책 속에서 잠복하며 괴물로 성장했다. 드디어 김영삼 정권하에서 발표된 새로운 교육정책으로 붕괴가 시작되었으며 김대중 정부하에서는 그 속도가 더 빨라졌다는 것이다.『한겨레』, 1999년 11월 16일 이런 관점에서 보면 김영삼 정부에서 시작된 대학입시 전형의 다양화가 학부모들에게는 '혼란'으로 읽혔고, 교육현장에서의 탈권위와 학부모 참여 확대에 대한 요구는 교사들에게 '고통'으로 여겨졌으며, 이들이 주장하는 혼란과 고통의 결합을 전문가들은 학교붕괴라고 포장했던 것이다.

1990년대 후반의 학교붕괴는 과거 권위주의 시대부터 쌓여왔던 교육적 병폐와 타성을 버리고 새로운 교육을 세우는 출발점으로 삼았어야 했다. 새로운 교육은 21세기가 요구하는 교육이어야 했다. 교육은 국가발전이나 국가경쟁력 향상, 혹은 사회통합을 위한 수단이 아니라 그 자체가 목적이 되어야 하며, 학생과 교사를 통제의 대상으로 삼는 교육이 아니라 주인으로 여기는 교육이 되어야 했다. 특히 교사들의 자발적 참여로 이루어지는 교육개혁이 되어야 했다. 당시나 지금이나 교사가 교육의 척도라는 것은 변할 수 없는 진리다. 교육의 질은 절대 교사의 질을 넘어설 수 없다.

20세기를 마감하고 새로운 세기로 나아가는 당시 우리 교육에서 되살려야 할 것은 교사의 자발성이었지 교사의 권위는 아니었다. 되살려야 할 것은 다양성에 바탕을 둔 민주주의 정신이었지 획일주의는 아니었다. 되살려야 할 것은 교육 주체들 사이의 협력이었지 경쟁은 아니었다. 그러나 현실은 안타깝게도 이런 시대정신을 따라 움직이지 않았다.

새천년이 시작되는 2000년 〈새교육〉 신년호의 첫 페이지를 장식한 것은 원로 교육학자 정범모 교수의 '새천년 교육의 마지막 보루'라는 칼럼이었다. 이 글에서 정범모 교수는 20세기 후반 몇 년을 "교육자의 수난기"라고 표현하며 교사들의 자율성과 자긍심을 훼손시킨 '정년 단축', '열린 교육', '수행평가', '학교운영위원회' 등의 정책들의 폐기를 주장했다. "교육은 인간행동의 계획적인 변화"라고 하는 행동주의적 교육개념의 전파에 앞장섰던 정범모 교수는 국가의 흥망성쇠는 국민의 마음가짐에 달려 있고, 그 마음가짐은 교육에 달려 있으며, 그 교육은 결국 교사들에게 달려 있다는 자명한 이치가 21세기에 구현되기를 기대했다. 교사의 중요성에 대한 그의 인식은 옳다. 그러나 그가 폐기를 주장했던 정년 단축, 열린 교육, 수행평가, 학교운영위원회가 훼손시킨 것은 교직사회를 지배하고 있던 관료주의나 낡은 권위의식이었지 자율성이나 자긍심은 아니었다.

우리가 학교붕괴로 고민하던 20세기 마지막 시간을 지배했던 세계적 담론은 '제3의 길'이다. 영국의 사회학자 앤서니 기든스Anthony Giddens가 1998년 발간한 책 'The Third Way'를 통해 사회주의의 경직성과 자본주의의 불평등성을 극복하고 가야 할 새로운 길을 '제3의 길'로 명명하고, 미국의 빌 클린턴 대통령과 영국의 토니 블레어 수상이 이를 지지함으로써 세계적으로 큰 반향을 불러일으켰다. 전후 세계

정치를 주도해왔던 사회민주주의와 신자유주의라는 양대 사상을 극복하자는 논리로서 정치, 경제뿐 아니라 교육을 포함한 사회 모든 영역에서 그 길을 찾으려는 노력이 나타났다.

학교붕괴는 우리 교육에도 제3의 길이 필요하다는 위기의식과 함께 새로운 기대감을 불러왔다. 그렇다면 당시 학교붕괴라는 여론이 만들어낸 결과물은 무엇이었을까? 평준화정책에 대한 비판이 만들어낸 특목고의 확대와 자립형사립고등학교의 출현, 교사들의 무사 안일함에 대한 비판이 만들어낸 교원 성과평가와 성과급제도, 그리고 세계화가 가져온 영어교육 열풍과 조기유학의 유행 등이었다. 이것들이 놓인 길은 새로운 길이 아니고 서구에서 이미 실패한 제2의 길이었다.

우리나라 사람들의 강한 민족주의적 정서를 생각하면 당시 영어공용화를 주장하는 것은 매우 큰 용기가 필요한 것이었다. 그럼에도 그런 주장이 적지 않았다. 1998년 소설가 복거일이 처음 주장한 이후 자유주의 경영학자 공병호 등 많은 사람이 이에 가세했다. 당시 꽤 유명한 치과병원 원장은 경제신문에 기고한 글에서 자신의 싱가포르 학술회의 참석 경험을 기초로 영어를 제2공용어로 지정하는 것을 적극 고려할 만하다고 주장했다. 싱가포르와 네덜란드가 영어교육을 통해 국가경쟁력을 키우는 데 성공한 사례, 특히 네덜란드의 경우 고유한 문화를 유지하면서도 영어교육에서 성공한 것을 매우 부러워하면서 발상의 전환을 촉구했다.『매일경제』, 1998년 7월 29일

최근 중학교 국사교과서의 국정화를 지지하며 유명해진 자유기업센터는 당시에도 영어 공용어 채택 운동에 앞장섰다. 이 센터는 IMF 경제 위기를 맞이한 것도 영어교육을 소홀히 했기 때문이라고 주장했다. 동아일보사는 여론조사 결과 '국가경쟁력 향상을 위해 영어를 제2공용어로 지정하는 것을 적극 검토할 필요가 있다'고 한 응답이 56.7%

에 이른다고 발표했다. 반대 의견 39.3%를 넘어섰다는 주장이었다.『동아일보』, 1999년 11월 9일 당시 공영방송인 KBS와 EBS에서도 이 주제를 집중적으로 다루었다. 일부 학자들은 21세기 인터넷 시대에는 영어 이외의 언어는 위축되고 영어가 명실상부한 세계어로 군림할 거라는 주장도 했다.

물론 이에 대한 반론도 만만치 않았다. 소설가 정소성은 〈새교육〉에 기고한 글에서 영어공용화는 국토 분단에 이어 언어에 의한 민족 재분단을 초래할 것이라는 우려와 함께 인도, 알제리, 가봉, 인도, 필리핀 등 두 개의 언어를 공식 언어로 사용하는 국가들이 안고 있는 현실적 문제점을 들어 반대를 표시했다.〈새교육〉 2000년 1월호 물론 미국 중심의 세계질서가 영원할 수 없을 것이라는 예상도 영어공용화론의 위험성을 지적하는 논리의 하나였다. 불문학자 유기환은 영어공용화론의 맹점을 네 가지로 요약했다.1998년 7월 24일 첫째, 영어를 공용어로 사용하는 인도나 필리핀의 빈곤, 그리고 영어를 공용어로 사용하지 않는 일본의 번영을 보면 영어공용화가 경제적 실익을 보장하지는 않는다는 점이다. 둘째, 미국이 오랫동안 세계의 중심에 있을 것이라는 일각의 믿음에 대한 비판이다. 같은 논리를 따른다면 패권국가가 교체될 때마다 공용어를 또 바꾸어야 한다는 것인데 이는 받아들이기 어려운 전제라는 것이다. 셋째, 영어와 한글이 법적으로 동등한 지위를 차지할 경우, 경쟁을 통해 힘없는 언어가 어느 시점에서 사라질 수도 있을 것이며, 그것이 한글일 수도 있다는 것이다. 마지막으로 언어는 단순한 의사소통이나 정보 교환의 도구를 넘어 민족 정체성에 영향을 미친다는 점에서 영어공용화는 우리 민족의 정체성 혼란으로 귀결될 것이라는 우려다.

영어공용화는 결국 받아들여지지 않았다. 논란으로 끝났다. 그렇지만 학교에서의 영어교육 강화와 영어 학습을 위한 조기유학 열풍을 초래했다. 해방 이후 우리 교육의 최대, 최고, 최장의 고민이며 해결 과제인 사교육 해소를 어렵게 만드는 새로운 요소로 영어교육을 격상시켰다. 1997학년도부터 초등학교 3학년을 시작으로 영어교육이 도입되었다. 이후 연차적으로 4, 5, 6학년으로 확대되어 2000년부터 3학년 이상의 모든 초등학생이 학교에서 영어교육을 받게 되었다. 당시 시작된 초등학교에서의 영어교육은 당연한 귀결로 수많은 사설 영어학원의 성장, 영어 중심의 국제중학교 열풍, 그리고 영어 습득을 위한 조기 유학으로 이어졌다. 조기유학은 '기러기 가족'이라는 새로운 형태의 이산가족을 만들어냈고, '기러기 아빠'라는 새로운 풍속도를 탄생시켰다.

우리나라에서 '기러기 아빠'라는 용어가 익숙하게 된 것은 1969년에 드라마 주제가로 발표된 이미자의 노래 '기러기 아빠' 때문이다. "산에는 진~달~래 들엔 개나~리, 산새~도 슬~피 우~는 노을~진 산골~에, 엄마구름 애기구름 정답게 가는데, 아빠는 어디 갔~나 어~디서 살고 있나, 아아아 아~아아~아 우리는 외로운 형제 길 잃은 기러기"라는 가사로 많은 사람의 눈물을 쏟게 했다. 사연은 모르겠지만 아빠 없이 홀로 살아가야 하는 엄마와 아이들의 힘들고 지친 모습을 그린 동명의 영화와 연극 또한 큰 인기를 얻었다.

21세기의 시작과 함께 나타난 '기러기 가족'은 '자녀의 해외 유학 지원을 위해 엄마와 자녀가 외국에서 거주하며, 아빠는 국내에 남아 돈을 벌어 이들에게 보내는 이산가족'을 의미했다.이두휴, 2008 교육인적자원부의 통계에 따르면 1998년과 1999년에 2,000명에 못 미치던 초·중·고 조기유학 규모가 2000년에 이르러 갑자기 4,000명, 2001년에 7,000명 규모로 늘어나더니 2002년에는 1만 명을 초과했고, 이후 매년 평균 5,000명 이상 늘어나는 추세가 2008년까지 지속되었다. 초등학생의 경우 1996~2006년 사이에 조기 유학생 수가 30배로 증가한 셈이다. 대상 국가는 미국, 영국, 캐나다, 호주, 뉴질랜드 순으로 많았으며, 2000년대 중반 이후 중국으로의 조기유학도 증가하기 시작했다.

21세기 초반의 조기유학 열풍을 가져온 것은 세계화의 요구에 부합하는 외국어 능력 향상이라는 목적의식과 붕괴한 우리나라 학교교육으로부터의 탈출이라는 현실회피 의식, 두 가지 요인이었다. 기러기 아빠가 되기로 한 어느 아빠의 대답은 당시 분위기를 잘 보여준다.

> 세계화 시댄데… 한국에서 배운 아이들보다는 낫지 않겠어요? 한국에서 대학 나온 아이들보다는 그래도 미국 대학 나온 아이들이 취직하는 데도 유리할 테고… 아무래도 영어를 잘하고 또 미국에서 학교 다녔으니깐… 아무튼 저는 한국에서 학교 다닌 거보다는 더 나은 미래가 보장될 거라고 믿어요….
>
> _이두휴, 2008

진보정권 10년간의 개혁 피로감 속에 치러진 2007년 12월 대통령 선거에서 보수 진영의 이명박이 쉽게 당선되었다. 대통령직인수위원회 위원장에 임명된 이경숙(당시 숙명여대 총장)은 영어교육 관련 공청회에 참석하여 영어 몰입교육을 강조하는 과정에서 "미국에서 오렌지라고 하니까 못 알아듣더라. '어린지'라고 해야 알아듣더라"는 식의 발언을 하여 이른바 어린지 열풍을 일으키기도 했다. 이때까지도 영어교육을 목적으로 한 조기유학 열풍은 식지 않은 상태였다.

조기유학 붐이 서서히 식기 시작한 것은 보수정권 10년의 첫해인 2008년 즈음부터였다. 기러기 가족이 돌아오기 시작하고, 기러기 아빠들의 헛된 믿음이 깨지기 시작한 것은 우리나라 공교육이 살아났기 때문은 아니었다. 2008년 제2차 세계 금융시장 붕괴로 인한 경제위기, 이로 인한 해외 생활의 불확실성과 불안의 확대, 지속적인 경제성장과 한류가 만들어낸 외국 학문과 문화에 대한 의존적 심리의 점진적 감소, 그리고 국내 사설 영어교육의 질적 개선, 특목고, 영재학교, 국제학교, 자사고 등 특권적 심리를 충족시켜줄 수 있는 다양한 공교육제도의 활성화가 만들어낸 결과였다.

| 참고문헌 |

- 『경향신문』 1999년 12월 30일 자.
- 『동아일보』 1999년 11월 1일 자.
- 『매일경제』 1998년 7월 29일 자.
- 『한겨레』 1999년 10월 29일 자.
- 『한겨레』 1999년 11월 16일 자.
- 이두휴(2008). 「기러기 아빠의 교육적 희망과 갈등 연구」. 『교육문제연구』 32.
- 정범모(2000). 「새천년 교육의 마지막 보루」. 〈새교육〉 2000년 1월호.

공교육 붕괴의 부산물, 자사고의 명과 암

　근대교육의 도입과 성장과정에서 사립학교가 우리나라 교육의 양적 성장에 기여한 것은 인정해야 한다. 개화기와 일제강점기의 근대교육을 담당했던 많은 미션스쿨과 민족 사학 없이 우리 교육의 근대화와 성장은 이루어질 수 없었을 것이다. 해방 당시 20% 수준이던 사립 중등학교의 비중은 1950년대 후반에 이르러 40%를 넘어섰다. 대학 교육에서도 국가 재정의 한계를 보완하는 막중한 역할을 감당했던 것은 사립대학들이었다. 비록 일부 대학에서 이루어진 입학 비리나 재단 부패, 그리고 부동산 투기 같은 부정적 모습으로 '우골탑'이라는 비난을 받기는 했지만 사립학교 없이 우리나라 교육의 성장이 가능하지 않았을 것이라는 점을 부정하기는 어렵다.

　해방 당시 53% 수준이었던 사립대학의 비율은 1950년대 후반에 이미 70%를 넘어섰다. 2018년 현재 중학교의 19.85%, 고등학교의 41.2%, 그리고 4년제 일반 대학의 81.5%가 사립이다. 의무교육 대상인 중학교의 경우에도 다섯 학교 중 한 학교가 사립인 구조이며, 4년제 일반 종합대학 5개 중 4개 이상이 사립인 상태다. 교육의 국가관리 수준은 상당히 높지만 공교육 재원의 민간의존도 또한 대단히 높은 기형적인 구조인 것이다.

사립학교가 성장했던 20세기 전 기간을 통해 국가권력 또한 막강했다. 특히 정치적 정당성이 부족했던 국가권력은 사립학교의 자유로운 운영이 가져올 자유주의의 확산이나 정치적 저항을 두려워한 나머지 이에 대한 간섭 욕구를 자제하지 못했다. 1963년 제정된 '사립학교법'은 사립학교를 국가의 강한 통제하에 둠으로써 사립학교의 준공립화를 가속화시켰다. 사립학교에 대한 국가권력의 관리와 통제는 이후 더욱 강화되었고, 사립학교들은 사립임에도 국가가 제시하는 기준에 따라 학생을 선발하고, 국가가 제시하는 표준에 따라 교육 내용을 구성했으며, 국가에서 제공하는 재정적 지원에 대한 의존을 벗어나지 못했다.

사립학교들이 본격적으로 자율성을 획득하기 시작한 것은 1995년 5·31 교육개혁 이후부터다. 앞에서도 살펴본 것처럼 5·31 교육개혁은 서구에서 '실패한 국가'를 전제로 출발한 시장중심 개혁을 따라가거나 흉내 내는 정책들로 구성되어 있었다. 어찌되었든 경쟁을 통한 차등을 정의처럼 부르짖었던 이른바 신자유주의 정신에 기초한 5·31 교육개혁을 통해 경쟁력이 있다고 평가되는 일부 사립학교들만의 자율성이 조금씩 회복되기 시작했다. 정부의 재정지원을 받지 않되 교육과정 편성 등 학교 운영의 자율권을 향유할 수 있는 형태의 새로운 사립학교인 이른바 '자립형사립고등학교'의 도입이 추진된 것이다. 공급 측면에서 시장 수요자(학부모와 학생)의 요구에 부응할 수 있는 우수한 공급자(사립학교)에게만 자율성과 제도적 특권을 부여함으로써 그렇지 못한 공급자(일반 사립학교와 대다수 공립학교)와 차별화한다든지 공급자에게는 경쟁의 자유를, 소비자에게는 선택의 자유를 부여하겠다는 원칙하에 교육이 지닌 공공재로서의 가치를 반쯤 포기한 정책이었다. 교육 소비자들에게 부여되는 선택의 자유 이면에는 선택의 결과에 책임져야 하는 부담과 선택의 결과 발생하는 불평등을 수용해야 하는 의무가 존재했다. 신자유주의 교육정책 옹호자들에게서 '사람'은 '인적 자원'이며 개발대상일 뿐, 그 자체가 가치 있는 존재는 아니었다.

시장만능, 경쟁만능, 수요자 선택 존중을 내세웠던 5·31 교육개혁의 전면적 실시는 평준화정책에 대한 비판을 요구하는 목소리를 더욱 크게 만들었다. 이미 평준화정책 도입 초기부터 수월성 교육, 학교선택권, 사학의 자율성 등을 명분으로 평준화에 비판을 제기하던 일부 전문가들과 교육자들 사이에서 평준화정책 폐지나 대폭 수정을 주장하는 계기가 마련된 것이다.

〈새교육〉에서 마련한 기획진단 '고교평준화를 진단한다'2001년 9월호에서 평준화정책 폐지나 대폭 수정을 주장하는 한 국책연구기관의 전문가는 평준화정책이 박정희 독재체제가 국민의 뜻을 묻지도 따지지도 않고 만들어낸 졸속 정책이었다는 점에서 과정적 민주성을 결여했으므로 폐지하는 것이 마땅하다는 주장을 했다. 동시에 이 전문가는 평준화정책을 지지하는 사람이 그렇지 않은 사람보다 많다는 것이 평준화정책을 지속하는 근거가 될 수 없다고 주장했다. 교육에 대한 전문적 견해가 부족한 학부모들의 일관적이지 않은 의견을 토대로 정책을 결정하는 것은 옳지 않다는 이유에서였다. 이 두 가지 주장이 논리적으로 모순이라는 것을 본인이 이해했는지 아닌지는 알 수 없다. 평준화정책은 폐지가 마땅하지만 불행하게도 존치시켜야 한다면 그 폐악을 최소화하기 위한 정책적 대안이 필요하고, 그 대안은 바로 '자립형사립학교의 도입'이라는 결론이었다.

〈새교육〉 같은 호에 '다양한 학교 필요-학교차 인정하고 정보 공개해야'라는 글을 게재한 이주호(당시 KDI 국제정책대학원 교수, 후일 이명박 정부 교육부장관 역임)는 단호하게 평준화정책은 실패한 정책으로 규정했다. 그는 평준화의 대안으로 단지 비평준화 지역을 허용하고 있다든지 1995년 5·31 교육개혁에 따른 새로운 교육정책들이 대부분 평준화정책과 충돌함에도 이를 계속 유지하는 것이 문제라는 관점에서 새로운 대안으로 자립형사립학교의 도입을 주장했다. 학교교육 획일화와 질 저하, 학교교육에 대한 학부모의 불만족, 과외의 급팽창, 교육의 형평성 훼손의 악순환이 만들어진 일차적 진앙지가 평준화이기에 이 악순환의 고리를 끊기 위해서는 자립형사립학교가 반드시 도입되어야 한다는 논리였다.

이주호 교수는 자립형사립학교의 필요성과 함께 이 제도 도입으로 예상되는 부작용 세 가지를 거론했다. 자립형사립학교가 부유층 아이들의 전유물이 됨으로써 교육적 형평성을 훼손시킬 수 있다는 것, 자율을 누리는 자립형사립학교와 그렇지 못한 공립학교 간의 격차가 벌어질 수 있다는 것, 그리고 학교 정보 공개가 전제되지 않는다면 학교 간 공정 경쟁이 실현될 수 없다는 것 등이었다. 반면 박남기 교수(광주교육대학)는 미국 학부모들의 사립학교 선택 이유를 분석한 후, 상황과 문화가 다른 우리나라의 경우 자립형사립고등학교가 결국은 대학 진학준비 기관이 되고 말 것이고, 결국 학부모의 교육열에 기름을 붓는 역할을 할 것이라며 도입에 비판적인 의견을 제시했다.^{박남기, 2001}

학부모나 시민단체, 교사들과 전문가 집단의 의견도 다양했다. 교육 숨통 터주는 새 교육 방안(전풍자, 인간교육실현 학부모연대 대표)이라는 주장과 결국 입시학교로 전락할 것(박인옥, 참교육학부모회 부회장)이라는 학부모 단체 사이의 입장 대립이 이를 상징적으로 잘 보여주었다.〈새교육〉 2001년 9월호, '새교육 쟁점'

제안된 이후 각계에서 제시된 우려의 목소리가 예상보다 컸기 때문에 시행이 잠시 미루어지다가 김대중 정부 출범 직후인 1997년에 다시 교육부 주도의 정책 연구와 공청회를 개최함으로써 이 제도 도입이 활발하게 시도되었다. 6·15 남북공동선언으로 한반도 전체가 뜨겁던 2000년 7월 11일 '새교육공동체위원회'에서 도입 방안이 발표되었고, 2001년 8월 7일 시범 운영 방안이 발표되었다. 이어 2001년 9월에는 희망학교 신청이 이루어졌고, 신청이 기대한 수준에 이르지는 못했지만 이에 기초하여 시범학교가 지정되었다. 2002년에 민족사관고등학교, 광양제철고등학교, 포항제철고등학교, 2003년에는 해운대고등학교, 현대청운고등학교, 상산고등학교, 그리고 2010년에는 신설 학교인 하나고등학교가 지정되었다. 정부지원금 없이 독립된 재정으로 운영하는 대신 학생선발권, 교육과정 자율권, 그리고 등록금 자율권(일반고의 300%까지 가능) 등을 누리는 형태의 고등학교로 출범했다.

귀족학교라는 비판 속에 출범한 자립형사립학교는 2008년 이명박 정부의 출범과 함께 시작된 이른바 '고교 다양화 300 프로젝트'라는 국정과제에 따라 설립이 추진되어 2011년에 자율형사립고등학교로 일제히 전환되었다. 경쟁과 자율을 극단적으로 강조한 이명박 정부는 2009년 3월 '초·중등교육법 시행령'을 개정하고, 이어서 '자율형사립고등학교 지정·운영에 관한 규칙'을 제정했으며, 이에 따라 2009년 25개교, 2010년에 18개교를 지정했고, 기존 자립형사립학교를 강제로 자율형사립학교로 전환시킴으로써 2010학년도부터 50개의 자율형사립학교를 출범시켰다.

출범 이후 자율형사립고등학교(이하 자사고)는 지속적으로 논란과 갈등의 대상이 되어왔다. 대표적인 것은 가장 많은 자사고가 있는 수도 서울이었다. 교육감이 보수(공정택, 2008년 당선) → 진보(곽노현, 2010년 당선) → 보수(문용린, 2012년 당선) → 진보(조희연, 2014년 당선)로 거듭 바뀌었고, 교육감이 바뀔 때마다 자사고는 폐지 또는 확대로 방향이 오락가락하는 모습을 반복해왔다. 2014년 교육감 선거에서 진보 진영 교육감의 다수 당선으로 서울뿐 아니라 많은 지역에서 자사고를 둘러싼 논쟁은 교육적 갈등을 넘어 사회적 갈등으로까지 확대되기 시작했다. 물론 모든 자사고가 학부모들이 선호하는 우수 고등학교로 발전한 것도 아니었기 때문에 자사고 스스로 일반고로 전환하는 사례도 빈번했다.

2018년 현재 전국적으로 38개의 자사고가 존재하며 그중 절반이 넘는 21개가 서울에 있다. 광역단체 중 제주도, 경상남도, 세종시, 충청북도에는 단 하나의 자사고도 없다. 보수 정부하에서 비교적 높은 인기를 보여왔던 자사고는 2017년 문재인 정부 출범 이후 전기를 맞이하고 있다. 특목고와 자사고의 일반고 전환이라는 정책 방향이 선언됨으로써 자사고를 지지하는 소수 여론과 자사고 폐지를 지지하는 다수 여론, 그리고 자사고에 재학 중인 학생과 학부모까지 논쟁이 뜨겁다. 2018학년도 입시에서 경쟁률이 전체적으로 낮아졌고, 2019학년도부터는 입학시험을 일반고와 동시에 실시하게 됨으로써 그동안 누려왔던 입시 특권도 사라지게 되었다. 입시를 앞둔 학부모들이 겪는 정신적 혼란 또한 만만치 않은 상태다.

2002학년도부터 시작된 자립형사립학교와 2010학년도부터 도입된 자율형사립학교가 내세운 이념은 고등학교 교육의 다양성 확대를 통한 공교육 정상화였다. 그러나 실제로 만들어낸 결과는 고등학교 교육의 다양성의 확대가 아니라 고교 서열화와 불평등의 확대, 사회적 갈등뿐이었다. 우리나라는 고등학교 수준에서만 보자면 다양성이라는 측면에서 단선형 학제를 채택하고 있는 미국이나 미국 제도를 따르고 있는 다른 많은 나라보다는 다양성이 매우 높은 상태다. 그것을 가능하게 한 것은 과거 실업고등학교라고 불렀던 특성화고등학교 덕분이었다. 특수목적고등학교나 자사고는 서열화를 심화시킴으로써 일반고등학교와 특성화고등학교의 위상을 떨어뜨리고 무력화시키는 기능 외에는 공교육 발전에 기여한 것이 없다. 자사고나 특목고를 통해 공교육이 다양화된 듯이 느끼는 것은 19세기식 적자생존 원리를 신봉하는 일부 전문가와 대대로 특권의식에 젖어 살아온 소수 '스카이캐슬족'들의 큰 목소리가 만들어낸 착시현상일 뿐이다.

대한민국이 1970년대와 1980년대의 1차 경제성장을 이룬 것은 비평준화 체제하에서 서열화된 인문계 고등학교와 다양한 실업고등학교 출신자들의 피와 땀 덕분이라고 할 수 있다. 그리고 1990년대 이후 제2차 경제성장과 사회민주화, 경제위기 극복과 선진국 진입을 가능하게 한 것은 평준화된 고등학교 체제하에서 성장한 국민들 덕분이었다. 사회 변화를 만들어낸 것은 평준화 체제나 비평준화 체제, 어느 하나의 제도가 아니다. 그것은 제도가 아니라 국민들의 자발적 혹은 울며 겨자 먹기식 교육열이었다.

21세기 4차 산업혁명 시대는 경쟁과 차별보다는 협력과 융합이 존중받는 시대라는 데 이의를 제기하기 어렵다. 보통교육의 마지막 단계인 고등학교 교육 체제가 교육 수요자들에게 경쟁만을 강요하고, 협력과 융합이라는 가치를 무시하는 방향으로 나아가는 것은 분명한 해악이다. 자립형이든 자율형이든 우리가 경험했던 자사고 경험 15년의 결과는 긍정적이지 않다. 2000년대 초반 자사고 도입을 둘러싼 논쟁 당시 도입 지지자였던 이주호 교수가 염려했던 세 가지 부작용은 이 교수의 예상보다 더 크게, 그리고 나의 예상보다 더 빠르게 나타났다. 자사고는 귀족학교일 뿐, 진보 진영이 강조하는 공교육 정상화, 보수 진영이 강조하는 국민통합이나 교육경쟁력 향상 그 무엇에도 기여하지 못했다. 자사고를 선택한 학부모들조차 자사고가 특색 있는 교육과정을 운영한다거나 일반고등학교와 차별적이라는 인식을 하지 못하고 있다신인수, 2012는 연구 결과가 이런 측면을 잘 말해준다.

사실 사립학교라는 명칭 앞에 자율이나 자립이라는 수식어를 붙이는 것 자체가 정상은 아니다. '사립' 그 자체가 자립과 자율을 의미한다. 장기적으로 사립고등학교의 자립이 전제되고, 자율이 보장되는 방향으로 나아가는 것이 정상이다. 물론 사립을 포함한 모든 학교는 공교육에 충실해야 하고, 특정 유형의 학교에만 주어지는 어떤 특혜나 특권도 배제되어야 한다. 특혜나 특권이 만들어내는 것은 불평등의 고착화이고, 교육 수요자들의 불안이며, 사회적 갈등이기 때문이다.

| 참고문헌 |

• 김병렬(2001). 「평준화 보완책' '귀족학교' 논란 속 5개 시범학교 지정」. 〈새교육〉 2001년 12월호.
• 김정래(2001). 「평준화 폐약 대책: 학교선택권 보장 방안」. 〈새교육〉 2001년 9월호.
• 박남기(2001). 「미국 학부모들의 사립학교를 선택하는 이유」. 『교육학연구』 39/2.
• 신인수(2012). 「학부모의 사회경제적 수준에 따른 자율형 사립고 운영에 대한 인식 차이 연구」. 『사회과학논총』 27/2.
• 이주호. 「다양한 학교 필요-학교차 인정하고 정보 공개해야」. 〈새교육〉 2001년 9월호.

3불정책은 시대착오적 유령인가?

1980년대 초반까지는 대학마다 학교를 상징하는 배지badge라는 것이 있었다. 대학마다 다르고, 같은 대학 내에서도 단과대학별로 달랐다. 세칭 일류 대학 학생들은 입학 초기에 학교 배지를 자랑스럽게 달고 다녔다. 특히 서울대학교 배지를 달고 다니는 것은 본인에게는 대단한 자랑거리였고 타 대학 재학생들에게는 큰 부러움의 대상이었다. 대한민국의 대학은 서울대학교와 기타 대학으로 구분되는 것이 당시나 지금이나 마찬가지다.

과거나 지금이나 대한민국 사회에서 일류 대학 입학은 개인의 성공을 가늠하는 절대적 잣대이며, 가문의 영광을 드러내는 확실한 방법이다. 거의 한 세기 동안 변하지 않고 우리 사회를 지배하는 하나의 유사 법칙이다. 모든 대학은 일류 대학이 되기를 바라고, 일류 대학이 되는 길은 우수한 학생을 선발하느냐 여부에 달려 있다고 믿는다. 대학이 교육기관이라면 마땅히 학생들을 잘 가르치려는 경쟁에 몰두하여야 함에도, 모든 대학은 우수한 신입생 선발 경쟁에 몰두하고 있다.

서울대학교가 최고의 학부인 것은 잘 가르쳐서가 아니라 애초에 우수한 학생들이 입학하려고 줄을 섰고, 이들 중에서 최고의 학생들을 가려뽑기 때문이라고 해도 지나친 말이 아니다. 다른 사립 일류 대학들도 마찬가지다. 한국의 대학들은 잘 가르치려는 '교육경쟁'을 하지 않고, 잘 뽑으려는 '선발경쟁'에만 전력을 기울여왔고, 지금도 그렇다. 뽑아서 입학시킨 학생들이 졸업할 즈음에 얼마나 성장했는지는 측정할 방법도 없지만 관심도 없다. 오로지 성적 좋은 학생들을 뽑는 것에 사활을 걸 뿐이다. 이런 면에서 보면 우리나라 대학을 '교육기관'이라고 불러야 할지 '선발기관'이라고 불러야 할지 생각해볼 시점이다. 교육제도를 비판적으로 부르는 영어 표현 'sorting machine'에 딱 맞는 것이 우리나라 대학들, 특히 자칭, 타칭 일류 대학은 아닌지 반성이 필요하다.

조금 과장된 표현인지는 모르지만 우리나라 교육의 모든 병폐는 소수 일류 대학들이 '가르치기 경쟁'은 포기한 채, '가려뽑기 경쟁'에 앞장선 결과라고 보아도 무방하다. 특히 국민의 세금으로 운영하는 국립대학이 이런 모습이라는 것은 한심한 일이다. 국민의 세금으로 운영하는 국립대학이 국민들에게 교육 고통을 부여하는 중심이 되어 있다. 국립대학을 법적 주인인 국민들의 교육 고통을 해소하는 데 기여하는 기관으로 바꾸는 것이 마땅하다.

대학입학과 관련하여 2000년대를 뜨겁게 달군 논쟁이 있다. 한국의 대학입시에서 절대 용납할 수 없다는 3가지 정책, 즉 '3불정책'을 둘러싼 논쟁이다. '3불'이란 기여입학제 금지, 대학 본고사 금지, 그리고 고교등급제 금지를 말한다. 이른바 '3불정책'이 언제 하나의 정책으로 자리를 잡았는지는 사실 명료하지 않다. 일반적으로는 1999년 국민의정부하에서 기여입학제는 헌법상 평등의 원칙에서 벗어나기 때문에, 본고사는 고등교육법시행령을 통해 논술고사 이외의 필답고사를 금지시킴으로써, 그리고 고교등급제는 교육부 규칙인 대학입학전형 기본계획을 통해 금지함으로써 우리 교육에 실제적으로 영향을 미치게 된 것으로 본다.위키백과 등 반면 '3불정책'은 어느 한 시점에서 명문화되거나 공포된 정책이 아니라 "담론을 통하여 꾸준히 재구성되어왔다"강태중, 2007는 시각도 있다. 이에 따르면 기여입학제와 본고사는 '1997학년도 대학입학전형 기본계획'에서 금지했고, 2002년 2월 '2003학년도 대학입학전형 기본계획 수정사항'을 하달하면서 고교등급제를 추가로 금지시킴으로써 이른바 '3불정책'이 성립한 것으로 본다. 이 수정 지시에서 교육부는 다음과 같은 기준을 명료하게 제시했다.

> 입학기준과 방법은 대학이 자율적으로 정하여 시행하나, 논술고사 외 필답고사, 기여입학제, 고교등급제는 초·중등교육 정상화 및 공정하고 합리적인 학생선발을 위한 "최소 기준"으로 제한.

언론에 '3불정책'이란 표현이 등장한 것은 2004년이다. 2004년 7월 2일 한국대학교육협의회 주최 세미나에서 당시 안병영 교육부총리가 대입 제도는 원칙적으로 대학 자율이지만 "고교등급제, 기여입학제, 본고사 등 이른바 '3불'은 안 된다"고 발언한 것을 다음 날 『한국경제신문』이 보도한 것이다. 이후 노무현 정부 내내 3불정책을 둘러싼 논쟁이 지속되었다.

노무현 정부의 교육정책에 비판적이던 〈새교육〉은 2005년 8월호부터 10월호까지 3회에 걸쳐 특집 '3불정책을 다시 본다'를 실었다. 8월호에 실린 첫 번째 특집의 주제는 본고사 불가 정책이었다.

우리나라는 해방 이후 대학의 학생선발은 전쟁 기간의 예외적 상황을 제외하고는 대체로 대학별로 실시하는 필답고사 결과를 기본으로 이루어져왔다. 그러다가 1969학년도 입시부터 대학입학예비고사제도를 도입하여 대학별 필답고사에 응시할 자격을 검증하는 국가 주도의 예비고사를 거치도록 했다. 이때부터 대학입시는 국가시험인 예비고사와 대학별 시험인 본고사의 2단계 체제를 갖추었다. 물론 처음부터 본고사라는 용어가 사용된 것은 아니었다. 우리나라에서 '본고사'라는 명칭이 최초로 사용된 것은 1973년 문교부에서 발표한 대학입시개혁안이다.^{강태중, 2007} 30년 이상의 역사를 지닌 대학별 필답시험 '본고사'가 폐지된 것은 1980년의 7·30 교육개혁 조치에 의해서였다. 예비고사와 대학 본고사로 학생들에게 이중적인 부담을 주고, 고등학교 교육이 본고사 과목인 국어, 영어, 수학 등 주지과목 중심의 암기식 교육으로 치우치고, 학교 교육은 소홀히 하며 본고사 준비를 위한 과외수업에 의존하는 폐단 등을 해소하는 방안으로 대학별 본고사를 전격적으로 폐지했다.

폐지되었던 대학별 본고사가 부활한 것은 1994학년도 입시부터였다. 이때 대학수학능력시험이 도입되었고, 대학입시 자율화정책이 표방되면서 본고사가 허용된 것이다. 대학별 본고사가 입시에서의 대학 자율권 보장으로 인정되었다. "주관식 출제를 위주로"라는 당시 문교부의 전제 조건하에서 잠시 부활했던 대학별 본고사는 오래 지속되지 못했다. 1995년의 5·31 교육개혁안에 기초하여 시행된 1997학년도 대입 전형에서 국공립대학에 대해 국어, 영어, 수학 위주의 필답고사가 금지되었고, 2002학년도부터는 사립대학에 대해서도 논술고사 이외의 필답고사(본고사)를 금지했다. 학생선발에서 대학의 자율권은 인정하되 '본고사 없는 전형'이라는 원칙을 무시하거나 훼손시키는 것은 허용되지 않았다.

이렇게 시행되던 대학입시에서 본고사 논쟁이 재점화된 것은 2004년이다. 정부는 8월 26일 교육부 발표를 통해 수능의 영향력을 최소화하기 위해 2008학년도부터 대입 전형은 수능 점수가 아닌 등급과 고등학교 내신 성적만으로 하며, 본고사형 논술이나 면접은 절대 불허한다는 방침을 발표했다. 이에 대해 전문가들과 언론은 많은 의견을 쏟아냈다. 한마디로 당시 여론은 한 신문의 표현대로 '기대 반 우려 반'『세계일보』, 2004년 8월 27일이었다. 교육부의 발표 이후 각종 세미나, 공청회, 언론 보도 등을 통해 백가쟁명식 논쟁이 이어졌다. 이 논쟁은 9월로 접어들어 본고사 부활, 고교등급제 도입, 3불정책 폐지 주장으로 확대되면서 그야말로 '점입가경'『서울경제신문』, 2004년 9월 12일이었다. 10월 12일 전국교직원노동조합은 기자회견을 통해 수도권 주요 대학의 논술과 면접 문제를 분석한 결과 10여 개 대학이 "변칙적 본고사를 실시"하고 있다고 주장하며 이에 대한 정부의 조사를 촉구했다.『문화일보』, 2004년 10월 12일 한국교원단체총연합회(이하 교총)은 입시에서 대학 자율성의 전면적 인정과 본고사 부활을 공식적으로 요구했다. 본고사 실시 여부를 둘러싸고 진행된 당시의 논쟁과 갈등을 MBC는 교육계 '대충돌'이라고 표현했고, 『매일신문』은 '이전투구' 양상으로 묘사했다.

2008학년도 대학입시를 둘러싼 이 같은 갈등 분위기 속에서 서울대학교는 2005년 6월 27일 발표를 통해 정시 입시에서 '통합적 논술고사'를 채택하겠다는 방침을 분명히 했다. 이 발표를 보도한 기사에 대해 노무현 대통령은 "가장 나빴던 뉴스"라고 언급함으로써 보수 언론의 공분을 샀다. "통합적 논술은 결국 본고사 부활"이라는 대통령의 우려는 2005년 8월 30일 교육부의 '논술 가이드라인' 발표로 이어졌다.

〈새교육〉 2005년 8월호 특집에 실린 "3불三不을 3조三助로 바꿔라"라는 글에서 김창진(초당대 교수)은 "교육부가 아직까지도 평등주의라는 시대착오적인 유령에 사로잡혀 국가경쟁력을 떨어뜨리고 있다"고 지적하며 대학별 본고사 부활을 역설했다. "3불𝐻은 3달러"이기에 "싸구려 정책"이며, 따라서 싸구려 정책인 '3불정책'은 폐지되어야 한다는 주장이었다. 그는 공교육이 학원의 과외를 이길 방법이 없다고 단정하며, 본고사 대신 수능시험으로 고교교육을 정상화시키겠다는 주장은 허구라고 질타했다. 현직 교사 김희대는 당시 한국리서치에서 실시한 여론조사 결과 58%의 학부모가 대학별 본고사를 찬성하고, 70%가 대학 자율의 학생선발을 지지한다는 통계를 근거로 대학의 자율성이 강화되는 방향으로 신중한 입시제도 개선을 주문했다. 교총 교육정책 연구소 연구원 이명균은 "'본고사 금지'만이 능사인가'라는 글에서 본고사 금지는 대학의 학생선발 자율성에 대한 침해일 뿐 아니라 대학의 다양화와 특성화, 나아가 대학의 경쟁력 강화와 국민의 교육받을 권리를 방해하는 제도이기 때문에 대폭 수정이 필요하다는 점을 강조했다.

교육열 연구의 권위자인 이종각 교수(강원대)는 〈새교육〉 같은 호에 실은 '고교평준화 제도를 교육열 관점에서 바라보기'라는 글에서 민노당이 입법을 추진하고 있는 '3불정책'은 교육열 적합성 점검과정을 거쳐야 한다는 흥미로운 견해를 제시했다. 이 교수는 기본적으로 교육에서 학생들의 능동적 선택 경험이 매우 중요하다는 점, 그리고 21세기 한국 사회에 필요한 인재는 혁신적이고 독립적으로 사고할 수 있는 능력을 갖춰야 한다는 점에서 국가에 의한 입시 관여는 바람직하지 않은 것으로 보았다.

교육부의 논술 가이드라인 발표와 대학별 본고사 실시 금지 방침에 대해 서울대학교 정운찬 총장은 "경쟁 인정 안 하는 균등주의"의 폐해라고 규정하며, 정부가 "대학 자율화 노력"을 지속적으로 방해하는 것이라고 강하게 비판했다.『한국경제신문』, 2005년 10월 14일, 『세계일보』, 2005년 10월 15일 이런 설전 속에서 서울대학교는 교육부의 가이드라인에 맞추어 2008 학년도 입시에 적용할 논술 예시문제를 발표함으로써 이후 대한민국 공교육과 사교육 시장에 논술 열풍을 가져오는 신호탄을 쏘아 올렸다.

이런 복잡한 논쟁을 겪으며 본고사는 금지되었고, 논술시험은 살아 남았다. 본고사는 여전히 금지되어 있고 논술은 주요 대학의 학생선발 단계의 한 부분으로 자리 잡은 상태다. 2018년 현재 31개 대학에서 논술시험을 실시하고 있다.

'3불정책'의 두 번째 쟁점은 고교등급제였다. 고교등급제는 대학입 시에서 고등학교 간 학력 차이를 인정하고 반영하는 제도를 말한다. 고등학교들 사이의 학력 차이는 대학별 본고사 체제하에서는 문제될 것이 없었다. 그러나 본고사가 폐지되고 고등학교에서의 성적, 이른바 내신이나 종합생활기록부의 영향력이 확대되면서 고등학교 간 학력 차이는 중요한 쟁점이 되기 시작했다. 이런 논쟁의 출발점은 1995년의 5·31 교육개혁이다. 본고사 금지와 '종합생활기록부' 반영이 대학입시 기본 방침으로 도입되면서 논쟁이 본격화되었다. 특히 종합생활기록 부를 반영하는 과정에서 과학고등학교와 외국어고등학교 등 특목고, 그리고 비평준화 지역 우수 고등학교에 대해 별도의 배려를 할 것인지 가 쟁점으로 부각되었다.

1996년 8월 7일 교육부에서 고등학교 수준 차이에 따른 가중치 부 여를 허용하지 않겠다는 방침을 발표함으로써 이런 형태의 학교에 재 학 중이거나 입학을 준비 중이던 일부 학부모들의 반발을 사기도 했 다. 1997년도에는 과학고등학교 학부모들이 신문 광고를 통해 호소문 을 발표했다. 고교등급제 논란이 확대된 것은 1998년이다. 2002학년 도 대학 입학 전형이 '고교장 추천'을 통한 무시험전형제로 실시되리 라는 전망 속에 출신 고등학교의 학력 차이를 대학이 어떻게 반영할 것인지에 대한 논란이 시작되었다. 1998년 7월 13일 자 『한국일보』는 연세대학교가 최근 5년간 입학 기록을 토대로 전국 고등학교를 3그룹으로 구분하여 학생선발에 반영하는 방안을 고려하고 있다고 보도했다. 기사 제목 "연대 '고교등급제' 도입"은 예비 학부모들을 긴장시키기에 충분했다. 연세대학교뿐 아니라 다른 몇몇 명문 사립대학도 이런 방향을 검토하고 있는 것으로 보도됨으로써 이를 둘러싼 논란은 멈추지 않았다. 해당 대학교 측은 이것이 고교 서열화를 실행하는 것은 아니라고 부인했으나 이를 둘러싼 논쟁은 뜨거웠다.

이런 논란이 계속되던 1998년 7월 29일 서울대학교는 구조조정안을 발표하면서 2002학년도 입시는 무시험전형을 원칙으로 한다는 것, 그리고 무시험전형에서 고등학교 간 학력 격차를 반영하기 위해 전국 2,000여 개 고등학교를 등급별로 나눠 가중치를 부여하는 '고교등급제'를 실시할 계획을 공개했다.『동아일보』, 1998년 7월 29일 서울대학교뿐 아니라 연세대학교, 고려대학교 등 명문 사립대학들도 같은 계획을 갖고 있다는 것이 알려지면서 '고교 서열화'를 우려하는 목소리가 더욱 커져 갔다.

1998년 8월 20일 서울대학교, 고려대학교, 연세대학교 등 세칭 일류 대학교는 2002학년도부터 전면 무시험전형을 실시하되 고등학교 간 등급평가제는 도입하지 않기로 방침을 정했다는 사실이 언론에 보도되었다.『동아일보』, 1998년 8월 21일 그럼에도 이를 둘러싼 논쟁은 멈추지 않았다. 교육부가 1998년 10월 15일 발표한 '2002학년도 대학입학제도 개선안'을 통해 "고등학교 간 학력 차 인정은 불가"라는 원칙을 명확히 했음에도 다음 날 서울대학교는 발전계획안을 발표하면서 "수능 점수를 중심으로 한 공식적인 고교등급제는 실시하지 않겠지만 현실적으로 학교 간 차이가 있는 경우 반영할 수밖에 없을 것"이라는

점을 표명함으로써 학부모들의 혼란 및 교육부와의 마찰을 불러일으켰다.『동아일보』, 1998년 10월 16일

세기가 바뀌어 21세기에 접어들어서도 고교등급제를 둘러싼 크고 작은 논란은 교육부와 대학, 학부모단체들, 교원단체들, 전문가들, 언론사들 사이에 일정한 전선을 형성한 채 지속적으로 나타나기를 반복했다. 입시학원까지 이런 논란에 가세했다. 2002년 6월 3일 종로학원은 '1학기 수시모집 지원전략 자료'를 내면서 연세대학교, 고려대학교, 서강대학교, 이화여자대학교 등 서울의 네 개 명문 대학교들이 고교등급제를 적용하고 있다고 발표했다.『조선일보』, 2002년 6월 3일 해당 대학들이 부인했지만 논쟁은 쉽사리 사라지지 않았으며, 고교등급제의 수혜가 예상되었던 특수목적고등학교인 외국어고등학교와 과학고등학교 등의 인기가 상한가로 치솟았다. 특목고 입시 준비를 위한 초·중등 학부모들의 강남행은 여전히 강력하고 유효한 입시전략으로 인식되고 있었다. 특목고 대비를 위해 강남권 학원에 들어가기 위한 입학 경쟁률이 5:1 이상으로 과열되기도 했다.

고교등급제가 다시 한 번 큰 논란의 대상이 된 것은 2004년이다. 전국교직원노동조합은 2004년 1학기에 실시된 2005학년도 수시모집에서 서울의 한 대학교가 고교등급제를 실시했다고 폭로했다. 이에 따라 교육부의 실태조사가 이루어졌고, 그 결과 3개 대학이 고교등급제를 실제로 적용했다고 발표했다. 이를 둘러싼 논쟁은 뜨거웠고, '학생부 불신'을 둘러싸고 교육계 전체가 갈등을 보였다. 우리나라 교육의 저변에서 늘 꿈틀대고 있던 대학의 자율권과 국민들의 교육 평등권이 충돌하며 그 문제점이 폭발한 것이다. 고교등급제를 적용한 3개 대학에 대한 학부모와 교원단체의 고발이 이어졌다.

교육부는 2004년 10월 28일 기존 '3불정책'을 바탕으로 한 '2008

학년도 이후의 대학입학제도 개선방안'을 발표했고, 이를 둘러싼 논쟁은 여전히 뜨거웠다. 〈새교육〉은 2005년 9월호 특집을 통해 고교등급제에 대한 찬반 논쟁을 다루었다. 인천대 교수 조전혁은 "우리나라 현교육 시스템은 '국가에 의한 교육독점'과 '평준화'가 잉태한 저주받은 기형아"라고 규정하면서 고등학교 간 학력 차이를 인정하지 않는 것도 일종의 인권 차별이라고 주장했다. 같은 특집 기사에서 교총 교육정책연구소 이민정 연구원 또한 "실재하는 학력 차 무시가 오히려 차별"이라는 점을 강조하며 고교등급제의 불가피성을 역설했다. 반면 현장 교사인 권오원(당시 충북 세명고 교사)은 계층 간 위화감 등의 부작용을 가져올 것이 예상되는 고교등급제는 평준화제도가 낳은 기형적 전형방법이기에 지양할 것을 요구했다. 또 다른 현장 교사 신현호(당시 경기 안산 단원고 교사)는 잘하는 학생이 피해보는 것은 문제라는 시각에서 고교등급제는 설득력이 있는 제도라며 옹호하는 입장을 보였다.

학부모와 교원단체의 고발에 대해 검찰은 1년 반 동안 수사를 진행한 결과 2006년 3월 23일 고교등급제 적용 대학들에 대해 무혐의 처분을 내렸다. 검찰은 "특정 고교에 약간의 보정 점수를 준 것은 인정되지만 교수들의 재량으로 볼 수 있고, 법에도 선발권은 사립학교장에게 있다고 명시돼 있다"는 논리로 이들 대학의 업무방해 혐의를 인정하지 않았다.『동아일보』, 2006년 3월 24일 검찰에 고발했던 학부모와 교원단체는 반발했고, '3불정책'에 대한 법제화 필요성을 제기하는 등 고교등급제에 대한 비판과 평준화 정신의 유지를 위한 투쟁을 지속했다.

'3불정책'의 마지막 세 번째 쟁점은 기여입학제다. 기여입학제는 특정 대학의 발전에 기여한 사람의 후손들에게 특별히 그 대학에 입학할 수 있는 자격을 주는 제도를 말한다. 알려진 대로 미국 대학 사회에서는 매우 활성화되어 있다. 우리나라에서도 1980년대 중반부터 사립대학의 교육재정 충당 방안의 하나로, 혹은 대학의 자율성 획득 수단의 하나로 간헐적으로 제안되고 논의되기를 반복해왔다. 2000년대에 들어서는 '3불정책'의 한 부분을 차지하면서 '3불정책'의 큰 틀 안에서 이 제도의 도입을 둘러싼 논쟁이 간헐적으로 나타났지만 나머지 두 정책에 비해 사회적 공감대를 얻지 못하고 교육적 논리 확보에 실패하면서 제도 도입을 찬성하는 주장의 강도나 파급력은 상대적으로 약한 편이었다.

기여입학제에 대한 정책적 고려가 처음으로 공식화된 것은 1996년 교육개혁위원회의 제10차 공청회다.강태중. 2007 사학의 재정난 극복을 위한 수단으로 기부금 제도 도입을 고려할 필요가 있다는 제안이 이루어졌다. 1989년에는 전국 대학 교무처장협의회에서 대학의 재정난 타개책으로 기여에 의한 입학제도 실시를 문교부에 건의했다.『조선일보』, 1989년 10월 5일 기여입학제의 필요성은 1990년대 들어서도 몇 차례 제기되었다. 흥미롭게도 대학입시 부정으로 일대 홍역을 치른 후 기여입학제 논의가 불거졌다. 사립대학들이 재정 확충 방안으로 부정을 저질렀다는 반증이었다. 1991년과 1993년 대학입시 부정 사태 직후의 기여입학제 논의가 그것이다. 교육부도 1990년대 중반까지는 사학 재정난 극복 방안으로 기여입학제 도입에 비교적 긍정적인 태도를 견지해왔다. 1995년 5·31 교육개혁이 선언했던 대학의 자율권 강화 분위기로 기여입학제 문제가 다시 거론되기도 했으나 예상되는 국민적 저항 앞에 정책화를 추진하기는 어려웠다. 이후 1990년대 후반부터는 국민 감정의 저항을 극복할 수 없다는 판단하에 기여입학제에 대한 정부의 긍정적 태도는 포기 단계로 접어들었다. 2000년대 초반에도 연세대학교를 비롯한 일부 사립대학에서 기여입학제 도입을 계획하고 추진했으나 국민 정서를 고려한 정부의 반대로 실현되지 못했다.

〈새교육〉은 2005년 10월호 특집을 통해 기여입학제 찬반 논쟁을 펼쳤다. 이명희 교수(공주대 역사교육과)는 사회적으로 용인 받을 수 있는 몇 가지 제도적 장치의 마련을 전제로 기여입학제 도입의 필요성을 제기했다. 대학의 자율성 확보를 위해 그 필요성이 크다는 점을 강조했다. 현직 교사 김정수(구미여고 교사) 또한 기여입학제에 대한 긍정적 논의를 시작할 때라는 주장을 폈다. 그는 '3불정책'을 '부실정책'이라고 규정하며 이 정책의 폐지를 주장했다. 교총 교육정책연구소 황준성 연구원은 국민의 70% 이상이 기여입학제를 반대하는 사회적 분위기를 고려할 때 기여입학제에 대한 막연한 반감을 줄이기 위한 대학 차원의 노력이 필요하다는 점을 지적했다.

노무현 정부 마지막 해인 2007년에 이르러 '3불정책'에 대한 대학과 보수 언론의 비판은 더욱 거세졌다. 서울대학교 장기발전계획위원회는 3불정책에 대해 "대학 발전과 인재 양성을 방해하는 암초 같은 존재"라며 강력하게 비판하고 나섰다.『동아일보』, 2007년 3월 22일 한국사립대학 총장협의회(회장 손병두 서강대학교 총장)도 회장단 회의를 열고 대학 경쟁력을 가로막는 대표적 규제인 '3불정책'의 폐지를 정부에 건의하기로 했다.『한국일보』, 2007년 3월 22일 이에 대해 노무현 대통령은 "몇몇 대학이 잘 가르치는 경쟁을 하지 않고 뽑기 경쟁을 하려 한다"고 비판하면서 '3불정책' 폐지에 반대하는 입장을 명료하게 했다.『동아일보』, 2007년 3월 22일

대학 교육에 대한 국가권력의 관여는 최소한이어야 한다는 '대학 자율'의 원칙에서 보면 3불정책의 폐지 혹은 수정은 당연해 보인다. 그것만큼 당연한 원칙의 하나는 '대학은 학생을 뽑는 선발기관이 아니라 학생을 가르치는 교육기관'이라는 사실이다. 무조건 '우수한' 학생을 뽑는 것에 집착하는 태도를 버리고 해당 대학에 '적합한' 학생을

뽑는 태도를 보여야 한다. 특히 국립대학은 다수 국민이 평등하게 교육받을 권리를 확대하는 방향으로 입시 제도를 운영하는 것이 바람직하다. 모든 특권을 누리고 있는 서울대학교가 학생선발 경쟁에 앞장서는 모습은 바람직하지 않다. 성적은 평범하지만 가능성이 있는 학생들을 뽑아서 우수한 학생으로 길러내는 것이 제대로 댄 교육기관일 것이다. 그런 생각으로 학교를 운영하고 학생들을 대하는 교육자야말로 제대로 된 교육자일 것이다.

| 참고문헌 |

• 강태중(2007). 「'3불정책'의 연원과 그 의미의 변전: 정책사회학적 분석의 시도」. 『아시아교육연구』 8/2.
• 권오원(2005). 「평준화의 기형아 '고교등급제'」. 〈새교육〉 2005년 9월호.
• 김정수(2005). 「긍정적 논의가 시작돼야 한다」. 〈새교육〉 2005년 10월호.
• 김창진(2005). 「3불을 3조로 바꿔라」. 〈새교육〉 2005년 8월호.
• 김희대(2005). 「대학의 고유권한 보장해야」. 〈새교육〉 2005년 8월호.
• 신현오(2005). 「성적에 따른 배려가 등급제?」. 〈새교육〉 2005년 9월호.
• 이명균(2005). 「'본고사 금지'만이 능사인가」. 〈새교육〉 2005년 8월호.
• 이명희(2005). 「기여입학제의 쟁점과 추진 방안」. 〈새교육〉 2005년 10월호.
• 이민적(2005). 「학교 간 학력 차 인정은 필요」. 〈새교육〉 2005년 9월호.
• 이종각(2005). 「고교평준화제도를 교육열 관점에서 바라보기」. 〈새교육〉 2005년 8월호.
• 조전혁(2005). 「교육 시스템부터 바꿔라」. 〈새교육〉 2005년 9월호.
• 황준성(2005). 「국민적 공감대 형성이 우선이다」. 〈새교육〉 2005년 10월호.

시험민국대통령 이명박의 선물 일제고사

남과 북은 많이 다르다. 70년 분단이 동질성을 야금야금 앗아갔고, 이질성을 슬쩍슬쩍 덧붙여온 그런 깊고 아픈 시간을 함께 살아왔다. 그들이나 우리나 김치를 즐기고, 그들이나 우리나 끼니마다 밥을 주식으로 하고, 조금 어색하지만 소통 가능한 우리말과 우리글을 사용한다는 것 등으로 우리는 같은 민족이라는 것을 되새기며 통일의 당위성을 주장한다. 각종 국제 스포츠 행사에서 공동 입장을 하거나 단일팀을 구성하면 감격하는 데 익숙하다. 그런데도 분단의 벽은 높아졌고, 커가는 이질성 앞에 통일을 기대하는 마음은 조마조마하고 불안불안하다.

2000년대 초·중반 진보정권 시절에 북한에 몇 차례 다녀왔다. 이런 저런 회의를 위해 평양, 묘향산, 백두산 그리고 주변 몇 지역을 방문할 기회를 얻었고, 평양 순안공항에 도착할 때마다 통일이 멀지 않다는 느낌에 활주로 저편 옥수수밭에서 불어오는 바람이 시원했고, 방문을 마치고 북측 인사들의 환송 속에 순안공항을 이륙할 때는 통일이 다가와 있다는 느낌에 평양 하늘은 꿈결같이 느껴졌다. 마지막 방문이 10여 년 전인 2007년 가을이다.

북한을 방문할 때마다 평양에 있는 창광유치원, 제일중학교, 김일성

종합대학교, 인민대학습당, 만경대학생소년궁전 등 교육 시설을 둘러볼 수 있었다. 그런데 늘 나를 깜짝 놀라게 한 것은 그들의 시험점수 경쟁이었다. 매월 과목별로 시험을 치르고, 성적을 모두 공개하여 경쟁심을 부추기고 있었다. 학생들이 가장 많이 다니는 복도에 큼지막한 전지를 이용하여 전교생의 성적표를 일목요연하게 공개하고 있었다. 자유나 경쟁보다는 평등과 배려를 중시한다는 사회주의의 일반원칙이 적어도 학교 교육현장에서는 전혀 작동하지 않는 모습이었다. 남쪽보다 심하면 심했지 덜하지 않은 시험지옥이 그곳에도 있었다. 남쪽에 시험국민^{이경숙, 2017}이 존재한다면 북쪽에는 이를 닮은 시험인민이 존재하는, 그런 모습이 아닐까.

언젠가 평양 지하철을 이용한 적이 있다. 지하에서 지상으로 올라오는 긴 에스컬레이터를 탔는데 바로 앞에 서 있는 여행객처럼 보이는 가족이 내 시선을 끌었다. 초등학교 고학년 정도 되어 보이는 10대 초반의 어린이와 어머니로 보이는 여성 그리고 그보다 조금 젊은 여성이 일행이었다. 궁금한 마음에 인사를 건넸다. 남쪽에서 왔다는 말에 깜짝 놀라기는 했지만 대화는 자연스럽게 이어졌다. "혹시 평양에 사십니까?"라는 나의 질문에 "아닙니다. 함경도에서 여행 왔습니다"라고 대답했다. 다시 나의 질문이 이어졌다. "그럼 그냥 관광 오신 겁니까?" 아이의 어머니가 갑자기 한숨을 쉬더니 옆에 있는 아들을 가리키며 말했다. "아닙니다. 이 녀석이 하라는 공부는 하지 않고 시간만 나면 게임에 빠져 살아서 여기 평양에 와서 바쁘게 사는 모습을 보면 좀 정신을 차리지 않을까 해서 데리고 왔습니다. 나하고만 오자고 하면 말을 듣지 않을 것 같아서 이모와 같이 오자고 했더니 이렇게 따라는 왔는데…." 하는 것이었다. 입을 쑥 내밀고 있던 아들이 바로 치고 들어왔다. "어무이는 입만 열면 공부 공부, 시험 시험. 세상이 변한 것도 모르고 매일 공부타령만 해서 답답해요." 아이도 어머니도 남쪽에서 우리가 매일 만나보는 학생이나 학부모와 다르지 않은 모습이었다. 시험과 교육열로는 이미 남북통일은 이루어진 거나 다름없다. 몇 해 전 북한을 수차례 방문하고 언론에 기행문을 남겼다가 곤혹을 치른 재미 작가 신은미의 글에서도 북쪽 아주머니들의 일상 대화에서 아이들의 교육 문제가 적지 않은 소재라는 것을 읽은 기억이 난다.

우리나라가 시험공화국이 되고 우리 모두가 시험국민이 된 것은 여러 가지 요인으로 설명할 수 있다. 혈연에 기초한 신분 중심의 전통 사회에서 갑작스럽게 능력 중심의 근대사회로 이행하면서 새롭게 지위 결정 요인으로 등장한 것이 학력이고, 학력을 측정하는 최선의 도구로 나타난 것이 시험이다. 식민지 지배 민족과 피지배 민족을 구분하기 위해 일제가 만들어놓은 학교 서열구조가 식민 지배 종료 후에도 지속된 것은 비극이다. 시험만큼 저렴한 비용으로 다수의 사람을 여러 집단과 등급으로 구분할 수 있는 제도는 없다. 게다가 이렇게 만들어진 구분과 등급의 맨 구석이나 맨 아래에 위치한 사람조차도 마치 이 구분과 등급이 정당하고 정상적이고 불가피한 것처럼 느끼게 만드는 것도 시험이 지닌 마력이다. 지난 70년 대한민국 역사에서 시험으로 희망이나 좌절을 맛보지 않은 국민은 단 한 명도 없을 것이다.이경숙, 2017

여기서 우리가 눈여겨보아야 할 것은 국가권력의 역할이다. 19세기 이후 근대 공교육의 관리자 역할을 떠맡기 시작한 국가권력은 나라마다 다른 방식으로 교육 문제에 개입했다. 우리나라의 경우 1950년대 말까지는 교육 주체들이 민주주의 교육에 대한 이상을 완전히 포기하지는 않았고, 국가권력도 교육에 개입하려는 욕구는 컸지만 개입하는 방식이나 태도는 비교적 조심스러웠다. 한글 간소화 파동이나 교육자 치제 폐지 논쟁 속에서 국가권력의 정점에 있던 대통령의 의지가 전문가 집단이나 교육자들의 신념을 넘어서지 못했다. 전쟁을 핑계로 대학 입시를 국가고시로 전환하려는 시도도 교육의 자율성 요구 앞에 실패 했다. 국가교육과정이 공포되고 학도호국단이 결성되는 등 국가권력의 의지가 실현된 영역이 다수 존재했지만 민주주의 교육의 희망이 완전 히 포기되지는 않았었다. 결국 교육체제의 정점에 있던 대학생과 교수 집단의 저항 앞에 독재자는 얼마 버티지 못하고 권좌를 내려놓았다. 부패한 국가권력을 교육받은 사람들의 집합적 의지로 넘어섰었던 이 소중한 경험은 후일 6월 항쟁과 촛불혁명으로 재생되고 전승되어 오 늘에 이르고 있다.

　1968년 12월에 처음 실시되고 1969학년도 대학입시에 그 점수 결과 가 반영된 대학입학예비고사제는 시험을 통해 국가가 교육을 획일적 으로 관리하는 완벽한 제도의 등장이라는 역사적 의미가 있다. 이후의 학력고사와 대학수학능력시험은 모두 대학입학을 희망하는 모든 지원 자들에게 국가가 시험 과목, 시험의 일시, 시험 장소까지 지정하여 시 험을 보도록 강제하는 모습을 보여주었다. 국가권력에 의한 대학입시 의 관여와 획일화는 초·중·고등학교 교육의 획일화를 가져오는 동력 으로 작용했다. 시험 흥망성쇠의 주역은 역시 국가권력이었다.이경숙, 2017

　우리나라 학교교육의 획일화를 상징하는 단어 중 하나, 그리고 교 육에 대한 국가권력의 과잉 관여를 상징하는 단어의 하나가 바로 일 제고사다. 사전적 의미대로 "전국적으로 여럿이 한꺼번에 동일한 시간 에 동일한 문제로 치르는 시험"을 말하는 일제고사는 여러 과정을 거 쳐 학부모들의 마음에 크고 작은 상처를 내며 오늘에 이르고 있다. 전 국적인 학업성취도평가는 중앙교육연구소에서 '기초학력평가'라는 이 름으로 1959년, 1963년, 1968년에 초등학교 5·6학년을 대상으로 실시 한 것이 출발이었다. 이어서 IQ테스트로 유명했던 행동과학연구소에서 주관한 초등학교 6학년을 대상으로 한 학교교육의 전국적 평가가 1973년과 1980년에 실시되었다. 한국교육개발원에서 주관한 초·중학생 대상 학력평가도 1974년, 1977년, 1980년, 1983년, 1985년에 다양한 형태로 실시되었다. 1986년부터 1997년까지는 국립교육평가원에서 주관하여 실시했다. 일제고사라는 명칭에 부합하게 전국의 특정 학년 학생 모두를 대상으로 실시한 경우도 있고, 일정한 학생을 선발하여 실시한 표집 고사 형태도 있었다.

40년 가까이 실시되던 일제고사가 완전히 폐지된 것은 1998년이다. 일부 학년, 일부 학생을 대상으로, 일부 과목에 대해 실시하는 학업성취도평가로 대체된 것이다. 2000~2001년에는 초등학교 6학년, 중학교 3학년, 고등학교 1학년을 대상으로 국어, 수학, 영어, 사회, 과학을 전체 학생의 0.5~1%를 표집하여 실시했고, 2002년부터 2007년까지는 1~5%로 확대하여 실시했지만 일제고사로 부활하지는 않았다.

2008년 2월 이명박 정부의 출범은 교육계에 일제고사 부활이라는 뜻밖의 선물을 안겼다. 누구에게는 선물이었고 누구에게는 폭탄이었다. 공정택 서울시교육감과 김진춘 경기도교육감은 초등학교 일제고사 부활을 선언했고, 이것이 언론에 보도된 것은 이명박 대통령 취임을 4일 앞둔 2008년 2월 21일 즈음이었다. 3월 11일에 초등학교 4·5·6학년을 대상으로 한 일제 진단평가가 실시된다는 결정이 보도되자 교육계에서는 "학교 간 과열경쟁과 사교육비 증가"를 우려하는 목소리가 터져나오기 시작했다.『경향신문』, 2008년 2월 21일

당시 일제고사 부활에는 일본과 미국의 영향도 있었다. 2001년 미국에서는 낙오학생방지법No Child Left Behind, NCLB이 발효되고, 이 법에 따라 2014년까지 모든 학생에게 주정부가 설정한 수학, 언어, 과학 과목의 성취기준에 100% 도달할 것이 요구되었으며, 이를 실현하

기 위해 STAR Standardized Test And Reporting이 실시되었다. 학생 개인에 대한 평가뿐 아니라 교사, 학교, 교장에 대한 평가까지 이루어졌고, 이에 기초해서 각종 인센티브와 페널티가 주어졌다. 좋은 점수를 얻기 위한 온갖 편법과 부정이 교육현장에 난무했다. 2008년 즈음 표준화된 시험에 의해 학생, 교사, 학교를 평가하는 정책에 대한 비판이 절정에 이르렀다. 미국 하원 교육노동위원회 위원장은 낙오학생방지법이 미국 최악의 브랜드가 되었다고 선언했다.앤디 하그리브스·데니스 셜리, 2017 시험의 영향력은 점차 축소되고 있었다. 이 운동에 앞장선 것은 한국계인 미셸 리 워싱턴 D.C. 교육감이다. 빌 게이츠와 오바마 대통령으로부터도 칭찬의 대상이 되었던 그녀도 2010년 10월에 전격 사퇴했다. 학부모들은 이 시험을 볼 것인지 안 볼 것인지를 선택할 수 있게 되었다. 2000년대 초반 부시 대통령 아래에서 일제고사를 통한 성취도 향상 운동을 주도한 교육사학자 다이앤 래비치Diane Ravitch는 2010년 간행한 저서『The death and life of the great American school system』에서 자신이 가졌던 확신과 자신이 추진한 정책이 잘못되었음을 솔직하게 고백했다. 나아가 그녀는 자신이 주도했던 이 운동과 정책이 미국의 교육적 가치를 썩게 만들었다고 고백했다(교육을 바라보는 그녀의 학문적 입장에 대해 비판해오던 나는 이 책을 읽자마자 이메일로 그녀의 용기에 대해 멋지고 감격적이라는 말로 격려했고, 그녀는 곧바로 감사하다는 답을 보내왔다).

일본 또한 이른바 '유도리교육'(여유교육)이 가져온 학력저하의 폐해를 극복하겠다는 목표로 2007년 전국 단위의 일제고사를 부활시켰다. 흥미로운 것은, 우리나라가 일제고사를 부활시키려고 무리수를 두던 2009년 즈음 일본은 그동안 소학교 6학년과 중학교 3학년을 대상으로 실시해오던 일제고사인 전국학력테스트를 전수평가에서 표집평가 형태로 전환하기로 했다는 점이다. 43년 만에 부활시킨 일제고사를 불과 3년 만에 학교 간 성적 부풀리기 경쟁이라는 비판을 겸허하게 받아들여 포기한 것이다.

일본이나 미국의 일제고사 축소나 폐지 분위기와는 전혀 상관없이 이명박 정부의 일제고사를 통한 학력증진 프로그램은 굳건하게 추진되었다. 교육권력자들은 마치 일제고사를 수용하는 것은 애국이고 반대하는 것은 매국인 것처럼 여론을 호도했다. 전교조를 중심으로 교직사회 내부에서 이의 중단을 촉구하는 사태로 이어졌고, 학계와 학부모 단체 또한 찬반 논쟁에 뛰어들었다. 일제고사가 실시된 다음 날 발간된 일제고사를 반대하는 『경향신문』의 사회면 왼쪽은 "'일제고사' 후유증 현실로"라는 기사와 시험문제를 푸는 초등학생의 지친 모습 사진이, 그리고 오른쪽에는 "'대운하 반대' 교수 모임 큰 물결 친다"라는 기사와 함께 대운하 반대 서명 서울대학교 교수 381명 명단이 실렸다. 정권교체를 실감하게 하는 장면이었다. 일제고사를 찬성하는 보수 언론에서는 일제고사 반대를 "깜깜이 교육"하자는 "비교육적 억지"라고 매도했다.『동아일보』, 2008년 3월 21일

일제고사 성적 비공개를 주장하는 학부모 단체의 집회와 성명발표가 이어졌다. 초등 교장이 담임 몰래 일제고사를 치르도록 하고, 시험을 거부한 학생들을 불러 회유하는 등 교직사회 내부의 분열 또한 극단으로 치달았다. 2008년 7월 30일 실시된 서울시의 첫 주민직선 교육감 선거에서 이른바 "학원 프렌들리" 후보 공정택이 당선된 것은 단기적으로는 일제고사의 폭주를 알리는 신호였고, 장기적으로는 진보교육감의 필요성을 일깨우는 예비신호였다.

보수 교육감의 당선에 고무된 정부는 2008년 10월 전국적으로 초·중·고 일제고사를 실시하겠다는 야심찬 계획을 발표했고, 시민단

체와 청소년 단체들은 일제고사 거부를 결의했다. 서열화로 치닫는 교육 풍토를 보며 인터넷에 올린 댓글을 보면 일제고사에 대한 당시 학생들의 반응을 알 수 있다.

"난 공부도 못하는데… 난 뽑으려는 학교도 없겠지… 아 죽고 싶다."

"그지 같은… 시험민국을 만들어놨어. 멍청하게…."

"어떻게 하면 애들을 공부시킬까 그런 생각만 하냐?"

"걍 죽이지 그래."

교육이 미친 것 같다는 한탄 속에 일제고사는 강행되었다. 10월 14~15 양일간 전국 초·중·고등학교 일제고사가 실시되었고, 이를 반대하는 일부 학생, 학부모, 교사들은 시험을 거부하고 체험학습을 떠났다. 이에 대한 서울시교육청의 대응은 대단하고 신속했다. 12월 9일 서울시교육청은 일제고사 거부 교사들 가운데 전교조 소속 교사 7명 중 3명은 파면, 4명은 해임하기로 하는 등 최고 수준의 처벌을 단행했다. 아이들의 울음 속에 이들 교사들은 마지막 수업을 하고 교단을 떠났다. 전라북도교육청에서는 일제고사를 거부하는 교사에게 현장학습을 허용했다는 이유로 해당 학교 교장을 '공무원 성실의 의무와 명령불복종'을 내세워 3개월 정직에 처한 것이 문제가 되어 교육계와 학부모 단체의 반발을 불러일으키기도 했다.

전국시도교육감협의회는 2008년 12월 23일 중학교 1~2학년을 대상으로 전국적 규모의 일제고사인 학력평가를 실시하기로 함으로써 또 다른 불씨를 만들었다. 2008년 12월은 일제고사와 교사 징계를 반대하는 촛불집회와 서명운동이 전국적으로 확산되었고, 이로 인해 교육계는 사분오열되어갔다. 정부 방침에 대한 교육계의 반발은 이어졌고, 전국 초·중교생의 체험학습을 이유로 한 시험 거부는 그치지 않았다. 2009년에도 서울, 강원, 울산, 전남, 전북 등에서 일제고사 반대 교사에 대한 파면이 이어졌고, 이명박 대통령은 취임 1주년 즈음 "내년부터 완벽한 평가"를 하라고 당부하는 비교육적 오만함을 드러냈다.『경향신문』, 2009년 2월 24일

일제고사 파동의 분수령이 마련된 것은 2009년 4월 8일 있었던 경기도교육감 선거다. 진보 진영 김상곤 후보가 보수 진영 김진춘 현직 교육감을 누르고 경기도교육감에 당선되었다. 시장주의를 지향하던 이명박 교육정책에 대한 반대를 내걸고 출마한 김상곤 후보의 교육감 당선은 적지 않은 충격이었다. 당선되자마자 김상곤 교육감은 줄세우기식 일제고사를 치르지 않겠다고 선언했다. 일제고사에 반대하는 시국선언 참여 교사들에 대한 교육부의 징계 요구에 대해 김상곤 교육감은 헌법상 표현의 자유를 이유로 징계 반대 입장을 분명히 함으로써 첨예하게 대립했다.『동아일보』, 2009년 8월 3일

2010년 6월에 있었던 교육감 선거에서 다수의 진보 교육감이 탄생했고, 일제고사에 대한 저항은 확대되었다. 그럼에도 이명박 정부는 2010년부터 일제고사 결과 중 기초학력 미달 학생의 비율 등을 학교알리미www.schoolinfo.go.kr라는 사이트를 통해 공시했다. 2012년 이명박 정부 마지막 해까지 초등학생과 중고등학생을 대상으로 교과학습진단평가 혹은 국가수준 학업성취도평가 등의 이름으로 전국 단위의 일제고사가 계속 실시되었고, 이에 대한 교사들의 반대, 시민들의 반대 투쟁이 반복되었다. 박근혜 정부 출범 후 초등학생에 대한 일제고사는 2013년도부터 폐지되었지만 중학생과 고등학생을 대상으로 한 전국 단위의 학업성취도평가는 지속되었다. 한 언론의 표현대로 "협동과 상생을 가르쳐도 부족한 교육"계에 일제고사라는 악행을 만들어 학생들의 경쟁을 부추기고, 교사들을 줄 세우고, 수치심을 안겼다는 측면에서 일제고사는 이명박 정권이 국민에게 안겨준 치욕적 선물이었다.『경

향신문』, 2009년 11월 28일 전국 단위의 일제고사가 완전히 폐지된 것은 문재인 정부가 출범한 직후인 2017년 6월 14일 정부 발표를 통해서다.

2008년부터 2012년 사이에 교사 19명이 파면, 해임, 정직되고 교사 17명이 감봉과 견책 처분을 받았다. 일제고사 거부를 이유로 교단에서 파면되거나 해임된 교사들, 감봉이나 정직 등 부당한 징계를 받은 교사들, 체험학습을 허용했다는 이유로 정직 처분을 받은 교장 등은 교육적 판단이 아니라 법적 투쟁이라는 힘든 과정을 통해 교단에 복직했다. 교육문제를 교육자들 스스로의 판단이 아니라 법적 판단을 통해 풀어야 하는 괴팍한 세상의 중심에는 국가권력의 과잉 교육 관여가 자리 잡고 있다. 교육적 문제에 대해 올바른 판단을 할 수 있는 교육자들이 전혀 없는 것인지, 교육자들에 대한 사회적 신뢰가 회복될 수는 없는 것인지 답답할 뿐이다.

학생을, 교사를, 교장을, 그리고 학교와 지역사회를 숫자로 표시된 점수에 의해 평가하고 통제하려는 관리 욕구에서 교육을 해방시키는 것은 우리 교육이 새 길을 개척하는 데 꼭 필요한 일이다. 『학교교육 제4의 길』의 저자들은 학교교육이 제4의 길로 나아가는 데 장애가 되는 '데이터에 집착하는 기술주의'의 문제점을 몇 가지 사례를 통해 지적하고 있다. 동일한 학력 수준이던 학생들이 담임교사의 자질에 따라 다년간에 걸쳐 성적이 현저히 오르기도 하고 퇴보하기도 한다는 연구 결과, 어떤 해에 상위 20%에 속했던 교사 중 3분의 1만이 그다음 해에도 같은 범주에 남아 있었다는 연구 결과 등이다.앤디 하그리브스·데니스 셜리, 2009 저자들은 이렇게 묻는다.

어느 한 해 훌륭했던 교사가 그다음 해에는 알고 있던 것
을 모두 잊어버리는 것인가?

그리고 이렇게 대답한다.

> 교사들은 아프기도 하고, 아이를 낳는 바람에 잠을 못 자
> 기도 한다. 훌륭한 교장이 떠난 후 그에 못 미치는 후임이 오
> 기도 한다. 극심한 행동장애가 있는 학생 한 명 때문에 반
> 전체가 지장을 받아 시험 결과를 망칠 수도 있다.

시험 점수 같은 데이터는 신뢰받고, 교사의 판단은 신뢰받지 못하는 것이 현대교육에서 극복되어야 할 현실이라는 것을 이 책의 저자들은 잘 보여준다.

2000년대 후반부터 국가권력이 주도하고 일부 교육자들이 동조하여 몰아쳤던 일제고사라는 광풍은 교사들에 대한 철저한 불신과 데이터에 집착하는 기술주의의 모습을 적나라하게 보여준 슬픈 경험이다. 학교교육이 오로지 더 좋은 상급학교에 진학하기 위한 목적 하나에 매몰될 때 어떤 형식의 평가든 그것은 "본질적으로 교육을 망치고 인간의 전인적 발달을 저해하는 요소"가 된다는 것을 보여주는 아픈 경험이었다.^{한국교육연구네트워크, 2011}

| 참고문헌 |

- 앤디 하그리브스·데니스 셜리 지음(2009). 이찬승·김은영 옮김(2017). 『학교교육 제4의 길 ①』. 21세기 교육연구소.
- Ravitch, Diane(2010). *The death and life of the great American school system*. New York: Basic Books.
- 『경향신문』 2009년 2월 24일 자, 2009년 11월 28일 자.
- 『동아일보』 2008년 3월 21일 자.
- 이경숙(2017). 『시험국민의 탄생』. 푸른역사.
- 『한겨레』 2008년 12월 13일 자.
- 한국교육연구네트워크(2011). 『일제고사를 넘어서』. 살림터.

한국 교육 제3의 길

 1995년 5·31 교육개혁이 발표된 이후 정권은 보수에서 진보로, 진보에서 보수로, 그리고 다시 진보로 바뀌며 20년이 넘는 긴 시간을 건너왔다. 경제는 1990년대 후반 외환위기로 시작된 국가부도 직전의 경제파탄을 극복하고 1인당 국민소득 3만 달러 시대에 진입했다. 인구 5,000만 명 이상의 국가 중에서 우리나라의 1인당 국민소득은 미국, 독일, 영국, 프랑스, 일본, 이탈리아에 이어 세계 7위이고, 국내총생산 GDP은 세계 11위, 수출은 프랑스와 영국을 추월하여 세계 6위권에 이르렀다. 문화면에서도 1990년대 후반에 중국에 소개된 TV드라마에서 싹트기 시작한 한류는 이제 K-pop이라는 새로운 장르의 대중음악을 탄생시키기에 이르렀다. 우리나라 아이돌그룹(BTS)의 앨범이 미국 '빌보드 200' 차트 1위를 차지하는 믿지 못할 일들이 벌어지고 있다. 한국 영화는 세계인의 주목을 받고 있고, 김치와 불고기는 세계인이 선호하는 음식의 반열에 올랐다. 이뿐 아니라 문학과 예술 전 분야에서 한류는 확산되고 있다.
 수천 년 동안 우리 정치를 지배했고, 우리 문화에 영향을 미쳐온 중국이지만, 드디어 21세기를 맞으며 중국이 한국 문화를 동경하고 배우는 낯선 시대를 살고 있다. 그런 면에서 우리 민족의 역사에서 지난

20여 년은 한 편의 감동적인 드라마와 같은 시간이었다. 엄청난 경제적 부담과 심리적 고통을 요구하는 민족 분단과 대결 상황에서 만든 드라마이기에 그 감동은 더 클 수밖에 없다.

이런 드라마와 같은 시간 속에서 교육의 국제경쟁력 또한 성장했다. 경제협력개발기구OECD에서 3년마다 실시하는 읽기, 수학, 과학 시험 PISA Program for International Student Assessment에서 한국은 지속적으로 상위권을 유지해오고 있다. 이 시험이 처음 도입된 2000년 이후 다섯 차례 테스트에서 우리나라는 모든 영역에서 최상위권을 차지해왔다. 최근 실시된 2015 PISA 결과에서 읽기는 OECD 회원국 중 3~8위, 수학은 1~4위, 과학은 5~8위를 차지하여 이전보다 약간 하락하기는 했지만 전반적으로 많은 국가들이 부러워할 정도로 높은 학력 수준을 유지하고 있다. 그럼에도 우리 국민들은 한결같이 교육으로 인한 피로와 고통을 호소하고 있는 것이 현실이다.

1995년 5·31 교육개혁에서 시작된 한국 교육 제3의 길은 이렇듯 국가의 교육경쟁력 상승과 국민의 교육 피로감 극대화가 특징이다. 사회주의의 경직성과 자본주의의 불평등을 극복하기 위해 제시된 앤서니 기든스Anthony Giddens의 제3의 길과는 전혀 다른 길이고, 시장주의의 장점과 국가의 풍부한 지원을 결합해 교사의 자율성과 책무성 사이에서 균형을 찾으려 했던 앤디 하그리브스Andy Hargreaves와 데니스 셜리Dennis Shirley가 제안한 학교교육 제3의 길과도 전혀 다른 길이다. 정권 교체와 무관하게 한국 교육 제3의 길을 이끈 굳건한 이념은 신자유주의였다. 5·31 교육개혁은 사회주의 붕괴와 함께 시작된 문명사적 전환의 시기가 요구하는 바를 충실히 반영하려는 국가기획의 결과물이었다. 이 개혁안에 반영된 문명사적 전환의 본질은 세계화, 정보화 그리고 지식사회화였고, 이는 당시 대부분의 문명사회가 동의하던 내용이었다. 우리도 그 끝에 매달려야 하는 운명이었다. 세계경제는 미국 주도의 자본주의 시장경제라는 단일 체제에 서서히 편입되었고, 생산과 소비, 유통 모두가 글로벌 네트워크 속에서 글로벌 스탠더드에 맞추어 이루어지게 되었다. 이 네트워크와 스탠더드를 지배하는 이념이 바로 신자유주의였고, 자유와 경쟁을 강조하는 신자유주의는 선진 자본주의 국가들에게 유리한 정신이었다.

신자유주의의 등장은 자유주의에 기반을 둔 19세기식 적자생존의 원리가 부활하는 것과 다름 아니었다. 그것은 소득 불평등이 가져오는 삶의 양극화 현상을 자유경쟁이라는 이름하에 합리화하려는 비인간적 정신이었다. 이미 앞서 있는 국가나 시민에게는 유리하고, 뒤처져 있는 자들에게는 고통스러운 이념이 신자유주의의 핵심원리였다. 이 새로운 이념은 교육에 적용되던 여러 가지 평등 지향적 원리와 구조의 변화나 포기를 요구했고천보선·김학한, 1998, 우리 교육도 이 이념이 주는 억압과 압력에서 자유로울 수 없었다.

많은 전문가들은 19세기 후반 제국주의 시대에 우리 민족이 경험한 위기 상황이 재현될 수도 있다는 불안한 진단을 내놓는 데 주저하지 않았다. 국가도 개인도 생존이 문제였다. 국가는 생존을 위한 효율성 증진에 매달렸고, 개인들은 끝없는 스펙 쌓기 경쟁에 매달렸다. 이 속에서 학교는 붕괴했고 교육의 공공성은 사라졌다. 학교붕괴는 우리 교육에도 또 다른 길이 필요하다는 위기의식과 함께 새로운 기대감을 불러오기도 했다. 1990년대 후반의 학교붕괴 현상을 계기로 오랜 권위주의 시대부터 쌓여온 교육 적폐와 타성을 일소하고 참교육을 세우려는 운동에 많은 교육 주체들이 참여하기도 했다. 교육은 국가발전이나 국가경쟁력 향상 혹은 사회통합을 위한 수단이 아니라 그 자체가 목적이 되어야 하며, 학생과 교사를 통제의 대상으로 삼는 교육이 아니라 주인으로 여기는 교육이 되어야 한다는 것에 공감하는 교육자들이 적지 않았다. 10년간 지속된 진보정권을 배경으로 전개된 교육혁신 운동은 결국 성공하지 못한 채 위기를 맞이했다. 신자유주의와 공교육은 양립이나 공존이 불가능한 것이라는 점을 깨닫는 계기였고 값비싼 경험이었다. 자유경쟁의 최대화와 국가 개입의 최소화를 핵심으로 하는 신자유주의와 국가기준의 철저한 준수와 대학의 제한적 자율성을 내세우는 3불정책 또한 공존하기는 불가능했다.

학교붕괴라는 위기 상황이 만들어낸 것은 극한 경쟁뿐이었다. 평준화정책에 대한 비판이 만들어낸 특목고의 확대와 자립형사립고등학교의 출현, 교사들의 무사 안일함에 대한 비판 속에 나온 교원 성과평가와 성과급제도, 국가의 정책 실패 결과를 대학 사회에 전가하기 위한 고육책으로 나온 대학평가제 등이었다. 이 모두 서구에서 이미 실패한 길이었다. 세계화가 가져온 영어교육 열풍과 조기유학 유행 등도 한국 교육 제3의 길이 낳은 기현상의 한 부분이다.

신자유주의 이념을 토대로 한 한국 교육 제3의 길을 상징하는 용어 중 대표적인 것은 스펙 쌓기와 일제고사다. 스펙이란 구직자 사이에서 학력, 학점, 자격증 따위를 총칭하는 용어로, 그 내포와 외연이 불투명하다는 측면에서 경쟁에 뛰어든 모든 사람을 불안하게 만드는 용어로 사용되었다. 끝없는 경쟁에서 살아남기 위해서는 지속적으로 채워야 하는 것이 스펙이다. 미국이나 일본에서는 이미 효과를 상실한 일제고사가 우리나라에서는 보수정권 10년 동안 모든 교육 당사자들을 괴롭혔고, 교육계를 갈등으로 몰아넣었다. 획일성이 주는 관리의 편안함에 도취된 정치인들이 만들어낸 괴물이었다. 그들은 결국 역사관의 획일화를 주문처럼 외우며 국사교과서의 국정화를 추구하는 만용을 부렸다. 우리 교육 안에서 쉴 사이 없이 등장하는 획일화의 욕망과 국가주의의 과잉이 빚어낸 비극이었다.

우리 교육이 제3의 길에서 벗어나기 위해서는 두 집단의 양보가 필요하다. 우선 국가권력은 교육에 대한 통제 욕구를 내려놓아야 한다. 문재인 정부 출범 후 교육부 권한 축소와 교육의 정치적 중립성 제고를 위해 국가교육위원회 창설을 선언했다. 이를 준비하기 위해 국가교육회의를 출범시켰다. 그런데 국가교육회의는 출범 초기부터 대학입시제도 개선에 모든 역량을 기울이고 있다. 2018년 6월 20일 보도에 의하면 국가교육회의는 4가지 공론화 의제를 선정했다. 2022학년도 대입제도에 반영할 수시와 정시의 비율을 결정하는 것이 핵심 내용이다. 의제1은 수능 위주 전형 45% 이상/상대평가/최저학력기준 대학자율, 의제2는 수능·학생부 비율 대학자율/절대평가/최저학력기준 강화 불가, 의제3은 수능·학생부 비율 대학자율/상대평가/최저학력기준 대학자율, 의제4는 수능 위주 전형 확대/상대평가/최저학력기준 대학자율이다. 디테일의 끝을 보여준다. 그런데 이 의제가 과연 국가백년지대계를 마련해야 할 국가교육회의의 핵심의제로 적합한 것인지 의문이다. 이런 방식으로 대학입시제도를 개혁해서 "우리 교육이 대한민국의 희망이 될 수"^{국가교육회의 홈페이지, 의장 인사말} 있다는 것은 착각이 아닐까? 이런 일은 교육부 혹은 출연기관인 한국교육개발원이나 한국교육과정평가원 등에서 맡아야 할 성격의 일일 것이다. 현재 극단적으로 서열화된 대학의 존재를 인정한 후 마련하는 어떤 대입 전형도 학부모들을 불안하게 하고, 그래서 새로운 사교육 시장에 끌려다니게 하는 것 이상의 효과는 없을 것이다. 우리 교육 70년 역사가 보내는 시그널이 그렇다.

우리 교육이 걸어온 과거의 길에서 터득한 지혜는 명확하다. 국가권력에 의한 디테일한 교육 관리가 만들어내는 것은 학교 서열화와 뽑기 경쟁뿐이다. 절차적 공정성이라는 명분하에 특정 지역, 특정 형태의 학교들에 대한 차별적 지원 정책이 만들어낸 것이 학교의 서열화다. 차별적 교육정책, 서열화된 학교 구조에서 학부모들이 보이는 교육열은 당연하고 자연스러운 일이다. 학부모들의 일류 대학, 특권화된 학교 진학을 향한 열망은 입시제도 개편으로 다스려질 수 있는 성질의 것은 아니다. 그리고 그들을 비난하는 것은 피해자를 비난하는 것과 다름없다.

다음으로 양보의 주체가 되어야 하는 것은 우월적 지위에 있는 학교들이다. 특혜 속에 성장한 학교들이 현재의 우월적 지위를 내려놓음으로써 학교 서열화와 학력지상주의를 완화하는 데 앞장서야 한다. 특히 국립대학교가 학생선발 경쟁의 선두에 서서 사립대학교들과 경쟁하는 모습은 바람직하지 않다. 모든 교육기관은 선발 경쟁에서 벗어나 교육 경쟁의 장으로 돌아와야 한다. 일부 학교들이 지닌 우월적 지위를 내려놓는 데 국가의 과감한 역차별 정책은 불가피하다. 예컨대, 부실한 사립대학을 만들어낸 것은 국가권력의 정책 기획 실패와 일부 사립대학의 성장 욕구 때문이었음을 받아들인다면 부실 대학 문제에 대한 책임에서도 국가 공권력은 결코 자유스럽지 않다. 대학평가 기준을 고도화하고 집행을 투명하게 하는 것만으로 국가의 책임을 면할 수는 없는 것이다.

우리 교육이 제3의 길에서 벗어났다는 증거는 전혀 없다. 그러나 제3의 길을 지나 새로운 길로 들어서야 한다는 열망은 적지 않다. 새로운 길은 제3의 길과는 질적으로 다른 제4의 길이 되어야 한다. 새로운 길에 선 우리 교육은 점차 가시화되는 제4차 산업혁명이라는 새로운 문명이 요구하는 인간상의 구현, 그리고 불평등 해소나 민족 통일 같은, 우리 민족과 사회가 해결해야 하는 특수한 과제들의 해결에 적합한 모습이어야 한다. 무엇보다도 공공재로서의 교육의 본연이 살아남으로써 교사, 학부모, 학생들의 고통이 완화되는 길이어야 한다. 그 길에서 더 이상 시험과 시장에 사로잡힌 교육이 아니라 사람이 함께 만드는 정의로운 교육이 살아나야 한다. 몇몇 나라들은 이미 각자의 방식으로 그 길을 찾고 있다.로베르타 골린코프·캐시 허시-파섹, 2016: 앤디 하그리브스·데니스 셜리, 2009 우리도 우리의 긴 교육 경험에 기초해서 우리식의 길을 찾아야 한다.

| 참고문헌 |

• 로베르타 골린코프·캐시 허시-파섹 지음(2016). 김선아 옮김(2018). 『최고의 교육』. (주)예문아카데미.
• 앤디 하그리브스·데니스 셜리 지음(2009). 이찬승·김은영 옮김(2017). 『학교교육 제4의 길 ①』. 21세기 교육연구소.
• 국가교육회의 홈페이지(https://eduvision.go.kr/greetings.do).

제4장

한국 교육 제4의 길, 혁신학교의 꿈 문화국가

대안학교를 넘어 혁신학교로

국가의 체계적인 관리하에 진행되는 기존의 지식 중심적, 교사 중심적, 그리고 정형화된 교육과정 중심적인 학교교육에 대한 반발로 만들어진 대체 교육 기관을 일반적으로 대안학교라고 부른다. 수천 년 학교교육의 역사를 살펴보면 기존 학교교육에 대한 비판 속에서 만들어졌다 사라진 다양한 형태의 실험학교들이 존재했고, 이들이 이름이나 형태는 다르지만 모두 일종의 대안학교였다. 주류 학교교육 제도에 대한 반발로 만들어진 비주류, 비공식, 비정형의 교육 기관들이 모두 대안학교인 것이다.

현대적 의미의 대안학교로서 최초의 것은 유명한 영국의 서머힐 학교Summerhill School다. 1921년 알렉산더 닐Alexander Sutherland Neil이 남녀공학의 기숙제 형태로 설립한 실험학교로서 초·중등과정이다. 이 학교는 어린이의 자연적이고 자발적인 성장을 강조한다. 1960년대 미국에서 잠시 인기를 끌었던 자유학교free school 운동이나 열린학교open school 운동에 의해 설립된 학교들도 이런 대안학교 계통에 속한다. 현재 미국에서 유행인 차터스쿨Charter school도 넓은 의미에서 대안학교의 한 형태다. 차터스쿨은 정부의 재정 지원을 받기는 하지만 법적·재정적으로 정부의 통제나 간섭으로부터 자유로움이 보장된 새로운 형태의 학교다. 1991년 미네소타 주에서 차터스쿨법을 통과시킨 후 현재는 43개 주와 워싱턴 D.C.에 이 법이 있으며, 2017년 현재 6,900개 차터스쿨에 재학 중인 학생은 310만 명 정도다. 규모면에서는 역사적으로 가장 크게 성공한 형태의 대안학교라고 볼 수 있다.

서구에서 유행하던 일리히Ivan Illich, 라이머Everett Reimer, 프레이리 Paulo Freire 등의 학교교육에 대한 비판에 발맞추어 우리나라에서도 1990년대 후반 공교육에 대한 비판이 난무하기 시작했다. 학교교육에 대한 비판적 분위기를 잘 보여주는 것은 당시 수능시험을 마친 고3 학생 이한이 발표하여 큰 관심을 끌었던 『학교를 넘어서』민들레, 1998였다. 이 책은 표지에서 선언했듯이 "새로운 교육질서를 위한 대안"을 제시하고자 집필했다. 이한은 이 책에서 학교를 "폭력을 생산해내는 가해자"라고 망설임 없이 규정했다. 그가 원한 것은 학교의 개혁이나 회생이 아니었다. '사회의 탈학교화'를 위한 아이디어를 제시하는 것이 그의 희망이었다. 이한은 학교에서 하는 일은 "학생들을 일단 한 곳에 가둬놓고서 뭔가 열심히 공부하도록 만들고 있다는 인상을 심어주기 위한 기만적인 쇼일 뿐"이라고 힐난했다. 결국 학교는 "부조리한 사회 계층화 기구"에 지나지 않는다는 것, 그래서 사라져야 할 제도라는 아픈 결론이었다.

서구 학계에서의 탈학교 담론의 확장, 우리나라에서 공교육에 대한 불신, 그리고 이를 대체할 새로운 교육시스템에 대한 갈망 속에 등장한 것이 대안학교다. 1997년 3월 경상남도 산청 지리산 자락에 세워진 간디학교가 우리나라 대안학교 제1호로 알려져 있다. 1998년에 대안학교에 대한 법적 기반이 마련됨으로써 짧은 시간 안에 많은 대안학교가 등장했다.

당시 제정된 초·중등교육법[제61조의 3(대안학교)]은 매우 흥미롭다. 법이 규정한 대안학교는 학업을 중단하거나 "개인적 특성에 맞는 교육을 받으려는 학생을 대상으로 현장 실습 등 체험 위주의 교육, 인성 위주의 교육 또는 개인의 소질·적성 개발 위주의 교육 등 다양한 교육을 하는 학교"들이다. 이런 학교가 대안학교이며, 이렇지 않은 학교가 일반 학교라는 이야기다. 개인적 특성과 무관한 교육을 받으려는 학생을 대상으로, 체험을 제외한 암기식 교육, 인성이 아니라 지식 위주의 교육, 개인의 소질이나 적성 개발을 포기한 획일적 교육을 하는 학교가 우리나라의 (대안학교 이외의) 모든 일반 학교라는 것을 이 법이 스스로 인정하고 있는 것이다. 이 법은 학교교육을 관리하는 공권력이 스스로 우리나라 학교교육의 비교육적 현실을 고백하는 자기 고백이며 공교육의 포기선언문이나 마찬가지다. 슬픈 일이 아닐 수 없다.

대안학교는 사립인 경우가 일반적이지만, 대안교육은 공립과 사립 구분 없이 가능하다는 것을 처음으로 보여준 것은 경기도 광주시에 있는 남한산초등학교다. 남한산초등학교는 1901년 1월 설립된 광주군 공립소학교를 모태로 일제강점기 초기인 1912년 광주공립보통학교로 개교한, 100년 넘는 역사를 지닌 학교다. 1996년 현재의 교명으로 변경했으나 교명 변경과 함께 위기를 맞았다. 당시 남한산초등학교의 위기는 이 학교만의 위기는 아니었다. 1990년대 중반 본격화된 공교육 붕괴에 이은 국가경제 위기, 그 여파로 시작된 농어촌 소규모 초등학교 통폐합이라는 큰 흐름 속에 남한산초등학교 또한 존폐의 기로에 놓이게 되었다. 문화재보호구역 안에 위치한 학교에 대한 다양한 규제로 학부모들의 전입과 취학 기피가 잇따라 2000년 재학생 수가 불과 26명으로 축소되었다. 교육청은 이 학교를 '2001년 폐교' 대상 학교에 포함시켰다.

이런 위기를 극복하기 위하여 당시 이 학교의 학부모, 지역사회 및 교사가 함께 힘을 모은 것이 변화의 시작이다. 정연탁 교장, 안순억 교사 등이 시민들과 함께 내세운 '작고 친밀한 학교를 만들자'는 구호에 찬성하는 학부모들이 모여들기 시작했다. 2001학년도는 103명의 학생과 7명의 교사로 출발할 수 있었고, 폐교 결정은 취소되었다. 기존 학교의 주입식 교육과 경쟁구도를 포기하고 시험을 폐지하는 것으로 혁신이 시작되었다. 국가교육과정의 큰 틀은 준수하되 학교에 부여된 교육과정 편성의 자율성을 최대한 활용하는 것이 출발점이었다. 교사의 자율성을 인정하는 교장선생님, 아이들의 놀이와 활동을 교육과정에 흡수하려는 교사들, 그리고 이들 교육자들의 노력과 학생들의 자발성을 지켜보고 격려하는 학부모들의 공감과 소통으로 학교가 바뀌기 시작했다. 2005년 대통령 자문 교육혁신위원회에서는 이 학교를 '학교혁신 사례'로 소개했고, 일부 교육대학에서는 이 학교를 연구대상으로 선정하기도 했다. 몇몇 교사와 학부모의 의식 있는 변화가 학교를 바꾸는 데 걸린 시간은 불과 4~5년이다. 어느 날 학교 홈페이지에는 졸업을 앞둔 학생이 쓴 이런 글들이 올라왔다고 한다. 『신동아』, 2008년 4월호

　　슬프다, 벌써 졸업이네. 남한산을 떠나서 어디로 갈까? 졸
　　업하고 남한산에 자주 와야겠다. 졸업하기 싫다.

'우리나라에 졸업하기 싫은 학교가 얼마나 될까?'라는 질문이 생긴다. 동시에 우리나라에 졸업하기 싫을 정도로 좋은 추억으로 가득한 학교가 많았으면 좋겠다는 기대가 생긴다. 교사들의 자발적 노력과 학부모들의 참여에 의해 남한산초등학교는 대한민국 '21세기 공교육의 싹'으로 성장했다. 지금도 학교 개혁운동의 상징인 남한산초등학교는 교육의 주체인 교사, 학생, 그리고 학부모들이 스스로의 생활과 경험

에서 답을 찾으려는 노력을 기울이고 있다. 또 배움과 나눔으로 삶을 가꾸려고 고민하고 있다.김영주 외, 2013

남한산초등학교가 위기에서 희망으로 변해가던 21세기 초반 대한민국의 공교육은 거의 포기된 영역이었다. 평준화정책에 대한 비판 담론 속에 탄생하여 일류 대학 입학준비기관으로 성장한 특수목적고등학교, 자립과 자율이라는 미명하에 태어나 드디어 한국형 귀족학교로 자리 잡아가기 시작한 자율형사립고등학교, 각종 영재학교와 국제학교 등을 제외한 모든 평범한 학교들과 그곳에서 가르치는 교사들에 대한 불신은 극에 다다랐다. 초등학교 저학년 이후 단계의 교육은 국가가 아니라 사교육이 책임지고 있다고 해도 지나친 말이 아니었다. 많은 사람들은 교육천국 핀란드를 부러워했다. 핀란드 교육혁명에 관한 저서들이 봇물을 이루었고, 교육자들의 핀란드 교육 탐방도 일대 붐이었다. 오바마 미국 대통령이 "한국 교육을 닮자"는 연설을 했다는 외신이 전해지면 우리나라 학부모들은 너나없이 "참 세상물정 모른다"는 비판을 쏟아냈다. 우리나라 학부모들에게 적어도 교육 영역에서는 미국 대통령은 뭣도 모르는 무식한 사람의 범주를 벗어나지 못했다.

이런 위기와 자조적 비판 속에서 자생적으로 성장한 혁신교육의 온상이 남한산초등학교이고, 이런 경험을 공교육에 접목하여 확산시키고자 등장한 것이 혁신학교다. 2009년 4월 실시된 첫 주민 직선 경기도교육감 선거에 출마한 진보 진영의 김상곤 후보는 '일제고사 반대-혁신학교 설립'이라는 파격적 공약을 내세웠다. 그는 경기도 교육의 가장 큰 문제인 과밀 학급 현상을 해소하기 위해 학급당 학생 수 25명 이내인 '혁신학교'를 운영하여 공교육을 혁신하겠다고 주장했다. 특히 교육 여건이 열악한 '교육복지 투자 우선지역'에 있는 소규모 학교를 선정하여 예산을 우선 배정하겠다는 것이었다. 전국에서 가장 먼저 국제중학교를 설립하고, 특목고 설치를 남발하여 사교육비 유발에 앞장서 온 경기도 교육을 혁신학교를 통해 바로잡겠다는 것이 김상곤 후보의 핵심적 주장이었다.

이에 맞선 보수 진영 후보 김진춘 당시 교육감은 특목고와 자율형 사립고등학교의 확충을 주장함으로써 김상곤 후보와 극명하게 다른 교육관을 드러냈다. 공부 잘하는 학생은 더 잘하게 하고, 학업 성적이 부진한 학생은 자신에게 맞는 분야의 능력을 키울 수 있는 다양한 학교를 만들어야 한다는 것이 그의 생각이었다. 교육관에서 두 후보의 이런 뚜렷한 대립과 충돌은 이 선거를 경기도 내 학부모뿐 아니라 국민 모두의 관심을 집중시키는 정치 이벤트로 만들었다.

이 선거에서 김상곤 후보는 뉴라이트와 한나라당 등 보수 진영의 지원을 받은 김진춘 후보를 비교적 큰 차이로 누르고 당선되었다. 공교육 개혁에 대한 학부모들의 열망이 만들어낸 결과였다. 경기도교육청에서는 2009년 남한산초등학교를 비롯한 13개의 학교를 혁신학교로 지정함으로써 교육개혁의 새로운 시대를 열었고, 2010년 교육감 선거에서 진보 진영 교육감을 당선시킨 6개 교육청에서 혁신학교를 157개로 확산시킴으로써 혁신학교는 교육혁신의 새로운 아이콘이 되기 시작했다. 혁신학교 운동을 주도하는 사람들은 혁신학교를 "교육 주체들의 협력으로 학교문화를 새롭게 창출하여 교육과정, 수업, 평가 체제에 의미 있는 변화를 시도하는 학교"^{김성천, 66}로 규정했다. 학업성적이 우수한 학생을 뽑아서 가르치는 학교가 아니라 보통 학생을 지적·정서적으로 우수하게 만드는 것을 목표로 하는 학교라는 의미에서 교육의 본질에 매우 충실한 학교라는 것이다.

혁신학교는 출범 이후 여러 가지 비판을 견디며 성장해왔다. 2018년 현재 전국에 1,359개의 혁신학교가 운영되고 있다. 전체 초·중등학교 수 11,613개의 10%를 넘어선 것이다. 광주광역시의 경우 311개 학교 중 49개 학교가 혁신학교로 지정되어 16.0%에 이른다. 물론 지역별 차이가 있다. 대구광역시, 울산광역시, 경상북도에는 혁신학교로 지정된 학교가 없다.

혁신학교에 대한 비판은 다음 몇 가지로 모아진다. 학생인권에 대한 지나친 강조로 인한 교권 침해 가능성, 인성교육에 대한 강조로 인한 학력 저하 가능성, 그리고 이에 따른 입시경쟁력 저하 등이다. 혁신학교가 주로 초등학교에 집중되어 있어서 초-중-고교로 교육적 연계성이 유지되기 어려운 문제, 혁신학교에서 일반학교로 전학하는 경우 발생하는 적응의 어려움 등도 매우 심각하다. 이런 문제로 일부 지역에서는 혁신학교에 재학 중이던 초등학교 학생 중 다수가 상급 학년에 이르면 인근의 일반 학교로 갑자기 전학하는 사태가 발생하여 학교 시설이나 교사 수급 문제를 야기하기도 한다.

이런 몇 가지 비판과 문제점에도 불구하고 혁신학교가 성장을 멈추지 않는 이유는 혁신학교가 지향하는 교육철학과 이를 실천하는 방식 때문이다. 기존 학교는 대부분 개개인의 성장을 지향하는 반면 혁신학교는 함께 성장하는 것을 강조한다. 기존 교육개혁이 위로부터의 개혁인 반면, 혁신학교는 교육 주체들의 협력을 통한 새로운 학교문화 창출을 지향하는 아래로부터의 개혁이다. 혁신학교 운동에 간접적으로 영향을 준 것으로 평가되는 일본의 사토 마나부 교수가 주창한 '배움의 공동체 운동'이 기반을 둔 교육철학이고 학교 혁신 방식이다. 일찍이 사토 마나부 교수는 현대교육의 위기를 아래와 같이 묘사하면서 공부의 세계에서 배움의 세계로 옮겨 갈 것을 주장한 바 있다.

공부의 세계는 아무도 만나지 않고 아무것에도 부딪치지 않고 스스로를 깨닫지 못하는 세계이며, 쾌락보다 고통을 존중하고 비판보다는 순종을, 창조보다는 반복을 중시하는 세계였다. 공부의 세계는 장래를 위해 현재를 희생하는 세계이며, 그 희생의 대가를 재산이나 지위, 권력에서 찾는 세계였다. 또한 공부의 세계는 사람과 사람의 끈을 끊어버리고 경쟁을 부추겨 사람과 사람을 지배와 종속관계로 몰아가는 세계였다. 지금의 아이들은 이러한 공부 세계의 바보스러움을 잘 알고 있다.

이에 반해 배움의 세계는 대상이나 타자, 그리고 자기와 끊임없이 대화하는 세계이다. 자기를 내면에서부터 허물어뜨려 세계와 확실한 끈을 엮어가는 세계이다.… 스스로의 행복을 위해서뿐만 아니라 행복으로 이어지는 많은 타자와 함께 행복을 탐구해가는 세계이다. 이 같은 배움의 세계 입구에 아이들과 같이 서 있다고 해도 과언이 아닐 것이다. 앞으로 아이들과 더불어 아이들과 함께 배워가는 것, 그 실천 이외에는 방법이 없다.   _사토 마나부, 2003

우리나라에서 배움의 공동체 운동을 주도하고 있는 손우정 박사는 사토 마나부 교수가 말하는 배움은 세 가지로 구성되어 있다고 주장한다. 활동적인 배움, 협동적인 배움 그리고 표현적인 배움이다.[손우정, 2009] 우리나라에서 성공한 혁신학교에서는 공통적으로 이런 교육철학과 정신이 나타난다. 더불어 사는 인간의 양성, 상상력과 창의성이 살아 있는 학교, 그리고 배움의 과정을 함께하는 학생과 교사 등 교육주체들의 공유 의식이 협력을 만들고, 이것이 넘어졌던 교육을 일으켜

세우는 것이다.

혁신학교가 출범 10주년을 맞이한다. 혁신학교가 "현재 우리 민족의 미래 운명을 결정할 희망의 요소를 다 갖추고 있다"[김용옥, 2017]는 낙관적 주장도 적지 않다. 공교육에 속한 학교 모두가 혁신학교가 되면 '역으로' 대학입시가 저절로 중·고교의 요구에 의해 규정되는 상향적 변화가 일어날 수도 있다[한국교육연구네트워크, 2014]는 희망적 메시지가 없는 것은 아니다. 그럼에도 과연 혁신학교의 오늘이 한국 교육의 미래가 될 것인지는 분명하지 않다.

우리 앞에 놓여 있는 한 가지 뻔하지만 어려운 숙제를 완수하면 혁신학교를 통해 한국 교육의 밝고 정의로운 미래가 열릴 수도 있을 것이다. 그것은 위로부터는 각종 교육특권을 폐지하는 일이 추진되고, 아래로부터는 혁신학교의 교육철학과 운영 원리를 학교교육의 일반 원리로 정착시키는 일이다. 개인적 특성에 맞는 교육, 현장 실습 등 체험 위주 교육, 인성 위주 교육, 그리고 개인의 소질·적성 개발 위주의 교육을 하는 학교가 대안학교나 혁신학교 등 실험적 성격의 학교가 아니라 모든 학교가 되게 하여야 한다. 즉, 모든 학교가 혁신학교의 철학과 원리를 수용하고 구현함으로써 더 이상 혁신학교라는 특별한 명칭을 덧붙인 학교가 필요 없는 사회를 만들어야 하는 것이다. 공교육 전체가 혁신학교로 변하고, 대학입시가 중·고교의 요구에 의해 규정되고, 중·고교에서의 정상적 학습 경험을 반영한 교육 성과가 대학 입학을 결정하는 시대가 올 수도 있을 것이다.

최근 미국에서 미래형 학교로 주목받는 프랭클린 올린 공과대학 Franklin W. Olin College of Engineering이 "현존하는 교육 기관 중에 가장 이상적인 형태의 교육을 실현해가는" 대학으로 평가받는 것은 아주 단순한 교육철학을 이 대학의 모든 교육 주체들이 공유하고 있기 때문이다. 그것은 "한 인간이 자신의 삶을 온전하게 살 수 있도록 돕는 것이 교육이 해야 할 일"이라는 철학이다.조봉수, 2017 교육의 정당성은 학생들이 자신의 삶을 온전하게 살 수 있도록 돕는가에 맞추어 판단해야 한다. 학생 삶에 긍정적인 변화를 일으키는가가 유일한 기준이 되어야 한다는 말이다.권종현, 2017 학생의 특성에 맞도록 항상 재구성되는 교육과정, 자발적으로 탐구하고 참여하는 수업, 서열화가 아니라 학생의 성장에 도움을 주기 위한 수단으로서의 평가, 우수한 학생 선발이 아니라 우수한 배움 공동체 형성을 위해 경쟁하는 학교, 이런 요소들이 지배하는 학교문화를 일상화하는 것이 우리 앞에 놓인 숙제다.

우리 교육이 20세기에 걸어온 낡은 길을 21세기에도 걸어갈 이유는 없다.앤디 하그리브스· 데니스 셜리, 2009 낡은 길에서 교훈을 얻어 새로운 길로 들어서야 하는 것이다. 새로운 길은 혁신학교가 걸어온 길이나 지금 걸어가고 있는 그 길이 아닐 수도 있다. 서구인들이 주장하는 학교교육 제4의 길이 아닐 수도 있다. 그러나 분명한 것은 그 길이 반드시 우리의 교육 전통과 경험을 통해 찾아지는 길이며, 혁신학교가 가고자 했던 길에서 매우 가깝다는 점이다. 그리고 우리가 경험해온 탐욕의 문화가 아니라 공공정신의 문화가 숨 쉬는, 그런 길이라는 점이다.

| 참고문헌 |

• 권종현(2017). 『혁신학교, 중간 결산 보고서가 나왔다』. 프레시안 books(2017. 12. 21).
• 김성천(2011). 『혁신학교란 무엇인가』. 맘에드림.
• 김영주 외(2013). 『남한산초등학교 이야기』. 문학동네.
• 김용옥(2017). 『도올의 교육입국론 증보신판』. 통나무.
• 사토 마나부 저(2000). 손우정·김미란 옮김(2003). 『배움으로부터 도주하는 아이들』. 북코리아.
• 손우정(2009). 「배움의 공동체를 기반으로 한 학교개혁」. 『협동학습저널』 6권(겨울호).
• 앤디 하그리브스·데니스 셜리 지음(2009). 이찬승·김은영 옮김(2017). 『학교교육 제4의 길 ①』. 21세기 교육연구소.
• 이한(1998). 『학교를 넘어서』. 민들레.
• 조봉수(2017). 『미래의 교육, 올린』. 스리체어스.
• 한국교육연구네트워크(2014). 『혁신학교에 대한 교육학적 성찰』. 살림터.

S대학교는 폐교되어야

2017년 말 기준으로 우리나라에는 4년제 대학이 222개교였고, 그중 명칭이 한글 자음 ㅅ, 영어 알파벳 S로 시작하는 4년제 대학이 32개였다. 명칭으로만 보면 모두 S대학이다. 32개 S대학 중 하나인 남원 소재 서남대학교가 대규모 비리와 연이은 학생 수 감소에 따라 정부 재정 지원 제한 대학, 경영 부실 대학, 대학구조개혁 최하 등급 대학 등의 불명예를 누려오다가 2018년 2월 28일 개교 27주년 기념일에 교육부의 폐쇄 명령에 따라 문을 닫았다. 이제 우리나라에 S대학은 31개다. 10년 후 몇 개 정도가 살아남을지 궁금하다.

다가오는 2020학년 대학입시부터 대학 입학 정원이 고교졸업자 수를 초과하는 대입 역전 현상이 발생한다. 출생률 감소가 본격화되기 시작한 1990년대 후반에 이미 예측된 현상이지만 우리 사회는 정부 주도의 대학평가를 통한 구조개혁 외의 어떤 대책도 마련하지 않았다. 5·31 교육개혁이 선언한 대학 자율과 그 바탕 정신인 신자유주의에 따라 모든 책임은 대학에 지워지고 있다. 학령인구 감소로 인한 대학의 미충원 사태는 오랜 기간 지속될 것이고, 지방 대학, 특히 하위권 지방 대학에는 심각한 재정난을 초래할 것이며, 다수 대학이 폐교를 맞을 것이다. 2016년에 입학 정원의 70% 미만의 충원율을 보인 대학이

12개교였고, 2017년에는 15개교로 늘었다. 이 중 연속적으로 충원율이 낮았던 남원시의 서남대학교와 동해시의 한중대학교는 결국 문을 닫았다.

현존하는 31개 S대학 중 부실하지 않음에도 오래전부터 폐교론의 대상이 되는 특별한 대학이 있다. 바로 서울대학교다. 30개 여타 S대학과는 격을 달리하는 S대학이다. 전신은 일본이 식민지 경영을 위해 세운 경성제국대학교다. 1926년 개교한 경성제국대학교는 해방과 함께 경성대학교, 서울대학교로 명칭을 변경하며 법문학부, 이공학부, 의학부를 지닌 소규모 종합대학으로 두 학기 동안 존속했다. 그러다가 1946년 7월 13일 문교부 발표로 갑자기 대규모 종합대학교인 국립서울대학교 설립이 추진되었다. 문교부 발표에 따르면 경성제국대학교는 우리나라에는 "무익한 유물"에 불과했기 때문에, "우리 국가에 대하여 중대한 봉사를 할 수" 있는 대학교를 새로 건설할 필요가 있었다는 것이다.『동아일보』, 1946년 7월 14일 이렇게 재탄생한 국립서울대학교는 과연 지난 70년 동안 국가에 중대한 봉사를 한 것일까? 아니면 국가가 국립서울대학교의 특권적 지위를 위해 중대한 봉사를 해왔을까?

2018회계연도 서울대학교 세입 예산 7,972억 원 중 정부 출연금은 4,371억 원에 달한다. 즉, 2018년 한 해 동안 국민이 납부하는 세금에서 서울대학교에 지원하는 돈이 4,371억 원이라는 얘기다. 학생 수가 비슷한 부산대학교에 대한 정부지원금은 1,259억 원, 충북대학교에 대한 지원금은 1,210억 원 수준이다. 학생들이 부담하는 등록금에 의한 수입 1,893억 원의 2.3배를 서울대를 다니지 않는 일반 국민이 지원하는 것이다. 4,371억 원이면 52개 국공립대학교 전체 등록금을 반으로 내리는 데 들어갈 비용(5,000억 원으로 추산)에 가깝다. 출연금 외에 정부 재원으로 서울대학교에 지원되는 각종 연구비 등을 포함하면 매년 국가가 서울대학교에 지원하는 돈은 이보다 더 많다. 지난 70년 동안 국가가 국민의 4대 의무 중 하나인 납세 의무를 활용하여 서울대학교를 위해 중대한 봉사를 해온 것은 분명하다. 그렇다면 서울대학교가 국가를 위해 어떤 중대한 봉사를 했을까? 국가의 재정 지원을 거의 받지 않는 150개가 넘는 사립대학교들이 국가를 위해 한 봉사보다 얼마나 중대하고 특별한 봉사를 했을까? 그리고 지금은 얼마나 큰 봉사를 하고 있을까?

이런 질문에 대한 답을 찾는 데 힌트를 줄 수 있는 가장 유효한 논의 주제는 서울대학교 폐지론이다. 자타가 공인하는 대한민국 최고의 고등교육기관, 한국을 대표하는 대학, 같은 해에 태어난 인구의 0.5% 정도만이 입학할 수 있는 권위 있는 기관, 그래서 국민들이 매년 수천억 원씩 말없이 지원하는 이 대학교를 폐지하자는 주장을 하는 사람들은 도대체 왜 그러는 것일까?

서울대학교 입학 정원의 50%는 부모의 사회·경제적 지위가 상위 3% 안에 드는 특목고와 자사고 출신 학생들이고, 나머지 50% 중에서도 강남의 이른바 8학군 출신 학생이 절반이다. 서울대학교 입학생 구성을 보면 자녀의 미래는 자신의 능력이 아니라 부모의 능력에 따라 결정된다고 봐도 크게 틀리지 않다. 특목고, 자사고, 8학군 소재 고등학교 진학은 부모 간 경쟁이지 학생 간 경쟁이 아니다. 8학군이 생긴 지 30년, 특목고와 자사고 전성시대가 시작된 지 20년이 되었다. 대한민국 사람 모두가 알고 있고, 분개하고 있지만 이런 현실은 전혀 바뀌지 않고 있다. 오히려 심화되고 있다.

"댁의 애는 수학 진도 어디까지 나갔어요?", "정석을 여섯 번밖에 못 봤어요. 벌써 6학년인데…", "영재학교 목표로 하는 초등학교 3학년, 여섯 명 한 팀 있어요. 어떤 수업 가능하죠?", "6학년까지 고등학교 수학은 물론, 일반물리와 화학까지 정리해드릴게요."

앞의 대화는 요즘 대치동 엄마들 사이에 오가는 대화, 뒤에 나오는 대화는 대치동 '돼지엄마'와 소규모 팀수업 교사의 대화라고 어느 일간지 기자가 소개한 글이다.J플러스, 2015. 9. 20 이들이 지배하는 것이 서울대학교이고, 서울대학교가 지배하는 것이 대한민국의 교육이다. 서울대학교가 국가를 위해 한 중대한 봉사와 대한민국이 서울대학교를 위해 한 중대한 봉사 사이의 손익을 계산해볼 때이다.

'개천에서 용' 나기 어렵다는 말은 어제오늘 시작된 것이 아니다. 이미 2000년대 초반 경제위기 극복과 사회적 효율성 확보를 위해 수용하기 시작한 신자유주의라는 새로운 이데올로기가 대한민국 교육에 자리 잡으면서 교육을 통한 계층 이동의 길은 막히기 시작했다. 신자유주의가 만들어낸 교육 양극화 현상은 다양한 처방에도 불구하고 해소는커녕 오히려 심화되어왔다. 특히 시장주의와 경쟁을 민주주의와 동일시하는 권력자들의 무지가 횡행하던 10년 동안 교육 불평등 확대와 교육을 통한 계층의 재생산이라는 비극적 풍토는 견고해져 왔다.

2015년 OECD 주관 국제학업성취도평가 결과를 분석한 한국교육과정평가원의 연구에 따르면 경제·사회·문화적 지위(ESCS)가 높은 학생들이 학업성취가 높은 경향을 보였고, 이전 주기에 비해 교육 불평등성이 증가하고 있는 것으로 나타났다. '요즘 자신의 전반적인 삶에 얼마나 만족합니까?'라는 조사 결과 우리나라 학생들은 48개국 중 터키 다음으로 낮게 나타났다. 공부하는 시간은 세계 최고 수준이고 운동량이나 집안일 돕는 시간은 가장 적은 나라, 결국 학생들이 공부만 강요받는 삶을 사는 나라가 대한민국이라는 결론이다.한국교육과정평가원, 〈교육광장〉 2018년 봄호 통계청과 교육부가 2018년 3월 발표한 2017년 기준 우리나라 사교육비 조사 결과를 보면 사교육을 받는 저소득층 비율이 급격히 감소한 것으로 나타났다. 월평균 가구 소득 200만 원 이상 300만 원 미만인 가구의 초·중·고생 중 사교육을 받는 이들의 비율은 2007년에 77.0%였는데 2017년에는 58.3%로 낮아졌다. 모든 계층에서 최근 10년 사이 사교육을 받는 학생 비율이 낮아졌는데, 소득이 낮은 계층의 학생들이 사교육을 포기하는 경향이 가장 크게 확대되고 있다. 동시에 소득에 따른 사교육비 지출액의 차이는 점점 벌어지고 있다. 사교육 없이 일류 대학 진학이 가능하다고 믿는 학부모나 학생은 없다.

교육 불평등의 고착화는 일종의 숙명론을 만연하게 하여 인간의 가능성을 억압한다는 점에서 단기적으로는 사회·경제적 지위가 낮은 사람들에게 비극이며, 장기적으로는 사회적 자원의 낭비에 따른 사회적 위기를 가져올 것이 예상된다. 사회를 소수 엘리트 중심으로 편제하고, 일반 사회 구성원들은 자신의 권리와 능력을 유보한 채 엘리트가 이끄는 대로 따라가게 된다. 보통 사람들의 미래 전망과 그 실현 역량을 스스로 부정하게 하는 고대적 숙명론의 현대적 부활과 다르지 않다.김민남 외, 2017

민주주의적 가치를 훼손하는 학벌 특권, 특목고 특권, 8학군 특권 등 모든 교육특권의 정점에 서울대학교가 자리 잡고 있다는 것이 서울대학교 폐지론의 출발점이다. 서울대학교 폐지론이 처음으로 공론화된 것은 1996년에 『서울대의 나라』라는 저서에서 저자 강준만 교수가 "간판 하나로 모든 분야를 독식하려는 서울대 패권주의가 나라를 망치고 있다"고 주장한 것이 출발점이다. 이런 주장은 이어졌다. 1999년 김동훈 교수는 『대학이 망해야 나라가 산다』라는 저서를 통해 "한국의 대학은 신분판정기관에 불과하다"는 주장을 통해 대학 서열화의 악폐를 지적했다. 1998년 출범한 김대중 정부는 서울대학교 학부 정원의 점차적 축소를 통한 대학원 중심 대학으로의 전환을 모색하기도 했다. 서울대학교 내부에서 '서울대학교 학부폐지론'이 제기된 것도 이 즈음이다. 2001년 장회익 교수는 서울대학교 교수들에게 보낸 편지를 통해 서울대학교가 만들어낸 사람을 나누는 이분법적 편견의 극복을 위해 10년 동안 서울대학교에서 학부생 선발을 포기할 것을 제안하여 큰 파장을 일으켰다.

교육 목표가 오직 하나, 수단 방법을 가리지 않고 사교육 경쟁에서 승리하여 서울대학교에 입학하는 것으로 변질된 나라를 바로잡기 위해서는 서울대학교를 폐지하는 것이 불가피하다는 주장에 적지 않은 전문가와 대중이 동의했다. 대부분의 국민에게는 불가능에 가까운 서울대학교 입학을 목표로 전 국민이 비정상적인 사교육 열풍에 매달리는 것은 비극이며, 이런 제도를 고집하는 것은 폭력이라는 주장에 공감하는 사람이 적지 않았다. 철학자 김용옥 교수가 서울대학교에 대한 일부의 집착을 "식민지 멘탈리티의 완고한 연속태"[김용옥, 2017]로 규정한 것은 그것이 지닌 폭력성과 야만성을 지적한 것이다. 조선 민족의 독립을 두려워하는 것이 식민지 교육이었다면, 우리 사회 민주화의 완성을 두려워하는 자들이 지키려는 것이 학벌주의이고 교육특권이다.

하지만 "서울대학교를 없앤다고 학벌주의의 병폐가 사라지냐?"는 반론, 교육열은 한국인의 DNA에 각인되어 있어서 어떤 제도나 정책으로도 잠재울 수 없다는 자학적 숙명론, 대학 간의 엄연한 질 차이를 무시하는 것은 서울대학교에 대한 근거 없는 시기심의 발로 또는 서울대학교 입학을 못하는 사람들의 자격지심일 뿐이라는 공격 앞에 서울대학교 학교폐지론은 정책화되지 못한 채 20세기가 마감되었다.

노무현 대통령 시절에는 대통령 직속 교육혁신위원회에서 서울대학교 폐지론을 공론화했고, 서울대학교 폐지를 공약으로 내건 민주노동당은 2004년 4·15 총선에서 국회에 진출함으로써 이 논쟁이 확산되는 계기를 마련했다. 시험 성적이 좋아 서울대학교에 입학한 학생들이 능력도, 사회의식도 검증받지 않은 채 권력을 독점하고 패거리를 지어온 것이 서울대학교의 역사라는 비판(홍세화), 서울대학교 수준의 투자를 국공립대 전반으로 확대하면 더 많은 인재가 양성될 것이라는 주장(민주노동당) 등이 이어졌다. 당시 폐지론의 방향은 국공립대 통합론이 대세였다. 서울대학교를 포함한 모든 국공립대를 하나의 대학으로 묶고, 캠퍼스 간 교류와 협력을 확대하며, 졸업장 표기에서 차별을 폐지하겠다는 제안이었다.

서울대학교 폐지의 불가함을 주장하는 반론도 크게 제기되었다. 진보정권 7년째를 경험하던 2004년 당시 대표적인 우파 논객 공병호는 『10년 후, 한국』이라는 저서에서 서울대학교 폐지론은 나눠먹기 시대정신의 발로라고 비판했다. 당시 그는 향후 10년에 대해 경제가 어려워도 진보 진영은 득세할 것이고, 좌향좌는 가난으로 가는 길이라고 주장했다. 이런 그의 주장이 한 치 앞을 내다보지 못한 억지였다는 것은 불과 2~3년 후 증명되었다. 보수 진영이 득세했다. 그가 강조하던 개인의 자유와 시장의 가치가 심하리만치 존중되는 시대가 도래했지만 경제가 나아지지는 않았다. 우리 사회에 대한 그의 진단이 맞지 않았다는 점에서 서울대학교 폐지가 가져올 하향식 평준화니 끌어내리기식 평등의 만연이니 하는 그의 주장 또한 그때나 지금이나 크게 설득력이 있어 보이지는 않는다.

2008년 이명박 정부의 등장 이후 한동안 주목받지 못했던 서울대학교 폐지론이 부활한 것은 2010년에 이어 2014년 교육감 선거에서 진보 진영 후보 다수가 당선된 것이 계기였다. 보수 정권과 진보 교육감 사이에 형성된 전선의 복잡성으로 서울대학교 폐지론이 본격적인 논의의 대상이 되지는 않았지만 학력주의의 폐해와 학교 서열화 문제를 논의하는 자리에서 서울대학교를 개혁의 대상으로 삼으려는 시도는 끊이지 않았다. 대표적인 것이 2012년 야당이던 통합민주당이 서울대학교 명칭을 없애고 지방 국립대를 하나로 통합하자는 주장을 한 것이다. 이런 상황에서 논쟁의 불씨를 크게 지핀 것은 2017년 대통령 선거였다. 유력한 대권 주자의 한 사람이던 박원순 서울시장이 2017년 1월 12일 열린 한 토론회에서 교육개혁 방안으로 서울대학교 폐지론을 주장한 것이다. 서울대학교를 폐지하는 대신 모든 국공립대를 통합해 서울대학교와 동일한 교육 서비스를 받게 하겠다는 내용이었다.

문재인 정부의 출범과 김상곤 교육부장관의 등장은 다시 학벌주의 사회가 지닌 폐해 극복에 대한 기대감을 불러일으켰다. 학벌주의 사회가 지닌 폐해를 극복하는 방안으로 가장 효과적인 것은 일언이폐지一言以蔽之하고 서울대학교 폐지다. 시험 성적 올리기와 일류 대학 입학에 유리한 여건 조성 외에는 공부의 다른 의미를 허용하지 않는 비교육적 풍토^{김용옥, 2017}를 해소할 수 있는 다른 방법은 없다.

교육의 정상화에 정당성 없는 교육특권의 폐지는 그 출발점이 되어야 한다. 그런데 교육 영역에 존재하는 특목고 특권, 자사고 특권, 8학군 특권 등의 모든 특권 구조를 만들어내는 출발점은 서울대학교 특권이다. 서울대학교가 지닌 특권에 다가가기에 가장 유리한 조건을 지닌 학교와 지역이 특권화되는 것은 당연한 일이기 때문이다. 서울대학교에 입학하기에 불리한 학교와 지역은 차별의 대상이 되는 것도 당연한 일이 되었다.

서울대학교가 대한민국 최고 대학으로서 특권을 누리고 있는 근거는 최고의 대학이기 때문일 것이다. 그런데 그 근거는 입시를 통해 최고로 우수한 학생을 뽑는다는 것 외에는 명확한 것이 없다. 서울대학교가 학생들을 잘 가르친다는 증거는커녕 그런 풍문도 없다. 가르치는 경쟁에서 이기는 것이 아니라 뽑는 경쟁에서 이기는 양상인데, 뽑는 경쟁에서 이기는 것은 서울대학교 졸업생에게 우리 사회가 주는 무한정에 가까운 특권 때문이다. 진학 예정 대학교를 선택하는 학생이 내가 전공하려는 분야의 교수진을 비교하고, 내가 전공하려는 분야의 교육시설을 비교하고, 캠퍼스의 풍경을 비교하고, 통학의 이점을 비교하고, 내가 좋아하는 비교과 프로그램의 수준을 비교하고, 이런저런 대학 졸업생들의 사회적 기여 양태를 비교하고, 나아가 졸업생들이 우리 사회에서 드러내는 인격을 비교한 후 서울대학교를 선택하는 것이 아니다. 오직 모든 서울대학교 졸업생에게 무차별적으로 주어지는 특권 때문이다. 한국의 대학교수 사회에서 서울대학교 교수들이 가장 우수하다고 인정하는 풍토는 찾아보기 어렵다. 각종 대학 평가에서 하나의 기준으로 사용되는 논문인용지수 영역에서 서울대학교가 국내 대학 1위를 차지하는 경우 또한 많지 않다.

문제는 서울대학교가 세금으로 운영하는 국립(법인)대학교라는 점이다. 국립대학이 학생들의 끝없는 사교육 경쟁을 부추기고, 학교 서열화와 특권적 학교의 출현을 조장하여 공교육 붕괴를 조장한다는 것은 상식적이지 않다. 세계 어느 나라에도 없는 부끄러운 사례다.

국민의 세금으로 운영되는 대학이라면 마땅히 국민들의 교육적 고통을 해소하는 것을 제1차적 기능으로 받아들이는 것이 옳다. 국민들의 교육적 고통을 유발하는 제1차 기관이 되어 있는 현실은 마땅히, 그리고 신속히, 설사 약간의 고통이 수반되더라도 극복되어야 한다.

서울대학교 폐지를 반대하는 입장에서 내세우는 여러 가지 주장과 논리들이 있다. 적지 않다. 물론 설득력이 전혀 없는 것도 아니다. 그러나 특권화된 대학 서울대학교로 인해 수십 년간 국민들이 경험한 집단적 고통, 현재 우리 교육계 안과 밖에서 경험하고 있는 학벌 경쟁의 살벌함, 무엇보다도 앞으로 우리 교육이 나아가야 할 방향이나 교육의 본연을 생각한다면 서울대학교는 폐지하는 것이 마땅하다.

서울대학교 폐지는 대학교육의 질적 저하를 초래할 거라는 주장이 있다. 어불성설이다. 서울대학교가 폐지되어도 이 땅에 살고 있는 대부분의 초·중·고 학생들은 지금처럼 열심히 공부할 것이다. 그러나 지금처럼 서울대학교 입학이라는 하나의 목표를 따라 공부하지는 않을 것이며, 목표로 했던 서울대학교에 입학하지 못한 데서 오는 실망감이나 자기 부정의 심리는 완화될 것이다. 어느 학교에 입학했다는 것 하나로 평가받는 세상은 서서히 자취를 감출 것이고, 무엇이 되기 위해 어느 대학에 입학하여 얼마나 최선을 다했는지를 기준으로 평가받는 세상이 점차 열릴 것이다. 공부를 잘하면 성적에 맞추어 서울대학교에 무조건 입학하던 학생들이 원하는 전공, 교수진 구성, 교육환경, 통학 편의, 등록금, 장학금, 기타 다양한 조건을 고려하여 대학을 선택하고, 스스로 선택한 학교에서 원하는 미래를 위해 열심히 공부할 것이다. 원하는 공부를 위해 입학을 결정하는 것이지, 입학을 위해 공부를 하는 것이 아니다.

서울대학교 폐지는 공부의 의미를 바꿀 것이고, 그것을 통해 공부의 참다운 의미가 살아날 것이다. 다양한 기준에 따라 스스로 선택한 사립대학이나 통합된 국립대학교의 특정 캠퍼스에 입학하여 원하는 공부를 하면 혁신 노력 없이 특권에 안주하고 있는 지금의 서울대학교에서 공부하는 것보다 결코 부족하지 않은 지적·정서적 성장을 이룰 것이다. 서울대학교에 매년 투자하던 정부 재정 수천억 원을 활용하여 국공립대학 등록금을 과감하게 낮추고, 교육 여건을 개선하면 전국 국공립대학 캠퍼스가 우리나라 대학의 교육 수준 향상과 공공재로서의 역할 회복에 기여하는 날이 다가올 것이다. 서울대학교 폐지가 대학교육의 하향평준화를 가져올 것이라는 우려는 우리나라 모든 대학에 대한 모욕이며, 서울대학교 구성원 일부, 졸업생 일부, 엘리트 일부가 지닌 오만함의 표현일 뿐이다.

서울대학교 폐지를 통해 얻으려는 것은 대학교육 평준화이며, 이는 시대적 요청이나 현실에 맞지 않는다는 주장이 있다. 서울대학교 폐지 혹은 국공립대 통합의 목표는 대학교육 평준화가 아니라 대학교육에서 특권 폐지와 공정 경쟁을 통한 대학교육 혁신이다. 서울대학교를 폐지하여도 학벌사회는 해소되지 않는다거나, 서울대학교를 대신하여 연세대학교나 고려대학교가 다시 그 자리를 차지할 것이기 때문에 서울대학교 폐지를 통해 얻는 것은 실제로 없다는 주장이 많다. 세상 어디에도 완벽하게 평준화된 대학 시스템을 갖춘 사회는 없다. 문제는 대학 서열화의 정도이고 서열화 과정의 공정성이다. 우리나라에서 서울대학교가 차지하는 특권은 처음부터 다양한 대학 간 경쟁에 의해 만들어진 것이 아니라, 식민지 엘리트 양성을 독점하기 위하여 조선 유일의 고등교육기관으로 일제가 만든 경성제국대학교, 한국을 대표하는 대규모 고등교육기관, 그러면서 미국과의 협력에 중심이될 수 있는 종합대학이 하나쯤은 있어야 한다는 미군정의 판단에 따라 설립된 국립서울대학교의 전통을 이어받은 것이 서울대학교다. 적어도 국립서울대학교 출범 이후 70년간 다른 국립대학교와 비교할 수 없는 수준의 재정 지원을 매년 특권처럼 받아온 것이 서울대학교이고, 다른 대학 재학생들과 견주어 등록금에서 엄청난 혜택을 누려온 것이 서울대학교 재학생들이었으며, 서울대학교를 졸업했다는 사실 하나로 취업에서 특혜를 누려온 것이 서울대학교 졸업생들이었다.

　서울대학교 졸업생들이 사회생활에서 누리는 특권의 어디까지가 왜곡된 학벌에 의한 것인지를 증명하기는 쉽지 않다. 그러나 학벌이 대한민국 사회 구조를 왜곡시키고 있다는 것을 부인하는 것은 왜곡된 학벌을 증명하는 것보다 훨씬 어려울 것이다. 서울대학교의 특권화, 서울대학교를 정점으로 한 대학의 서열화는 자연스럽게 만들어진 것이 아니라 국민의 세금을 운영하는 국가권력에 의해 불공정하게 만들어진 것이다. 그 결과 만들어진 서열화의 정도 또한 상식적이지 않다. 서울대학교에 개설되어 있는 모든 전공에서 서울대학교는 1위이다. 문제는 교육 내용이 1위인지는 불분명한 상태에서 대학입학 커트라인에서 항상 1위라는 점이다. 학생을 선발하는 능력에서 서울대학교는 타의 추종을 불허하는 1위인데, 과연 교육기관인 학교의 기능 중에서 뽑는 기능이 정상적이고 중심적인 기능인지는 따져볼 일이다.

　학교는 가르치는 곳이지 뽑는 곳이 아니다. 공정하지 않은 경쟁을 통해 만들어진 특권, 그 특권에 의해 우수한 학생을 뽑는 경쟁에서 지속적으로 1위를 하고 있는 서울대학교를 폐지하는 것이 우리나라 대학교육에 가져올 부정적 영향은 결코 크지 않을 것이다. 서울대학교가 폐지되는 경우에도 대학 간 차이, 이것이 만들어내는 서열화는 불가피할 것이다. 그러나 공정 경쟁을 통해 자연스럽게 형성되는 대학 간 특성화와 전공에 따른 서열화야말로 우리나라 대학의 발전을 위해 바람직한 모습일 것이다. 국가가 세금을 통해 국공립대학의 교육 여건을 개선하고, 국공립대학 졸업생들의 사회 진출이 공정 경쟁에 의해 이루어질 수 있도록 노력한다면 일부 사립대학이 대학 서열의 정점에 서는 일은 결코 쉽지 않을 것이다. 국가권력이 그동안 서울대학교의 특권화를 위해 노력했던 것만큼 국공립대학교의 성장을 위해 노력한다면 이는 결코 어렵지 않을 것이다.

서울대학교를 폐지하기보다는 서울대학교의 기존 경쟁력을 보강해 세계 수준의 경쟁력을 갖춘 대학으로 육성하는 노력을 더 기울이는 것이 국가 발전을 위해 바람직하다는 주장이 있다. 서울대학교가 무능력한 관료주의의 간섭과 미국의 작은 주립대학보다도 적은 정부의 예산 지원하에서도 세계 최고 수준의 대학들과 경쟁하고 있는 현실을 인정하고 더욱 지원해야 한다는 논리다. 이런 주장을 하는 사람들에게 묻고 싶다. 무능력한 관료주의를 서울대학교 발전의 걸림돌로 지적하기 전에 대한민국 관료사회를 지배하고 있는 관료들을 만들어낸 것이 어느 대학인지 물어야 하는 것은 아닌지. 서울대학교는 무능력한 관료주의를 탓하기 전에 그런 관료주의를 만들어낸 책임에 대해 자성해야 하는 것은 아닌지. 그런 무능력한 관료주의를 키워온 주인공이 서울대학교이기에 그 폐지가 필요한 것은 아닌지. 서울대학교 발전의 장애물로서 미국의 작은 주립대학보다도 적은 정부 예산 지원을 탓한다면 그보다 열악한 나머지 국공립대학교들이 서울대학교와 경쟁한다는 것은 과연 가능한 것인지. 서울대학교 재학생보다 수십 배 많은 학생들이 다니는 나머지 국공립대학교들의 경쟁력은 왜 무시되어야 하는 것인지. 2018학년도 기준으로 보면 서울대학교에 지원되는 정부 예산이 다른 지방 국립대학에 지원되는 예산의 4배 규모라는 현실에 대해 서울대학교는 뭐라고 답할 수 있을지. 70년 이상 이런 특혜를 누려왔는데 더 이상 무슨 특혜를 요구하는 것인지. 서울대학교에 대한 지원 확대와 관료주의의 간섭을 탓하면서 서울대학교의 존속을 주장하는 모든 사람에게 묻고 싶은 질문들이다.

서울대학교 폐지론을 비판하는 사람들 가운데 일부는 우리나라에도 세계적 수준의 대학이 존재해야 나라의 발전을 견인할 수 있는 인재를 양성할 수 있고, 현실적으로 서울대학교가 그런 역할을 해야 한다고 주장한다. 근대 학교의 출범 당시부터 우리 교육은 구국의 수단으로 등장했던 측면이 있다. 식민지 시대에도 교육은 독립의 수단이거나, 식민지 지배의 도구로서 역할을 해왔다. 해방 이후에도 국가 발전에 필요한 인재의 양성은 교육 부문에 맡겨진 숙명 같은 사명이었고, 이것에 많은 국민이 동의하여 왔다. 그래서 우리나라가 적지 않은 해결 과제를 안고는 있지만 나름의 경제성장과 민주화, 사회적 안정을 이루었다는 것은 부인할 수 없는 사실이다.

이제는 교육이 국가 발전을 위해 필요하다는 논리를 넘어 국가가 교육 발전을 위해 힘써야 할 때다. 교육을 통해 시민이 행복한 사회를 만드는 것이 국가권력의 일차적 과제가 되어야 할 때가 되었다. 서울대학교가 있어야 국가 경쟁력을 유지할 수 있다는 논리보다 중요한 것은 서울대학교로 인해 고통받는 한 사람 한 사람의 국민들을 생각하는 교육이 되어야 한다는 희망이다. 서울대학교로 인해 일부 특권화된 학교들과 버려진 다수 학교들이라는 불합리한 교육 구조가 만들어지고, 서울대학교에 입학시키기에 유리한 특권화된 지역과 불리한 지역이라는 불평등한 사회구조가 만들어지는 현실은 타파되어야 한다. 공정한 경쟁을 가로막는 온갖 특권을 누리고 있으며, 교육 영역에 온갖 불합리한 특권을 파생시키는 주역인 서울대학교의 폐지보다 나은 방법은 없다. 70년 대한민국 교육의 역사가 보여주는 지혜가 그것이고, 오천만 대한민국 국민의 현실적 경험이 말해주는 지혜가 그것이다. 부패한 교육자본의 희생양 S대학교와 불공정한 경쟁이 만들어낸 특권의 상징 S대학교 모두 대한민국 교육 제4의 길에서는 사라져야 한다.

좋은 집 좋은 집 좋은 차 좋은 차
그런 게 행복일 수 있을까?
In Seoul In Seoul to the SKY
부모님은 정말 행복해질까?
꿈 없어졌지 숨 쉴 틈도 없이
학교와 집 아니면 피씨방이 다인
쳇바퀴 같은 삶들을 살며
일등을 강요받는 학생은
꿈과 현실 사이의 이중간첩
우릴 공부하는 기계로
만든 건 누구?
일등이 아니면 낙오로 구분
짓게 만든 건 틀에 가둔 건
어른이란 걸 쉽게 수긍
할 수밖에 단순하게 생각해도
약육강식 아래
친한 친구도 밟고 올라서게
만든 게 누구라 생각해 what?
어른들은 내게 말하지
힘든 건 지금뿐이라고
조금 더 참으라고 나중에 하라고
Everybody say NO!
더는 나중이란 말로 안 돼
더는 남의 꿈에 갇혀 살지 마

친한 친구도 밟고 올라서게 만든 게 누구? 세계의 청소년들이 따라 부르는 BTS의 노래 'N.O(엔.오)'에 이 땅의 어른들이 응답할 때다. 그 응답은 일부 어른들의 고의와 다수 어른들의 실수로 만들어놓은 온갖 특권의 폐지다.

| 참고문헌 |

- 강준만(1996). 『서울대의 나라』. 개마고원.
- 공병호(2004). 『10년 후, 한국』. 해냄.
- 김동훈(1999). 『대학이 망해야 나라가 산다』. 바다출판사.
- 김민남 외(2017). 『프레이리의 사상과 실천』. 살림터.
- 김용옥(2017). 『도올의 교육입국론(증보신판)』. 통나무.
- 한국교육과정평가원(2018). 『교육광장』 2018년 봄호.
- J플러스(2015년 9월 20일). 「'사교육 1번지' 대치동에선 초등학생이 고등학교 수학, 과학을」.

문화국가를 위한 교육

　문화국가란 무엇인가? 사전적 의미로는 "문화를 지원하고 보호하는 국가"^{천재학습백과}를 말한다. 독일에서 만들어진 개념Kulturstaat이라고 한다. 우리나라 헌법은 문화국가의 원리를 명료하게 선언하지는 않지만, 그 원리를 수용하고 있다는 해석이 지배적이다. 헌법은 "유구한 역사와 전통," "전통문화의 계승," 혹은 "민족문화의 창달" 등의 표현을 통해 국가가 문화 진흥을 위해 노력할 것을 규정하고 있고, 대통령은 취임할 때 "민족문화의 창달에 노력"할 것을 선서에 담는다.

　우리 헌법에 담긴 문화 개념은 1970~1980년대식 '민족문화' 개념에 매우 가깝다. 박정희와 전두환으로 이어지는 군사정권은 체제 정당성 확보를 위해 저급한 외래문화에 대한 대항 개념으로 우리의 고유한 '민족문화' 담론을 생산, 유포하고 적극 활용했다. 같은 시기에 체제 비판 세력은 서구 제국주의의 문화침탈에 대한 저항을 담아내는 그릇으로 '민족문화'라는 담론을 사용했다. 문화제국주의에 대응하기 위한 전략적 자산의 하나가 '민족문화'였다. 보수와 진보가 '민족문화' 개념을 통해 추구하던 것은 명확히 달랐지만 서구문화 중심주의에 대한 경계심과 우리 민족 고유의 문화에 대한 애착심은 부분적으로 공유하고 있었던 것이다. 1987년형 헌법에서 지향하는 문화국가의 바탕에는 이러한 '문화=민족문화'라는 관점이 반영되어 있다.

　이런 편협한 문화 개념에 사로잡혀 있던 우리에게 1990년대 초반부터 시작된 문화시장 개방, 세계화, 디지털 기술 발달, 그리고 정보화의 가속화는 충격으로 다가왔다. 우리 문화와 남의 문화가 구분되기어렵고, 우리 문화의 정체성을 구성하는 민족문화의 외연이나 내포에대한 규정 자체가 어려워지는 시대가 예고 없이 다가온 것이다. 1990년대 후반의 경제위기는 세계화 시대에 민족문화는커녕 민족과 국가의 생존조차 쉽지 않은 과제라는 위기의식을 뼈저리게 경험하게 했다. 위기의식이 채 가시기도 전인 2000년대 들어서는 체류 외국인이 급증하면서 다문화사회로의 진행이 빨라지는 현상을 경험하게 되었고, K-pop으로 상징되는 한류를 통해 20세기의 심리적 유산인 서구문화에 대한 콤플렉스에서 조금씩 벗어나는 분위기도 파생되었다. 단일민족 신화가 자랑스럽던 시기는 지나고 그것이 부담스러운 시기로 점차빠져 들어가고 있었다.

　낯설고 새로운 시간을 살고 있는 우리 국민 모두에게 아주 큰 질문이 하나 던져졌다. 문재인 정부에 의해 갑자기 발표된 헌법개정안에 포함된 문화국가의 개념이 주는 질문이다. 정부에서 국회에 제출한 '대한민국헌법 개정안'의 주요 내용 중 '바' 항의 제목은 '문화국가 및 다문화사회 지향안 9조'이다. 이 개정안은 야권의 반대로 국회에 안건으로 상정되지도 못한 채 폐기되었다. 그럼에도 이 개정안이 담고 있는 문화국가 정신이 교육적으로는 매우 중요한 모멘텀으로 작용하기를 기대한다. 문화국가 개념을 담은 새 헌법이 한국 교육이 제4의 길로 나아가는 데 초석이 되기를 바란다.

　헌법개정안은 문화국가를 지향하게 된 배경을 이렇게 설명한다.

사회변화와 다문화·다민족 시대를 맞아 전통문화 계승 및 민족문화 창달 노력 의무도 그에 맞추어 합리적으로 개정할 필요가 있으므로 시대적으로 적절하지 않다고 지적되어온 '민족문화 창달' 대신, 국가가 문화의 자율성 및 다양성을 증진할 의무를 규정하는 한편, 전통문화는 발전적으로 계승 하기 위하여 노력해야 한다는 점을 명시함.

_대한민국헌법 개정안, 3~4쪽

'민족문화 창달'을 버리고 '문화의 자율성 및 다양성 증진'을 새로 선택한다는 것은 적지 않은 변화다. 물론 민족문화를 포기한다거나 가볍게 보자는 것은 아니다. 우리 민족문화가 중요한 만큼 다른 문화의 가치도 인정하고, 자율성을 바탕으로 하는 문화 활동에 대한 어떤 규제나 차별을 허용하지 않는 정상적인 시대로 나아가자는 의지를 선언한 것이다.

전 세계 이민자의 20% 정도가 살고 있는 미국, 전통적 이주민 국가인 호주와 뉴질랜드, 주민의 20% 정도가 이주자이거나 그 자손인 독일, 전체 인구 중 10% 정도가 이주민인 프랑스 등 전형적인 다문화사회와 비교하면 한국은 여전히 인구 구성의 복잡성이 낮은 단일문화국가에 속한다. 이민자가 많은 나라 순위에서도 한국은 상위권에 들지 못한다. 민족적·문화적·종교적 다양성 수준 국제 비교에서도 한국은 종교적 다양성을 제외한 두 영역에서는 가장 낮은 수준에 해당하는 나라다.^{이길상 외, 2018} 서구적 기준에서 보면 다문화사회에 진입했다고 보기는 어렵다. 그럼에도 우리 스스로 지금의 우리 사회를 다문화사회로 규정하는 것은 오랜 단일문화 경험에서 오는 상대적 감성일 수도 있고, 서구 사회의 부정적 경험을 따라가지 않기 위한 예비적 자기

검열 의식의 발로일 수도 있다.

실제로 국내 체류 외국인 수는 최근 10년 사이에 급증했다. 합법적으로 국내에 체류하는 외국인은 2007년에 100만 명을 넘어 인구의 2%에 이른 것이 큰 화제가 된 적이 있다. 이것이 2014년에 150만 명, 그리고 2016년에 200만 명을 넘어서 2018년 현재는 225만 명에 이르렀다. 전체 인구의 4.5%에 해당하는 외국인이 함께 살고 있는 것이다. 2016년 기준으로 다문화가정 출생아 수는 1만 9,431명으로 전체 출생아의 4.8%에 이른다. 전 세계 인구의 약 3.2%가 자신이 태어난 국가가 아닌 국가에서 이주민으로 살고 있다는 유엔의 통계를 볼 때 우리나라의 이주민 수는 국제적 평균을 조금 넘는 수준이지만 다문화사회에 대한 관심은 크고 학술적 담론은 활발하며 정책적 대응은 민감한 편이다. 다문화교육에 대한 관심의 확대와 지원정책의 확대도 이런 흐름의 하나다.

우리 사회의 문화적 다양성을 보여주는 독특한 현상인 동시에 우리 사회의 문화국가 추진 의지를 가늠할 구체적 사례의 하나는 북한이탈주민 문제다. 우리와는 언어, 음식, 의복, 예절, 역사 등 많은 부문에서 동질성을 지녔지만, 정치적 이념의 차이가 만들어낸 공동체 의식이나 시민의식에서의 이질성 또한 적지 않게 느껴지는 것이 북한에서 온 사람들이다. 처음에는 '먼저 온 통일'이라고 반기던 '우리를 닮은 사람들'이었지만, 한동안은 우리를 닮은 것이 오히려 부담스럽다고 해서 의심받던 사람들이다. 20년 경험을 토대로 이제는 이들을 대하는 우리의 태도를 새롭게 해야 할 때가 되었다. 문화적 동질성이 이질성보다 훨씬 많은 이들 소수자 집단을 포용하지 못하는 사회에서 다문화주의와 문화국가를 외치는 것은 부끄러운 일이다. 이제 북한에서 온 이주자들이 3만 명을 넘어섰다. 특히 북한이탈 청소년들에게 어떤 형식과 내용의 공교육을 제공할 것인지, 교육을 통해 이들 모두를 우리가 만들어 갈 문화국가의 어엿한 구성원으로 어떻게 만들 것인지 고민해야 한다.

우리가 문화국가 건설에 성공할 것인지 못할 것인지는 다양한 문화에 대한 우리의 포용 의지에 달려 있으며, 여기서 말하는 다양한 문화에는 멀고 낯선 나라의 문화뿐 아니라 가까이 있는 이웃의 문화도 포함된다. 헌법개정안이 제시하는 문화의 다양성이 발현되기 위해서는 문화의 자율성 보장이 선행되어야 한다. 다양한 문화가 만들어지고, 섞이고, 향유되고, 평가되는 데 어떤 외적 억압이 작동하는 것은 바람직하지 않다. 특히 국가도구들이 문화의 자율성을 침해하는 데 동원되는 일은 없어져야 한다. 경찰이나 사법기구 같은 억압적 국가도구들은 물론 학교나 종교 같은 이념적 국가기구들 또한 문화의 자율성을 억누르는 방향으로 나아가지 말아야 하는 것이다. 우리가 오랫동안 경험해온, 교육을 통해 의식을 획일화하려는 욕망은 문화국가로 가는 여정에서 가장 큰 걸림돌이다.

획일화 욕망이 낳은 최근의 가장 부끄러운 경험은 국정 역사교과서 사건이다. 우리 역사에서 한 번으로 충분할 것 같은 경험을 우리는 두 번 반복했다. 1955년 8월 공포된 제1차 국가교육과정에서도 중학교와 고등학교 국사교과서는 검정제였다. 중학교 10종, 고등학교 4종의 검정 교과서로 출발했다. 획일화 욕망으로 가득했던 박정희 정권은 10월 유신 단행 후인 1974년에 국사교과서를 국정 체제로 전환시켰다. 주체적 민족사관 정립이라는 미명하에 이루어진 문화적 후진이었다. 많은 역사학자들과 교육학자들이 앞장섰다는 것은 돌아보면 볼수록 부끄러운 일이다. 이들이 강조한 주체적 민족사관으로 무장한 국정 역사교과서는 민족문화 창달과 국론통일을 위해 5·16과 12·12 쿠데타를 미화했다. 인권탄압에 눈을 감았다. 1997년 공포된 제7차 교육과정에 의해 국정(중학교와 고등학교 1학년 국사)과 검인정(고등학교 2·3학년 한국근현대사)의 혼용이 추진되었고, 이는 2010년 고등학교 입학생까지 적용되었다. 2009 개정교육과정에 따라 2011년 이후에는 한국사와 통합되었다.

제7차 교육과정에 따라 2003년 교육부 검정을 통과하여 학교현장에서 사용 중이던 금성출판사 '한국근현대사' 교과서에 대한 보수 진영의 비판이 본격화된 것은 2005년 뉴라이트 계열의 교과서포럼 창립이었다. 교과서포럼이 주도한 보수 진영의 공격이 국가권력과 결합한 것은 2008년이다. 이명박 정부의 교육부는 교과서 내용 강제 수정을 추진했다. 그리고 이에 반발한 집필자들의 법적 투쟁이 시작되었다.

2011년에 비로소 중고등학교의 모든 역사 관련 교과서가 검정제로 발행되기 시작했다. 검정제에서 발행된 고등학교 한국사 교과서 8종 중 하나였던 교학사 교과서의 편향성 논란에 이은 채택 취소 사태가 벌어진 것은 2013년이다. 진보 성향 교수와 교사들에 의해 주도되고 현장 교육자들과 학부모들의 호응으로 파장이 컸던 사건이다. 2014년에는 금성출판사 교과서에 대한 교육부의 수정 명령이 위법이라는 대법원의 최종 판결이 나왔다.

이런 흐름에서 위기를 느낀 보수 정권은 여론이나 전문가 집단의 판단을 무시한 채 국사교과서 국정화 정책을 본격적으로 추진했다. 박근혜 정부는 2015년 10월 중학교 역사와 고등학교 한국사 교과서의 국정화 계획을 선언했다. "바르게 역사를 배우지 못하면 혼이 비정상이 된다"는 대통령의 말은 권력의 지원과 일부 지식인의 동조를 통해 2년의 산고 끝에 '올바른 역사교과서'라는 이름의 사생아를 낳았다. 획일화 욕망이 낳은 비극이다.

민주적이고 다원적인 사회에서 누구도 역사에 대한 특정한 해석을 모든 시민 혹은 모든 학생에게 지정해줄 권한이나 권위를 갖고 있지 않다는 것은 상식이다.린다 심콕스·에리 월서트, 2015 주체적 민족사관, 민족문화 창달, 올바른 역사의식 그 무엇도 역사 해석 획일화의 명분이 될 수는 없다. 의식이든 태도든 획일화를 지향하는 교육을 통해 문화국가를 건설할 수는 없다. 우리가 추구하는 것이 적어도 개념에 충실한 문화국가라면 그렇다.

주류 집단에서 소외되거나 차별받아온 모든 소수집단을 위해, 전체 구성원을 대상으로 하는 다문화교육이 활성화되어야 하고, 그 결과는 다시 전체 사회 구성원의 평화적 존속에 기여해야 한다. 우리 사회에서 '다문화교육'이라는 이름하에 행해지는 사회적 소수자들을 대상으로 하는 동화교육이 다문화교육은 아니다. 그것은 획일화 욕망이 만들어낸 집단적 '갑질'이며, '문화적 폭력'일 뿐이다. 소수자들의 문화는 그것이 사회질서를 명시적으로 위협하는 것이 아닌 한 보호되어야 하며, 교육은 소수자들의 문화가 보호받아야 한다는 것을 다수에게 가르치는 기능에 충실해야 한다. 우리 사회의 모든 구성원이 가능하면 많은 가치와 문화를 공유하는 것은 바람직하지만, 그것은 기회가 균등한 상황에서 자발적으로 공유하는 가치여야 한다. 기회가 불균등한 상태에서, 특정한 가치의 공유가 강제되는 것은 옳지 않다.

우리가 지향하는 문화국가 건설에 교육이 기여하는 방법이 무엇일까? 답은 매우 간단하다. 교육의 민주화다. 물론 그 실천은 쉽지 않다. 헌법과 교육법은 민주주의를 교육의 원리로 선언하고 있지만 교육 현실은 다르다. 우리가 지금까지 쌓아온 경험에 기초해서 본다면 우리가 요즘 경험하는 것은 오히려 "어떤 사람들을 주인으로 만드는 교육이 또 어떤 사람들은 노예로 만드는 결과"존 듀이, 2007에 가깝다. 부끄러움 없이 갑질을 하는 주인과 침묵의 문화 속에 잠자는 노예가 함께 있는 나라가 문화국가일 수는 없는 것이다. 주인과 노예의 구분이 명료한 나라가 문화국가일 수는 없다.

민주주의 사회는 듀이의 표현에 따르면 "계급, 인종, 국적 등 우리로 하여금 우리 자신의 행동의 완전한 의미를 파악하지 못하도록 가로막는 장애가 철폐"된 사회를 의미하며, 이런 사회는 오직 교육을 통해서만 만들 수 있는 것이다.^{존 듀이, 2007} 교육만으로 그런 사회를 만들 수는 없지만 교육의 도움 없이 그런 사회를 만들 수는 없다. 지금까지의 교육이 어느 누구는 중심이고 다른 것들은 주변인 사회를 만드는 데 기여해왔다면, 이제 새로운 교육은 서로가 경쟁자가 아닌 친구이자 조력자로서 협력적 관계를 맺고 사는 사회를 만드는 데 기여해야 할 것이다. 요즘 세상을 뒤흔들고 있는 이른바 '방탄현상'^{이지영, 2018}에 깃들어 있는 미래 세대의 꿈도 이와 다르지 않을 것이다.

문화국가는 다문화라는 새로운 환경에서 이룩된 수평적 민주주의 국가이며, 교육은 바로 이런 국가를 만드는 데 기여해야 하는 것이다. 한 사람 한 사람이 온전한 삶을 사는 것을 방해하는 계급, 인종, 국적, 성별, 학벌 등에 따른 차별을 철폐하는 것에 동의하려는 마음과 동참하는 행동을 키워내는 것이 민주주의 국가의 교육이다. 이런 교육을 통해 만들어지는 사회가 문화국가일 것이다.

| 참고문헌 |

• 이길상 외(2018). 『글로벌 시대의 다문화교육』. 한국학중앙연구원출판부.
• 이길상 외(2014). 『21세기 디아스포라 북한이탈주민』. 한국학중앙연구원출판부.
• 이지영(2018). 『BTS 예술혁명-방탄소년단과 들뢰즈가 만나다』. 파레시아.
• 린다 심콕스·애리 윌셔트 엮음(2006). 이길상·최정희 옮김(2015). 『세계의 역사교육 논쟁』. 푸른역사.
• 존 듀이 지음(1916). 이홍우 옮김(2007). 『민주주의와 교육(증보판)』. 교육과학사.
• 대한민국헌법개정안(2018년).

한국 교육 제4의 길

역사의 가치를 이야기한 사람들이 많다. "과거를 지배하는 사람은 미래를 지배하고 현재를 지배하는 사람이 과거를 지배한다"는 말은 소설 『1984』에서 조지 오웰George Orwell이 한 말이다. 역사 탐구의 가치와 현재 권력의 가치를 동시에 일깨우는 표현이며 삶의 연속성을 강조하는 표현이기도 하다. 19세기 후반 독일제국의 건설자였던 재상 오토 폰 비스마르크Otto von Bismarck는 "어리석은 자는 경험에서 배우고 지혜로운 자는 역사에서 배운다"는 말로 역사의 가치를 알렸다. 무엇보다 설득력 있는 말은 영국 수상 윈스턴 처칠Winston Churchill의 가르침이다. "역사로부터 교훈을 얻지 못하는 사람은 과거만 되풀이하다 죽는다"는 그의 말은 우리가 왜 지난 70년간 교육이 주는 억압과 폭력으로부터 벗어나지 못하고 똑같은 삶을 되풀이하고 있는지 알게 해준다. 우리는 지난 70년 동안의 교육적 경험을 의미 있는 역사로 정리하고 그것에서 지혜를 찾으려는 노력을 해본 적이 없다. 그래서 우리는 바람직하지 않은 과거를 되풀이하고 있는지도 모른다.

민주주의 교육에 대한 희망이 남아 있던 1956년 새해를 맞으며 교육자 성래운은 독백처럼 이렇게 말했다. 시험 준비 교육으로 무너지는 학생들의 일상을 염려하는 선생님의 안타까움, 이후 우리 교육이 걸어갈 길에 대한 불길한 예감이 배어 있다.

자유, 경쟁, 그것은 어른 사회에서도 약육강식의 불의를 가져온다고 하여 이를 배격하거늘 하물며 어른 아닌 학생들에 있어서랴. 그러나 나는 자유 경쟁을 학생들에게 요구하는 것을 보고야 말았다. 새해의 네가 지난해의 넌센스를 되풀이한 대서야 될 말이냐. 여덟 살 나는 어린이, 그 어린이는 "여덟 살을 살아야 할 것이오" 열여덟 살 나는 학생, 그 학생은 또한 "열여덟 살을 살아야 할 것이다." 애당초 사람은 그럴 권리를 타고난 것이 아니었드냐. 4학년 어린이면 4학년을 마음 놓고 뜻있게 살 수 있고, 오직 그랬대서 5학년이 될 수 있고, 6학년 어린이면 6학년을 마음 놓고 뜻있게 살 수 있고, 오직 그랬대서 중학교 1학년이 될 수 있어야만 할 것이 아니냐… 나의 새해는 저 입에 옮기기도 지긋지긋한 시험 준비를 때려 눕히고 학생으로 하여금 보람 있는 삶을 누릴 수 있도록 길을 터주는 해이리라. _〈새교육〉 1956년 1월호

성래운의 독백 이후 60여 년 세월이 흘렀다. 『태백산맥』의 작가 조정래는 최근 발표한 교육 소설에서 21세기 우리 교육의 현실을 이렇게 표현한다.

학생들은 학생이라는 죄로, 학교라는 교도소에서, 교실이라는 감옥에 갇혀, 출석부라는 죄수 명단에 올라, 교복이라는 죄수복을 입고, 공부라는 벌을 받고, 졸업이라는 석방을 기다린다. _조정래, 2017

교육의 목적은 오로지 대학입시에서 이기는 것, 그래서 학력주의 사회가 주는 온갖 혜택에 다가갈 수 있는 자격을 얻는 것이다. 사적 욕망을 위해 모든 것을 내던지는, 그런 이기적 인간들이 쌓은 지식의 힘으로 경제성장을 이루었고, 부수적으로 민주주의와 유사한 사회 체제를 만드는 행운을 누리고 있다. 그런데 우리가 진정한 교육을 갖추고 있는지는 의문이다. 여덟 살의 삶과 열여덟 살의 삶이 다르지 않다. 4학년도, 6학년도 다르지 않다. 자기 나이에 맞는 삶을 온전하게 사는 것을 허용하지 않는 사회에서 모두가 모두를 대상으로 무한 경쟁을 하며 서로를 맘껏 괴롭히고 있다. 모두가 괴롭다고 하면서도 모두를 괴롭히는 이 교육을 개혁하여 한 인간이 자신의 삶을 온전하게 살 수 있도록 돕는 교육다운 교육^{조봉수, 2017}을 세우는 데는 소극적인 현실을 이해하기는 어려운 일이다. 마치 현 체제에서 혜택을 받는 기득권자가 90%인 사회에서 살고 있다는 착각이 든다. 두 세대 전의 우리 부모와 조부모 세대가 경험했던 과거를 되풀이하는 어리석음을 드러내고 있다. 역사로부터 교훈을 얻어야 할 때다. 그 위에서 교육을 변화시켜야 할 때가 바로 지금이다.

역사가 주는 교훈을 바탕으로 미래를 이야기할 때, 우리 교육의 미래에 대해 생각할 때가 바로 지금이다. 『더 나은 미래』의 저자 자크 아탈리가 주장하듯이 자신의 미래에 대해 아무런 생각이 없는 사회는 파멸의 길을 걷게 된다.^{자크 아탈리, 2018} 다행스러운 것은, 아탈리가 말했듯이 역사가 발산하는 시그널을 읽으면 미래가 보인다는 것이다. 우리 교육의 역사가 끊임없이 보여준 시그널을 읽고 사람이 온전하게 사는 것을 돕는 교육다운 교육을 설계하는 것은 우리 모두의 책임이고 의무다.

우리 교육은 불안하고 험난했던 두 개의 길을 지나 지금은 단단하지만 비좁은 세 번째 길의 끝자락에 서서 발을 내디딜 다음 길을 찾고 있다. 제4의 길이다. 이 길은 불안하지도, 험난하지도, 비좁지도 않은 길이기를 바라는 교육 주체들의 목소리가 간절하지만 그 길의 끝이 낭떠러지일 수도 있다는 공포감이나 불안감 또한 적지 않다. 우리 교육의 과거가 우리에게 들려주는 시그널에 둔감하거나 무관심한 우리가 느끼는 불안이고 공포다.

지금까지 걸어온 세 개의 길이 우리가 설계했거나 우리 의지로 선택한 길이었다고 할 수는 없다. 누군가 걸었던 길을 따라 걸었거나, 억지로 떠밀려 들어섰기에 할 수 없이 내달린 발걸음이었다. 그래서 우리 모두 공포에 가까운 교육 피로감을 느끼는 것이다. 이제는 우리 스스로 새로운 길을 설계하고, 그 앞의 장애물을 치우고, 함께 걸어가야할 것이다. 그럴 때 그 길은 우리 스스로 개척한 대한민국 교육 제4의 길이 되는 것이다.

우리가 걸어온 세 개의 낡은 길은 중첩되어 우리 발아래 놓여 있다. 표면은 제3의 길이지만 그 아래를 떠받치고 있는 것은 제1의 길과 제2의 길이다. 우리가 이 낡은 길을 앞으로도 걸어가야 할 이유도 필요도 없다. 그러나 낡은 길이 쓸모없는 것은 아니다. 『학교교육 제4의 길』 저자들이 이야기하듯이 낡은 길을 이해하고, 낡은 길로부터 교훈을 얻어야만 "새 길에서 과거의 망령을 다시 만나지 않을 수" 있는 것이다.앤디 하그리브스·데니스 셜리, 2017

제4의 길을 모색하는 데 다른 사람들이 걸었던 길을 살펴보는 것은 크게 의미는 없다. 맥락이 다르고 해결 과제가 다르기 때문이다. 사회 문화적 맥락과 교육적 맥락이 다른 나라들의 경험은, 그것이 성공의 경험이든 실패의 경험이든 우리의 미래를 설계하는 데 1차적 자료가 될 수는 없다. 중요한 것은 우리의 경험이다. 우리의 경험 중에는 아주 먼 경험과 가까운 경험 모두가 중요하다. 우리는 지금까지 우리 교육 문제를 진단하고 해결 방안을 모색하면서 먼 과거 경험이나 먼 나라의 경험에서 지혜를 찾으려는 노력은 많았으나 우리의 가까운 과거 경험에서 지혜를 찾으려는 노력은 크게 기울이지 않았다. 적어도 교육 측면에서는 가까운 과거의 경험에 대한 집단적 열등의식이나 죄의식이 크기 때문은 아니었는지 반문해보아야 한다. 가까운 과거가 들려주는 시그널에 둔감한 사람이 먼 과거로부터 날아온 시그널에 민감할 수는 없다. 지난 70년간 우리 교육이 걸어온 세 개의 길이 들려주는 이야기에서 포착한 시그널은 아래 표와 같이 정리해볼 수 있다.

한국 교육이 걸어온 길, 걸어갈 길

	교육의 모습	얻을 것 또는 되살릴 것	버릴 것 또는 극복할 것
제1의 길	양적으로 팽창한 교육 민주주의 교육의 가능성	교육의 공공성 교사의 사명감 학원의 자유에 대한 신념 민주주의 교육에 대한 교사들의 신념	식민지 교육의 유산, 획일화의 욕망
제2의 길	국가 도구화한 교육 이름뿐인 민주주의 교육 분열된 교직사회	참교육의 필요성에 대한 인식	국가권력의 교육 지배 교육의 사유화 대학 서열화 교육의 지역 불평등
제3의 길	사적 욕망 실천의 도구로 전락한 교육 우월적 지위의 소수 학교들과 위기의 다수 학교들	교육에 대한 투자 욕구	표준과 평가에 의한 국가의 교육관리 욕망 시장주의가 가져온 공교육 붕괴 국민의 교육 피로감
제4의 길	한 인간이 자신의 삶을 온전하게 살 수 있도록 돕는 교육	교육의 본질 교육의 공공적 가치	국가권력이 만들어낸 교육특권 교육을 지배하려는 국가권력 교육을 오염시키는 시장주의 교육을 이용하려는 사적 욕망

제1의 길(1945~1961년)은 양적으로 팽창한 교육 현실과 민주주의 교육의 가능성을 남겼다. 국가권력의 교육 도구화를 향한 간섭과 획일화의 욕망 속에서도 '교육은 공공성 실천의 도구'라는 사회적 공감대는 살아 있었다. 훌륭한 2세를 양성하여 일본보다 멋진 민주주의 국가를 만들어야 한다는 교사들의 사명감은 투철했다. 학원의 자유를 핵심으로 하는 민주주의 교육에 대한 교사들의 신념은 어느 시대보다 강했다. 교육자치제 수호 투쟁이나 4·19 학생혁명은 이런 신념이 옳다는 것을 보여준 증거이며, 그 신념이 만들어낸 승리였다. 5·16쿠데타는 이런 신념을 잠재우고 획일화의 욕망을 실천하는 출발점이었다.

제2의 길(1961~1995년)은 국가권력에 의한 교육 지배가 점차 완성되는 시기였다. 그 속에서 교육은 철저하게 사유화되었고, 그 결과는 대학의 서열화 완성이었다. 대학의 서열화는 교육 목적의 단순화와 획일화를 가져왔고, 교육 목적의 단순화는 교육의 지역 격차와 불평등 심화로 이어졌다. 교육은 국가권력의 도구로 전락했으며, 민주주의 교육은 이름뿐이었다. 교육의 주체가 되어야 할 교육자들은 주어진 일에 수동적으로 끌려가는 '풍월을 읊는 서당개'로 변했고, 학생들은 뜻도 모른 채 국민교육헌장 393자를 외워야 했다. 제2의 길 막바지에 공공성에 바탕을 둔 참교육의 필요성에 대한 사회적 인식이 회생하기 시작한 것은 다행이나 적지 않은 희생이 따랐다.

제3의 길(1995~2018년)에 선 우리 교육은 사적 욕망 실천의 도구로 전락한 교육이었다. 우월적 지위를 지닌 소수의 학교들과 다수의 무기력한 학교들로 완벽하게 나뉜 교육지도가 만들어졌다. 강요된 국가표준과 평가 시스템을 통해 국가권력은 교육에 대한 관리 욕망을 이루었고, 학교는 붕괴했다. 교육 수요자들의 교육 피로감은 극에 달했다. 이기고 살아남거나 지는 것이 두려워 도피하는 것 외에는 다른 길이 보이지 않았다. 신자유주의가 만들어낸 학력표준에 따른 대한민국의 국제적 교육경쟁력은 높아졌지만, 정상적인 교육을 꿈꾸는 학부모들의 교육만족감은 최악의 수준으로 낮아졌다. 다행히도, 다른 많은 나라들이 경험했던 국민소득 3만 달러 시대 즈음의 교육열 소멸이나 교육투자 위축 현상이 우리나라에서는 나타나지 않았다. 교육부 예산은 68조 원 규모로 국가 예산의 15%를 차지하며, 국내 총생산 대비 공교육비는 6.3%로 OECD 평균인 5.2%보다 높다. 사교육비 총액은 18조를 넘어서서, 공교육비 민간부담률은 세계 5위권이다. 교육열이나 교육투자는 세계적 수준을 유지하고 있다.

한국 교육 제4의 길은 대한민국이라는 나라에 살고 있는 한 사람 한 사람의 인간이 자신의 삶을 온전하게 살 수 있도록 돕는 교육의 길이어야 한다. 교육의 중심인 학교는 사람들의 존재 자체를 풍성하게 하는 곳이 되어야 한다.마이클 애플, 2014 20세기 한국 근대사를 정리하며 누군가가 이야기했던 '길들이기와 편 가르기'박노자·허동현, 2009를 넘어, 제대로 가르치고 함께 사는 길이어야 한다. 그러기 위해서는 교육의 본질이 살아나야 한다. 교육의 본질은 아이들을 나누는 것이 아니라 모아서 기르는 것이고, 아이들을 괴롭히는 것이 아니라 행복하게 하는 것이며, 아이들을 관리하는 것이 아니라 보살피는 것이다. 그리고 그 중심에는 국가나 시장이 아니라 교사가 있어야 하는 것이다. 세 개의 험한 길을 걸으면서 우리 교육은 교육의 본질에서 점차 멀어져 왔다. 그 결과 국가는 몸집이 커지고 강해졌지만, 교육과 함께 살아가야 하는 시민 한 사람 한 사람은 괴롭고 피곤한 상태로 내몰렸다. 우리 교육이 교육의 본질을 회복하려면 지나온 세 개의 길에서 만들어져 우리 교육에 남아 있는 몇 가지 장애물들이 치워지고 교육의 본질을 구성하는 요소들이 다시 살아나야 한다.

첫 번째 장애물은 각종 교육특권이다. 교육특권은 획일화의 욕망과 결부되어 있다. 1950년대가 지녔던 교육 구조의 유연성과 민주주의 교육의 가능성을 억누른 것은 획일화의 욕망이다. 다양성을 혼란과 동일시하고, 획일성을 질서와 동일시하는 반민주적 정서를 지닌 집단들의 폭주 속에서 민주주의 교육은 성장이 어려웠다. 1961년 이후 반복하여 등장한 권위주의 국가권력은 교육에서 획일주의를 더욱 공고하게 했고, 이 획일화 공작의 결과물로 많은 교육특권들이 등장했다.

일류 학교 특권에 이은 특목고 특권과 자사고 특권, 평준화를 비웃으며 형성된 8학군 특권, 그리고 국가권력의 비호하에 만들어진 서울대학교 특권 등이 그것이다. 공정한 경쟁의 결과로 만들어진 서열화와 특권이 아님에도 국가권력은 이를 해소하려는 노력을 기울이지 않았다. 매년 서울대학교에 일반 국립대학의 4배의 예산을 지원하면서 동일한 기준으로 소위 대학평가를 하여 대학들을 줄 세우고, 설립 취지를 벗어나 입시기관화된 특목고나 영재고의 존재를 알면서도 개혁 노력을 미루어왔으며, 부동산 문제 등 다양한 사회문제의 온상이 이른바 8학군의 존재라는 것을 알면서도 지역 간 교육 불평등 해소를 위한 역차별 정책의 도입에 게을렀던 것이 국가권력이다.

8학군 소재 학교에 재학하는 것이 서울대학교 진학에 전혀 도움이 되지 않는 교육 시스템, 특목고, 영재고, 또는 자사고 입학이 서울대학교 입학에 전혀 유리하지 않은 입시제도, 그리고 서울대학교에 입학하는 것이 사회적 특권 획득의 보증수표가 되지 않는 사회구조를 만드는 데 국가권력은 그 어떤 유효한 노력도 기울여오지 않았다. 이런 특권들은 폐지되어야 한다. 대학을 서열화하는 일체의 평가제도 또한 폐지되어야 한다. 점차적인 폐지가 아니라 즉각적인 폐지가 마땅하다. 교육 부분에서 목격되는 몇 가지 특권의 폐지는 우리 교육이 제4의 길로 나아가는 1차적 조건이 될 것이다.

두 번째 장애물은 국가권력의 교육 지배 욕망이다. 해방 이후 여러 가지 불리한 환경에서 우리 교육이 양적 성장을 이루고, 그 결과로 국가 경제의 성장과 민주화를 이루는 데 국가권력이 긍정적인 역할을 한 것을 무시할 수는 없다. 그러나 국가권력에 의한 교육의 수단화, 혹은 교육에 대한 국가권력의 권한 강화는 그 결과로 교육현장에서의 교사 주도성 상실, 교직 전문성 약화를 가져왔다. 교사들은 국가가 정한 표준에 맞게 짜인 지식을 전달하고, 국가가 정한 교육 목표를 실천하는 데 동원된 현장 노동자로서 역할에 충실하도록 규정되어왔다. 국가권력의 교육 지배의 정도와 교사들의 사명감이나 전문성 수준은 반비례할 수밖에 없다. 우리 교육에서 교사들의 사명감이 사라지고, 전문직으로서의 위상이 확보되지 못하는 배경에는 교육에 대한 국가권력의 과도한 간섭이 자리 잡고 있다. 교직이 전문직이 되지 못한 책임을 교사들에게 묻는 것은 희생자를 비난하는 것에 다름 아니다.

국가권력이 교육을 통해 이루려는 목표와 교육 수요자들이 추구하는 교육 목표가 더 이상 상이하지 않은 시대에 살고 있다. 우리가 교육을 통해 추구하는 목표는 개인의 성장을 통한 건강한 사회의 완성이다. 이제는 교육 수요자들과 함께 있는 교사들의 자율성이 회복되고, 교사들의 사명감이 살아나고, 교직의 전문성이 향상되는 시대로 나아가야 한다. 그 방법은 국가의 교육 지배 욕구를 내려놓는 일이다. 현장 교사들을 신뢰하는 일이다. 대학을 포함한 모든 교육 종사자들에 대한 국가권력의 관여는 최소화되어야 한다. 대학의 학생선발권은 보장되어야 한다. 지적으로나 도덕적으로 사회의 표상이 되어야 할 대학의 구성원들에 대한 신뢰가 없는 사회는 정상적이라고 할 수 없다.

소수의 탈선이나 일탈을 이유로 대학의 자율권, 학문의 자유를 제한하려는 것은 교각살우矯角殺牛의 망동이다.

아울러 초·중·고등학교 교사들의 교육과정 구성권과 평가권이 보장되고, 초·중·고등학교에서의 교육 성과에 대한 대학의 신뢰 또한 회복되어야 한다. 특권화된 학교나 지역이 없는 상태에서 초·중·고등학교 교사들의 학생선발권, 교육권, 평가권이 보장되고, 그 결과가 대학에서의 학생선발에 온전히 반영될 때 공교육의 기능은 살아날 수 있을 것이다. 지금처럼 초·중·고등학교에서의 교육 성과와 무관하게 대학이 국가권력의 감독하에 독자적인 기준으로 학생을 선발하는 것은 공교육 전체에 대한 모독이다. 제4의 길에서는 국가권력으로부터 자유로운 대학, 동시에 하급 교육기관에서의 교육 성과를 신뢰하는 대학이 되어야 한다.

세 번째 장애물은 교육을 오염시키는 시장주의이다. 이미 해방공간에서 교육의 상품화를 경계하는 목소리가 들렸지만 무시되었다. 지식 습득을 통한 인격 완성을 교육의 목표로 내세우는 개인주의 교육은 입신출세주의로 전락하여 결국은 교육의 상품화를 가져오리라는 우려가 제기되었지만 받아들여지지 않았다. 제2의 길에서 국가의 간섭하에 입학 성적에 따라 서열화된 대학과 지역에 따라 우열이 나뉜 고등학교 체제에서 학부모들이 선택할 수 있는 것은 오직 경쟁에서 이기는 것이었다. 보통 사람들에게 믿을 것은 없었다. 국가의 통제하에 자율성을 상실한 학교도, 사명감을 잃어버린 교사도, 교육을 통치도구로 여기는 국가도 신뢰의 대상은 아니었다. 오직 스스로의 힘으로 경쟁에서 살아남아야 했다.

제3의 길에서는 국가의 직접적 간섭은 줄어들었지만 국가 표준에 의한 간접적 간섭은 오히려 강화되었다. 오직 경쟁만을 강조하는 신자유주의적 교육정책 앞에서 학교는 붕괴했고, 학부모들의 교육 피로감은 극에 달했다. 학교는 지식을 교환하는 시장이었고, 가격에 따라 거래가 이루어지는 시장의 원리가 학교를 압도했다. 국가권력과 시장이 합세하여 만든 표준에 적합한 사람만이 존재 가치를 인정받는 세상이 되었다. 학부모의 재력과 정보력으로 만들어지는 학생종합생활기록부를 활용한 대학입시 또한 시장주의의 파생물에 다름 아니다. 교육의 공공적 기능은 완전히 사라진 상태에서 교육은 완벽하게 사적 욕망 실현의 도구로 전락했다.

수요자 중심의 교육이라는 구호로 포장된 시장주의 아래에서 교육 실패의 책임은 오로지 수요자인 학생과 공급자인 교사에게 주어졌다. 국가는 오직 기준을 만들 뿐이고 그것에 따른 경쟁의 결과는 정의로운 것으로 포장되었다. 국가에서 정한 표준에 잘 따르는 '능력 있는 사람'만 대접받는 사회가 정의로운 사회인 것으로 고착되었다. 일반 학교는 영재학교, 특목고, 자립형사립학교에 못 가는 '능력 없는 아이'들이 다니는 어설픈 청소년 보호 시설이 되었다.

시장주의가 지배하는 사회에서 학생의 능력을 가르는 것은 성적만이 아니다. 부모의 경제력이 등록금을 감당할 수 있어야 한다. 2017년 기준으로 자사고 1인당 1년 교육비는 적게는 1,000만 원에서 많게는 2,700만 원 정도에 이른다. 특목고의 경우에도 일반고에 비해 5배 이상 많은 교육비를 학부모가 부담해야 한다. 대학 등록금을 넘어서는 교육비를 부담할 능력이 없으면 성적과 상관없이 입학할 수 없는 곳이 특목고이고 자사고인 것이다. 요즘 학부모들의 관심의 대상인 영재학교는 과학과 과학예술 분야의 영재를 키울 목적으로 특별법에 의해 설립된 고등학교로, 기존 특목고였던 과학고등학교를 전환하여 만든 학교와 추가로 과학예술 분야 영재 양성을 목적으로 설립된 과학예술 영재고등학교를 합해서 부르는 이름이다. 초등학생과 중학생을 수학올림피아드, 물리올림피아드, 화학올림피아드 등 국제경시대회로 내몰고 있는 주범의 하나다. 영재학교의 경우 국가의 재정 지원에 따라 학생 개인의 교육비 부담액은 자사고나 특목고에 비해 적은 편이지만 입학을 위한 준비 과정이 완전히 학부모의 경제력과 열정에 의존한다는 점에서는 공정 경쟁이 살아 있는 곳이라고 할 수 없다.

우둔하고 학습열 약한 아이들로 인해 자기 아이가 받는 피해를 참지 못하는 일부 학부모들, 대화가 통하지 않는 무능력한 학부모들과 어울릴 수 없다는 일부 학부모들의 사적 욕망에 '국가경쟁력 강화'에 필요한 엘리트 양성이 국가의 책무라고 여기는 교육 관료들의 사명감이 합심해서 만들어낸 결과물들이 바로 영재고, 특목고, 자사고인 것이다. 우리 교육 제3의 길을 지배하는 신자유주의와 시장주의가 교육특권주의와 결합하여 만들어낸 괴물들이다. 제3의 길에서 학부모들의 선택은 간단하다. 스스로 이런 괴물이 되든지, 괴물들을 피하든지. 가장 큰 피해자들은 괴물이 되려고 노력했으나 괴물이 되지 못한 사람들이다. 괴물이 되는 것이 공정한 경쟁의 결과가 아니라는 것을 가장 잘 알기 때문에 이들의 피해의식은 누구보다 크다. 우리 교육 제4의 길은 불공정 경쟁을 토대로 자라나는 이런 괴물들이 사라진 길이어야 한다. 이런 괴물을 기르는 무책임한 시장주의와 교육에서 특권이 필요하다는 교육특권주의를 없애는 것이 바로 공권력이 할 일이다. 교육을 통해 키워야 할 인간은 경쟁하는 인간이 아니라 "협력하는 인간Homo cooperativus"김용옥, 2017이 되어야 한다.

제4의 길 마지막 장애물은 교육으로 사적 욕망을 채우려는 학부모들의 심리다. 우리나라 학부모들의 교육열을 상징하는 사건들이나 상징어들이 많다. 개화기와 식민지 시대, 그리고 전후 복구 시절에도 우리나라 학부모들의 교육열은 주목의 대상이었다. 현대판 과거제도인 일류 중학교, 일류 고등학교, 그리고 일류 대학 진학을 향한 열망 때문이었다.

학부모의 교육열이 공식 명칭을 얻은 것은 1960년대 치맛바람이 그 시작일 것이다. 이후 기러기 가족, 헬리콥터맘, 그리고 에듀푸어(교육비 때문에 힘들게 사는 사람)라는 용어까지 등장했다. 자녀 교육을 향한 학부모들의 자세는 무조건적이고 맹목적이다. 수만 명 중에 한 명이 뽑히는 올림피아드에 나가기 위해 전국의 모든 엄마들이 들썩인다. 0.5%만이 입학할 수 있는 서울대학교에 입학하는 것을 목표로 초등학교 1~2학년 자녀가 독서논술과 한국사 과외를 받기 위해 유명 강사의 대기자 명단에 이름을 올려놓고 기다리는 것은 당연한 일상이다. 입시 준비 교육을 완화시키겠다고 정부에서 예체능 교과시간 확대를 추진하면 학부모들은 예체능 과외비의 확대로 맞대응을 하는 것이 현실이다.

배경이 든든하지 않고, 재력이 풍부하지 않은 학부모들이 느끼는 자녀를 향한 죄책감과 미래에 대한 불안감을 생각하면 이 땅에서 학부모들의 교육열을 탓하는 것은 1차 피해자를 향한 2차 가해 행위다. 일류 대학을 나오지 않으면 취업이 어렵고, 결혼이 어렵고, 사람대접 받기가 어려운데, 일류 대학 입학 전쟁에서 이긴 앞서간 학부모들이 했던 것을 따라 하는 것 외에 무슨 방법이 있을까.

제1의 길에서 출발하여 제3의 길에 이르는 과정에서 우리나라 정부가 내세웠던 교육정책들은 대체로 학부모들의 사적 욕망을 다스리는 것에 모아졌다. 피해자들의 양보를 구하거나 피해자들의 욕망을 범죄시하는 정책이 성공할 리 만무하다. 교육의 본질이 살아나서 사람이 걷기에 적합한 제4의 길을 만들기 위해서는 학부모들과 학생들을 피해자로 보는 데서 출발해야 한다. 학부모들의 교육열이 장애물이기는 하지만 이는 다른 장애물로 인해 만들어진 2차 장애물일 뿐이다. 앞서 언급한 세 가지 장애물이 해소되면 함께 해소될 장애물인 것이다.

교육혁신은 국가권력이 앞장서서 만들어놓은 교육특권을 폐지하고, 국가권력의 교육 지배 욕망을 다스리고, 나아가 교육을 오염시키는 시장주의를 제거하는 것에 초점을 맞추어야 한다. 이 세 가지 장애물 중에서는 교육특권의 폐지가 가장 시급하고 유효한 일이다. 제4의 길로 들어서는 문턱에서 국가권력이 그동안 축적해놓은 과오를 씻는 조치를 과감하게 취해야 한다. 마지막 힘을 쏟아 교육특권을 제거시킨 후 교육에 대한 관리 욕구를 내려놓아야 한다.

교육특권 해소와 함께 교육에 대한 국가권력의 관여 수준이 낮아지면 시장주의는 교육에서 자연스럽게 사라질 것이고, 국가권력과 시장을 대신하여 교사들이 교육의 중심에 설 것이다. 교사들의 전문성은 살아나고 인정받을 것이다. 그러면 비로소 공교육이 살아나고 학부모들의 이기기 위한 질주는 자녀의 행복한 생활을 돕기 위한 질주로 바뀔 것이다. 권력이 지배하는 세상, 권위가 지배하는 세상, 시장이 지배하는 세상에서 파괴되었던 교육이 되살아날 것이다. 교육이 살아남으로써 민주주의적이고 인도주의적인 가치 또한 살아나야 할 것이며, 탐욕과 자기도취의 문화가 공공정신에 제자리를 내주는 시대가 와야 할 것이다.

우리가 걸어온 거친 세월이 교육을 병들게 했지만 여전히 유효한 말은 "사회 병리를 치료하는 데 교육만큼 유효한 약은 없다"앤디 하그리브스·데니스 셜리, 2017는 것, 그리고 "학교를 송두리째 변혁하는 것이 시대적 요청"마이클 애플, 2014이라는 사실이다. 사회 변화는 학교에서 출발하지 않을 수 없다. 한국 사회를 변화시킬 한국 교육 제4의 길, 그 뿌리는 우리의 가까운 역사 속에 있었고, 거기서 싹튼 나무는 이제 우리 모두의 혁신 의지로 키워야 할 것이다.

| 참고문헌 |

• 김용옥(2017). 『도올의 교육입국론 증보신판』. 통나무.
• 마이클 애플 지음(2012). 강희룡 외 옮김(2014). 『교육은 사회를 바꿀 수 있을까?』. 살림터.
• 박노자·허동현(2009). 『길들이기와 편가르기를 넘어』. 푸른역사.
• 성래운(1956). 「교육의 새해, 문제의 교육」. 〈새교육〉 1956년 1월호.
• 앤디 하그리브스·데니스 셜리 지음(2009), 이찬승·김은영 옮김(2017). 『학교교육 제 4의 길 ①』. 21세기교육연구소.
• 자크 아탈리 지음(2015). 김수진 옮김(2018). 『어떻게 미래를 예측할 것인가: 역사 속 시그널을 읽으면 미래가 보인다』. 21세기북스.
• 조봉수(2017). 『미래의 교육, 올린』. 스리체어스.
• 조정래(2017). 『풀꽃도 꽃이다 2』. 해냄출판사.

찾아보기

삶의 행복을 꿈꾸는 교육은 어디에서 오는가?

미래 100년을 향한 새로운 교육 **혁신교육을 실천하는 교사들의** 필독서

▶ 교육혁명을 앞당기는 배움책 이야기
혁신교육의 철학과 잉걸진 미래를 만나다!

한국교육연구네트워크 총서

01 핀란드 교육혁명
한국교육연구네트워크 엮음 | 320쪽 | 값 15,000원

02 일제고사를 넘어서
한국교육연구네트워크 엮음 | 284쪽 | 값 13,000원

03 새로운 사회를 여는 교육혁명
한국교육연구네트워크 엮음 | 380쪽 | 값 17,000원

04 교장제도 혁명
한국교육연구네트워크 엮음 | 268쪽 | 값 14,000원

05 새로운 사회를 여는 교육자치 혁명
한국교육연구네트워크 엮음 | 312쪽 | 값 15,000원

06 혁신학교에 대한 교육학적 성찰
한국교육연구네트워크 엮음 | 308쪽 | 값 15,000원

07 진보주의 교육의 세계적 동향
한국교육연구네트워크 엮음 | 324쪽 | 값 17,000원
2018 세종도서 학술부문

08 더 나은 세상을 위한 학교혁명
한국교육연구네트워크 엮음 | 404쪽 | 값 21,000원
2018 세종도서 교양부문

혁신학교
성열관·이순철 지음 | 224쪽 | 값 12,000원

행복한 혁신학교 만들기
초등교육과정연구모임 지음 | 264쪽 | 값 13,000원

서울형 혁신학교 이야기
이부영 지음 | 320쪽 | 값 15,000원

혁신교육, 철학을 만나다
브렌트 데이비스·데니스 수마라 지음
현인철·서용선 옮김 | 304쪽 | 값 15,000원

혁신교육 존 듀이에게 묻다
서용선 지음 | 292쪽 | 값 14,000원

다시 읽는 조선 교육사
이만규 지음 | 750쪽 | 값 33,000원

대한민국 교육혁명
교육혁명공동행동 연구위원회 지음 | 224쪽 | 값 12,000원

한국교육연구네트워크 번역 총서

01 프레이리와 교육
존 엘리아스 지음 | 한국교육연구네트워크 옮김
276쪽 | 값 14,000원

02 교육은 사회를 바꿀 수 있을까?
마이클 애플 지음 | 강희룡·김선우·박원순·이형빈 옮김
356쪽 | 값 16,000원

**03 비판적 페다고지는
세상을 변화시킬 수 있는가?**
Seewha Cho 지음 | 심성보·조시화 옮김 | 280쪽 | 값 14,000원

04 마이클 애플의 민주학교
마이클 애플·제임스 빈 엮음 | 강희룡 옮김 | 276쪽 | 값 14,000원

05 21세기 교육과 민주주의
넬 나딩스 지음 | 심성보 옮김 | 392쪽 | 값 18,000원

**06 세계교육개혁:
민영화 우선인가 공적 투자 강화인가?**
린다 달링-해먼드 외 지음 | 심성보 외 옮김 | 408쪽 | 값 21,000원

대한민국 교사, 어떻게 가르칠 것인가?
윤성관 지음 | 320쪽 | 값 15,000원

아이들을 어떻게 가르칠 것인가
사토 마나부 지음 | 박찬영 옮김 | 232쪽 | 값 13,000원

모두를 위한 국제이해교육
한국국제이해교육학회 지음 | 364쪽 | 값 16,000원

경쟁을 넘어 발달 교육으로
현광일 지음 | 288쪽 | 값 14,000원

독일 교육, 왜 강한가?
박성희 지음 | 324쪽 | 값 15,000원

핀란드 교육의 기적
한넬레 니에미 외 엮음 | 장수명 외 옮김 | 456쪽 | 값 23,000원

한국 교육의 현실과 전망
심성보 지음 | 724쪽 | 값 35,000원

▶ 비고츠키 선집 시리즈
발달과 협력의 교육학 어떻게 읽을 것인가?

생각과 말
레프 세묘노비치 비고츠키 지음
배희철·김용호·D. 켈로그 옮김 | 690쪽 | 값 33,000원

도구와 기호
비고츠키·루리야 지음 | 비고츠키 연구회 옮김
336쪽 | 값 16,000원

어린이 자기행동숙달의 역사와 발달 I
L.S. 비고츠키 지음 | 비고츠키 연구회 옮김
564쪽 | 값 28,000원

어린이 자기행동숙달의 역사와 발달 II
L.S. 비고츠키 지음 | 비고츠키 연구회 옮김
552쪽 | 값 28,000원

어린이의 상상과 창조
L.S. 비고츠키 지음 | 비고츠키 연구회 옮김
280쪽 | 값 15,000원

비고츠키와 인지 발달의 비밀
A.R. 루리야 지음 | 배희철 옮김 | 280쪽 | 값 15,000원

수업과 수업 사이
비고츠키 연구회 지음 | 196쪽 | 값 12,000원

비고츠키의 발달교육이란 무엇인가?
비고츠키교육학실천연구모임 지음 | 412쪽 | 값 21,000원

성장과 분화
L.S. 비고츠키 지음 | 비고츠키 연구회 옮김
308쪽 | 값 15,000원

연령과 위기
L.S. 비고츠키 지음 | 비고츠키 연구회 옮김
336쪽 | 값 17,000원

의식과 숙달
L.S 비고츠키 | 비고츠키 연구회 옮김
348쪽 | 값 17,000원

분열과 사랑
L.S. 비고츠키 지음 | 비고츠키 연구회 옮김
260쪽 | 값 16,000원

성애와 갈등
L.S. 비고츠키 지음 | 비고츠키 연구회 옮김
268쪽 | 값 17,000원

관계의 교육학, 비고츠키
진보교육연구소 비고츠키교육학실천연구모임 지음
300쪽 | 값 15,000원

비고츠키 생각과 말 쉽게 읽기
진보교육연구소 비고츠키교육학실천연구모임 지음
316쪽 | 값 15,000원

교사와 부모를 위한 비고츠키 교육학
카르포프 지음 | 실천교사번역팀 옮김 | 308쪽 | 값 15,000원

▶ 살림터 참교육 문예 시리즈
영혼이 있는 삶을 가르치는 온 선생님을 만나다!

꽃보다 귀한 우리 아이는
조재도 지음 | 244쪽 | 값 12,000원

성깔 있는 나무들
최은숙 지음 | 244쪽 | 값 12,000원

아이들에게 세상을 배웠네
명혜정 지음 | 240쪽 | 값 12,000원

밥상에서 세상으로
김흥숙 지음 | 280쪽 | 값 13,000원

우물쭈물하다 끝난 교사 이야기
유기창 지음 | 380쪽 | 값 17,000원

선생님이 먼저 때렸는데요
강병철 지음 | 248쪽 | 값 12,000원

서울 여자, 시골 선생님 되다
조경선 지음 | 252쪽 | 값 12,000원

행복한 창의 교육
최창의 지음 | 328쪽 | 값 15,000원

북유럽 교육 기행
정애경 외 14인 지음 | 288쪽 | 값 14,000원

▶ 4·16, 질문이 있는 교실 마주이야기
통합수업으로 혁신교육과정을 재구성하다!

통하는 공부
김태호·김형우·이경석·심우근·허진만 지음
324쪽 | 값 15,000원

내일 수업 어떻게 하지?
아이함께 지음 | 300쪽 | 값 15,000원
2015 세종도서 교양부문

인간 회복의 교육
성래운 지음 | 260쪽 | 값 13,000원

교과서 너머 교육과정 마주하기
이윤미 외 지음 | 368쪽 | 값 17,000원

수업 고수들 수업·교육과정·평가를 말하다
박현숙 외 지음 | 368쪽 | 값 17,000원

도덕 수업, 책으로 묻고 윤리로 답하다
울산도덕교사모임 지음 | 320쪽 | 값 15,000원

체육 교사, 수업을 말하다
전용진 지음 | 304쪽 | 값 15,000원

교실을 위한 프레이리
아이러 쇼어 엮음 | 사람대사람 옮김 | 412쪽 | 값 18,000원

마을교육공동체란 무엇인가?
서용선 외 지음 | 360쪽 | 값 17,000원

교사, 학교를 바꾸다
정진화 지음 | 372쪽 | 값 17,000원

함께 배움
학생 주도 배움 중심 수업 이렇게 한다
니시카와 준 지음 | 백경석 옮김 | 280쪽 | 값 15,000원

공교육은 왜?
홍섭근 지음 | 352쪽 | 값 16,000원

자기혁신과 공동의 성장을 위한
교사들의 필리버스터
윤양수·원종희·장군·조경삼 지음 | 280쪽 | 값 14,000원

함께 배움 이렇게 시작한다
니시카와 준 지음 | 백경석 옮김 | 196쪽 | 값 12,000원

함께 배움 교사의 말하기
니시카와 준 지음 | 백경석 옮김 | 188쪽 | 값 12,000원

교육과정 통합, 어떻게 할 것인가?
성열관 외 지음 | 192쪽 | 값 13,000원

미래교육의 열쇠, 창의적 문화교육
심광현·노명우·강정석 지음 | 368쪽 | 값 16,000원

주제통합수업, 아이들을 수업의 주인공으로!
이윤미 외 지음 | 392쪽 | 값 17,000원

수업과 교육의 지평을 확장하는 **수업 비평**
윤양수 지음 | 316쪽 | 값 15,000원
2014 문화체육관광부 우수교양도서

교사, 선생이 되다
김태은 외 지음 | 260쪽 | 값 13,000원

교사의 전문성, 어떻게 만들어지나
국제교원노조연맹 보고서 | 김석규 옮김 392쪽 | 값 17,000원

수업의 정치
윤양수·원종희·장군 지음 | 280쪽 | 값 14,000원

학교협동조합,
현장체험학습과 마을교육공동체를 잇다
주수원 외 지음 | 296쪽 | 값 15,000원

거꾸로교실,
잠자는 아이들을 깨우는 수업의 비밀
이민경 지음 | 280쪽 | 값 14,000원

교사는 무엇으로 사는가
정은균 지음 | 292쪽 | 값 15,000원

마음의 힘을 기르는 감성수업
조선미 외 지음 | 300쪽 | 값 15,000원

작은 학교 아이들
지경준 엮음 | 376쪽 | 값 17,000원

아이들의 배움은 어떻게 깊어지는가
이시이 준지 지음 | 방지현·이창희 옮김 | 200쪽 | 값 11,000원

대한민국 입시혁명
참교육연구소 입시연구팀 지음 | 220쪽 | 값 12,000원

교사를 세우는 교육과정
박승열 지음 | 312쪽 | 값 15,000원

전국 17명 교육감들과 나눈
교육 대담
최창의 대담·기록 | 272쪽 | 값 15,000원

들뢰즈와 가타리를 통해
유아교육 읽기
리세롯 마리엣 올손 지음 | 이연선 외 옮김 | 328쪽 | 값 17,000원

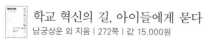

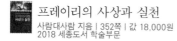
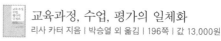
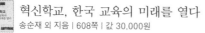
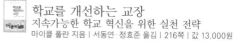
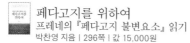
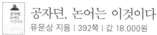
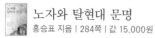
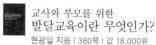
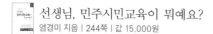
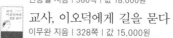
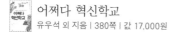
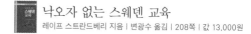
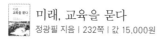
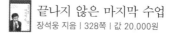

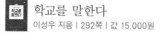
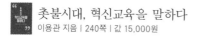

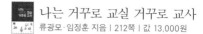

▶ 교과서 밖에서 만나는 역사 교실
상식이 통하는 살아 있는 역사를 만나다

전봉준과 동학농민혁명
조광환 지음 | 336쪽 | 값 15,000원

남도의 기억을 걷다
노성태 지음 | 344쪽 | 값 14,000원

응답하라 한국사 1·2
김은석 지음 | 356쪽·368쪽 | 각권 값 15,000원

즐거운 국사수업 32강
김남선 지음 | 280쪽 | 값 11,000원

즐거운 세계사 수업
김은석 지음 | 328쪽 | 값 13,000원

강화도의 기억을 걷다
최보길 지음 | 276쪽 | 값 14,000원

광주의 기억을 걷다
노성태 지음 | 348쪽 | 값 15,000원

**선생님도 궁금해하는
한국사의 비밀 20가지**
김은석 지음 | 312쪽 | 값 15,000원

걸림돌
키르스텐 세룹-빌펠트 지음 | 문봉애 옮김
248쪽 | 값 13,000원

역사수업을 부탁해
열 사람의 한 걸음 지음 | 388쪽 | 값 18,000원

진실과 거짓, 인물 한국사
하성환 지음 | 400쪽 | 값 18,000원

우리 역사에서 사라진 근현대 인물 한국사
하성환 지음 | 296쪽 | 값 18,000원

교과서 밖에서 배우는 역사 공부
정은교 지음 | 292쪽 | 값 14,000원

팔만대장경도 모르면 빨래판이다
전병철 지음 | 360쪽 | 값 16,000원

빨래판도 잘 보면 팔만대장경이다
전병철 지음 | 360쪽 | 값 16,000원

영화는 역사다
강성률 지음 | 288쪽 | 값 13,000원

친일 영화의 해부학
강성률 지음 | 264쪽 | 값 15,000원

한국 고대사의 비밀
김은석 지음 | 304쪽 | 값 13,000원

조선족 근현대 교육사
정미량 지음 | 320쪽 | 값 15,000원

다시 읽는 조선근대교육의 사상과 운동
윤건차 지음 | 이명실·심성보 옮김 | 516쪽 | 값 25,000원

음악과 함께 떠나는 세계의 혁명 이야기
조광환 지음 | 292쪽 | 값 15,000원

논쟁으로 보는 일본 근대교육의 역사
이명실 지음 | 324쪽 | 값 17,000원

다시, 독립의 기억을 걷다
노성태 지음 | 320쪽 | 값 16,000원

▶ 창의적인 협력 수업을 지향하는 삶이 있는 국어 교실
우리말 글을 배우며 세상을 배운다

중학교 국어 수업 어떻게 할 것인가?
김미경 지음 | 340쪽 | 값 15,000원

토닥토닥 토론해요
명혜정·이명선·조선미 엮음 | 288쪽 | 값 15,000원

어린이와 시
오인태 지음 | 192쪽 | 값 12,000원

토론의 숲에서 나를 만나다
명혜정 엮음 | 312쪽 | 값 15,000원

인문학의 숲을 거니는 토론 수업
순천국어교사모임 엮음 | 308쪽 | 값 15,000원

수업, 슬로리딩과 함께
박경숙 외 지음 | 268쪽 | 값 15,000원

▶ 더불어 사는 정의로운 세상을 여는 인문사회과학
사람의 존엄과 평등의 가치를 배운다

밥상혁명
강양구·강이현 지음 | 298쪽 | 값 13,800원

좌우지간 인권이다
안경환 지음 | 288쪽 | 값 13,000원

도덕 교과서 무엇이 문제인가?
김대용 지음 | 272쪽 | 값 14,000원

민주시민교육
심성보 지음 | 544쪽 | 값 25,000원

자율주의와 진보교육
조엘 스프링 지음 | 심성보 옮김 | 320쪽 | 값 15,000원

민주시민을 위한 도덕교육
심성보 지음 | 500쪽 | 값 25,000원
2015 세종도서 학술부문

민주화 이후의 공동체 교육
심성보 지음 | 392쪽 | 값 15,000원
2009 문화체육관광부 우수학술도서

교과서 밖에서 배우는 인문학 공부
정은교 지음 | 280쪽 | 값 13,000원

갈등을 넘어 협력 사회로
이창언·오수길·유문종·신윤관 지음 | 280쪽 | 값 15,000원

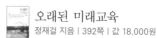
오래된 미래교육
정재걸 지음 | 392쪽 | 값 18,000원

동양사상과 마음교육
정재걸 외 지음 | 356쪽 | 값 16,000원
2015 세종도서 학술부문

대한민국 의료혁명
전국보건의료산업노동조합 엮음 | 548쪽 | 값 25,000원

교과서 밖에서 배우는 철학 공부
정은교 지음 | 280쪽 | 값 14,000원

교과서 밖에서 배우는 고전 공부
정은교 지음 | 288쪽 | 값 14,000원

교과서 밖에서 배우는 사회 공부
정은교 지음 | 304쪽 | 값 15,000원

전체 안의 전체 사고 속의 사고
김우창의 인문학을 읽다
현광일 지음 | 320쪽 | 값 15,000원

교과서 밖에서 배우는 윤리 공부
정은교 지음 | 292쪽 | 값 15,000원

카스트로, 종교를 말하다
피델 카스트로·프레이 베토 대담 | 조세종 옮김
420쪽 | 값 21,000원

한글 혁명
김슬옹 지음 | 388쪽 | 값 18,000원

일제강점기 한국철학
이태우 지음 | 448쪽 | 값 25,000원

우리 안의 미래교육
정재걸 지음 | 484쪽 | 값 25,000원

한국 교육 제4의 길을 찾다
이길상 지음 | 400쪽 | 값 21,000원

▶ 평화샘 프로젝트 매뉴얼 시리즈
학교폭력에 대한 근본적인 예방과 대책을 찾는다

학교폭력 어떻게 만들어지는가
문재현 외 지음 | 300쪽 | 값 14,000원

아이들을 살리는 동네
문재현·신동명·김수동 지음 | 204쪽 | 값 10,000원

학교폭력, 멈춰!
문재현 외 지음 | 348쪽 | 값 15,000원

평화! 행복한 학교의 시작
문재현 외 지음 | 252쪽 | 값 12,000원

왕따, 이렇게 해결할 수 있다
문재현 외 지음 | 236쪽 | 값 12,000원

마을에 배움의 길이 있다
문재현 지음 | 208쪽 | 값 10,000원

젊은 부모를 위한 백만 년의 육아 슬기
문재현 지음 | 248쪽 | 값 13,000원

별자리, 인류의 이야기 주머니
문재현·문한뫼 지음 | 444쪽 | 값 20,000원

우리는 마을에 산다
유양우·신동명·김수동·문재현 지음 | 312쪽 | 값 15,000원

▶ 남북이 하나 되는 두물머리 평화교육
분단 극복을 위한 치열한 배움과 실천을 만나다

 10년 후 통일
정동영·지승호 지음 | 328쪽 | 값 15,000원

 선생님, 통일이 뭐예요?
정경호 지음 | 252쪽 | 값 13,000원

 분단시대의 통일교육
성래운 지음 | 428쪽 | 값 18,000원

 김창환 교수의 DMZ 지리 이야기
김창환 지음 | 264쪽 | 값 15,000원

 한반도 평화교육 어떻게 할 것인가
이기범 외 지음 | 252쪽 | 값 15,000원

▶ 출간 예정

근간 **마을교육공동체 운동의 역사와 미래**
김용련 지음

근간 **선생님, 페미니즘이 뭐예요?**
염경미 지음

근간 **언어던**
정은균 지음

근간 **경남 역사의 기억을 걷다**
류형진 외 지음

근간 **교육이성 비판**
조상식 지음

근간 **인성교육의 철학과 방법**
박제순 지음

근간 **식물의 교육학**
이차영 지음

근간 **교사 전쟁**
Dana Goldstein 지음 | 유성상 외 옮김

근간 **콩도르세, 공교육에 관한 다섯 논문**
혁명 프랑스에 공교육의 기초를 묻다
니콜라 드 콩도르세 지음 | 이주환 옮김

근간 **자유학기제란 무엇인가?**
최상덕 지음

근간 **신채호, 역사란 무엇인가?**
이주영 지음

근간 **한국 교육 어디서 와서 어디로 가는가?**
이주영 지음

근간 민·관·학 협치 시대를 여는
마을교육공동체 만들기
김태정 지음

근간 삶을 위한
국어교육과정, 어떻게 만들 것인가?
명혜정 지음

근간 **민주주의와 교육**
Pilar Ocadiz, Pia Wong, Carlos Torres 지음 | 유성상 옮김

근간 **마을수업, 마을교육과정!**
서용선·백윤애 지음

근간 **미국의 진보주의 교육 운동사**
윌리엄 헤이스 지음 | 심성보 외 옮김

근간 **즐거운 동아시아 수업**
김은석 지음

근간 민주시민교육을 위한
역사수업 어떻게 할 것인가?
황현정 지음

근간 **혁신학교,**
다함께 만들어 가는 강명초 5년 이야기
이부영 지음

참된 삶과 교육에 관한
생각 줍기